José Noroño
Cristina Seijo

Ética sindical y relaciones laborales

AF881728

José Noroño
Cristina Seijo

Ética sindical y relaciones laborales

Un valor impulsor en empresas privadas

PUBLICIA

Impressum / Aviso legal
Bibliografische Information der Deutschen Nationalbibliothek: Die Deutsche Nationalbibliothek verzeichnet diese Publikation in der Deutschen Nationalbibliografie; detaillierte bibliografische Daten sind im Internet über http://dnb.d-nb.de abrufbar.
Alle in diesem Buch genannten Marken und Produktnamen unterliegen warenzeichen-, marken- oder patentrechtlichem Schutz bzw. sind Warenzeichen oder eingetragene Warenzeichen der jeweiligen Inhaber. Die Wiedergabe von Marken, Produktnamen, Gebrauchsnamen, Handelsnamen, Warenbezeichnungen u.s.w. in diesem Werk berechtigt auch ohne besondere Kennzeichnung nicht zu der Annahme, dass solche Namen im Sinne der Warenzeichen- und Markenschutzgesetzgebung als frei zu betrachten wären und daher von jedermann benutzt werden dürften.

Información bibliográfica de la Deutsche Nationalbibliothek: La Deutsche Nationalbibliothek clasifica esta publicación en la Deutsche Nationalbibliografie; los datos bibliográficos detallados están disponibles en internet en http://dnb.d-nb.de.
Todos los nombres de marcas y nombres de productos mencionados en este libro están sujetos a la protección de marca comercial, marca registrada o patentes y son marcas comerciales o marcas comerciales registradas de sus respectivos propietarios. La reproducción en esta obra de nombres de marcas, nombres de productos, nombres comunes, nombres comerciales, descripciones de productos, etc., incluso sin una indicación particular, de ninguna manera debe interpretarse como que estos nombres pueden ser considerados sin limitaciones en materia de marcas y legislación de protección de marcas y, por lo tanto, ser utilizados por cualquier persona.

Coverbild / Imagen de portada: www.ingimage.com

Verlag / Editorial:
PUBLICIA
ist ein Imprint der / es una marca de
OmniScriptum GmbH & Co. KG
Bahnhofstraße 28, 66111 Saarbrücken, Deutschland / Alemania
Email / Correo Electrónico: info@omniscriptum.com

Herstellung: siehe letzte Seite /
Publicado en: consulte la última página
ISBN: 978-3-8416-8081-5

Zugl. / Aprobado por: Venezuela, Universidad Privada Dr. Rafael Belloso Chacìn.

Copyright / Propiedad literaria &cop José Noroño , Cristina Seijo
Copyright / Propiedad literaria © 2016 OmniScriptum GmbH & Co. KG
Alle Rechte vorbehalten. / Todos los derechos reservados. Saarbrücken 2016

Noroño. Ética Sindical Como Valor Impulsor de las Relaciones José Laborales en Empresas Privadas. Universidad Privada Dr. Rafael Belloso Chacín. Decanato de Investigación Doctorado en Ciencias Gerenciales. Maracaibo 2016.

RESUMEN

El objetivo de este estudio fue Analizar la ética sindical como valor impulsor de las relaciones laborales en empresas privadas. Sustentado en instrumentos legales como: la Constitución de la República Bolivariana de Venezuela, la Ley Orgánica del Trabajo, los Trabajadores y las Trabajadoras (2012) y autores como: Seijo y Ávila (2008), Vilasmil (2006), Etkin (2007), Maduro y Pittier (2008), entre otros. La perspectiva metodológica que se ha asumido en este estudio es la interpretativa o cualitativa, dentro del paradigma epistemológico post positivista, de fundamento ontológico y gnoseológico, el método utilizado en la presente investigación es el etnográfico. En cuanto al análisis de los datos se utilizaron también métodos etnográficos a través del análisis de documentos, entrevistas y observación participante. Se utilizó la técnica de recolección de la información mediante la entrevista con informantes claves, quienes plasmaron sus ideas, conocimientos y experiencias mediante una conversación, la misma fue aplicada a cuatro (4) expertos en el área laboral.

Palabras Clave: Ética sindical, Relaciones laborales, Valores .

José Noroño. Ethics Association in driving value Labor Relations in Private Enterprises. Private University Dr. Rafael Belloso Chacin. Dean of Doctoral Research in Management Sciences. Maracaibo 2015.

ABSTRACT

The aim of this study was to analyze the association ethical value as a driver of labor relations in private companies. Supported by legal instruments such as the Constitution, the Labour Act, the working men and women (2012) and authors such as Seijo and Avila (2008), Vilasmil (2006), Etkins (2007), Maduro and Pittier (2008) , among others. The methodological perspective has been assumed in this study is the interpretive or qualitative postpositivist within the epistemological paradigm of ontological and epistemological foundation, the method used in this research is ethnographic. For analysis of the data wil also be used ethnographic methods through analysis of documents, interviews and participant observation. The analysis and interpretation of data obtained in particular. The technique for collecting information was used by the interview with key informants, who captured their ideas, knowledge and experience through a conversation, it wil be applied to four (4) experts in the area laboral-

Keywords: labor ethics, labor relations, values.

DEDICATORIA

Dedico este triunfo a Dios porque sé que él es el dueño de mis sueños y mis propósitos.

A mi hermosa y amada abuelita Antonia del Carmen "Carmencita" Castellano, por ser la fuente inextinguible de pasión y amor.

A mis padres, Mirna Guadalupe Sánchez Castellano y Edgar José Noroño Melean, por su apoyo incondicional, amor y principios enseñados.

A mis hijos, Jahaziel Janaí Noroño Rivera, Jehiel José Noroño Rivera y Jatniel José Noroño Rivera, por ser los tres, mi motor y fuente de inspiración. Espero que este nuevo logro académico de su papi, les sirva de ejemplo, impulso e inspiración para los suyos. Los Amo.

A la mujer de mis sueños y de mi vida, la Ing. Yasenia Margarita Suarez Camargo, por su apoyo incondicional, dedicación y comprensión a lo largo de este gran sueño.

A mi tía Fanny Sánchez, por disfrutar y sufrir codo a codo conmigo en la construcción de este trabajo de Investigación.

A mi amigo, Edgar Alejandro Godoy Muñoz, quién en vida fuera uno de los líderes sindicales más honestos y transparentes que he conocido, también le dedico éste nuevo logro académico, por su participación en la investigación como experto en el área sindical en empresas privadas.

A mi profesor Doile Ríos, por guiarme en el recorrido sistemático de mi investigación.

A mi profesora Lisbeth Moreno, por darle a mi investigación los toques mágicos esenciales para brillar a partir de sus recomendaciones.

A mi segunda madre Académica la Dra. Cristina Seijo, por ser la luz y fuente de guía ética, de ayuda y de supervisión incansable a mi trabajo especial de grado, sin su ayuda, esta meta no se hubiera concretado mi profe.

AGRADECIMIENTO

A Dios, por ayudarme y darme la inteligencia necesaria para culminar esta meta.

A la Universidad Privada Dr. Rafael Belloso Chacìn, por abrirme sus puertas para la realización de esta meta.

Al tren de Educadores, por formar profesionales de alta calidad capaces de desempeñarse de una manera óptima en el desenvolvimiento de sus tareas o funciones a futuro en sus puestos de trabajo y organizaciones.

A mi tutora Dra. Cristina Seijo, al Dr. Doyle Rios y a la Dra. Lisbeth Moreno, por su valiosa colaboración para la realización de este trabajo de investigación.

A mi familia por ser mi fuente de inspiración y su apoyo incondicional.

A mis amigos del grupo de estudio, que durante todo el recorrido de la carrera mostraron ser las personas más humildes que he conocido, entre elas, Wiliam de Jesús González, proveniente del mejor pueblo de este mundo, Santa Bárbara del Zulia, a Rosa Barrios, y si lo dice Rosa, así es, a mi amigo Rafael Rodríguez "rollo e teipe", a mi amiga Fulvy Indríago, mi gerente de burdel preferida, a mi amigo Hender Sarcos, el Juego de Hender, y a mi excelente compañero Román Parra, a todos gracias por soportarme y ser parte de este nuevo logro académico.

Y a todas aquelas personas que de una u otra forma dieron apoyo para la culminación de este trabajo especial de grado. Mío es el logro, de todos ustedes el triunfo.

INDICE GENERAL

Pág.

RESUMEN 1

ABSTRAC 2

DEDICATORIA 3

AGRADECIMIENTO 4

INDICE GENERAL 5

LISTADE CUADROS 8

LISTA DE GRAFICOS 9

INDICE DE TABLAS 10

INTRODUCCIÓN 11

MOMENTOS

I. GÉNESIS 14

1. Recorrido Geohistórico 14
   1.1. Acercamiento al Fenómeno de la Investigación 16
   1.3. Interrogante de la Investigación 22
2. Propósitos de la Investigación 22
   2.1. Propósito General 22
   2.2. Propósitos Específicos 22
3. Justificación de la Investigación 23
4. Descripción del Contexto 24

II ÉXODO. MARCO TEÓRICO REFRENCIAL 25

1. Estado del Arte 25
2. Bases Teóricas 29
   2.1. Ética Sindical 29

2.1.1. Elementos de la Ética 32
2.1.1.1. Convicción 32
2.1.1.2. Consentimiento 33
2.1.1.3. Compromiso 33
2.1.2. Dilemas Éticos 36
2.1.2.1. Transparencia y Opacidad 36
2.2. Relaciones Laborales 38
2.2.1. Legislación Aplicada 38
2.2.1.1. Marco Legal 39

(A) Constitución de la República Bolivariana de Venezuela 39
(B) Ley Orgánica del Trabajo, los trabajadores y las Trabajadoras 44
2.1.1.2. Organismos Públicos 45
2.2.2. Comportamiento y Actuar Sindical 45
2.2.2.1. Flexibilidad Contractual 45
2.2.2.2. Flexibilidad en la Regulación de las Condiciones de Trabajo 46
2.2.2.3. Flexibilidad Económica 47
2.2.2.4. Flexibilidad de la Organización el Trabajo 48
2.2.2.5. Toma de Decisiones 49
2.2.2.6. Utilitarismo 50

III LEVÍTICO. CARAVANA EPISTEMOLÓGICA Y METODOLÓGICA 54

1. Ruta Epistemologica 54
2. Método 58
2.1. Fase de Inicio o Preparación 60
2.2. Fase de Trabajo de Campo 60
2.3. Fase Analítica 61
3. Técnicas de Análisis 61
4. Informantes clave 63

IV NÚMEROS. ANÁLISIS E INTERPRETACIÓN DE LOS HALLAZGOS 64

1. Análisis de los Resultados 64

2. Categorización, Análisis e Interpretación de la Data 66
3. Triangulación de la Data 93
3. Estructura Cognitiva Integradora 95

V DEUTERONOMIO. PROPUESTADE INVESTIGACIÓN......97

1. Presentación 97
1.1. Aporte Teórico 98
1.1.1 Manual del Sindicalista y Laboralista 98
1.2.1 Reflexiones Finales 212
CONCLUSIONES 218
RECOMENDACIONES 225
REFERENCIAS BIBLIOGRÁFICAS 228
ANEXOS 231
Anexo A: Entrevista Estructurada 232
Anexo B. Convenios Internacionales O.I.T 234
Anexo C. Artículos de la Normativa Legal Venezolana 244
Anexo D. Documentos constitutivos para registrar una organización Sindical 254

LISTA DE CUADROS

Pág.

1. Cuadro de Operacionalizaciòn de las Variables 52
2. Guión de entrevista 65

LISTA DE GRÁFICOS

Pág.

1. Estructura consciente significativa conceptual entrevista 1.........74
2. Estructura consciente significativa conceptual entrevista 2.............. 80
3. Estructura consciente significativa conceptual entrevista 3............... 88
4. Estructura consciente significativa conceptual entrevista 4............... 92
5. Estructura cognitiva integradora...96
6. Diagrama de flujo de una convención colectiva.............................. 214
7. Diagrama cognitivo del manual del laboralista y sindicalista.............215
8. Manual del sindicalista y laboralista...216
9. Diferentes esferas de ética sindical 217

LISTA DE TABLAS

Pág.

1. Entrevista 1. Informante clave 1 67
2. Entrevista 2. Informante clave 2 75
3. Entrevista 3. Informante clave 3 81
4. Entrevista 4. Informante clave 4 89
5. Triangulación sub categoría dilemas éticos 93
6. Triangulación sub categoría ética 94
7. Triangulación sub categoría conducta 94
8. Triangulación sub categoría ética sindical 95

INTRODUCCIÓN

El movimiento sindical venezolano ha sido en los últimos años, centro de atención internacional debido a los cambios sociales impulsados por la llamada "Revolución Bolivariana", hasta el punto que cuatro de las más grandes centrales mundiales de representación sindical, mudaron en la última década sus oficinas centrales a Caracas, y esto debido al vertiginoso viraje de impacto social que se experimenta en el país, en la sociedad y más importante aún, en las organizaciones sindicales actuales.

En este sentido, se comprende que la ética es un conjunto de reglas morales las cuales dominan la conducta humana, siendo el sindicato una sociedad de trabajadores y trabajadoras conformadas en pro de la de la defensa de los derechos económicos, y sociales de sus miembros.

Del mismo modo, las relaciones laborales venezolanas han estado inmersas en situaciones de gran variabilidad, toda vez que gran parte de la población, se encuentra en tránsito, por así decirlo, en la actualidad, pues, algunos poseen una doble modalidad, trabajan bajo dependencia y al mismo tiempo frecuentan la informalidad comercial, como segunda fuente de ingresos, donde las condiciones mismas no están sujetas a ninguna protección legal y en otras hasta rayan con lo ilegal al sumirse en prácticas solo observadas en una economía golpeada por la desaparición de productos de la cesta básica y comercializados en esa informalidad.

Tal situación de precariedad, coloca a las relaciones laborales en riesgo, ya que, los trabajadores han abandonado en algunos casos el recinto de trabajo para acercarse a la venta informal de productos alimenticios, rezagando al trabajo por dependencia al segundo plano y poniendo en jaque por ausentismo generalizado las operaciones laborales empresariales, razones más que suficientes para realizar un análisis sobre el impacto en las relaciones laborales, sindicales y gremiales de estas nuevas formas en que ha mutado la sociedad venezolana.

La investigación se estructura de la siguiente manera: tomando como referencia los libros bíblicos denominados el "pentateuco", por ser múltiplos de cinco, y cuyo significado en español es "cinco rollos", En principio se presenta el Momento I, "Génesis" el cual es el "origen o nacimiento", describe como fue el inicio de las organizaciones sindicales latinoamericanas, las cuales dieron sus primeros pasos y marcaron el rumbo de las futuras generaciones, aterrizando en el caso concreto de estudio venezolano donde se describe el planteamiento y formulación del problema, los objetivos que direccionan las respuestas a la situación planteada como tema de investigación, así mismo, la justificación y delimitación del estudio.

En el Momento II, denominado "Éxodo"; en el cual bíblicamente describe la construcción del tabernáculo en el desierto y todos los sufrimientos padecidos al no obedecer las órdenes o disposiciones de Dios. En este se presenta el estudio del arte, así como los diferentes aportes teóricos de los diferentes autores especialista en ética sindical y relaciones laborales.

El Momento III, "Levítico", nombrado así debido al servicio sacerdotal encomendado a la tribu de "Leví", contiene principalmente las disposiciones reglamentarias de ese servicio, este libro declara la organización sistemática de cómo debía comportarse el pueblo de Dios y la correcta forma de hacerlo que implicaría el agrado del Creador. Se presenta, la caravana epistémica y metodológica a seguir para el correcto proceso investigativo que se pretende, extrayendo del pensamiento científico, las leyes, postulados, formulas, paradigmas y demás perspectivas que permitan la construcción de la realidad en la que participa el Investigador en la observación del fenómeno objeto de estudio, obedeciendo para elo estructuras de contenido Ontológicas, Gnoseológicas y Axiológicas, para lograrlo.

Momento IV Números, bíblicamente se describen los sucesos del viaje de los Israelitas por el desierto, el nombre "Números" se refiere a la numeración o censo del pueblo Israelita que tuvo lugar en el desierto; en total coincidencia con el relato del cuarto libro escrito por "Moisés", se presentan los halazgos y el análisis interpretativo de los mismos, por cuanto surgen de los expertos entrevistados, un discurso, que al analizarse pondrá de relieve los sucesos observados por elos dentro de las organizaciones sindicales venezolanas y como éstas, en estrecha vinculación con la ética y las relaciones laborales permitieron adentrarnos y desarrollar la presente investigación. De esta forma, extraer las propiedades, atributos, debilidades y categorías del objeto de estudio investigado.

Finalmente, en el Momento V, "Deuteronomio" es precisamente la preparación y el consejo que el pueblo de Israel necesitaba para las tareas trascendentales que le esperaban, así como también, las advertencias y consejos necesarios para evitar el mundo corrupto en el que vivían. Muy similar la presente investigación, sin lugar a dudas se convierte en un aporte indispensable para todos los trabajadores venezolanos interesados en organizarse mediante la figura de un sindicato y también a aquelas organizaciones sindicales en funcionamiento.

Por cuanto, dentro de su contenido se esbozan no solo la se desarrollan los contenidos establecidos en el ordenamiento jurídico existente, así como también aquellos requisitos exigidos por los entes del Estado en materia laboral y que no aparecen especificados ni descritos en ninguna norma de orden jurídico. Finalmente, se presentan las conclusiones y recomendaciones, producto de los hal azgos encontrados en la investigación.

MOMENTO I

GÉNESIS

1. RECORRIDO GEOHISTORICO

Según Maureira (1968) la historia latinoamericana ha sido marcada profundamente por el movimiento obrero, y entre los más antiguos, surge el primer sindicato mutual en el año 1857, con la creación y fundación de la Sociedad Tipográfica Bonaerense de Buenos Aires, en la República Argentina. Esta organización de auxilio mutuo, sembró las raíces de lo que hoy se conoce como las organizaciones sindicales modernas en América del Sur. Seguidamente, nacerían de forma vertiginosa otras agrupaciones de trabajadores en México, Chile, Bolivia y a partir de 1930 en Venezuela.

Entre tanto, a criterio de Maureira, (1968) en la Argentina, avanza la organización social de los trabajadores y esta produce como resultado la primera central obrera latinoamericana conocida como la FOA (Federación Obrera Argentina) en 1901, sin embargo esta no duro mucho, al separarse sus fundadores entre anarquistas y socialistas, nacen dos federaciones hoy conocidas como la UGT (Unión General de Trabajadores) en 1903 y la FORA (Federación Obrera Regional Argentina) en 1904. Estas organizaciones marcan el inicio del movimiento sindical latinoamericano y otros países siguen de cerca sus logros y pasos.

De la misma manera, en México, informa Zapata (1986) se dan también los primeros pasos hacia la organización de los trabajadores en el año 1906, en pleno periodo denominado el "Porfiriato" (Gobierno dictatorial de Porfirio Díaz) en donde se da inicio a sociedades mutualistas de auxilio entre los trabajadores, las cuales brindaban protección ante eventualidades en el trabajo y despidos, durante ese tiempo, hubo gran desarrollo debido a la llegada del capital extranjero al país y al mismo tiempo gran explotación del trabajador ya que no habían normas de ningún tipo que protegieran el derecho al trabajo.

Debido a esto, las agrupaciones de trabajadores se hicieron cada vez más grandes, poderosas en la lucha por sus reivindicaciones y en la actualidad, el sindicato más representativo de toda Latinoamérica se encuentra en ese país, con un número de afiliados de más de 1.5 millones de miembros asociados, como lo es el Sindicato Nacional de Trabajadores de la Educación.

Sin embargo, autores como Urquijo (2009) y Díaz (2009) coinciden en que el caso venezolano, el movimiento sindical es uno de los más jóvenes del continente, lo cual es sin lugar a dudas una desventaja en comparación con otros países, lo cual, hace que todavía se esté moldeando no simplemente su forma, sino también las estructuras, desde sus recientes inicios, pero es una rica oportunidad para los aspectos de investigación, ya que tomando en consideración la experiencia y desarrollo del sindicalismo latinoamericano se pudieran introducir mejoras importantes que fortalezcan su actuar ético y así evitar los caminos ya vividos en otros momentos de la historia.

Tomando en consideración lo anteriormente expuesto, se puede notar que el movimiento sindical venezolano ha sido en los últimos 16 años, centro de atención internacional debido a los cambios sociales, económicos, culturales y políticos impulsados por la llamada "Revolución Bolivariana", hasta el punto que cuatro de las más grandes centrales mundiales de representación sindical, mudaron en la última década sus oficinas centrales a la capital de Venezuela, Caracas, y esto debido al vertiginoso viraje de impacto social que se experimenta en el país, en la sociedad y más importante aún, en las organizaciones sindicales actuales.

Tales cambios sociales, han incluido reformas a la organización de los trabajadores, reformas educativas, reformas a las otras formas de organización social, entre las que se cuentan los consejos de trabajadores, las mesas técnicas y los consejos de tierras, en donde la participación de la sociedad civil es necesaria, entre tanto, dichos cambios sociales, han tomador relevancia y por tanto, es importante el estudio de los componentes esenciales para el éxito de las empresas y de las organizaciones sindicales actuales y las futuras.

Del mismo modo, las relaciones laborales venezolanas han estado inmersas en situaciones de gran variabilidad, toda vez, que gran parte de la población, se encuentra en tránsito, por así decirlo, en la actualidad, pues, algunos poseen una doble modalidad, trabajan bajo dependencia y al mismo tiempo frecuentan la informalidad comercial, como segunda fuente de ingresos, donde las condiciones mismas no están sujetas a ninguna protección legal y en otras hasta rayan con lo ilegal al sumirse en prácticas solo observadas en una economía golpeada por la desaparición de productos de la cesta básica y comercializados en esa informalidad.

Tal situación de precariedad, coloca a las relaciones laborales en riesgo, ya que, los trabajadores han abandonado en algunos casos el recinto de trabajo para acercarse a la venta informal de productos alimenticios, rezagando al trabajo por dependencia al segundo plano y poniendo en jaque por ausentismo generalizado las operaciones laborales empresariales, razones más que suficientes para realizar un análisis sobre el impacto ético en las relaciones laborales, sindicales y gremiales de estas nuevas formas en que ha mutado la sociedad venezolana.

Por otra parte, tal situación, también ha afectado a las organizaciones sindicales, pues, una numerosa cantidad de trabajadores ha abandonado el puesto de trabajo, para irse a la economía informal, renunciando también a las organizaciones sindicales y restándole fuerza y cohesión a la organización, modificando el esquema paradigmático existente en Venezuela sobre las relaciones laborales, por tales motivos, se hará necesario investigar las repercusiones tanto en las relaciones laborales, así como en las organizaciones sindicales y el impacto ético aparente por tales condiciones.

1.1. Acercamiento al Fenómeno de Investigación

Según Lucena (2007) en Venezuela el movimiento sindical, es joven y tiene al menos 30 años de atraso con respecto de todos los avances que ya otros países como Argentina y México habían obtenido en la lucha sindical, entrando en el siglo XX, sin conocer de los logros obtenidos en la lucha de clases y en el surgimiento de una fuerza laboral organizada que rompa con la hegemonía del capital sobre los medios de producción, tarde en comparación con otros países, empieza su desarrollo sindical, buscando alterar el sistema implementado por las empresas transnacionales que hacen vida en un país que desconoce sus potenciales y donde la improvisación es el quehacer diario.

Como resultado, el movimiento sindical venezolano según Urquijo (2000) tiene sus inicios en pleno siglo XX, específicamente en los albores de 1930, con la fundación del primer sindicato de auxilio mutual conocido como SAMOP (Sindicato de Auxilio Mutuo de Obreros Petroleros) y el Sindicato SOEP (Sindicato de Obreros y Empleados Petroleros), los cuales guían a los trabajadores a la primera huelga petrolera que se tenga registro en el país, la cual terminó con la intervención del Presidente de la República Eleazar López Contreras en el año 1937 con la consecución del anhelado aumento de salarios, mejoras en las condiciones que dieron origen a las protestas y a las posteriores paralizaciones.

Sin embargo, aunque este aumento no satisfizo las necesidades de los trabajadores, a criterio del Autor, si despertó la pasión por la organización sindical, la unificación de la fuerza y la cohesión social que quedó ejemplificada en esa primera demostración al capital, de que los trabajadores organizados, serían una fuerza que impulsaría los cambios necesarios en la escena venezolana. Esta fuerza sindical que empezó en los años 30 del siglo pasado nace sin dirección ética consolidada y es imperativo hoy, a casi 80 años de la fundación del primer sindicato en Venezuela que se realicen acercamientos y aproximaciones al fenómeno de la organización social de los trabajadores.

Es importante destacar, a criterio del Investigador, que durante más de setenta años de historia contemporánea de Venezuela, las organizaciones sindicales han existido con el propósito de perseguir las mejoras salariales que necesitan los trabajadores, durante este interín de tiempo, muchos factores han incidido, tanto en el éxito, como en el fracaso de las mismas y es de vital importancia para ellas identificar los actuales puntos de mejora y modernización, para evitar sucumbir a los errores cometidos por otras organizaciones tanto en el pasado, como también en el presente.

A este respecto, Añez (2010), expresa que, el Estado se aprovecha de su capacidad y el control de los organismos sindicales para implementar sus políticas económicas y laborales, lo que ha generado como resultado entre otras cosas, la pérdida de niveles salariales y el deterioro de las condiciones de vida de los asalariados, además del desprestigio de los sindicatos como protectores de los trabajadores, al quedar en entre dicho, tanto la ética sindical como su protagonismo como defensores de los beneficios laborales.

Esta situación, ha caracterizado la reputación histórica de las organizaciones sindicales venezolanas, ya que según Noroño (2014) esto ha repercutido en la confianza demostrada por parte de la clase trabajadora, además, impulsado al mismo tiempo el intento de creación por parte del Estado, de otras formas de organización social dentro de las entidades de trabajo con el fin de supervisar, sustituir o restarle apoyo a tales gremios. Para el autor, la falta de asesoría especializada, las trabas burocráticas y la falta de componentes éticos dentro de las organizaciones sindicales, pudieran ser el caldo de cultivo para debilitar estas organizaciones tan necesarias para los trabajadores.

Entre tanto, las modernas organizaciones sindicales, con el propósito de proteger a los trabajadores han establecido dentro de sus estatutos sociales, normas relativas a la administración de sus fondos y procedimientos para mantener una dirigencia sindical enfocada en la consecución continua de mejoras hacia el gremio, sin embargo, para muchos, esto no ha sido del todo exitoso, puesto que la historia ha revelado que muchos líderes sindicales, de América latina y del resto del mundo, se han enriquecido a través de celebrar acuerdos que ponen en peligro los beneficios conseguidos mediante las luchas legitimas de los trabajadores a lo largo de los tiempos.

Mientras tanto, se ha hecho común las prácticas poco honestas, particularmente en los conceptos de ingresos sindicales, qué a criterio de Urquijo (2000) es un pago legal y establecido en la ley, más sin embargo, esto dió pié a acusaciones de corrupción y a abusos por parte de los dirigentes sindicales debido al manejo que a estos fondos se les ha dado y que dentro de la mayoría de las organizaciones sindicales, no estaba bien definido ni precisado el destino de los mismos, actuar que ha enturbiado históricamente la ética y la reputación de estas organizaciones.

En concordancia con lo expresado anteriormente, algunos líderes sindicales se han desviado de su misión histórica y responsabilidad estatutaria, de velar y vigilar por los beneficios sociales y legales de sus agremiados, sucumbiendo ante las políticas y tácticas del Capital, desvirtuando su propósito como organización y colocando en peligro los logros y reconocimientos obtenidos por la clase trabajadora y otras organizaciones sindicales precedentes, pudiendo afectar así las relaciones laborales existentes.

A este respecto, en la Ley Orgánica del Trabajo (1997, en lo sucesivo LOT) se establecieron normas relativas a la rendición de cuentas y a los informes que anualmente las organizaciones sindicales debían entregar a sus agremiados y reportar de estas a la Inspectoría del trabajo, con la finalidad de que los trabajadores estuvieran al tanto del manejo de los fondos sindicales y al mismo tiempo se establecieron limitaciones y restricciones en caso de no hacerlo, con el firme propósito de que los dirigentes dieran cuenta del manejo de los fondos sindicales de forma obligatoria.

Sin embargo, en la LOT (1997) con referencia a la legitimidad de las mismas, no existían limitaciones para las organizaciones sindicales, en el sentido que, estas podían realizar todo lo referente a sus procesos electorales de forma privada, o con el auxilio tanto de la Inspectoría del trabajo así como también del CNE (Consejo Nacional Electoral), además, una organización sindical podía evadir la rendición de cuentas, fundando otra organización sindical, sin mayores complicaciones, puesto que la ley no prohibía nada en lo referente a estos temas de especial relevancia, lo cual facilitó el ambiente para las prácticas denunciadas por Urquijo(2000).

Es debido a esto, que la nueva norma sustantiva laboral que entró en vigencia a partir del 07 de mayo de 2012 según Gaceta Oficial Nº 6076, mediante el decreto Presidencial Nº 8.938, creó el Registro Nacionalde Organizaciones Sindicales y estableció dentro de la ley, como parte de las limitaciones para las juntas directivas de las organizaciones sindicales venezolanas, las convocatorias a elecciones cuando de conformidad con la ley y sus estatutos, se les haya vencido el período para la cual fueron elegidos, estableciendo como contraria a la "ética sindical" cualquier acto que viole o menoscabe lo establecido en el artículo 402 de la Ley Orgánica del Trabajo, los Trabajadores y las Trabajadoras, (en lo sucesivo LOTTT).

Por otra parte, dentro de las modificaciones y avances en materia sindical, quedó expresamente prohibido para el Registro Nacional de Organizaciones Sindicales, legalizar la inscripción de un sindicato, si dentro de dicha junta directiva provisional, se incluyeron personas que durante el último año fueron inhabilitadas para la reelección por no rendir cuenta de la administración de fondos sindicales y cuando se incluyan a personas que durante el último año pertenecieran a una junta directiva de otra organización sindical cuyo periodo se venció y no hubiera convocado a elecciones sindicales, de conformidad con el artículo 387 literales 7 y 8 de la LOTTT (2012).

Tomando en consideración lo expuesto anteriormente, se puede notar que en los aspectos relacionados con las convenciones colectivas, nadie puede negar que han existido avances y progresos, por lo menos en la mayoría de ellas, sin embargo hay puntos de mejora importantes que corregir, donde el componente ético debe formar parte integrante de las mismas y ser el enclave donde se fundamenten todas las decisiones, que marcarán el futuro de los beneficios de los representados y agremiados y donde se fortalezca la gestión de reconocimientos para los trabajadores venezolanos.

A este mismo tenor, Urquijo (2000) acota que las organizaciones sindicales de hoy se debaten entre "luces y sombras" y que por lo tanto esta realidad no debe ser ignorada, sino mas bien, tomada en cuenta, analizada y estudiada y finalmente introducir los correctivos y cambios convenientes para proyectar "una nueva imagen renovada y renovadora", al mismo tiempo, indica el autor, que Venezuela se ha convertido en un inmenso campo de experimentación sindical, en un momento donde el mundo del trabajo se estremece por las nuevas tendencias globales, que hacen que sea necesaria y apremiante una verdadera unidad orgánica del movimiento sindical.

En virtud de tal situación, el Legislador venezolano por primera y única vez, utiliza el término "ética sindical", expresión que no aparece en ninguna otra norma, tampoco se hace referencia a ella dentro del andamiaje jurídico de la República, situación que contrasta con todas las anteriores leyes que rigieron la escena laboral del país, abriendo así el compás, para definirla, señalar los factores que convergen en el éxito de las organizaciones sindicales venezolanas y la influencia de la ética dentro de las mismas. Lo que también abre el compás, para la elaboración y construcción de postulados éticos en base a las actividades propias de estas organizaciones sociales.

A este respecto, autores como Elegido y Rubio (1998) indican que algunas organizaciones sindicales se han apartado de sus principios constitutivos y que al mismo tiempo distan de perseguir los principios proteccionistas, gremiales, profesionales, de defensa de los trabajadores, actuando en contra de tales, valiéndose de esta conducta, algunos empleadores, pudieran verse forzados a aceptar las actividades de un sindicato corrupto el cual no tiene un verdadero deber ético para con sus agremiados, lo cual pudiera tener un efecto destructivo para las relaciones laborales, las conquistas o logros laborales obtenidos mediante las legitimas luchas de los trabajadores, tal vez, hasta incentivando tales distorsiones con el fin de lograr corromper sus principales propósitos.

Sin embargo, el estudio de estas situaciones también debe abarcar el marco normativo establecido en la República, las cuales intervienen en el accionar sindical y los organismos públicos que interactúan con tales organizaciones, todo, con el propósito de poder realizar un análisis estructural del proceso de tomas de decisiones, así como también, si estas pueden mejorar la calidad de vida de los trabajadores, incrementado sus beneficios laborales; aunado a esto, verificar si los organismos poseen los valores éticos necesarios para la consecución de reconocimientos y logros de la clase trabajadora, así como si tales componentes éticos incentivan o perjudican el establecimiento de unas relaciones laborales saludables.

Por otra parte, las organizaciones sindicales, como garantes de la protección de sus afiliados y miembros, son responsables de la consecución de mejoras sustanciales en las condiciones laborales, por lo tanto, el deterioro o minusvalía del componente ético sindical podría socavar el protagonismo primario de tales organismos y poner en peligro el futuro económico de los trabajadores, por lo tanto cobra aun más relevancia la autocritica para producir propuestas que coadyuven al logro de las transformaciones necesarias en el sindicalismo venezolano y en las relaciones laborales, las cuales son el propósito fundamental de esta investigación.

Ante estas circunstancias, riesgosas por demás para los trabajadores a criterio del Investigador, es necesario construir y definir lo que significan el comportamiento, los elementos éticos que deben regir a las organizaciones sindicales, las implicaciones de dicho comportamiento, además, de los posibles dilemas éticos dentro de estas sensibles organizaciones sociales. Incluso, proponer, acciones transformadoras que permitan perfeccionar las prácticas comunes sindicales y al mismo tiempo, identificar como estas, impulsan la consecución o desmedro de logros para sus agremiados, así como también sobre las relaciones laborales, pudiendo estas, ser determinadas y analizadas por la presente investigación.

No obstante, se problematiza aún más la situación al evidenciarse que existen organizaciones sindicales las cuales tomaron malas decisiones al momento de discutir sus convenciones colectivas y al pactar con los patronos, entre las que a criterio del Investigador se puede mencionar la CTV (Confederación Venezolana de Trabajadores) la cual, durante la discusión de pliegos, reclamos personales o colectivos y a la hora de demandar ante tribunales derechos de los trabajadores, resultó en graves daños a la progresividad de los beneficios adquiridos históricamente por los trabajadores, al aplicar tecnicismos, mutilaron o cercenaron tales logros, dejando casi sin alternativas a los agremiados, marcando así, su reputación.

Así mismo, otra realidad que evidencia esta situación consiste en la baja conflictividad observada desde el año 1999, por las organizaciones sindicales que hacen vida en el país, lo cual denota dos importantes observaciones, ya sea que las entidades de trabajo cumplen con todo lo establecido en la ley y en las convenciones colectivas o, que existe conformismo sindical e inactividad por parte de estas organizaciones llamadas a defender los intereses de sus integrantes.

Ahora bien, en las empresas privadas, Avícola de Occidente C.A. y Productores Avícolas Zulia C.A., las cuales forman parte integrante del objeto de estudio, las organizaciones sindicales se enfrentan a situaciones que ponen en peligro la progresividad y continuidad de los beneficios socioeconómicos para los trabajadores sean estos agremiados o no a la organización de representación colectiva, estas situaciones son las que se pretenden estudiar y presentar alternativas colaborando y cooperando en la superación de las evidencias observadas.

En virtud de ello, se precisa el establecimiento de orientaciones legales, éticas, tácticas y prácticas que permitan a tales organismos de representación colectiva, accionar en pro del beneficio de sus integrantes, abordar con perspectiva integral sus responsabilidades, transformar sus acciones presentes y proponer alternativas futuras de perfeccionamiento sindical, logrando así, habilitar nuevas ideas para el avance y progreso continuo de los trabajadores.

1.2. Interrogante de la Investigación

Teniendo en consideración lo antes expuesto se plantean las siguientes interrogantes ¿De qué manera la ética sindical impulsa las relaciones laborales en empresas privadas? ¿De qué manera pudieran afectar los dilemas éticos a las organizaciones sindicales en las empresas privadas Avícola de Occidente C.A. y Productores Avícolas Zulia C.A?

2. PROPÓSITOS DE LA INVESTIGACIÓN

2.1. Propósito General

Analizar la ética sindical como valor impulsor de las relaciones laborales en empresas privadas.

2.2. Propósitos Específicos

- Comprender los elementos de la ética sindical en empresas privadas.
- Identificar los dilemas éticos presentes en organizaciones

sindicales en empresas privadas.

- Analizar el marco normativo que regula a las organizaciones sindicales en empresas privadas.
- Caracterizar la gestión de la organización sindical en empresas privadas.
- Formular teoría sustantiva que establezca la ética sindicalcomo valor impulsor de las relaciones laborales en empresas privadas.

3. JUSTIFICACIÓN DE LA INVESTIGACIÓN

A fin de exponer los argumentos justificativos, el estudio considera varios puntos de vista, a saber: teóricamente, por cuanto ela aportará un marco referencial en relación a la ética sindical, partiendo de un conjunto de teorías, enfoques y conceptos distintos emitidos por autores, tales como: Noroño (2014), Carballo (2012) Seijo (2012), Lucena (2007) y Urquijo (2000), que contribuyeron al establecimiento de una posible asociación entre las variables objetos de estudio, dando como referencia, el rol de la ética en las organizaciones sindicales venezolanas, lo cual brindó un aporte científico.

Desde el punto de vista práctico-social una vez obtenidos los resultados de la investigación, las organizaciones sindicales venezolanas objetos de estudio contaran con información importante para asumir los correctivos en caso de ser necesario, lo cual será útil para las nuevas organizaciones sindicales y las ya existentes, y para la consecución de reconocimientos para los trabajadores venezolanos. Así mismo, esta investigación podrá servir como marco referencial para otros posibles estudios con referencia a la ética desde el marco de las organizaciones sindicales, así como también, lo referente a las relaciones laborales, tomando en consideración el ámbito de las empresas privadas.

Desde el punto de vista metodológico, el estudio brindó la oportunidad de aplicar instrumentos de medición y técnicas de recolección de datos confiables, que permitirá determinar la influencia de la ética sobre las organizaciones sindicales en empresas privadas venezolanas, produciendo aportes positivos e importantes para otras organizaciones similares y la utilización de dichos datos por parte de otros investigadores.

4. DESCRIPCION DEL CONTEXTO

La investigación se inserta dentro de la línea matricial Gerencia de las Organizaciones, específicamente la Línea Potencial de desarrollo Organizacional, en la línea temática de las Organizaciones sindicales. Atendiendo al comportamiento de las organizaciones sindicales en empresas privadas, a la ética como valor impulsor, por lo cual, estaremos en presencia de una investigación documental, pospositivista, cualitativa y etnográfica, partiendo de la selección de renombrados expertos en el área sindical, revistas científicas, artículos arbitrados e importantes criterios doctrinarios nacionales y extranjeros, la Constitución (1999), así como la Ley Orgánica del Trabajo, los Trabajadores y las Trabajadoras (2012).

Por otra parte, desde el criterio espacial se desarrolló dentro del área territorial del Estado Zulia, y temporalmente el estudio se realizó en los meses de septiembre de 2013 y enero 2016, la misma, debido a su contenido informativo e investigativo, podrá servir como base para futuras investigaciones y en especial a las estrechamente vinculadas a las relaciones laborales, las organizaciones sindicales y la ética.

Así mismo, se consultaron autores para fundamentar la variable ética, como: Newton (2014), Rangel y Alvarado (2012), Parra (2010), Seijo (2008), Etkins (2007), del mismo modo, para el desarrollo de la variable organizaciones sindicales, se consultaron autores como: Noroño (2014), Díaz (2009) Añez (2007), y en cuanto a la variable relaciones laborales, se consultaron autores como: Noroño (2014), Añez (2010), Benavidez (2010) y Miguelez (2006) entre otros.

MOMENTO II

ÉXODO

MAPEO TEÓRICO – REFERENCIAL

1. ESTADO DEL ARTE

Inicialmente se presenta a Noroño (2014) quien realizó un artículo para la revista Lex Laboro titulado: retos y perspectivas de las organizaciones sindicales en el contexto de la globalización de las relaciones laborales en Venezuela. Este estudio se fundamenta la selección de prestigiosas revistas científicas, artículos arbitrados y renombrados criterios doctrinarios nacionales y extranjeros, la Ley Orgánica del Trabajo, los Trabajadores y las Trabajadoras (Presidencia de la República, 2012), la Constitución y también lo referido sobre este tema por la O.I.T.

Desde el punto de vista metodológico, la investigación es de tipo documental, descriptiva; con un diseño bibliográfico. La población objeto de esta investigación son las organizaciones sindicales del estado Zulia, las cuales están en un proceso de transformación y auge. En el presente estudio se utilizó la técnica bibliográfica, asimismo se realizó un análisis de contenido y un análisis crítico.

Según los resultados obtenidos se puede concluir, a juicio del investigador, que en Venezuela no existen programas de capacitación sindical y programas de formación sindical que coadyuven a elevar el nivel de conciencia, formación y capacitación de los miembros de las organizaciones sindicales y que casi ninguna federación o confederación

El aporte de la presente investigación, lo constituye la abundante y nutrida información sobre las relaciones laborales lo cual significo un gran aporte para la consolidación de las bases teóricas,

Por otra parte, Noroño (2014) elaboró un artículo para la Revista Legem de la Universidad del Atlántico titulada: La presente investigación tuvo como propósito: analizar las relaciones laborales venezolanas en el contexto de la Globalización. Este estudio se fundamenta la selección de prestigiosas revistas científicas, artículos arbitrados y renombrados criterios doctrinarios nacionales y extranjeros, la Ley Orgánica del Trabajo, los Trabajadores y las Trabajadoras (2012), la Constitución y también lo referido sobre este tema por la O.I.T.

Desde el punto de vista metodológico, la investigación es de tipo documental, descriptiva; con un diseño bibliográfico. La población objeto de esta investigación son las organizaciones sindicales del estado Zulia, las cuales están en un proceso de transformación y auge. En el presente estudio se utilizó la técnica bibliográfica, asimismo se realizó un análisis de contenido y un análisis crítico.

Según los resultados obtenidos se puede concluir, a juicio del investigador, que en La Ley Orgánica del Trabajo, los Trabajadores y las Trabajadoras (LOTTT) en su artículo 18 reproduce los principios constitucionales del trabajo como hecho social contenidos en el artículo 89 de la Constitución de la República Bolivariana de Venezuela (CRBV). Estos principios constituyen una guía para la interpretación y aplicación de ambas normativas: la legal y la constitucional.

El citado antecedente fue de relevante importancia para la presente investigación debido a que trata las relaciones laborales la cual es una de las categorías objeto de estudio; por lo que sirvió de guía para construir las bases teóricas.

En este orden de ideas, Delfini (2011) realizó un artículo titulado: Relaciones laborales y "gestión de recursos humano" en filiales de empresas multinacionales en Argentina para el Instituto de Industria, Universidad Nacional de General Sarmiento. Las Empresas Multinacionales han tendido a trasladar a sus filiales prácticas de "gestión de recursos humanos" desarrolladas en el país de origen dando como resultado relaciones laborales convergentes a nivel mundial y que modificaron las relaciones laborales tradicionales de los países de instalación.

El objetivo de este artículo es indagar en qué medida se desarrollan procesos de convergencia entre las sucursales de empresas multinacionales en Argentina en las prácticas de "gestión de recursos humanos" y su impacto en las relaciones laborales. El presente análisis se levó adelante por medio de entrevistas semi estructuradas a gerentes y empleados de recursos humanos de seis firmas multinacionales. Los resultados del presente artículo muestran la convergencia en las estrategias de "gestión de recursos humanos", aunque con diferencias en la implementación.

Se realizaron entrevistas realizadas a gerentes y empleados del área de recursos humanos de las firmas analizadas. Dado que el país de origen de las EMN es un elemento central al momento de explicar la construcción de estrategias de relaciones laborales, se analizarán firmas del sector automotriz cuya casa matriz se encuentra en EE.UU y Japón, lo cual permitirá desarrollar una comparación por país de origen. La elección del sector obedece a la importancia que tiene la industria automotriz en Argentina, cuyas terminales son todas extranjeras y además por ser el eje paradigmático a nivel mundial del desarrollo de un conjunto de prácticas de empleo

En la primera parte del presente artículo se dará cuenta de los diferentes enfoques en torno a las relaciones laborales en EMN. En la segunda parte se tratarán los marcos analíticos desde donde se abordaron los estudios y la perspectiva teórica adoptada en este artículo. Posteriormente se presentarán los resultados de las indagaciones realizadas sobre seis EMN radicadas en Argentina.

De esta manera, en el marco del sistema de relaciones laborales argentino, la incorporación de estos cambios puede vincularse a la estrategia de algunos sindicatos que adaptaron sus lógicas a la gestión individual de las relaciones laborales. Así, la negociación colectiva celebrada entre las firmas con SMATA ha incorporado numerosos aspectos vinculados con la "gestión de recursos humanos

Dentro de este contexto, Bencomo y Pinto (2012) elaboraron un artículo titulado: ética en las relaciones laborales, en el cual expresan que la ética es tradicionalmente observada como un elemento perteneciente a la esfera privada de los individuos; o vista, como una simple variable secundaria e incluso ajena, a los reales objetivos, intereses empresariales. Los actores que conforman las relaciones laborales en las organizaciones productivas, se han visto históricamente inmersos en este paradigma que responde a criterios netamente económicos o legales, a la hora de evaluar los procesos y estrategias empresariales.

En lo normativo, ha imperado el mero cumplimiento de las leyes como deber único de las empresas. Los ingentes efectos nocivos que ha tenido en la sociedad esta visión ortodoxa excluyente, ha lamado a replantear el rol de la empresa con respecto a su responsabilidad para con el entorno humano, retomando el debate sobre la necesidad de la ética en las relaciones laborales, signadas por la relación capital-trabajo.

En este orden y dirección, Parra (2010) presentó un trabajo de grado titulado: ética y responsabilidad social en las relaciones laborales, en la Universidad de Carabobo, para optar al grado de doctor en ciencias sociales. La presente investigación examina los factores asociados a la ética y responsabilidad social en el seno de las relaciones laborales desde la visión transicional modernidad – postmodernidad. El estudio asumió como construcción metódica la articulación de lo cuantitativo y cualitativo.

Se indaga desde alí, el mundo empresarial venezolano, sector telecomunicaciones y más específicamente el subsector telefonía móvil. El estudio de campo elucida lo que Bericat (1998) lama articulación de métodos, la recogida de datos cuantitativos y el registro de información como instancia de complementariedad proveniente de las entrevistas dirigidas al cuerpo gerencial. los resultados derivados del desarrollo metodológico; y en el Quinto se teje el hilo argumental de la tesis para deslindar las dificultades de la visión tradicional de las relaciones laborales frente a la opción de nuevos dictámenes teóricos que explique y faciliten la interpretación de la dinámica laboral en términos de una nueva visión ajustada a la complejidad del fenómeno humano en el siglo XX.

Los resultados obtenidos discurren para que una empresa sea ética y socialmente responsable, ésta debe serlo no sólo con sus trabajadores, cumpliendo la totalidad de la legislación vigente y generando condiciones laborales óptimas que permitan un trabajo decente sino que además considere como central la incorporación de los elementos fundamentales para el establecimiento de una relación armónica entre la empresa y el mundo natural, es decir empresa al servicio del ser humano.

En citado antecedente, aportó importante información a la presente investigación, debido a que presenta importante información sobre ética sirviendo para construir la definición de ética sindical, así mismo, contiene relevante información sobre relaciones laborales, por lo que se utilizó como base para elaborar las bases teóricas del presente estudio.

Por otra parte, Rangel y Alvarado (2012) elaboraron un artículo pada la revista Omnia de la Universidad del Zulia titulado: ética como enfoque de la responsabilidad social: direccionamiento estratégico en universidades públicas. La búsqueda de códigos de conducta que regulen la actuación en las instituciones ha cobrado importancia en los últimos años. Por ello el propósito del presente artículo fue analizar la ética como enfoque de la responsabilidad en universidades públicas, cuya fundamentación teórica estuvo basada especialmente en Cortina (2000), De la Cuesta y Valor (2003), entre otros.

Es un estudio de tipo cualitativo-etnográfico, bajo el paradigma pos-positivista, en donde se utilizó la entrevista semi-estructurada como instrumento para recoger la información, dicha información fue suministrada por seis informantes claves. Llegándose a la conclusión de que la ética fundamenta la responsabilidad social de estas instituciones, dada la capacidad que tienen como universidad de difundir y poner en práctica un conjunto de principios y valores por medio de sus procesos de gestión, docencia, investigación y extensión contribuyendo así, al éxito y bienestar de las mismas, al ser consideradas variables estratégicas en su desarrollo.

Con base a lo expuesto, se infiere que sirvió de aporte debido a que posee información importante sobre la ética sirviendo para elaborar una definición de ética sindical, Así mismo, la metodología implementada se utilizó como guía realizar la caravana epistemológicas y metodológica.

2. BASES TEORÍCAS

2.1. Ética Sindical

En opinión de Parra (2010) expresa que podría decirse que se está ante una evidente crisis de las relaciones laborales, que tiene implicaciones manifiestas en los fundamentos éticos y en consecuencia se manifiesta en los nuevos espacios de construcción de la responsabilización. Por lo tanto, la nueva configuración racional/sistémica traza nuevos rumbos y nuevas renegociaciones en el mundo del trabajo, en la medida en que la superestructura jurídico/política ya no está en posibilidad de reconocer los derechos sustantivos clásicos del mundo laboral, encuentra muros de contención para su extensión al contexto social en el cual se mueve el campo laboral, es decir en la diada empresa-sociedad.

En opinión de Prado, citado por Aguilar (2010) la ética es la disciplina filosófica que estudia la moral, la conducta y las obligaciones del hombre ante sus semejantes. Al respecto, Flórez (2005) infiere que la ética es la teoría o ciencia del comportamiento moral de los hombres e la sociedad. Es la ciencia de la conducta humana. Los hombres tienen diversos actos o modos de comportamiento ante ciertos problemas prácticos, que se plantean en las relaciones afectivas reales de unos individuos con otros o al juzgar ciertas decisiones o acciones de los demás.

Arguye Sen (2006) Premio Nobel de Economía que "Los valores éticos de los empresarios y los profesionales de un país (y otros actores sociales clave) son parte de sus recursos productivos". Si estos valores accionan a favor de la inversión, la honestidad, el progreso tecnológico y la inclusión social, serán verdaderos activos; si, en cambio, predomina la ganancia rápida y fácil, la corrupción y la falta de escrúpulos, bloquearán el avance de la sociedad.

De igual manera, Seijo y Ávila (2008), exponen que dentro de las decisiones responsables que una organización debe tomar, está presente la responsabilidad social, como una filosofía de gestión ética de los impactos que generan las organizaciones en su entorno. Guedez (2006 citado por Hernández y Seijo (2013) expresan que la ética es la ciencia mediadora entre Dios, con la naturaleza y los semejantes desde la perspectiva de los individuos

A este respecto, la Constitución de la República Bolivariana de Venezuela (1999) en su artículo 2 incluye a la ética, como un valor superior del estado venezolano, que será insertada en todo el ordenamiento jurídico venezolano, a tenor de esta disposición, No obstante, la Ley Orgánica del Trabajo (1997), no hacía referencia a la ética y menos aún, a la sindical, sin embargo fue concebida como factor de desarrollo bajo inspiración de la justicia social y equidad, que también forman parte del componente ético según su artículo 2.

Cabe destacar, que en el año 2012, el extinto presidente Chávez, promulga el nuevo paradigma laboral con la entrada en vigencia de Ley Orgánica del Trabajo, los Trabajadores y las Trabajadoras, donde se introdujo en la redacción del artículo 402 el término "ética sindical", de esta manera, el legislador patrio por primera vez utiliza este término, razón suficiente para que los investigadores, hagan sus acercamientos interpretativos de su alcance, misión y visión.

De acuerdo con Vilasmil (2006), el sindicato es una unión o asociación de trabajadores o empleadores, con el objeto de regular, mejorar y defender sus condiciones de trabajo, razón por la cual se trata de una verdadera persona jurídica de derecho del trabajo que con la sola inscripción en el registro de organizaciones sindicales que leva generalmente la administración del trabajo es capaz de adquirir derechos y contraer obligaciones en el ámbito de las relaciones de trabajo.

En este orden de ideas, Alegría (2007) plantea que el sindicato es el instrumento creado por los trabajadores y protegido por la ley para asumir la defensa de sus intereses, tanto los específicos y derivados de la relación de trabajo, así como aquellos de naturaleza general propios de su condición humana, constituyendo una estructura organizada, reglamentada y con dinámica interna que le permite con propiedad que se hable de su creación, de su naturaleza jurídica, de su condición de sujeto capaz de asumir derechos, deberes y obligaciones, a través del ejercicio de la autonomía colectiva, cuya constitución se somete al principio de legalidad sindical, y forma parte del contenido de la libertad sindical.

Aduce el mencionado autor que estas atribuciones y finalidades están ensombrecidas por la cruda realidad del movimiento sindical actual, pues opina que la clase sindical está muy lejos de cumplir a cabalidad con esas funciones protectoras, de representación, de defensa de velar por el cumplimiento de las normas destinadas a proteger el hecho social trabajo y son contadas las organizaciones que medianamente desarrollan algunas de estas funciones, lo que denota el gran estado de abandono en el que se encuentran.

Por otra parte, Machicado (2010), citado por Noroño (2014) el sindicato es la unión libre de personas que ejerzan la misma profesión u oficio, o profesiones y oficios conexos, que se constituya con carácter permanente y con el objeto de defender los intereses profesionales de sus integrantes o para mejorar sus condiciones económicas y sociales, es una persona jurídica que tiene por objeto la defensa de los intereses de sus asociados, empleadores, o trabajadores que pertenecen a una misma empresa, profesión u oficio, empresas profesiones u oficios similares y conexos.

En cuanto a la definición establecida en la propia Ley Orgánica del Trabajo, los Trabajadores y las Trabajadoras (2012) en el artículo 365, que las organizaciones sindicales tendrán por objeto, el estudio, defensa, desarrollo y protección del proceso social trabajo, la protección y defensa de la clase trabajadora, el conjunto del pueblo, de la independencia, y soberanía nacional conforme a la Constitución de la República Bolivariana de Venezuela, así como la defensa y promoción de los intereses de sus afiliados.

Con relación a los sindicatos Noroño (2014) indica que son todas aquelas organizaciones de carácter permanente diseñadas y creadas por grupos de trabajadores y patronos, con el fin último de proteger, defender cuidar y mejorar sus beneficios socio-laborales que se desprenden de un nexo jurídico con el beneficiario de una obra, entidad de trabajo, faena o explotación, dotadas legalmente de capacidad jurídica y de representación personal y colectiva, a fin de cumplir con los principios, valores, metas y aspiraciones, aprobadas por la mayoría de sus fundadores.

En este sentido, se comprende que la ética es un conjunto de reglas morales las cuales dominan la conducta humana, siendo el sindicato una sociedad de trabajadores y trabajadoras conformadas en pro de la de la defensa de los derechos económicos, y sociales de sus miembros.

De la evidencias anteriores, se infiere que la ética sindical, para muchos es una utopía, un sueño imposible, sin embargo, a criterio del investigador, es el conjunto de valores, principios, normas, elementos y comportamiento ejemplares que deben asumir y modelar tanto a quienes desean como a quienes ostentan un cargo de representación colectiva, dicho comportamiento posee una serie de aristas importantes, tales como el asumido, frente a los miembros del organismo sindical, frente a los empresarios, patronos, a la entidad de trabajo, así como frente a la sociedad, es el compromiso responsable de mejorar la calidad de vida, los beneficios laborales, el acceso a la justicia y la representación eficiente de los agremiados, tomando las decisiones en consideración al beneficio de las mayorías sobre las minorías.

2.1.1. Elementos de la Ética

Para Etkins (2007) la ética es un saber que orienta los comportamientos. Pero no es un saber instrumental, porque requiere convicción, consentimiento y compromiso en las prácticas y relaciones. No sólo se trata de cuidar la inversión o mejorar el rendimiento a largo plazo.

2.1.1.1. Convicción

Weber citado Francés (2004) indica que la ética de la convicción de un político, "que se rige únicamente por principios morales y donde siempre y por encima de todo, se deben respetar estos principios, como por ejemplo 'decir la verdad', independientemente de las circunstancias. Y por tanto la mentira, por más excepcionales que sean las circunstancias, siempre será un comportamiento ilícito, éticamente reprobable."

En este sentido, la ética de la convicción tiene un elemento mesiático que permite evadir responsabilidad pero al mismo tiempo crea ilusión y marca un camino a conseguir. Weber comenta que: "Cuando las consecuencias de una acción realizada conforme a una ética de la convicción son malas, el que la va a ejecutar no se siente responsable de elas, sino que responsabiliza al mundo, a la estupidez de los hombres, o a la voluntad de Dios que los hizo así. Quien actúa conforme a una ética de la responsabilidad, al contrario, tiene presente todos los defectos del hombre medio. Quien opera conforme a la ética de la convicción no soporta la irracionalidad ética del mundo. Es un racionalista cósmico-ético"

En opinión de Etkin (2008) lo correcto se basa en convicciones pero también en razones que buscan el bienestar en la organización. Lo inmoral afecta la condición humana y vulnera la naturaleza social de la organización, aún en las situaciones donde los directivos se mantienen dentro del orden jurídico. La razón moral refiere no solamente a lo legítimo en términos de las reglas vigentes, sino que implica una valoración desde lo justo y lo equitativo.

2.1.1.2. Consentimiento

El consentimiento no es más que el acuerdo de voluntades. La voluntad es el querer interno que manifestado bajo el consentimiento, produce efectos de derecho. Todo contrato exige el libre consentimiento entre las partes que lo forman. El consentimiento se manifiesta por la concurrencia de la oferta y de la aceptación sobre la cosa y la causa que han de constituir el contrato en nuestra legislación. De ahí que, indica la ley, será nulo el consentimiento prestado por error, violencia, intimidación o dolo. El artículo 1.141 del Código Civil establece: "las condiciones requeridas para la existencia del contrato son: 1° Consentimiento de las partes..." Los vicios del consentimiento se encuentran reflejados en los artículos 1.146 al 1.145 del Código Civil.

En opinión de Maduro y Pittier (2008) el consentimiento es el acuerdo de voluntades para crear obligaciones, es una manifestación de voluntad deliberada, consciente y libre, que expresa el acuerdo de una persona respecto de un acto externo ajeno.

Con base a lo expuesto, se puede inferir que en términos laborales el consentimiento consiste en la declaración de voluntad de las partes respectos a las condiciones bajo las cuales se levaría la relación laboral.

2.1.1.3. Compromiso

De conformidad con los postulados de Melé (2009), el compromiso visto desde el punto de vista moral, implica una disposición a dar la misma consideración a los derechos, intereses interrelacionados, y las opciones de todas las partes en la situación de que se trate. Este compromiso, como la imparcialidad de juicio tiene un papel esencial en el estudio de la ética: el autor se propuso evaluar y canalizar las decisiones que tomamos para con todas las personas.

Según Newton (2014), va mucho más alá de las decisiones, el hombre comprometido busca la transparencia y enfoca sus decisiones en la seriedad y la equidad en la balanza final, se debe conceder el respeto y la consideración moral, entonces se obtiene la mayoría de los imperativos morales que se utilizaran a partir de este único compromiso. A modo de ejemplo, la regla de oro familiar, que debemos tratar a los demás como nos gustaría que nos traten es una declaración preliminar, donde quedan excluidos quienes cometen excesos. Con respecto a todo lo que planeamos hacer, el compromiso debe hacer que se piense que el actuar afecta a otros.

En ningún caso y en primer lugar, se recomienda el actuar compulsivamente o de forma prejuiciosa, lamamos a esta generalidad "el compromiso con la razón, el compromiso real conlleva al acuerdo de someter la propia juiciocidad moral de acuerdo con la crítica conductual que presenta la sociedad, este poder no descarta la toma de decisiones basados en la moral, de esta manera se descarta el intuicionismo y la negativa a participar sobre juicios morales en absoluto, ya sea por razones de percepción o aprehensión moral.

En segundo lugar, la autora Newton, propone la obligación de examinar las opciones desde un punto de vista objetivo, un punto de vista que todo el mundo podría adoptar, sin parcialidad, indicando que tiene un interés en el resultado sobre para otras personas, éste es el fundamento de la moral, que se suele lamar, esta perspectiva compromiso e imparcialidad.

En opinión del investigador, el compromiso es más que postulados morales y éticos, es multidireccional, a su criterio, es una acepción que proviene del núcleo familiar, donde, radica la percepción de cumplimiento de tareas durante la etapa de formación del carácter infantil, en donde, los padres forman una parte integrante del mismo, a este respecto, el deseo de complacer y agradar a los padres es un comienzo del compromiso, posee cierto grado de cumplimiento responsable de tareas asignada y de cumplimiento de objetivos.

No obstante, a nivel sindical, el compromiso es más amplio, por cuanto, el deseo de complacer y agradar a sus miembros afiliados requiere un verdadero esfuerzo, ya que se deben realizar actuaciones en diferentes ámbitos, entre los que se pueden, y entre los propios trabajadores, por mencionar solo algunos de muchos mencionar, ante la empresa o entidad de trabajo, ante los organismos públicos otros. Este respecto, el investigador, infiere que se necesitan lineamientos enfocados en el cumplimiento y persecución de objetivos claros para los que liderizan las organizaciones sindicales.

De este modo, la asamblea de trabajadores, consciente de las altas y delicadas responsabilidades que poseen los líderes sindicales, debe establecer criterios uniformes sobre los objetivos perseguidos en el marco de la discusión de una convención colectiva, a sabiendas que no es una tarea fácil; El líder sindical, debe enfocarse en complacer y responder ante la asamblea de trabajadores sobre los resultados obtenidos en las discusiones, buscando en primer lugar, la progresividad de los beneficios, la mejora en la prestación del servicio y el avance constante en materia de seguridad en el trabajo.

Cabe acotar, que el compromiso, deber ser la primera norma del sindicato, debe ser una visión del líder y en resumen, el compromiso sindical, implica poner en primer lugar los intereses de los trabajadores y poner de lado los intereses personales y empresariales. De esta manera, la visión de cumplimiento, agrado y prosecución de objetivos comunes, implica abandonar los proyectos personales y dedicarse a la labor de crecimiento colectivo, de ahí que sea una labor titánica, puesto que dentro de las prácticas empresariales, según Añez (2007) el capital busca infiltrar a la organización sindical con el propósito de amoldarla a las políticas y visión del empresario, transformando la visión del sindicato.

En este sentido, la falta de compromiso se evidenciará de varias maneras, una de las más evidentes aflora con el estancamiento en el mejor escenario, de los beneficios derivados de la convención colectiva, por no mencionar la desaparición o desmejora de los ya obtenidos, por otra parte, según Noroño (2014), la baja conflictividad sindical, que incluye el respeto de lo pactado, denota una filtración de las políticas empresariales en la visión proteccionistas del sindicato.

Por otro lado, según Díaz (2009), los sindicatos se convirtieron en las correas de transmisión de las políticas empresariales dentro de los recintos de trabajo, eliminando el compromiso del líder sindical para con sus agremiados, situación que debe cambiar desde la base misma del sindicalismo, como lo es, la asamblea de trabajadores, por elo, se debe detectar en razón de sus actitudes, el líder sindical que no reporta beneficios para el colectivo y que permite que el patrono, deje de cumplir con sus responsabilidades pactadas, para esto, se debe utilizar los mecanismos establecidos en los estatutos para cambiar de forma definitiva la falta de compromiso sindicale impulsar un nuevo liderazgo basado en el compromiso de clase.

Es de hacer notar, que no es otra cosa, que la búsqueda y anteposición de los intereses propios del líder sindical y del empresario, por los del gremio que representa, en sus diferentes esferas de acción, las cuales evidenciarán y catapultarán las relaciones laborales a un nivel óptimo para la clase trabajadora, eliminando o minimizando las practicas que impidan el desarrollo continuo y progresivo de los beneficios de los trabajadores.

2.1.2. Dilemas Éticos

Terry (2007) aborda el tema de los dilemas éticos. Considerando que las diversas obligaciones de los profesionales pueden entrar en conflicto y con elo pueden surgir los dilemas. Éstos se producen cuando hay dos o más posibles explicaciones de una misma situación. La autora afirma que hay diversos modelos para asistir a los responsables de decidir, pero que rara vez hay una respuesta definitiva y absoluta a un dilema ético.

2.1.2.1. Transparencia y Opacidad

Seijo y otros (2008) citada por Rangel y Alvarado (2012) expresa que dentro de estos dilemas, se encuentra la transparencia, la cual en el planteamiento de se ha constituido en un valor imprescindible para garantizar un desempeño libre de zonas grises y eliminar la corrupción del marco empresarial.

En este orden de ideas, Etkin, (2007) indica es necesaria la transparencia en las comunicaciones, reafirmar la identidad y la cultura organizacional y poner al descubierto la doble moral de quienes ejercen el poder en forma arbitraria o compulsiva.

Al respecto, Aguilar (2009) infiere que la transparencia es una práctica o un instrumento que utilizan las organizaciones para publicar o volver público cierto tipo de información o bien para abrir al público algunos procesos de toma de decisiones, haciendo énfasis en las acciones que la organización realiza, tendientes a brindar la información que el ciudadano necesita.

Para Rangel (2012) este concepto considerado por muchos autores como principio, tiene diferentes abordajes, desde el punto de vista: jurídico, político, ético y organizacional. Lo que ha demostrado que es un concepto multifacético. Así, la transparencia es un pilar fundamental de la integridad. Si no hay transparencia, difícilmente otras reglas como la solución de conflictos de intereses, la justicia, la rendición de cuentas, la participación ciudadana y el control social, serán factibles de conseguir.

Haciendo referencia a la opacidad, Etkin (2007) infiere que como la doble moral implica, opacidad en la organización, por cuanto existen diferencias entre el pensar, el decir y el hacer. Así mismo Cortina (2000) señala que las organizaciones han enarbolado las éticas de máximos como propuestas sociales, en donde los máximos representan aspiraciones privadas de felicidad y no de justicia. Por elo ante la incapacidad de brindar felicidad muchos de los que se ven cerca del poder de administrar optan por establecer mecanismos anómalos para construir su felicidad particular a las de un reducido grupo, pero vulnerando los mínimos de justicia que son patrimonio exigible para todos

Para Clemenza y Ferrer (2004), la opacidad es el aprovechamiento indebido de un patrimonio común relacionado con la desviación de la función pública en beneficio particular. En base a elo, se considera una alteración, vicio o abuso. Cabe destacar, que las acciones contra las prácticas corruptas van más alá de mejores políticas y leyes; requiere romper el equilibrio oculto, a través de una convicción y necesidad práctica de la ética. Se puede inferir, de acuerdo a lo expuesto, que las prácticas opacas conllevan a un acto que aleja a las instituciones a desempeñar un sentido ético. Sin embargo, ha sido denunciada de modo constante por los sociológicos y los que gestionan como un factor de fracaso

Arguye Rangel (2012) que la opacidad, viene a constituir lo oscuro, lo opaco lo no transparente, lo corrupto, lo perverso, la doble moral, el doble discurso en las organizaciones. Lo cual es un lamado de atención a la realidad empresarial, social, económica, financiera, política para rechazar cualquier práctica que vaya en consonancia con cualquiera de estos aspectos, dada las consecuencias, que sin duda son indeseables y levan a cualquier organización a desaparecer.

En opinión de Cortina (2003), hay quienes pueden caer en la tentación de utilizar la ética para mejorar su imagen. No se puede hacer una cosa y decir la contraria. Por elo ante la incapacidad de brindar felicidad muchos de los que se ven cerca del poder de administrar optan por establecer mecanismos anómalos para construir su felicidad particular a las de un reducido grupo, pero vulnerando los mínimos de justicia que son patrimonio exigible para todos. En este sentido, para lograr esto se crean todos los artificios, que involucran a estamentos administrativos, judiciales, personales, se corrompe lo bueno y lo armónico.

2.2. Relaciones Laborales

Al respecto, Vega (1994) citado por Noroño (2014) expresa que las relaciones laborales son la forma en que se adoptan las decisiones para distribuir los frutos de la producción entre los productores y aquellos que proporcionan los medios para que la misma se produzca..."

En opinión de, Blanch, Espuny, Gala, y Martín (2005) indica que la expresión relaciones laborales se utiliza habitualmente para designar las prácticas y las reglas que estructuran las relaciones entre los asalariados, los empresarios y el Estado en diferentes ámbitos: dentro de una empresa, una rama de actividad, un territorio determinado o la economía en general.

En este orden y dirección, Noroño (2014) expresa que las relaciones laborales son los vínculos que se establecen en el ámbito del trabajo. Por lo general, hacen referencia a las relaciones entre el trabajo y el capital en el marco del proceso productivo. En las sociedades mercantiles, las relaciones laborales se encuentran reguladas por un contrato de trabajo, que estipula los derechos y obligaciones de ambas partes. Por ejemplo, el contrato laboral señala que un trabajador accederá a una indemnización si es despedido sin causa justa.

2.2.1. Legislación Aplicada

La legislación aplicada en la relaciones laborales en el ordenamiento legal venezolana, se encuentran inmersa en la Constitución de la República Bolivariana de Venezuela (1999) y la Ley Orgánica del Trabajo, los Trabajadores y las Trabajadoras (2012) la cual, está marcada, por el espíritu del Legislador Patrio, en la cual, se denota su tendencia protectora evidenciando su inclinación a rigidizar las normas establecidas en el Derecho del Trabajo venezolano.

En opinión de Noroño (2014) en un resumen detallado de la exposición de motivos de la nueva norma sustantiva laboral venezolana se denota que aunque se introdujeron importantes retrocesos y distorsiones de los derechos laborales, se estableció un lapso para su prescripción de diez años para el cobro de las prestaciones sociales que según su antiguo articulo 61 LOT se perdía el derecho al año. Con esto se pretende "transformar el Estado y crear un nuevo ordenamiento jurídico que permita el funcionamiento efectivo de una democracia social y participativa", de Venezuela.

2.2.1.1. Marco Legal

(A) Constitución de la República Bolivariana deVenezuela

El artículo 89 de de la Constitución de la República Bolivariana de Venezuela (1999) expresa:

> El Trabajo es un hecho social y gozará de la protección del Estado. La ley dispondrá lo necesario para mejorar las condiciones materiales, morales e intelectuales de los trabajadores y trabajadoras. Para el cumplimiento de esta obligación del Estado se establecen los siguientes principios:
>
> Ninguna ley podrá establecer disposiciones que alteren la intangibilidad y progresividad de los derechos y beneficios laborales. En las relaciones laborales prevalece la realidad sobre las formas o apariencias. Los derechos laborales son irrenunciables. Es nula toda acción, acuerdo o convenio que implique renuncia o menoscabo de estos derechos. Sólo es posible la transacción y convenimiento al término de la relación laboral, de conformidad con los requisitos que establezca la ley.
>
> Cuando hubiere dudas acerca de la aplicación o concurrencia de varias normas, o en la interpretación de una determinada norma, se aplicará la más favorable al trabajador o trabajadora. La norma adoptada se aplicará en su integridad.
>
> Toda medida o acto del patrono o patrona contrario a esta Constitución es nulo y no genera efecto alguno.
>
> Se prohíbe todo tipo de discriminación por razones de política, edad, raza, sexo o credo o por cualquier otra condición.
>
> Se prohíbe el trabajo de adolescentes en labores que puedan afectar su desarrollo integral. El Estado los protegerá contra

cualquier explotación económica y social.

Por otra parte, el artículo 95 expresa:

Los trabajadores y las trabajadoras, sin distinción alguna y sin necesidad de autorización previa, tienen derecho a constituir libremente las organizaciones sindicales que estimen convenientes para la mejor defensa de sus derechos e intereses, así como a afiliarse o no a elas, de conformidad con la Ley. Estas organizaciones no están sujetas a intervención, suspensión o disolución administrativa. Los trabajadores y trabajadoras están protegidos y protegidas contra todo acto de discriminación o de injerencia contrario al ejercicio de este derecho. Los promotores o promotoras y los o las integrantes de las directivas de las organizaciones sindicales gozarán de inamovilidad laboral durante el tiempo y en las condiciones que se requieran para el ejercicio de sus funciones.

Para el ejercicio de la democracia sindical, los estatutos y reglamentos de las organizaciones sindicales establecerán la alternabilidad de los y las integrantes de las directivas y representantes mediante el sufragio universal, directo y secreto. Los y las integrantes de las directivas y representantes sindicales que abusen de los beneficios derivados de la libertad sindical para su lucro o interés personal, serán sancionados o sancionadas de conformidad con la ley. Los y las integrantes de las directivas de las organizaciones sindicales estarán obligados u obligadas a hacer declaración jurada de bienes.

Dentro de este contexto, el artículo 96 del citado instrumento legal indica:

Todos los trabajadores y las trabajadoras del sector público y del privado tienen derecho a la negociación colectiva voluntaria y a celebrar convenciones colectivas de trabajo, sin más requisitos que los que establezca la ley. El Estado garantizará su desarrollo y establecerá lo conducente para favorecer las relaciones colectivas y la solución de los conflictos laborales. Las convenciones colectivas amparan a todos los trabajadores y trabajadoras activos y activas al momento de su suscripción y a quienes ingresen con posterioridad.

Es de hacer notar, que el mencionado instrumento legal en materia laboral expone principios de gran relevancia los cuales en opinión de Perdomo (2005) son: "...normas permanentes que constituyen las bases del ordenamiento jurídico laboral y sirven de guías al juez o a los intérpretes de esas disposiciones para realizar la justicia", siendo esto:

(a) Principio Protectorio: Fernández (2006) la subordinación es un factor propio en una relación laboral, y esta subordinación trae aparejada la aplicación del derecho del trabajo. El principio protector es como el corazón del derecho del trabajo su esencia radica no en nivelar a las personas sino de equilibrar las desigualdades existentes en dicha subordinación

En lo que respecta a cuales es sus modos de aplicación, este principio protector consta de tres partes según el citado autor:

(a) In dubio pro operario: Hace referencia al criterio que debe adoptar un magistrado para seleccionar por un sentido entre los varios que puede dar una norma, cuando es poco clara o si existe alguna duda. El principio dice que deberá ser la interpretación más favorable al trabajador.

(b) Norma más favorable: En el caso de que exista más de una norma para aplicar (a diferencia del in dubio pro operario, que se trata de más de una interpretación para una misma norma), se optará por aquelas que presente las condiciones más favorables para el trabajador, incluso si la misma es de menor jerarquía entre el ordenamiento clásico de las leyes.

(c) La condición más beneficiosa: Hace referencia que nunca se aplicará una normativa que signifique un retroceso para los beneficios que haya adquirido un trabajador. Se considera la condición más beneficiosa como un bien incorporado al contrato de trabajo del individuo. Este principio entiende que, cualquier modificación a las normativas, debe ampliar, y no reducir los derechos del trabajador.

Este es el principio sobre que se desarrolló la disciplina del derecho del trabajo, luego la doctrina fue abriéndose paso y se crearon otros principios, que complementaran al primero para su mejor aplicación e Interpretación.

(d) Principio de Celeridad Procesal: El artículo 257 de la

Constitución de la República Bolivariana de Venezuela, infiere: "... Las leyes procesales establecerán la simplificación, uniformidad y eficacia de los trámites y adoptarán un procedimiento breve, oral y público. No se sacrificará la justicia por la omisión de formalidades no esenciales".

Al respecto, Vilasmil (2007), no se limita a la consagración formal del deber que tiene la jurisdicción laboral de administrar la justicia con celeridad o brevedad, tal y como lo estatuyen los artículos 2 y 3 de la ley procesal laboral, sino que incorpora en su estructura, primeramente, una concentración en materia de defensas de previo pronunciamiento, y en segundo lugar, la forma oral ya que garantiza que el proceso laboral pueda tramitarse en sus aspectos fundamentales en pocas audiencias; en tercer lugar, el sistema de casación sin reenvío y en cuarto lugar, la sentencia no constituye en principio un instrumento formaly escrito, ya que culminado el debate probatorio, el operador de justicia podrá emitir la sentencia de forma oral.

(e) Principio de Irrenunciabilidad de los Derechos: el artículo 19 de a LOTTT (2012) expone:

> En ningún caso serán renunciables los derechos contenidos en las normas y disposiciones de cualquier naturaleza y jerarquía que favorezcan a los trabajadores y a las trabajadoras.
>
> Las transacciones y convenimientos solo podrán realizarse al término de la relación laboral y siempre que versen sobre derechos litigiosos, dudosos o discutidos, consten por escrito y contengan una relación circunstanciada de los hechos que la motiven y de los derechos en ela comprendidos.
>
> En consecuencia, no será estimada como transacción la simple relación de derechos, aun cuando el trabajador o trabajadora hubiese declarado su conformidad con lo pactado. Los funcionarios y las funcionarias del trabajo en sede administrativa o judicial garantizarán que la transacción no violente de forma alguna el principio constitucional de irrenunciabilidad de los derechos laborales.En este orden de ideas, Fernández (2006) elfin del principio de

irrenunciabilidad de los derechos tiene como fin es afirmar que la normativa laboral se impone a las partes de las relaciones laborales más alá de su propia voluntad y a pesar de ela.

(f) Principio de Progresividad: El principio de progresividad que establece el Artículo 89 de la nueva Constitución. Eso podría ser interpretado como que todo beneficio que fue otorgado a un trabajador no puede ser disminuido. Así por ejemplo, una empresa que siempre ha tenido ganancias, de pronto entra en una situación financiera difícil por la caída en la demanda de sus productos, ya no podría adecuar las condiciones económicas que se hubieran venido aplicando a los trabajadores para hacerlas acordes con las nuevas realidad de la empresa. Tal disposición confiere mayor rigidez a la relación laboral, inhibiendo su flexibilidad y dificultando las modificaciones de las condiciones económicas que la afectan.

Por otra parte, según el artículo 16 de la Ley Orgánica del Trabajo, los trabajadores y las Trabajadoras LOTTT (2012)

Las fuentes de derecho del trabajo son las siguientes:

(a) La Constitución de la República Bolivariana de Venezuela y la justicia social como principio fundacional de la República.

(b) Los tratados, pactos y convenciones internacionales suscritos y ratificados por la República.

(c) Las leyes laborales y los principios que las inspiran.

(d) La convención colectiva de trabajo o el laudo arbitral, si fuere el caso, siempre y cuando no sean contrarias a las normas imperativas de carácter constitucional y legal.

(e) Los usos y costumbres en cuanto no sean contrarias a las normas imperativas de carácter constitucional y legal.

(f) La jurisprudencia en materia laboral.

(g) Aplicación de la norma y la interpretación más favorable.

(h) La equidad, la igualdad y el ideario Bolivariano,

Zamorano y Robinsoniano.

(B) Ley Orgánica del Trabajo, Los Trabajadores y las Trabajadoras

Ley Orgánica del Trabajo, Trabajadores y las Trabajadoras, (2012) indica Urdaneta (2012) se aumentan las normas de protección para el hecho social trabajo, se eliminan las tercerizaciones y se le pone fin a un sinnúmero de procesos legales administrativos extremadamente tardío y lenos de protocolos y burocracia, mutando a un proceso legal expedito y sin los formalismos innecesarios que exigía la Ley Orgánica del Trabajo de 1997, incrementando de forma exponencial los beneficios laborales y mayor velocidad procesal.

Arguye el citado autor, que el mencionado instrumento legal es totalmente contraria a su antecesora, pues se espera que ésta sea una ley transitoria ya que entre el modelo democrático capitalista existente en Venezuela desde su fundación como República en 1810, y el modelo puesto en marcha desde 1998, el cual impulsa un modelo democrático de tono Socialista, totalmente antagónico con el modelo económico donde el capital es la fuente predominante de las relaciones laborales, por ser parte integrante del modelo productivo imperante en el país y en donde el Estado toma parte activa en el proceso de producción y toma posesión de una parte.

Es por lo tanto, necesario para los trabajadores venezolanos, a juicio del autor, la aplicación efectiva de la nueva norma legal para lograr acoplar dicho instrumento al parque industrial y legal imperante en la República, puesto que dicha norma es considerada, según indica el autor, como una ley transitoria entre el ínterin de la transformación de los medios de producción Capitalista a un modelo de producción con tendencia Socialista, donde las organizaciones sindicales tienen un papel preponderante y decisorio que jugar en pro de sus intereses colectivos.

Motivo por el cual, es clave, la participación de las organizaciones de representación colectiva de trabajadores, puesto que en el desarrollo de la historia moderna y contemporánea de Venezuela las relaciones laborales han sufrido impactantes cambios pero manteniéndose los mismos actores sociales, se ha tratado de equilibrar las diferencias existentes entre los dueños de los medios de producción y los trabajadores, sin embargo esto sigue generando un largo proceso de adaptación para cada actor social y cada vez se observa una mayor participación del Estado en tales transformaciones.

2.2.1.2. Organismos Públicos

1. Inspectoría del Trabajo
2. IVSS
3. INSASEL
4. Registro Nacional de Organizaciones Sindicales
5. SUNDEE
6. Fiscalía del Ministerio Público
7. Defensoría del Pueblo
8. Tribunales Laborales, entre otros

2.2.2. Comportamiento y Actuar Sindical

Alfonso (2004) citado por Noroño (2014) plantea que la historia del sindicalismo venezolano comienza con vigor en el año 1936, junto con la promulgación de la ley del trabajo sancionada ese mismo año. Antes, el derecho de asociación en sindicatos, aunque reconocido por la ley del trabajador de 1928, prácticamente no fue ejercido.

A juicio de Vilasmil (2003) el hecho de que la ley indique a los sindicatos cuáles van a ser sus atribuciones, cuál va a hacer el contenido de su acta constitutiva y el de sus estatutos, así como también agregar disposiciones sobre la nómina de miembros fundadores y establecer el número de trabajadores necesarios para constituir una organización sindical es injerencista y lo cataloga de "modelo dirigista de libertad sindical".

2.2.2.1. Flexibilidad Contractual

De acuerdo a Añez (2010), infiere que la práctica de la flexibilidad en la organización del trabajo y en las nuevas formas de producción en las empresas debido a la excesiva regulación, estandarización y especialización, han incidido en las relaciones laborales.

Según Miguelez (2006), dicha práctica está directamente relacionada con la estrategia de flexibilización del mercado de trabajo y del empleo con el ánimo de reducir los costes del trabajo o de introducir criterios más ágiles de control en el mismo. Eso supone una utilización flexible de las condiciones laborales del trabajador respecto a contratación, contratación colectiva, derecho a sindicalizarse, entre otros aspectos, legando a prevalecer la contratación temporal que afecta la calidad de vida del trabajado.

En estos términos, la flexibilización laboral impacta negativamente no sólo a los trabajadores, sino también afecta significativamente a las organizaciones sindicales. Al implementar la flexibilidad, los trabajadores pierden su estabilidad en la empresa, ya que son contratados por tiempo determinado, proliferando los empleos atípicos, lo cual no permite al trabajador afiliarse a las organizaciones sindicales, perdiendo estas la capacidad de captar, representar a los trabajadores y de perfilarse como la única alternativa de defensa para que subsista la fuerza laboral en el mercado de trabajo.

Desde esta posición, De la Garza (2004), plantea que el movimiento sindical pierde fuerza, representatividad y prestigio al disminuir el número de sus afiliados como consecuencia de la desocupación, de los costos sociales que implica la filiación y del cambio de los valores culturales precedentes.

2.2.2.2. Flexibilidad en la Regulación de las Condiciones de Trabajo

Hoyos (1987), citado por Benavides (2010) expresa que la flexibilización laboral consiste en: "la posibilidad de la empresa de contar con mecanismos jurídicos que le permitan ajustar su producción, empleo y condiciones de trabajo ante las fluctuaciones rápidas y continuas del sistema económico (demanda efectiva y diversificación de la misma, tasa de cambio, intereses bancarios, competencia internacional), las innovaciones tecnológicas y otros factores que demandan ajustes con celeridad"

En este sentido, indica Benavides (2010) que la flexibilización laboral consiste en un conjunto de mecanismos de optimización de los recursos humanos, económicos, tecnológicos y físicos de la empresa, con tendencia a profundizarse y mantenerse en el tiempo, cuyo objetivo fundamental es la fácil adaptabilidad de las relaciones laborales a las exigencias económicas del mercado tanto interno como externo, dentro del marco de la juridicidad

Cabe destacar, que la flexibilidad no es algo novedoso, al contrario siempre a estrado presente en el derecho laboral, con tendencia a profundizarse cada vez más y a impactar de manera permanente la relación laboral presente y futura. Se dice que permite la fácil adaptación de las relaciones laborales, porque, precisamente, este fenómeno surge debido a la necesidad de acomodar, de amoldar el factor trabajo a las variaciones de la producción, en un mercado cambiante y dinámico, para satisfacer las exigencias que se imponen en el marco de una economía mundial globalizada.

Según Mantero (1998) Citado por Pérez (2010) se perfila en el mundo desarrollado el fenómeno de la flexibilización del trabajo, impulsado por las innovaciones tecnológicas y por el marco doctrinario neoliberal, clasificando la flexibilización laboral de tres maneras, a saber: La flexibilización de la organización productiva, la flexibilización del mercado de trabajo y la flexibilización de las condiciones individuales de trabajo.

Arguye el autor, que gran parte de la seguridad laboral proviene de la existencia de organizaciones capaces de defender los intereses de aquellos que están situados en posiciones vulnerables, otorgando una voz colectiva a aquellos a los trabajadores para que negocien con los patronos. La seguridad depende de una voz fuerte para aquellos que están en el mercado de trabajo. Son entonces los sindicatos los que garantizan esa voz fuerte en las negociaciones colectivas.

Sin embargo, esta situación se ha flexibilizado cuando la negociación se hace a nivel de la empresa, fraccionando ésta, fragmentándola por servicios, lo cual genera que la negociación entre trabajador y patrono se haga a pequeña escala, con lo cual se le da ventaja a la organización empresarial para imponer sus condiciones en la negociación de contrataos colectivos con sindicatos empequeñecido

2.2.2.3. Flexibilidad Económica

Pérez (2010) infiere que este es un factor clave en la flexibilización del trabajo y que genera desprotección en los trabajadores y maximización de la ganancia para los patronos. En los regímenes laborales modernos, la posibilidad de disponer de fuerza de trabajo supone costos adicionales al salario. Dichos costos se reflejan en los aportes patronales a la seguridad social, los gastos de capacitación, elementos de seguridad industrial, prestaciones sociales, en el caso de Venezuela, la alimentación de los trabajadores, vacaciones, aguinaldos o utilidades de fin de año. Todos ellos, derechos adquiridos por el factor trabajo a través de décadas de lucha, de represiones y persecuciones y que se han venido incorporando a los marcos regulatorios de las naciones delmundo.

Las raíces de los planteamientos flexibilizadores se encuentran en los grandes cambios económicos, estructurales y tecnológicos que comenzaron a darse en Europa a partir de los años sesenta. Al concluir la segunda Guerra Mundial los países de Europa Occidentalentraron en una larga fase de treinta años de crecimiento económico. El tipo de economía de la época implicaba la utilización de importantes contingentes de mano de obra, razón por la que se generó una economía de plena ocupación, susceptible de favorecer las alzas en los salarios.

Esta época se caracterizó por un apreciable progreso social cuantitativo (mejoras salariales) y cualitativo (normativa protectora). Estos progresos tuvieron proyecciones no solo sociales sino también políticas, ya que estos formaron parte de los atributos de lo que se consideró el arquetipo del Estado moderno de la segunda mitad del siglo XX, el "Estado providencia", "Estado benefactor" o "Estado de bienestar social".

Este progreso suponía cargas financieras que los empleadores sólo podrían afrontar en un entorno de crecimiento económico sostenido. A partir de los años sesenta los cambios tecnológicos hicieron disminuir los insumos de trabajo necesarios en los procesos productivos. Muchos sectores económicos debieron hacer reestructuraciones industriales y reorganizar la fuerza de trabajo que las empresas podían mantener. La competencia internacional, que hasta entonces se daba dentro de la "economía internacional cerrada", sufrió las consecuencias de la irrupción de las nuevas potencias industriales del Pacífico, con industrias más modernas y mano de obra más barata, muy motivada y de alta calidad. La crisis de energía de los años sesenta no hizo más que agravar la situación.

Para Fernández (2011) lo que se intenta es mantener una parte del sueldo fijo mientras que la otra varíe por productividad alcanzada o por horas trabajadas. La intensidad más alta de este tipo de flexibilidad corta de raíz la parte fija del sueldo, pasando ésta a depender en su totalidad de la productividad alcanzada u horas de trabajo efectivamente realizadas.

Por otra parte, Echeverría (2003), citado por Fernández (2011)En base a este tipo de flexibilidad podemos encontrar los sistemas de negociación salarial, el papel de los salarios mínimos, la indexación de los salarios, la variación de los salarios según rendimiento, entreotros.

2.2.2.4. Flexibilidad de la Organización del Trabajo

Pérez (2010) expone que la flexibilización en las relaciones de trabajo consiste en la pérdida de rigidez de la legislación laboral y esto se debe a varios factores tales como: la crisis mundial de la economía, la globalización. Lo que ejerce presión directa sobre lo empresarios y que los ha levado a cerrar drásticamente las empresas o a desmejorar las condiciones de los trabajadores, utilizando la contratación esporádica es por elo que los derechos de los trabajadores han ido poco a poco en detrimento paulatino, pues los empresarios desmejoran las condiciones laborales de los trabajadores con la intención de reducir costos para aumentar la inversión en el mercado.

En este orden de ideas, Añez (2005) citado por Fernández (2011) a flexibilidad de la organización del trabajo sustenta la búsqueda de la adaptabilidad constante en modelos de producción basados en información, conocimiento y el uso de "materia gris", también denominado desarrollo del "capital intelectual"

2.2.2.5. Toma de Decisiones

La toma de decisiones es el primer paso para adoptar un técnica de acción; es por esto que como administradores nuestro trabajo central es consecutivamente decidir que de qué forma y quienes lo harán, justificar para que debe hacerse, cuando debe hacerse y así lograr la eficiencia y eficacia en las decisiones tomadas

Robbins (2004) expresa que continuamente, los seres humanos deben elegir entre varias opciones aquela que consideran más conveniente, tomando en cuenta las consecuencias o resultados derivados de cada una de elas. La toma de decisiones abarca a las cuatros funciones administrativas, así los administradores cuando planean, organizan, conducen y controlan, se les denomina con frecuencia los que toman las decisiones. Al respecto, Chiavenato (2005) indica que la toma de decisiones es la selección de un curso de acciones entre varias alternativas, y constituye por lo tanto la esencial de la planeación.

En este orden y dirección, Koontz y Weihrich, (1999, p. 200) citado por Colmenares y Vilasmil (2008) definen la toma de decisión como "la selección de un curso de acción entre alternativas". Lo expuesto por los autores, implica que el Gerente puede tomar decisiones que atiendan a un proceso "racional" o "contingencial". Según los autores, la toma de decisión mantiene su condición de proceso comprometido con la acción y selección de las mejores alternativas entre varias de elas, tomando como criterios la jerarquización de problemas y la racionalidad de los procesos.

Dentro de este contexto, León (2008) la define como el proceso por medio del cual la gerencia, al enfrentarse a un problema, selecciona un curso de acción específico o "solución", de un conjunto de alternativas. Puesto que, por lo general, hay incertidumbre con respecto al futuro, no es posible estar seguro de las consecuencias de la decisión que se tome, y tampoco se puede asegurar que la decisión que se elija produzca los mejores resultado

2.2.2.6. Utilitarismo

El utilitarismo es una concepción de la moral según la cual lo bueno no es sino lo útil, convirtiéndose, en consecuencia, el principio de utilidad en el principio fundamental, según el cual juzgar la moralidad de los actos, se trata de una doctrina moral y social Según Mil citado por Álvarez (2009) el utilitarismo trata es de convertir la moral en ciencia positiva, capaz de permitir la transformación social hacia la felicidad colectiva. Cabe destacar, que el utilitarismo en su raíz está inspirado por un ideal de bienestar social: a través de condiciones de vida dignas para todos los ciudadanos y del fomento de las libertades.

El utilitarismo según Sánchez se puede ubicar en las "éticas de la conciencia". El utilitarismo es heredero directo de la ética de Hume y de los filósofos empiristas. Los utilitaristas, como su propio nombre indica, hablan de la "utilidad" de aquelo que da "placer". Todos los seres humanos buscan "placer" en sus actividades de un modo u otro. Los utilitaristas consideran que una acción será tanto más benigna moralmente cuanto más placer genere a la mayor cantidad posible de gente.

En este orden de ideas, Bentham, citado por Zagal y Galindo (2006) expresa que el utilitarismo se basa en que todo ser humano busca por naturaleza el placer y evita el dolor. La relación directa entre el mayor placer y la mayor felicidad se conoce como el principio de utilidad o el principio de la máxima felicidad posible. El cual no sólo es válido para el individuo sino para la comunidad, por lo que el deber es buscar la máxima felicidad para el mayor número de personas: De alí deriva la idea de que la única finalidad del Estado sería proporcionar bienestar material a los ciudadanos.

En opinión de Álvarez (2009) como colectivismo que es el utilitarismo no sacraliza la autonomía original no sostiene la tesis de Kant de que en cada decisión se debe tomar la humanidad en cada ser como fin (y no sólo como medio); máxima sebiliana y enigmática que se ha solido interpretar como que prohíbe exigir que unos individuos se sacrifiquen por la sociedad de la cual forma parte. La moral utilitarista reconoce al ser humano el poder de sacrificar su propio bien por el bien de los otros. Solo rehúsa admitir que el sacrificio sea un bien por sí mismo. Un sacrificio que no aumenta ni tiende a aumentar la suma total de la felicidad lo considera desperdiciado. A continuación se muestra el cuadro de operacionalizaciòn de las variables:

Propósito General: Analizar la ética sindical como valor impulsor de las relaciones laborales en empresas privadas.			
PROPOSITOS ESPECIFICOS	**CATEGORIAS**	**SUB-CATEGORIAS**	**UNIDAD DE ANALISIS**
Comprender los elementos de la ética en empresas privadas	Ética sindical.	Elementos de la Ética	Convicción. Consentimiento. Compromiso.
Identificar los dilemas éticos en empresas privadas.	Ética Sindical	Dilemas Éticos.	Transparencia y Opacidad
Analizar el marco normativo en empresas privadas.	Relaciones Laborales.	Legislación aplicada.	Marco legal Organismos Públicos
Caracterizar la gestión de la organización sindical en empresas privadas	Relaciones laborales	Comportamiento y actuar sindical	Flexibilidad contractual Flexibilidad en la regulación de las condiciones de trabajo Flexibilidad económica Flexibilidad de la organización del trabajo Toma de decisiones Utilitarismo
Formular teoría sustantiva que establezca la ética sindical como valor impulsor de las relaciones laborales en empresas privadas	Ética Sindical y Relaciones laborales.	Aportes del Investigador	Crear teoría que establezca la ética sindical como valor impulsor de las relaciones laborales en empresas privadas Crear un modelo de

			actualización sindical aplicada al fortalecimiento de las organizaciones sindicales actuales y futuras en Venezuela.

Fuente: Noroño (2015)

MOMENTO III

LEVÍTICO

ANÁLISIS LEVÍTICO, EPISTEMÓLOGICO Y METODOLÓGICO

En el presente apartado se organizan los aspectos del método previstos y utilizado en el proceso investigativo como secuencias operativas, definiéndose el enfoque epistémico así como el conjunto de procedimientos, técnicas e instrumentos los cuales permitieron obtener la información requerida para comprobar las variables en estudio.

Según Vieytes (2004) si se piensa que el objeto de investigación es ya el producto de una construcción, habrá sido necesario un tipo de plan para legar a ese producto. Ahora bien la estructura para el presente estudio se encuentra constituida por el enfoque paradigmático, tipo de investigación, población recolección de datos, técnicas de análisis e interpretación de datos.

1. RUTA EPISTEMOLÓGICA

Esbozar la discusión del momento e integración paradigmática como sustrato del abordaje de la indagación, admite explorar el debate histórico entre posturas divergentes, convergentes como contrapuestas de planteamientos para acercarse al cuadro de realidad objeto de estudio con carácter protagónico del conocimiento para transformar el contexto investigado.

Según Morín (2004) el pensamiento científico contemporáneo intenta leer la complejidad de lo real bajo la apariencia simple de los fenómenos. En este sentido, la búsqueda estructurada y ortodoxa frente al objeto de estudio es reduccionista simplificada de lo general a lo particular olvidando la complejidad de lo singular, la rigidez del método ha marcado el proceso científico castrando la subjetividad dejando sin referencia al investigador y su proceso cognoscente, orientado por los paradigmas lógicos-formales,oprimiendo la realidad a islas parciales de conocimiento.

No obstante, la perspectiva metodológica que se ha asumido en este estudio es la interpretativa o cualitativa. Desde esta óptica epistémica se pretende comprender la experiencia, los factores que inciden en algún fenómeno social, considerando que la realidad se construye por los individuos en interacción con su mundo social. En la investigación cualitativa el interés está puesto en comprender los significados que los individuos construyen, es decir, cómo toman sentido de su mundo y de las experiencias que tienen en él. Se asume, además, que el significado está inmerso en las experiencias de los individuos y que este significado media a través de las percepciones propias del investigador.

Por otra parte, Merrian (2008) infiere que esta postura sigue una estrategia de investigación principalmente inductiva, por lo que el producto de estudio es ricamente descriptivo. En la investigación cualitativa el investigador es el principal instrumento en la obtención y análisis de datos.

Dentro de este contexto, Hernández, Fernández y Baptista (2010), la investigación cualitativa se enfoca a comprender y profundizar los fenómenos, explorarlos desde la perspectiva de los participantes en un ambiente natural y en relación con el contexto. En otras palabras, persigue comprender las complejidades de las realidades desde el propio ambiente o sitio en el cual ocurren.

Con base a lo expuesto, se infiere que el enfoque cualitativo utiliza la recolección de datos sin medición numérica, para descubrir o afinar preguntas de investigación en el proceso de interpretación. La investigación cualitativa se fundamenta más en un proceso inductivo.

Dadas las consideraciones anteriores, Martínez (2007), considera que el paradigma epistemológico postpositivista es el estudio de un todo integrado en función a su sistema de relaciones, estructuras dinámicas, aquela que da razón plena de su comportamiento y manifestaciones. Es primordialmente inductiva por cuanto el investigador construye desde la data las categorías con las cuales identificará la problemática emergente. No se niega a ser deductiva, parcialmente, ya que si el investigador pretende buscar categorías identificadas en otras investigaciones o en otros informantes permite su reúso, siempre que sea con criterios abiertos.

En este orden y dirección, Straus y Corbin citados por Pelakais, Seijo, Neuman y Tromp (2014) expresan que el enfoque post positivista produce resultados en los cuales no se lega por procedimientos estadísticos u otro tipo de cuantificación. Se refiere a investigaciones de la vida delas personas, comportamientos, historias, así como al funcionamiento organizativo.

Asimismo, Paton (1990) citado por Straus y Corbin citados por Pelakais, Seijo, Neuman y Tromp (2014) infieren que la característica relevante de este enfoque es el hecho de que los datos se presentan como descripciones detalladas de situaciones, eventos, persona, interacciones, conductas observadas y sus manifestaciones.

Según Hurtado y Toro (2007), el post positivismo es un paradigma absolutamente nuevo, no reconciliable con el viejo, positivista. Los acercamientos, acomodaciones y compromisos no son aquí más posibles que entre la astronomía ptolemaica y la de Galileo, entre la teoría del flogisto y la del oxígeno o entre la física newtoniana y la mecánica cuántica.

Aunado a esto, Hernández y otros (2006) infieren que el enfoque positivista utiliza la recolección de datos sin medición numérica para descubrir o afinar preguntas de investigación en el proceso de interpretación.

Por otra parte, se considera de fundamento ontológico, el cual es el estudio de lo que es en tanto que es. Por ello es llamada *la teoría del ser*, es decir, el estudio de todo lo que es: qué es, cómo es y cómo es posible. La Ontología se ocupa de establecer las categorías fundamentales o modos generales de ser de las cosas. El sinónimo más usual de ontología es *conceptualización*. Según la definición de Gruber (2005), una ontología constituye "una especificación explícita, formal de una conceptualización compartida".

En esta definición, convertida ya en estándar, se refiere a un modelo abstracto de algún fenómeno del mundo del que se identifican los conceptos que son relevantes. Explícito, hace referencia a la necesidad de especificar de forma consciente los distintos conceptos que conforman una ontología. Formal, indica que la especificación debe representarse por medio de un lenguaje de representación formalizado. Finalmente, compartido, por cuanto refleja que una ontología debe en el mejor de los casos, dar cuenta del conocimiento aceptado como mínimo, por el grupo de personas que deben usarlo.

Desde el punto de vista ontológico, esta investigación se fundamentará en la concepción del ser humano como sujeto que construye y reconstruye su realidad social. Razón por la cual, la identificación de un determinado paradigma se origina al conocer cuál es la creencia que mantiene el investigador con respecto a la naturaleza de la realidad que se investiga.

A ese respecto, Guba y Lincoln (1994, p. 75), explican lo señalado con un ejemplo: "si se asume un mundo como real, entonces lo que puede conocerse de él, es como son realmente las cosas y cómo funcionan realmente las cosas".

Esto, obedece a una perspectiva que concibe al hombre "como un ser viviente que construye y reconstruye permanentemente su mundo y su conducta mediante el uso del lenguaje y del pensamiento, que despliega su ser en un devenir necesariamente social, cultural e histórico" Bedoya (1998, pág. 69). Este planteamiento permite ver a los seres humanos como co-creadores de su propia realidad, en la que participan a través de su experiencia, imaginación, pensamiento y acción.

Dentro de este contexto de ideas, para Bruguera (1998) el investigador puede observarse como un constructor y reconstructor del ámbito investigativo, al ubicarse en una realidad social como proceso histórico, en donde su acción continuamente produce y reproduce el mundo material, social y cultural en el cual vive.

De igual manera, la presente investigación tendrá su sustento en la Axiología, (del griego*axios*, „lo que es valioso o estimable" , y *logos*, „ciencia"), como parte de la filosofía que estudia la naturaleza de los valores (lo bello, lo bueno, y otros) y su influencia.

En ese sentido, Parra (2006) expresa que la axiología no sólo trata de los valores positivos, sino también de los llamados contravalores, analizando los principios que permiten considerar que algo es o no valioso, y considerando los fundamentos de tal juicio

Tomando en consideración el caso concreto de esta investigación, esta estructura axiológica se refiere a la seguridad y su ámbito de acción al identificar, jerarquizar y valorar las necesidades del sistema, intrínsecas y extrínsecas, propias de su actuación en el quehacer social.

Es por ello, que el enfoque epistemológico que la fundamenta es el interpretativo-crítico signado por unas referencias de validación situadas en los simbolismos socio-culturales de un momento temporo-espacial y apoyado en una concepción humanista. Entendida ésta como la manera en que el ser humano desarrolla sus capacidades en su contexto, por cuanto según Hurtado y Toro (2007), el hombre busca conocer a través del raciocinio las normas y leyes a las cuales está sometido, para plantearse opciones que estructuren su realidad.

Si el axioma fundamental de la axiología formal, habla de la relación de bondad de un objeto, con el mayor o menor grado de cumplimiento con las propiedades del concepto de ese objeto, ella permite ordenar y ponderar las propiedades de un concepto, al utilizar las mismas dimensiones axiológicas, para lograr una mejor valoración.

Para aplicar la estructura axiológica a un concepto y poder ordenar y jerarquizar sus propiedades, se parte de la base que el sujeto de la valoración es algo extrínseco (E) y que ocupa un espacio en un tiempo determinado. De allí, la identificación de su dimensión sistémica (ES), extrínseca (EE) e intrínseca (EI) y posteriormente las combinaciones que puedan realizarse en la medida en que se profundiza en el conocimiento del objeto de valoración.

Por otra parte, se considera de fundamento gnoseológico ya que según Hurtado y Toro (2007), aborda el problema del conocimiento en general a través de dos aspectos centrales: la teoría general del conocimiento y la teoría de las categorías que, apoyada por la lógica, establece el proceso de formación de las categorías y conceptos usuales, su formulación y fundamentación: Es una disciplina de carácter netamente filosófico.

2. MÉTODO

El método utilizado en la presente investigación es el etnográfico el enfoque etnográfico proviene de la antropología, en la cual una cultura completa es estudiada por una persona de afuera. Aunque la etnografía inicialmente tenía relación con la ubicación geográfica y el origen étnico, la definición se ha ampliado para incluir bastante más que la organización de un grupo, permitiendo el estudio de la organización particular de una "cultura".

Cabe destacar, que el enfoque etnográfico más común es simplemente observar a los participantes sentirse inmersos en la cultura, tomando extensas notas de las observaciones e impresiones n este tipo de investigación la investigación, el desarrollo de una teoría es un proceso, y como surgen nuevos datos, las teorías existentes pueden resultar insuficiente. La opinión del investigador de lo que debe ser examinado e informado sobre puede cambiar y explicaciones de lo que está pasando puede ser suplantado por otros parecen encajar mejor. En otras palabras, el diseño emergente es uno de varias características distintivas de esta metodología cualitativa.

En sentido estricto, este tipo de investigación según Martínez (2010), consiste generar conocimiento científico, de carácter cualitativo-descriptivo, sobre el comportamiento y cultura de una comunidad en estudio, en sus dimensiones más relevantes, por elo, la situación ideal de trabajo consiste en, investigar el grupo objeto de estudio, mientras se convive en el y se participa de las actividades normales que realizan las personas pertenecientes al mismo.

De acuerdo a Rodríguez (2006), como el método de investigación por el que se aprende el modo de vida de una unidad social concreta, pudiendo ser esta una familia, una clase, un claustro de profesores o una escuela. Para elo, es preciso levar a cabo, durante largos períodos de tiempo, una observación directa en el quehacer docente que permita la recogida de minuciosos registros, e incluso la realización de entrevistas, revisión de materiales y registros de audio, así como vídeo

Asimismo, el objeto de la investigación etnográfica es descubrir el conocimiento cultural que las personas tienen en sus mentes, cómo se emplea en la interacción social y las consecuencias de este tipo de empleo puede sostener. Al respecto, Hammersley (1992) sugiere que la generalización empírica es posible en algunos casos si 'tipicidad' de una población definida en un momento dado puede ser establecida.

Cabe destacar, que el resultado de este tipo de investigación cualitativa es la narración de historias: instantáneas de la vida de las personas y las relaciones, pensamientos internos, sentimientos y contradicciones, y el objetivo de la investigación etnográfica es combinar la vista de la información privilegiada con la de un extraño para describir un entorno social.

Por otra parte, Paz (2003) afirma que la etnografía es un proceso de investigación por el cual se comprende el modo de vida de algún grupo, como producto de esa investigación.

Como consecuencia de lo anterior, el diseño de la investigación se enmarca dentro de las siguientes características metodológicas, Taylor y Bogan (1994), en la cual predomina la observación de campo participante, que centra su atención en los actores del campo seleccionado e incorpora algunos de los sujetos de la comunidad estudiada para mantener una permanente vigilancia epistémica sobre el investigador, respecto a la no manipulación de los atributos y variabilidad del grupo estudiado.

Esos aspectos son esenciales en la investigación etnográfica, dado que corresponde, entre otras, a una vía metodológica no intrusiva, es decir, que no impone criterios metódicos ni teóricos a la unidad de observación, sino que los criterios de estudio van surgiendo en la medida que la investigación se sumerge y profundiza en las vivencias de la comunidad estudiada. El proceso de investigación siguió las siguientes fases:

2.1. Fase de Inicio o Preparación

En esta se diseñó un plan de acción con su cronograma, el cual da respuestas a tres acciones concretas: primero se comenzó trabajando desde el seminario uno (1) con un planteamiento post positivista. En la misma se realizaron las siguientes acciones: lectura de bibliografía especializada relacionada con el objeto de estudio, revisión de libros, artículos e investigaciones con la finalidad de identificar los elementos claves y así iniciar la construcción del marco teórico. Igualmente se conceptualizaron y elaboraron los primeros borradores, de alí se formularon las interrogantes y los objetivos para elaborar el planteamiento de la problemática.

A medida que se fue trabajando e investigando, comenzó un proceso reflexivo bien importante, porque a medida que se iba realizando este trayecto o recorrido, se tomó la decisión de trabajar con el paradigma post positivista porque toda la dinámica iba orientada por ese camino. En efecto desde ese momento se consideró el abordaje con una metodología cualitativa, esta permanencia prolongada fue lo que permitió focalizar la investigación en sus aspectos más relevantes.

2.2. Fase de Trabajo de Campo

En esta fase se produce la implementación real del diseño, las acciones ha desarrollar son:

1. Recogida de información mediante; diarios de campo, observaciones, entrevistas.

2. Participación activa y protagónica del investigador en el proceso de investigación.

3. Generación de procesos de reflexión y discusión con todos los actores implicados.

El desarrollo del trabajo de campo implica una revisión constante del diseño de la investigación, se evalúa constantemente su desarrollo de acuerdo a los propósitos perseguidos. Este aspecto permite evidenciar la riqueza de la investigación cualitativa puesto que su flexibilidad prioriza la permanente revisión en los avances durante el desarrollo de la misma.

2.3. Fase Analítica

En esta fase se desarrollan las siguientes actividades:

Se comenzará con la categorización e interpretación de las estructuras producto de la información recogida en la entrevista, se utilizará la tecnica del subrayado para las expresiones claves que brindarán fundamentos esenciales a la investigación, permitiendo el surgimiento de propiedades y características emergentes; las cuales serán clasificadas según la relación e importancia entre elas, es decir, serán jerarquizadas para darle significado a cada idea expresada, con el objeto de extraer los criterios y elementos claves de la investigación, para luego expresar eso en la teoría emergente y reflexiones finales.

3. TÈCNICAS DE ANÀLISIS

En cuanto al análisis de los datos se utilizarán también métodos etnográficos a través de análisis de documentos, entrevistas y observación participante. El análisis e interpretación de los datos obtenidos en particular. Para Martínez (2010) un criterio de la investigación etnográfica, es que la observación como una de las técnicas más usadas no debe deformar, distorsionar o perturbar la verdadera realidad del fenómeno que se estudia; ni descontextualizar los datos aislados de su entorno natural, la información requiere ser escogida en la forma más completa posible, así como la aplicación de procedimientos que permitan realizar repetidas observaciones con la finalidad de obtener una variedad de información, aunque la que más se busca es la que tenga relación y ayude a descubrir la estructura significativas que dan razón de las conductas de los sujetos en estudio.

Rodríguez, Gil y García (1999), son los instrumentos, código, esquemas, cuestionarios, agenda de entrevistas, entre otros que deberían generarse in situ como resultado de la indagación etnográfica, siempre está presente la perspectiva comparativa, transcultural; aunque con frecuencia como asunción no afirmada, por lo variación cultural a lo largo del tiempo parte del conocimiento cultural nativo.

Por otra parte, Corbetta (2006) infiere que el enfoque cualitativo evalúa el desarrollo natural de los sucesos, es decir, no hay manipulación ni estimulación con respecto a la realidad.

Para Martínez (2010) la investigación cualitativa ofrece mucho y buenos instrumentos donde el investigador se convierte en el principal de ellos; sin embargo, presenta como instrumentos más usados: las notas de campo, los cuestionarios abiertos, las escalas individualizadas y de rangos y las planillas de observación.

Para el propósito de la investigación, se utilizó la técnica de recolección de la información mediante la entrevista con informantes claves, quienes plasmaron sus ideas, conocimientos y experiencias mediante una conversación, la misma será aplicada a cuatro (4) expertos en el área Laboral los cuales cuentan con una buena experiencia, se permitirá que expresen libremente sus opiniones en un clima cálido y agradable para recibir buenas contribuciones, a fin de extraer las ideas fundamentales sobre etica sindical como valor impulsor de las relaciones laborales en empresas privadas.

Al respecto, Bonila y Rodríguez (1997) infieren que la entrevistas es una conversación o intercambio verbal cara a cara que tiene como propósito conocer en detales lo que piensa o siente una persona con respecto a un tema o situación particular, las entrevistas con fines investigativos se centran en el conocimiento o la opinión individual sólo en la medida en que dicha opinión pueda ser representativa de un conocimiento cultural muy amplio, por lo tanto las entrevistas individuales en profundidad son el instrumento más adecuado cuando se han identificado informantes clave, seleccionados dada la posición que ocupan, se consideran expertos, por lo que sus opiniones son representativas del conocimiento cultural compartido por el grupo al cual pertenece.

Según Polit y Hungler (1998) citado por Yuni y Urbano (2005), es la vía más directa para saber lo que piensan, sienten o creen las personas radica en preguntarlo. Es decir, es una técnica muy útil para indagar un problema y comprender tal como es conceptualizado e interpretado por los sujetos estudiados sin imponer categorías preconcebidas.

Igualmente, se utilizó o diario de campo o registro anecdótico que se convirtió en una gran herramienta, ligado a las observaciones no estructuradas porque fueron brindando información adicional, fundamental para el desarrollo de los diversos procesos inherentes a la investigación.

4. INFORMANTES CLAVE

Los informantes clave fueron constituidos por una muestra intencional de expertos en el laboral, según las recomendaciones de Martínez (2006.p 86), quien expresa "se elige una serie de criterios que se consideran necesarios o altamente convenientes para contar con una unidad de análisis con las mayores ventajas para los propósitos que persigue la investigación.

En ese sentido, fueron seleccionados cuatro (4) expertos en el área como informante claves.

MOMENTO IV

NÚMEROS

ANÀLISIS E INTERPRETACIÒN DE LOS HALLAZGOS

Se refiere a la recolección de la data para categorizarla, estudiando las partes correspondientes del todo, a través del análisis del material disponible, con la finalidad de explicar o declarar las acciones de los sucesos, de la realidad investigada, para ser comprendida, ayudado con el memorando para recordar aspectos importantes encontrados, como el uso de estructuras cognitivas para distribuir las categorías y subcategorías respectivas.

Asimismo, los fundamentos de la presente investigación doctoral tuvieron como propósito generar y extraer halazgos enfocados en la ética sindical como valor impulsor de las relaciones laborales en empresas privadas. En el estudio se involucraron a (4) cuatro expertos en el área en una entrevista con el investigador, para la obtención de los datos. Asimismo, las entrevistas fueron transcritas, analizadas, e interpretadas, siguiendo el modelo del discurso y los procedimientos de la doctrina cualitativa utilizada en la investigación.

En opinión de Martínez (2004), el investigador presenta en el análisis descriptivo una síntesis matizada y viva de sus hallazgos, partiendo indudablemente de sus unidades de análisis. Aquí la categorización y el análisis, así como el esquema organizacional, los nexos y algunas relaciones entre las categorías o clases se desarrollan, básicamente, partiendo de la propia información obtenida durante el proceso de investigación, en este caso particular, obtenida del discurso de los sujetos entrevistados.

El proceso de recolección de la data se comienza a través de la observación participativa del investigador con las entrevistas semiestructuradas aplicadas en conversaciones sostenidas con los cuatro miembros de la muestra inicial; cuyo guión de entrevista se elaboró con la finalidad de darle respuesta al propósito de las interrogantes. El guion no fue rígido o estricto, ni limitante para que el investigador lograra profundizar, según las situaciones presentadas, pues su finalidad fue la de orientar la formulación de las preguntas dinamizadoras que permitieran adentrar y desarrollar la conversación, hasta lograr la información necesitada por el investigador según su intención. A continuación se presenta el guion de entrevista:

12
Cuadro 2
Guion de entrevista

Interrogantes	Propósito	Guion de entrevista
¿De qué manera la ética sindical impulsa las relaciones laborales en empresas privadas? ¿De qué manera pudieran afectar los dilemas éticos a las organizaciones sindicales en empresas privadas?	Analizar la ética sindical como valor impulsor de las relaciones laborales en empresas privadas.	¿Según su experiencia, que métodos o procesos pueden impulsar el éxito de la gestión sindical? ¿Según su apreciación, que factores pudieran impedir el éxito de la organización sindical? ¿Qué significado tiene para usted la ética sindical? ¿Cuáles Comportamientos observa usted, en referencia a los líderes sindicales, que de alguna manera pudieran ser perjudiciales o tóxicos para las relaciones laborales?

		¿Según su apreciación, que factores pudieran generar esas conductas? ¿De qué manera la ética sindical puede impulsar las relaciones laborales en las empresas privadas?

Fuente: Noroño (2015)

2. Categorización, Análisis e Interpretación de la Data

Luego de realizar las entrevistas a los expertos en el área objeto de estudio, se levó a cabo el proceso de categorización levó a cabo una vez que, efectuadas las entrevistas, se procediera a transcribir la información protocolar obtenida. Posteriormente, se codificó a través del método de comparación y cuestionamiento continuo, a objeto de extraer las categorías y sub categorías emergentes.

Por todo elo, al reflexionar y concentrarse en los contenidos de las entrevistas, grabaciones y descripciones de campo, fueron apareciendo en mi mente las categorías o las expresiones que mejor las describen y las propiedades o atributos más adecuados para especificarlas. De esta manera, se permitió concluir apropiadamente el proceso de categorizaciones que se inició en el mismo momento de comenzar la recolección de la data.

Luego de la categorización se estructuraron categorías y sub categorías que emergieron de la información protocolar, lo cual permitió durante la construcción del memorándum, como estructura cognitiva de salida, la interpretación de la data. A continuación se presenta el proceso de categorización, análisis e interpretación para cada una de las entrevistas realizadas en el presente estudio.

Tabla 1

Entrevista 1. Informante clave 1

ETICA SINDICAL COMO VALOR IMPSULSOR DE LAS RELACIONES LABORALES EN EMPRESAS PRIVADAS				
Día 15	**Mes: 5**	**Año: 2015**	**Hora: 2:00**	**Entrevista en audio Duración: 11min**
Escenario: Salón de clases, del Bloque "a" en la Universidad Dr. Rafael Belloso Chacín Ubicada en la Prolongación de la C2, al Frente de la Plaza de Toros.				
Informante: Sujeto 1				

Sub categorizas	**Código**	**Texto de la entrevista**
Dilemas Éticos	Transparencia	**1. ¿Según su experiencia, que métodos o procesos pueden impulsar el éxito de la gestión sindical?** Bueno José, a mi entender Lo primero sería una rendición de cuentas más efectiva que las que propone la ley, y no solo hablo del dinero que pueden entrar a la organización sindical mediante el aporte de sus afiliados, sino también la rendición de cuentas de procesos electorales y acciones exitosas que realice la organización sindical como los son, reclamos y defensas resueltos de manera efectiva de problemas individuales que surgen a los trabajadores y problemas colectivos, en los cuales con la ayuda el sindicato
Dilemas Éticos	Transparencia	los trabajadores hayan salido favorecidos, también te puedo contar sobre los beneficios

		extraordinarios que fuera de la convención colectiva se pueden obtener mediante la gestión de la organización sindical, estos puntos para mi serían los más importantes que pudieran pedírseles al sindicato en su rendición de cuentas. Por otra parte, esa rendición de cuentas anuales, es demasiado tiempo, ya que en el largo trayecto de un año, establecido en la ley, los miembros de la organización sindical, pueden tener gastos que los afiliados no se enteran y hasta puede que no autoricen, pero esa es la ley, es alí donde ocurren, o pueden ocurrir, actos que rayan en la corrupción.
	Opacidad	**2. ¿Según su apreciación, que factores pudieran impedir el éxito de la organización sindical?**
		Vertale, creo que debemos comenzar por la raíz del asunto, de verdad que creo que una de elas es que en los últimos años el factor político ha sido el que más ha afectado las organizaciones sindicales, ya que al convertirse el líder sindical en títeres políticos se olvidan de lo
	Opacidad	que realmente es su norte como lo es la consecución y persecución de beneficios para los trabajadores, además del factor social en el que vivimos, que nadie escapa en este país, ya

Ética	Compromiso	que la destrucción de los valores que existe en esta sociedad no escapan los sindicatos, y por esto es que se ven actos de inmoralidad al verse muchos de estos dirigentes sindicales en acciones bajas, donde venden los beneficios colectivos de los trabajadores por beneficios propios y por supuesto, con el amparo del empresario que intenta abaratar los costos de la mano de obra y aumentar sus ingresos y rentabilidad. Otro factor clave es que el líder sindical, como es la autoridad laboral en la empresa se cree con capacidad para decidir que le conviene al trabajador y que no, en oportunidades acepta condiciones desfavorables que de alguna forma flexibilizan o relajan las leyes para complacer al empresario, lo que pone en peligro tanto los beneficios laborales como la reputación del sindicato. **3. ¿Qué significado tiene para usted la ética sindical?** Risas…. Eso hoy no existe. Es la antítesis de lo que estamos viviendo hoy por hoy en Venezuela, con nuestras organizaciones sindicales, ya que la ética sindical debe estar referida al caminar por el sendero de la transparencia de la vida sindical frente a todos los

Conducta	Liderazgo	trabajadores que forman parte de dichas organizaciones, en las cuales los trabajadores siempre tomen decisiones con todas las posibilidades que se tienen sin ocultarles nada, y así sean elos los que realmente tomen esas decisiones, y no como sucede hoy, que el sindicato se convierte en la mano ejecutora de las prácticas y políticas patronales, cambiando así su norte de ser el defensor de los afiliados. **4. ¿Cuáles comportamientos observa usted, en referencia a los líderes sindicales, que de alguna manera pudieran ser perjudiciales o tóxicos para las relaciones laborales?** La falta de capacitación es esencial, ya que todo el mundo cree que puede ser dirigente sindical, y lo que sucede es que todos estas desviaciones de lo que realmente es ética sindical proviene de estos pseudo-dirigentes que no tiene ningún tipo de preparación para una labor tan importante como lo es la defensa de los intereses de una masa de trabajadores, si te fijas, para ser abogado como tú, debes ir a la universidad, para ser contador público, también tienes que pasar por un entrenamiento en las universidades, chico hasta para ser bombero, tenéis que ir a una academia, pero para ser

Conducta	Marco Jurídico	sindicalista eso no ocurre, es decir, que no existe una academia o una escuelita al menos, para entrenar o capacitar y educar a los nuevos líderes sindicales, eso no existe en este país, y por eso vemos que cualquiera es sindicalista, lo que trae como consecuencia que exista n cantidad de locos en los sindicatos, sin la menor idea de que hacer, pero a diferencia del empresario, este si tiene como pagar asesoría especializada y contrata abogados con experiencia para sus negocios y estos aplican estrategias en contra de estos nuevos sindicalistas lo que termina en la pérdida de beneficios para el resto de trabajadores. **5. ¿Según su apreciación, que factores pudieran generar esas conductas?** Déjame pensar… bueno yo creo que uno de los pilares es la apertura que tiene el marco jurídico y yo creo que el más grave es el retraso de procesos de los organismo del estado ya que estos, casi liquidan de manera inmediata cualquier aspiración que tenga las organizaciones sindicales en Venezuela, ya que la complicidad que tienes los entes gubernamentales entre elos (LA INSPECTORIAS DEL TRABAJO) es determinante en

Ética sindical	Relaciones laborales	la decisiones que pueden tomar los sindicatos, ya que al no poder hacer nada con estos retrasos se ven obligados a pactar de manera casi insolente beneficios con el patrono. Hoy día, un sindicato se tarda casi un año en un proceso de elecciones sindicales, y eso perjudica el bolsillos de los trabajadores, lo que impulsa a que los líderes sindicales busquen al patrono para pacta beneficios, mientras se solucionan los conflictos con el CNE, que es otro que no apoya a los sindicatos, estos entes debieran darle prioridad, pero hay de aquellos sindicatos que tienen las elecciones en años electorales, hermano, paren, literalmente paren, intentando lograr sus elecciones. **6. ¿De qué manera la ética sindical puede impulsar las relaciones laborales en las empresas privadas?** Yo creo que hay varias formas, una de las más importantes, es en la confiabilidad que se ha perdido en estas organización, tanto de los trabajadores como de los patronos, de lado y lado, porque conozco a muchos trabajadores que no apoyan las decisiones de los sindicatos porque dicen que eso lo hacen para pedir dinero, no para nuestro beneficio y también conozco empresarios

			que pagarían lo que fuera con tal de que en su empresa no se funde un sindicato, por otro lado, ya no existe el respeto a nada, yo recuerdo que antes había más respeto, pero con el transcurrir del tiempo, ser sindicalista era sinónimo de ladrón, por eso, es necesario que las organizaciones sindicales, escojan bien a sus líderes, y que estos tengan una visión clara del porque están ahí, eso casi no se ve, existen siempre comentarios desfavorables y hasta insolentes sobre estas organizaciones y en oportunidades muy bien merecidas de paso, por otra parte, un sindicalista bien entrenado y capacitado, pudiese ser la excepción a la regla hoy general, puesto que lo ilógico es un sindicalista honesto, creo que si los hay, pero el sistema los arropa, empezando porque le queremos exigir honestidad al sindicalista cuando, los policías no lo son, o los guardias no lo son, los fiscales de transito no lo son y hasta los mismos abogados chico, no lo son, risas… entonces como te había dicho, a todos se les envía a una academia o a una universidad a que se preparen, pero a donde capacitamos a los nuevos sindicalistas? Esa es la clave de todo el meolo hermano.

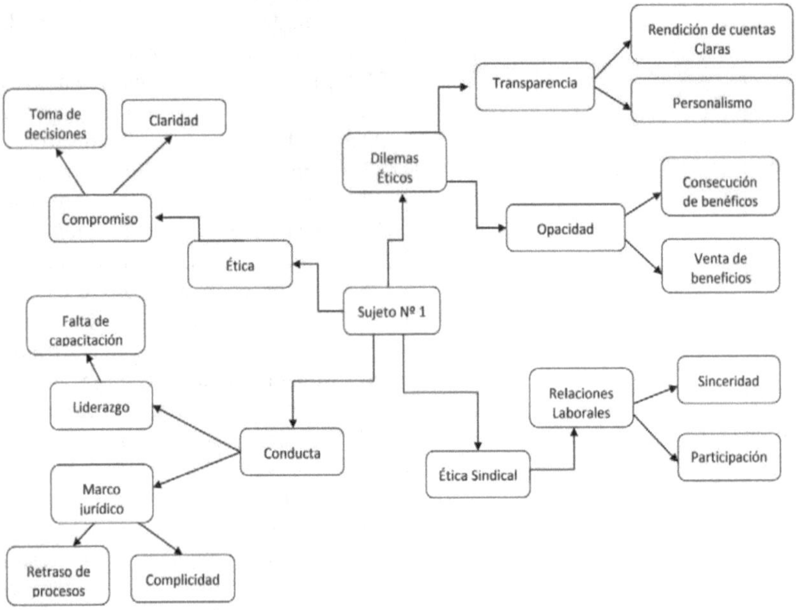

Grafico 1. Estructura Consciente Significativa Conceptual Entrevista 1
Fuente: Noroño (2015)

Memorándumde la Entrevista al Informante 1

La interrogante ¿Según su experiencia, que métodos o procesos pueden impulsar el éxito de la gestión sindical? Se evidenció que existe falta de transparencia en los sindicatos, no hay una relación efectiva del aporte de los afiliado, así como tampoco la rendición de cuentas se hace anualmente es demasiado tiempo, ya que en el largo trayecto de un año, establecido en la ley, los miembros de la organización sindical, pueden tener gastos que los afiliados no se enteran y hasta puede que no autoricen, pero esa es la ley, es alí donde ocurren, o pueden ocurrir, actos que rayan en la corrupción. En relación a la interrogante: ¿Según su apreciación, que factores pudieran impedir el éxito de la organización sindical? Se observa que existe que los líderes sindicales se encuentran politizados, tomando acciones no en pro de los intereses de los afiliados sin no regidos por sus ideales políticos y su sus propios intereses personales.

Tabla 2
Entrevista 2. Informante clave

<table>
<tr><th colspan="5">ETICA SINDICAL COMO VALOR IMPSULSOR DE LAS RELACIONES LABORALES EN EMPRESAS PRIVADAS</th></tr>
<tr><td>Día 15</td><td>Mes: 5</td><td>Año: 2015</td><td>Hora: 2:00</td><td>Entrevista en audio Duración: 06:33</td></tr>
<tr><td colspan="5">Escenario: Oficina Principal, Sindicato SUTICEZ, Av. Principal vía El Moján, a 100 Mts. De la entrada al Manantial.</td></tr>
<tr><td colspan="5">Informante: Sujeto 2</td></tr>
<tr><td>Sub categorías</td><td>Código</td><td></td><td colspan="2">Texto de la entrevista</td></tr>
<tr><td>Dilemas Éticos</td><td>Transparencia</td><td></td><td colspan="2">1. ¿Según su experiencia, que métodos o procesos pueden impulsar el éxito de la gestión sindical?
Los mejores métodos para lograr el éxito de una organización sindical son a mi parecer la eficiencia y el desprendimiento de parte de los integrantes de todos los organismos de dirección, para con el resto de sus miembros agremiados. En los últimos años y en especial en Venezuela, ha imperado en el mundo sindical el personalismo, factor muy dañino para con el fin o propósito de un colectivo que es el norte que orienta a todo buen dirigente sindical, esas a mi</td></tr>
</table>

Dilemas Éticos	Opacidad	parecer podrían ser las claves. **2. ¿Según su apreciación, que factores pudieran impedir el éxito de la organización sindical?** Esos factores son, bueno José, como te sigo diciendo, en mi humilde apreciación, el político, puesto que a algunas organizaciones las manejan los partidos políticos, y se hace a un lado lo que la asamblea piensa, rompiendo así, el compromiso de los dirigentes hacia el pueblo, y creando el compromiso con el partido, la corrupción que ha sido históricamente la bandera que enarbolan los 60 años de historia sindical que conozco y uno el cual creo que ha sido el más dañino, la participación de la criminalidad. La delincuencia organizada ha introducido sus tentáculos en las organizaciones sindicales hasta posesionándose en sus juntas directivas, flexibilizando las relaciones laborales y beneficios, torciendo así, la visión de los líderes sindicales y en este sentido, ya no persiguen el beneficio de los trabajadores, sino el beneficio de propio. **3. ¿Qué significado tiene para usted la ética sindical?** Para mí la ética sindical es lo que más ha afectado a las relaciones laborales venezolanas en los

Ética	Compromiso	últimos años, muchos lo confunden con lo moral, la honradez, etc., pero mi apreciación sobre este concepto es ese conjunto de reglas o conductas que debe regir el comportamiento de un dirigente sindical. Yo creo que esas reglas que en muchos casos no están establecidas con precisión ni en los estatutos de la organización, ni en alguna norma concreta, es más bien una forma de vida, unos principios básicos que solo son aprobados o improbados por el entorno que nos rodea en el mundo sindical. En ese sentido, al no estar bien definidas, se crean vacios que cualquier conducta impropia, al ser repetitiva se convierte en normal, y te digo esto, porque ve, mirando el caso de la industria de la construcción de donde yo soy, aquí se venden los cupos de trabajo desde que yo tengo uso de razón, entonces, si todo el mundo lo hace y es normal y hasta los trabajadores así lo aceptan, ya es normal que una conducta impropia, se ha hecho legal entre el gremio. **4. ¿Cuáles comportamientos observa usted, en referencia a los líderes sindicales, que de alguna manera pudieran ser perjudiciales o tóxicos para las relaciones laborales?**

Conducta	Liderazgo	Uno de elos es la falta de ética sindical, ya que en algunos casos los dirigentes sindicales olvidan este primordial principio dejando mucho que desear de su comportamiento. Otro no menos importante es la falta de preparación o educación básica en negociación o resolución de conflictos, conllevando con elo a enturbiar más aun cualquier conflicto que se le presente, legando en algunos casos a agravarlos. Por esta razón, la ley, opino yo, debiera impulsar la creación interna de que en cada sindicato hubiera un comité de ética sindical, que vele o supervise el comportamiento de los dirigentes.
		5. ¿Según su apreciación, que factores pudieran generar esas conductas?
Conducta	Marco Jurídico	Entre elos podemos precisar la forma o método de elección de los dirigentes sindicales, en donde por tradición son electos aquellos que presentan actitud aguerrida en contra del patrono sin tomar en cuenta la capacidad tanto de conocimiento como la aptitud para solucionar un conflicto cualquiera. Un líder sindical, puede tener capacidad para decirle la verdad al patrono o expresarse muy bien, pero al final del pasillo, al enfrentarse a situaciones que requieren

Ética sindical	Relaciones laborales	experticia y conocimiento legal, ahí el empresario le leva una morena, es en ese momento donde afloran las debilidades sindicales **6. ¿De qué manera la ética sindical puede impulsar las relaciones laborales en las empresas privadas?** En un ambiente de trabajo más cónsono y con mejores beneficios para sus trabajadores. Elo debido a que el patrono no tendría la posibilidad de realizar propuestas indecorosas a los dirigentes sindicales y si las realizara serían rechazadas de inmediato, poniendo al descubierto la mala fe del patrono. Un dirigente sindical con ética leva un norte bien definido que no es más que el beneficio colectivo de sus agremiados, y es por eso que recomiendo la creación de un comité ético-sindical en cada organización sindical, eso sería perfecto. Por lo menos, para mencionarte un caso, en mi sindicato hemos expulsado a varios compañeros, por actos contrarios a la ética sindical, y lo hacemos mediante el órgano del tribunal disciplinario, y nos ha costado mucho, pero se ha hecho.

Fuente: Noroño (2015)

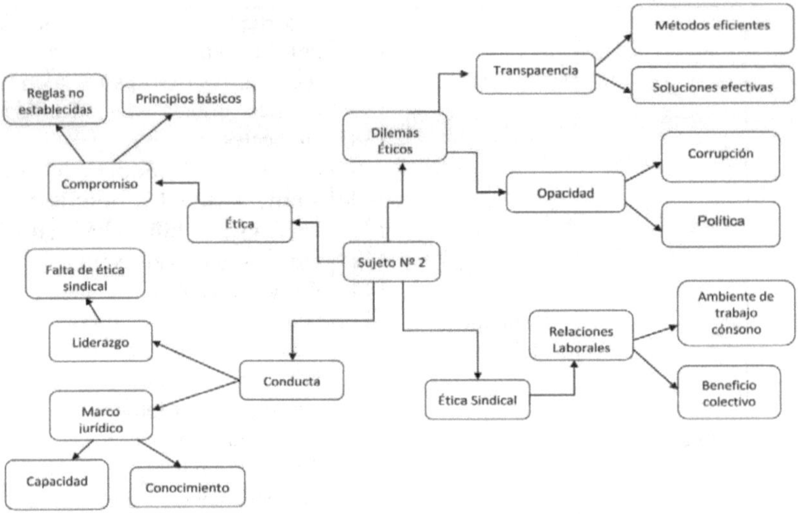

Gráfico. 2. Estructura Consciente Significativa Conceptual Entrevista 2
Fuente: Noroño (2015)

Memorándum de la Entrevista al Informante 2

En la interrogante ¿Qué significado tiene para usted la ética sindical?, se observa que existe falta de compromiso con los afiliados ya que no persiguen el beneficio de los trabajadores, sino el beneficio de los partidos políticos que lo rigen. Por otra parte, en relación a la pregunta. ¿Cuáles comportamientos observa usted, en referencia a los líderes sindicales, que de alguna manera pudieran ser perjudiciales o tóxicos para las relaciones laborales? Se observa que la falta de una preparación especializada en negociación o resolución de conflictos, conllevando con elo a enturbiar más aun cualquier conflicto que se le presente, legando en algunos casos a agravarlos.

Tabla 3
Entrevista 3. Informante clave

ETICA SINDICAL COMO VALOR IMPSULSOR DE LAS RELACIONES LABORALES EN EMPRESAS PRIVADAS				
Día: 22	**Mes: 5**	**Año: 2015**	**Hora: 3:00**	**Entrevista en audio Duración: 05.50 min.**
Escenario: Oficina del Investigador, Ubicada en la Torre Empresarial de Occidente, calle 89 B, con Av. 15 Delicias, Frente a la Universidad José Gregorio Hernández, Pent-house, Oficina VIP.1.				
Informante: Sujeto 3				
Sub categorías	**Código**		**Texto de la entrevista**	
			1. ¿Según su experiencia, que métodos o procesos pueden impulsar el éxito de la gestión sindical? Bueno, en principio creo que mantener el contacto constante con el trabajador, o con la masa laboral, esto, es no perder el contacto directo como primer punto, en segundo lugar, y ya desde mi punto de vista considero que la toma de	

Dilemas Éticos	Transparencia	decisiones basada en el beneficio colectivo sería una forma importante de impulsar la gestión sindical, ya que muchos afiliados se quejan de que nunca están los directivos del sindicato cuando se les necesita, hasta el punto que nosotros en la Junta Directiva, nos hemos puesto la misión interna de siempre mantener un directivo del sindicato en cada centro de trabajo para que ante cualquier eventualidad los trabajadores se sientan atendidos, como tercer punto, yo creo que la transparencia en la gestión, hace y marca la diferencia, te cuento que los otros directivos del sindicato que era nuestro rival en la empresa, la misma gente de elos los saco del poder porque en una asamblea reconocieron que la empresa los tenía bajo ciertos beneficios para que no hicieran nada en contra de la gerencia y de ahí ese sindicato más nunca levantó la cabeza con la gente, también, hemos sabido utilizar las redes sociales y por eso nos valemos de los medios tecnológicos para mantener informados a toda la masa y aun más a todos los miembros de la organización, años atrás eso no se podía lograr porque no existían las redes sociales ahora es más fácil hacer una convocatoria para una asamblea,

Dilemas Éticos	Opacidad	otra forma de lograr una buena gestión sindical es mantener siempre una posición firme ante la empresa, puesto que lo contrario sería ser sumisos y esa conducta siempre se confunde con estar vendido y eso lo saben los trabajadores, también es importante mantener una junta directiva compacta y homogénea, que realmente le brinde solución de los problemas de la gente, pero para eso hay varias cosas que nos lo impiden, una es la falta de la capacitación y entrenamiento de los miembros de la junta directiva si no son todos al menos los de más alto nivel y con mayor dominio y que estos sepan el manejo de las masas, también el dominio del discurso y creo que en mayor grado la asesoría jurídica por especialistas en derecho colectivo, ya que de lo contrario la empresa nos mantendría sometidos. **2. ¿Según su apreciación, que factores pudieran impedir el éxito de la organización sindical?** La mayoría de la gente sabe que la corrupción ha estado marcando al sindicalismo en casi todos los procesos, en la gran mayoría de los casos la incompetencia en la resolución de conflictos, la transa de casos,

Ética	Compromiso	la excesiva pasividad del sindicato hasta el punto que permiten que el patrono deje de cancelar beneficios concretados en la convención colectiva relajando los beneficios, la desinformación de los agremiados, la eliminación y la desaparición de los centros de trabajo por parte de los miembros de la junta directiva, que solo van los viernes a cobrar, la socialización y amistad con la directiva de la empresa la presunción de una relación armoniosa siempre será mal vista por los trabajadores y eso te crea dudas en el liderazgo del sindicato. **3. ¿Qué significado tiene para usted la ética sindical?** La ética sindical viene reforzada con los valores fundamentales que han enseñado a lo largo de la vida, no se puede tener ética sin valores, no puedes ser un buen líder sino has sido buen alumno, la única forma de entender al trabajador es colocarse en su lugar ya que el busca en nosotros la protección y el apoyo dentro de la organización, si el sindicato no es capaz de entender la posición del trabajador no está capacitado para este tipo de situaciones ni para asumir esta clase de compromisos, siempre haciéndole saber a la empresa

Conducta	Liderazgo	que es el dirigente el encargado de velar por los intereses de los trabajadores y en condición de igualdad jurídica. Como te dije la capacitación también juega un papel fundamental debido a que al minimizar los niveles de frustración, la autoestima de los líderes sindicales se incrementa fortaleciendo la organización y así evitando caer en malas prácticas. **4. ¿Cuáles comportamientos observa usted, en referencia a los líderes sindicales, que de alguna manera pudieran ser perjudiciales o tóxicos para las relaciones laborales?** Vertale, desde mi óptica hay varios, por ejemplo, la sumisión al patrono, o al jefe de la obra, la apatía, la falta de compromiso, la falta de liderazgo, la falta de preparación, educación y capacitación, falta de educación seglar, falta de ética sindical. Ahí es donde yo te digo que la socialización con directivos de la empresa, porque se hacen amigos y después quieren que les deis la razón a la empresa en medio de una confrontación jefe-trabajador, las reuniones, hay que evitar las reuniones a puerta cerrada, las reuniones individuales, la aceptación de regalías injustificadas, las
Conducta		diferencias en público de los

Conducta	Marco Jurídico	miembros de la junta directiva y la fuga de información confidencial, no puede ser que cada vez que vamos a meter un reclamo, o un pliego, ya la empresa lo sabe, porque la Junta Directiva esta de la mano con la gerencia y es ahí donde se daña el accionar del sindicato.
	Marco Jurídico	**5. ¿Según su apreciación, que factores pudieran generar esas conductas?** Hay muchas, ha muchas, las ambiciones personales, la falta de motivación, la mala asesoría, la frustración profesional, la manipulación por parte de la empresa, la carencia de valores, la inseguridad, la falta de liderazgo, la falta de penalización al incurrir en una falta, la insubordinación a las decisiones tomadas por la mayoría de los afiliados, y te puedo mencionar que en mi sindicato hemos sacado a varios por esas mismas conductas que te estoy mencionando.
Ética sindical	Relaciones laborales	**6. ¿De qué manera la ética sindical puede impulsar las relaciones laborales en las empresas privadas?** Vertale, a mi consideración, la historia del sector privado siempre ha sido más condescendiente con la masa laboral en cuanto a beneficios contractuales solo que en

		203 204 205 206 207	algunos casos estos beneficios no son distribuidos de manera uniforme para todos es así como entran en el juego las organizaciones sindicales que bien formadas y capacitadas pueden obtener lo mejor de ambos mundos. Al empresario siempre le conviene producir y al trabajador sentirse bien remunerado o al menos sentir que tiene buenos beneficios y solo con un desempeño sindical de altura, ética y responsabilidad se lega a los puntos de acuerdo con ambas partes y una vez que estas han interiorizado que la mejor manera de ser productivos es cuando la gestión sindical ha sido un éxito y el empresario también obtiene lo suyo.

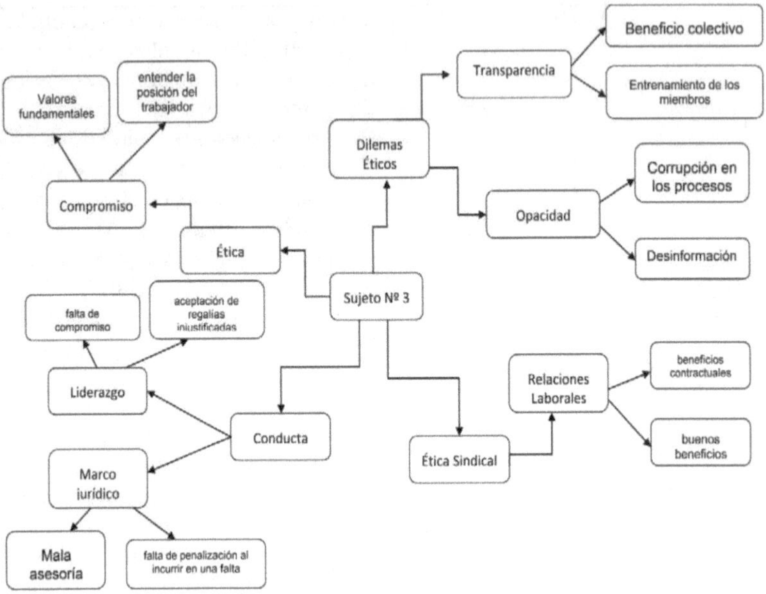

Gráfico. 3. Estructura Consciente Significativa Conceptual Entrevista 3
Fuente: Noroño (2015)

Memorándumde la Entrevista al Informante 3

En la pregunta ¿Según su experiencia, que métodos o procesos pueden impulsar el éxito de la gestión sindical? Se puede observar que existe desinformación hacia los afiliados, ya que no se les informa oportunamente de las decisiones tomadas o los logros alcanzados, además la falta de capacitación y entrenamiento de los miembros de la junta directiva de los sindicatos lo que ocasiona que no se obtengan los mejores beneficios para los trabajadores. Tomando en consideración la interrogante ¿Según su apreciación, que factores pudieran generar esas conductas? Se evidenció que existe maña asesoría hacia los trabajadores, así como falta de penalización al incurrir en una falta, ausencia de valores en los directivos y manipulación por parte de la empresa.

Tabla 4

Entrevista 4. Informante clave 4

ETICA SINDICAL COMO VALOR IMPSULSOR DE LAS RELACIONES LABORALES EN EMPRESAS PRIVADAS				
Día: 27	**Mes: 5**	**Año: 2015**	**Hora: 9:00 AM**	**Entrevista en audio Duración: 03:56min.**
Escenario: Barrio los Haticos Por arriba, Sector las viudas diagonal al abasto la "Caimana", parroquia Manuel Dagnino, en el Municipio Maracaibo del Estado Zulia, entrevista realizada en la Vivienda del Experto, por lo cual se reservan mayores datos.				
Informante: Sujeto 4				
Sub categorías	**Código**		**Texto de la entrevista**	
Dilemas Éticos	Transparencia		**1. ¿Según su experiencia, qué métodos o procesos pueden impulsar el éxito de la gestión sindical?** En Venezuela el sindicalismo esta grave, yo opino que el cambio en las estructuras sindicales, debe venir, y que este conlleve a procesos más amplios de conciencia social que permitan una nueva configuración de sus normas internas, en el sindicato se han perdido los valores y debe existir nuevas cogniciones que impulsen la democracia sindical, ya que hoy da se observa poco, su legitimidad, su representatividad y la alternabilidad en las Juntas Sindicales, está casi perdida y eso hace que casi ningún líder sindical tenga buenareputación. **2. ¿Según su apreciación, que**	

Ética	Opacidad Compromiso Liderazgo	**factores pudieran impedir el éxito de la organización sindical?** La falta de identidad sindical, las nuevas formas de organización empresarial y la política laboral del gobierno que conlleva al control sobre estos y el impulso en la creación de figuras paralelas como los Consejos de Trabajadores, son a mi entender, solo algunas de las que pudieran ser las más graves. **3. ¿Qué significado tiene para usted la ética sindical?** Todo lo relacionado con la moral, tanto en su dimensión individual como social, es decir, en lo personal como amplio conocedor de los sindicatos, porque he discutido muchas convenciones colectivas representando a empresas y en lo colectivo hacia sus representados están mal guiados, y en el entorno colectivo que lo rodea tampoco tienen mucha ayuda, el factor político interviene mucho; lo que imposibilita un desarrollo óptimo del dirigente en todos sus aspectos y en todas sus dimensiones que incluye sus referencias a la sociedad. Esta situación desvirtúa al sindicato ante la ética. **4. ¿Cuáles comportamientos observa usted, en referencia a los líderes sindicales, que de**

Conducta	Marco Jurídico	**alguna manera pudieran ser perjudiciales o tóxicos para las relaciones laborales?** Su permanencia en sus cargos de los miembros de la Junta Directiva, es decir, la poca alterabilidad hace que el dirigente se crea dueño del sindicato, tanto es así, que conozco dirigentes que han mandado más que Chávez en Venezuela... (Risas) y la falta de ética sindical.
Ética sindical	Relaciones laborales	**5. ¿Según su apreciación, que factores pudieran generar esas conductas?** La poca preparación y la falta de cultura en lo moral.
Ética sindical	Relaciones laborales	**6. ¿De qué manera la ética sindical puede impulsar las relaciones laborales en las empresas privadas?** El sector privado ha desarrollado relaciones armónicas que permitan una paz laboral, pero estas mismas relaciones afectan directamente la percepción del trabajador a su sindicato, porque lo que es bueno para la empresa, no siempre es bueno para el sindicato, y me refiero con esto, no a la productividad de la misma, sino a los beneficios que pudieran perderse por esta relación dispareja. El empresario sabe que si controla al sindicato, baja la conflictividad y aumenta la rentabilidad. La ética, no siempre sale a relucir en estas

		99 100 101 102 103	relaciones obligadas, pero, un sindicato ético, a mí parecer, valdría la pena tenerlo, pero creo que al empresariado no le molestaría, ya que en oportunidades, los conflictos se resuelven sin procedimientos de ninguna naturaleza y tú sabes a que me refiero.(risas) Volviendo al punto de vista ético, es necesario reconstruir al sindicalismo y refundarlo para que sea ético.

Fuente: Noroño (2015)

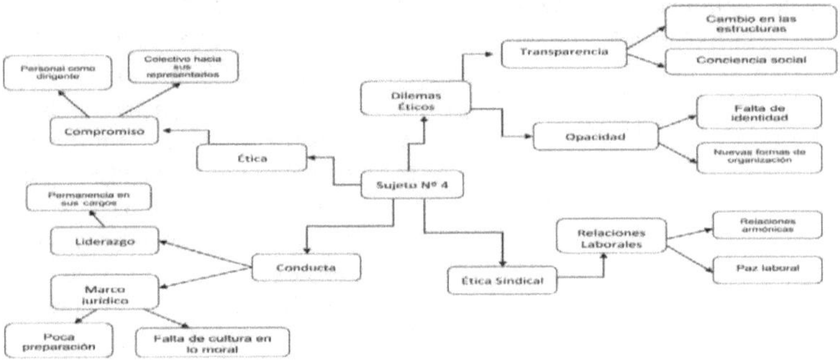

Gráfico. 4. Estructura Consciente Significativa Conceptual Entrevista 4
Fuente: Noroño (2015)

Memorándum de la Entrevista al Informante 4

En la interrogante ¿Según su experiencia, que métodos o procesos pueden impulsar el éxito de la gestión sindical? En el sindicato se han perdido los valores y debe existir nuevas cogniciones que impulsen la democracia sindical, ya que hoy da se observa poco, su legitimidad, su representatividad y la alternabilidad en las Juntas Sindicales, no existe transparencia. En cuanto a la pregunta. ¿Según su apreciación, que factores pudieran generar esas conductas? Se observa la poca preparación y la falta de cultura moral de los líderes sindicales así como su poco trayectoria.

3. TRIANGULACIÓN DE LA DATA

El proceso de análisis a través de la triangulación, según Rodríguez y Otros (1996: 311), permite "integrar y contrastar toda la información disponible para construir una visión global, exhaustiva y detallada de cada experiencia en particular". De acuerdo, al objeto de estudio para este caso, conocer el significado que le otorgan los informantes al fenómeno, es decir, se conjugan los múltiples puntos de vistas que permitan comparar la visión de los entrevistados con la visión de los expertos y los fundamentos teóricos para aproximarse a un entendimiento profundo de la realidad, quedando excluidos aquellos resultados que presenten vacío.

Tabla 5
Triangulación sub categoría Dilemas éticos

Sub categoría de análisis Dilemas éticos		nte 1 15/05/1	Informa nte 2 17/05/1	te n 32/05/0	nte 4 27/05/1	**Resumen Conclusivo**
Códigos	Transparencia	X	X	X	X	Personalismo Rendición de cuentas claras Corrupción Desinformación Conciencia social
	Opacidad	X	X	X	X	

Fuente: Noroño (2015)

La tabla 5, constituye la contrastación entre los códigos emergentes para la sub categoría dilemas éticos en cada una de las entrevistas, observándose que existe saturación tanto para transparencia como para la opacidad. Lo cual evidencia la falencia de transparencia y opacidad de acuerdo a los informantes. Es de hacer notar, que no se toma en cuenta la respuestas 2 del 2º entrevistado, por no coincidir con el resto de los hallazgos, pudiendo pertenecer esta condición, al sector construcción donde se desempeña el experto, más no a otros sectores

Tabla 6
Triangulación sub categoría ética

Sub categoría de análisis Ética		Informant e 1 15/05/15	Informant e 2 17/05/15	e 22/05/05/	Informant e 4 27/05/15	**Resumen Conclusivo**
Códigos	Compromiso	X	X	X	X	Claridad Principios básicos Valores fundamentales Compromiso personal

Fuente: Noroño (2015)

La tabla 6, constituye la contrastación entre el código emergente para la sub categoría ética de la ética en cada una de las entrevistas, observándose que existe saturación para este código lo cual evidencia falta de compromiso en las organizaciones sindicales.

Tabla 7
Triangulación sub categoría conducta

Sub categoría de análisis Conducta		Informan te 1 15/05/15	Informan te 2 17/05/15	te 22/05/05/	Informan te 4 27/05/15	**Resumen Conclusivo**
Códigos	Liderazgo	X	X	X	X	Falta de capacitación Retraso en los procesos Complicidad Conocimiento Falta de
	Marco jurídico	X	X	X	X	

						compromiso Mala asesoría Permanencia en los cargos Falta de cultura en lo moral

Fuente: Noroño (2015)

La tabla 7, refleja la contrastación entre el códigos emergente para la sub categoría conducta en cada una de las entrevistas, observándose que existe saturación para este código lo cual evidencia abundantes debilidades en cuanto conducta de los dirigentes sindicales.

Tabla 8
Triangulación sub categoría Ética sindical

Sub categoría de análisis Ética sindical		Informante 1 15/05/15	Informante 2 17/05/15	te 3 22/05/05/	Informante 4 27/05/15	**Resumen Conclusivo**
Códigos	Relaciones laborales	X	X	X	X	Sinceridad Participación Beneficio colectivo Beneficios contractuales Relaciones armónicas

Fuente: Noroño (2015)

En la tabla 8 la contrastación del código emergente de la sub categoría ética sindical en cada una de las entrevistas, observándose que existe saturación para este código, por lo que existe abundancia de falencias.

4. Estructura Cognitiva Integradora

Agrupado el contenido descriptivo mostrado en el proceso de

triangulación de los códigos obtenidos, es útil construir un diagrama general integrado que agrupe todos los elementos que surgieron de las entrevistas con los informantes, e inclusive que sirva como guía de referencia para desarrollar las teorías de entrada del presente estudio. A continuación se presenta la estructura conceptualfinal:

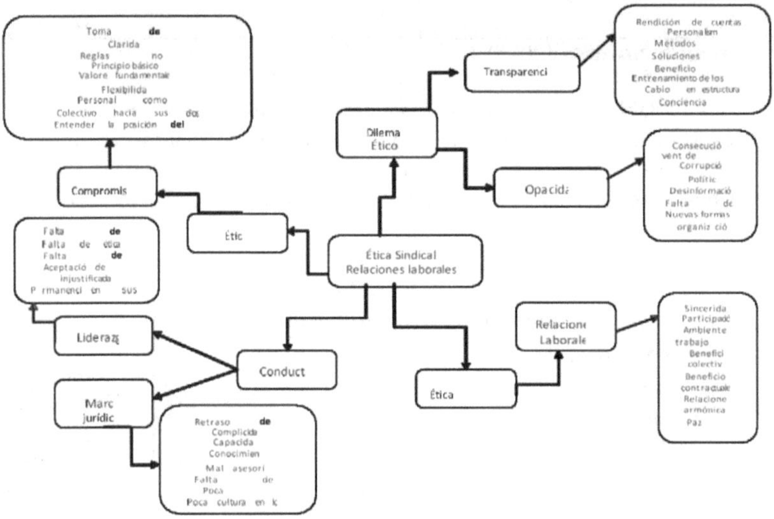

Grafico 5. Estructura cognitiva Integradora
Fuente: Noroño: (2015)

MOMENTO V

DEUTERONOMIO

1. PRESENTACIÓN

El derecho colectivo del Trabajo y más específicamente el derecho Sindical, es un área donde muchos han incursionado, sin embargo, existen pocas referencias cuando se esgrimen posturas relativas al componente ético que deben prevalecer en esas relaciones tan sensibles, donde, irremediablemente siempre están en juego los intereses de los sujetos intervinientes como lo son, los trabajadores y los empresarios.

En la búsqueda hubo concentración en la obtención de resultados sobre la actividad de las organizaciones sindicales, es por esto, que partiendo de las inquietudes, dudas y hasta profundas preocupaciones por comprender dichos fenómenos, se ha desarrollado, a modo de apoyo a estas organizaciones, un proyecto de educación, capacitación y formación, basado en la redacción de un manual para impulsar el fortalecimiento de las nuevas organizaciones sindicales y las ya existentes, tomando en consideración tanto los comentarios de los expertos entrevistados, así como también, los resultados obtenidos de la investigación doctoral.

El desarrollo del manual que se presenta a continuación, tuvo como objetivo principal, evaluar la situación actual de cada uno de los procesos socio-legales donde se encuentran inmersas las organizaciones sindicales, persiguiendo el perfeccionamiento de cada uno de ellos, de modo, que se facilite el trabajo, se persiga el mejoramiento continuo y se reorienten de esta manera la gestión sindical a una mayor obtención de resultados que beneficien a la clase trabajadora.

Este manual, sin duda alguna, se convertirá en una herramienta indispensable y además fundamental de la gestión sindical y servirá de guía, conocimiento, promoción y orientación, así como establecimiento de valores y la unificación de criterios éticos necesarios para la organización sindical. Igualmente permitirá analizar cada proceso sindical, haciendo recomendaciones en cada paso, con propuestas que serán dirigidas al accionar propio de los sindicatos, con el firme propósito de elevar la eficacia en la consecución de resultados positivos y que agreguen valor.

El "Manual del Sindicalista y Laboralista", se basa en las realidades que afrontará el dirigente y quien desee como abogado incursionar en esta apasionante rama del derecho del trabajo y más específicamente en su lado colectivo, mediante ejemplos, se plantean las alternativas y enfoques que ayuden a impulsar un nuevo paradigma, donde se exploten las potencialidades sindicales y del líder sindical moderno que persiga el desarrollo continuo, con miras al mundo irremediablemente globalizado.

1.1. APORTE TEÓRICO

1.1.1 MANUAL DEL SINDICALISTA Y LABORALISTA

ESQUEMA

MANUAL DEL SINDICALISTA Y LABORALISTA

1. **LOS DERECHOS SINDICALES: OTRA DEFINICIÓN.**

2. **EL MOVIMIENTO SINDICALEN VENEZUELA.**
Como bien lo describe Eric Hobsbawm en 1977.

3. **LA ORGANIZACIÓN SINDICAL EN VENEZUELA.**
(a) Explicación y Síntesis de los Convenio 87 y 98 OIT.
(b) El Derecho Colectivo Sindical.
(c)Conformación de la Constitución de la República Bolivariana de Venezuela.
(d) ¿Quiénes tienen derecho a sindicación?

4. **EL PRIMER PASO.**
5. **LA LIBERTAD SINDICAL EN NUESTRA LEGISLACIÓN LABORAL VIGENTE.**
6. **CONSTITUCIÓNY REGISTRO DE UNA ORGANIZACIÓN SINDICAL.**

(A) De los organismos competentes en materia laboral. B) Procedimiento de Inscripción ante el Registro de Organizaciones Sindicales (RENOS).

7. **DE LA SOLICITUD DE RESGISTRO.**

(a) Procedimiento de inscripción ante el RENOS.
8. **DEL ACTA CONSTITUTIVA.**
9. **DE LOS ESTATUTOSSOCIALES.**

10. **DE LA NOMINA DE MIEMBROS FUNDADORES.**
11. **DE LA CONVOCATORIA.**
12. **DE LA INAMOVILIDAD LABORAL.**
13. **LUEGO DEL REGISTRO DE LA ORGANIZACIÓN SINDICAL.**
14. **PROCEDIMIENTO DE LA NEGOCIACION COLECTIVA DE TRABAJO.**
    (a) Características de la Convención Colectiva.
    (b) Garantía Constitucional.
    (c) Proyecto: Requisitos de Forma y de Fondo.
    (d) Beneficiarios de la contratación Colectiva de Trabajo.
    (e) Requisitos de Forma.
    (f) Requisitos de Fondo.
    (g) Admisión y Transcripción de las Negociaciones Articulo 516 Lot (1997).
    (g) Alegatos y defensas Previas.
    (h) Oportunidad.
    (i) Efectos.
    (j) Discusión de la contratación colectiva.
    (k) Duración de las discusiones de la Convención Colectiva.
    (l) Del Depósito de la Convención Colectiva.
    (ll) Requisitos para el Depósito de la convención colectiva.
    (m) Subsanación de Errores u Omisiones.
    (n) Efectos del Depósito de la Convención Colectiva.

15. **DESPUES DEL DEPÓSITO DE LA CONVENCION COLECTIVA.**
    (a) Cláusulas de Aplicación Retroactiva,
    (b) Duración y Prorroga de la convención colectiva.

16. **ETICA SINDICAL VALOR IMPULSOR DE LAS RELACIONES LABORALES MODERNAS**: Postulados Éticos.
    (a) Ética Sindical.
    (b) Ética Sindical en la Esfera de la empresa o entidad de trabajo.
    (c) Ética Sindical en la Esfera de los trabajadores.
    (d) Ética sindical en la esfera de la Negociación Colectiva.
    (e) Ética Sindical ante los organismos Públicos.

17. **PLAN DE ACTUALIZACIÓN Y CLIMALABORAL PARA ORGANIZACIONES SINDICALES.**
    (a) Fases.
    (b) Inicio.

(c) Reclutamiento. a) el equipo Interdisciplinario. b) El Equipo de Trabajadores Expertos. c) Las Organizaciones Sindicales.
(d) Generación.
(e) Fase de Formación y Capacitación Sindical.
(f) Fase de concientización de Valores y Comportamiento Ético.
(g) Fase de Estrategias de Negociación y Resolución de Conflictos.
(h) Acción.
(i) Renovación.
(j) Clima laboral Sindical.

18. **BIBLIOGRAFÍA.**

Las organizaciones sindicales, son la mejor herramienta laboral y de defensa que el mundo haya ideado, son ellas las que llevan en sus hombros elevar la calidad de vida de sus agremiados y afiliados. José Noroño.

1. LOS DERECHOS SINDICALES: OTRA DEFINICIÓN

Muchas definiciones se han dado sobre los derechos sindicales, sin embargo, debo acotar que pocos autores han podido escribir desde una óptica similar a la que poseo, por cuanto, soy uno de los pocos escritores que ha pertenecido, liderizado y dirigido organizaciones sindicales. Es decir, que tanto los postulados como los criterios están esbozados desde las consideraciones internas de un ex líder sindical que ha progresado en las ciencias del saber para insuflarle con las herramientas académicas adquiridas, nuevos bríos y una nueva visión al sindicalismo moderno venezolano.

Los derechos sindicales como tal, no han sido otorgados, ni cedidos ni redactados de forma benevolente por ningún Estado, Organismo Multilateral o derivados de acción privada alguna, por el contrario, todos y cada uno ha tenido que ser ampliamente luchados, sudados y conquistados, donde en las peores oportunidades hasta hay quienes han perdido la libertad, muchos otros la vida en el intento, han tenido que ser fuertemente batallados y por tal motivo, una vez obtenidos, la meta es mejorarlos con amplitud.

La historia trae a colación eventos que marcaron la vida humana y posteriormente las civilizaciones, una de las guerras más encarnizadas tiene que ver con las ocho (8) horas de trabajo diario, lo que hoy se conoce como un derecho en antaño fue visto previo como delito, en otras partes, como en el caso venezolano, en sus inicios, los movimientos sindicales eran clandestinos y legaron de la mano del partido Comunista en los años 30 del siglo pasado, autores como Urquijo (2000) muy bien lo explican en sus obra de remembranza sindical. Es por tal razón, que el derecho sindical, más que una corriente del pensamiento debe considerarse como un derecho humano inmarcesible de la clase trabajadora.

La lamada libertad sindical, no simplemente se basa en las posibilidades de fundar, registrar y pertenecer a un organismo de representación colectiva, en sus diferentes tipos y grados, se refiere al acceso ilimitado, al disfrute, al goce y al ejercicio de los derechos que los convenios internacionales, la constitución y las leyes otorgan tanto a los trabajadores como a los patronos; expresándose en dos esferas, una individual, y la otra colectiva, en la cual, solo otros derechos ajenos al ámbito laboral limitan su accionar, para elo, se requiere un sustrato teórico, doctrinario, máxime, legal que evite la injerencia, la discriminación y la intervención por parte de tercero, donde se puede contar hasta del mismísimo Estado, en sus diferentes concepciones. Representa, el sano ejercicio de elegir y ser elegido, la participación social, la afiliación positiva, negativa, y la plena autonomía administrativa y organizativa, así como el completo autocontrol de sus diferentes planes de acción y participación en el campo político.

Dicho de esta forma, se puede decir que es el uso, goce y disfrute de la libertad de asociación, consagrada para la protección y promoción de los intereses de los trabajadores, utilizando la forma legal lamada sindicato, en sus tipos y grados para la obtención y persecución de sus metas y decisiones establecidas por la masa de asociados o afiliados, en un primer momento y luego levadas a cumplimiento por la Junta Directiva de la organización sindical.

La libertad sindical, visto desde esta óptica, se compone de dos derechos importantes para el correcto accionar, movilización y desempeño de los individuos y al mismo tiempo para esta clase de asociaciones; a saber:

1.: **El derecho a la libertad** consagrado en el derecho humano que implica más que simplemente la posibilidad de escoger y elegir, es decir, la posibilidad de diseñar, trazar y escoger el propio rumbo, así como de manifestar independencia cuasi absoluta en todo lo relacionado a su organización, estructura y funcionamiento, sin más limitaciones que lo establecido en el ordenamiento jurídico, es imperante entonces, concebir la idea de libertad de asociación a la segunda fase que es, simultáneamente.

2. El derecho a la asociación: éste, de esencia netamente humanista, pues resalta la mismísima conciencia natural de asociarse y la necesidad de tener relaciones simbióticas e interrelación con otros iguales, de alí la comunión y convivencia que nos caracteriza como especie, a raíz de esto deviene la calificación como Derechos Humanos, como también lo establece el artículo 2 de la Ley Orgánica del Trabajo, los Trabajadores y las Trabajadoras del mismísimo derecho de sindicación, participación y asociación sindical, aunque muchos piensen lo contrario. Más importante aún, nuestra CRBV nos otorga dichas garantías en el artículo 52 y por lo tanto se hace uso efectivo de este derecho al asociarnos con fines lícitos, como lo son los sindicatos, al unísono de este principio Constitucional el artículo 112 de la RLOT (2007), resalta la libre asociación como eje central de la vida sindical.

Estos derechos primarios, no se ejercen a plenitud en marcos gubernamentales de tono totalitarios aunque algunos piensen y digan lo contrario, pues vemos que en ellos, las huelgas de trabajadores solicitando mejoras a sus beneficios es de imposible concepción, al igual pasa en Venezuela, cuando se trata de empresas del Estado, pues, cuando se tocan los intereses del "Patrón Venezuela", sea este Gobierno Nacional, Estatal o Municipal, dicho en forma coloquial, "no hay ley que valga".

Por lo menos, en estos momentos que vivimos, de alí se desprende la necesidad de construir un nuevo modelo sindical desapegado a las costumbres complacientes actuales, pues, así como hoy, en antaño, los movimientos sindicales se convirtieron en apoyo de los partidos políticos y solo cumpliendo los deseos de los gobernantes de turno subsistían.

Es por eso, que es necesario fomentar una tendencia sindical apartidista que responda a las necesidades reales y sociales de los trabajadores sin distingo de tendencia política, no quiere decir esto, que concebimos una clase sindical ermitaña o autista, se hace referencia a que se puede articular con la clase política, pero complaciendo a la clase trabajadora sin sacrificar protagonismo propio del sindicato alhacerlo.

Aunque en la actualidad no existe una central única de trabajadores que agrupe a esta clase de sindicatos, es evidente la creación de una confederación que cumpla con la búsqueda de soluciones a las verdaderas necesidades sociales y de protección de los trabajadores venezolanos. Y eso ocurre debido a la doble conjunción del Estado-Protector y el Estado-Patrono. Según Noroño (2014) ese doble papel del Estado, o como lo define, esa doble conjunción, ha dificultado el rol proteccionista de los Sindicatos y opacado en gran medida sus funciones.

Como muy bien lo describe el Maestro Iturraspe (2007), "los derechos humanos nacen como una limitación al poder de los Estados; son derechos frente al Estado", en otras palabras, estos grandes avances han sido del todo, el terreno conquistado por las organizaciones sindicales, en sus diferentes luchas, actuales y de antaño, razones más que suficientes para saber, que gradualmente estos derechos se irán renovando, ampliando y fortaleciéndose en la en que los sindicatos así lo impulsen de la mano con sus afiliados.

Por pragmáticos que se sea, no se puede hacer la vista a un lado cuando relacionamos la función sindical a la preparación del individuo, previo cumplimiento de la comisión de servir en pro de la búsqueda de beneficios laborales, y es alí donde se poseen grandes puntos de mejora, que pretendemos lenar con la lectura y puesta en marcha de las recomendaciones que se hacen en este instructivo sindical, que mas alá, de describir situaciones, se centra en vivencias cotidianas de quienes transitan a diario por las Inspectorías del Trabajo y por el recientemente fundado Registro Nacional de Organizaciones Sindicales (en lo sucesivo RENOS) en la búsqueda de la defensa de los intereses de los trabajadores de la mejor forma posible.

La clase trabajadora venezolana, merece poseer líderes sindicales que eleven su calidad de vida y los beneficios socioeconómicos, cónsonos con la realidad social del país. José Noroño.

2. EL MOVIMIENTO SINDICALEN VENEZUELA

Aunque mucho se ha hablado sobre los derechos sindicales y sus definiciones, a los largo de la historia contemporánea humana, se debe empezar por reconocer que la misma, ha confirmado la existencia de derechos que antes parecían ilógicos, es en el mundo capitalista, donde nacen los primeros pasos de los derechos sindicales y estos se han mantenido hasta los días en que hoy se vive, el solo hecho de pensar en una huelga, sería un crimen en aquellos entonces cerca del transcurso de la primera mitad del siglo XXVIII, en pleno auge de la revolución industrial, un siglo que desde su inicio se caracterizó por la puesta en marcha de ideas innovadoras y la lucha por conquistar mejoras significativas para las sociedades.

Más aun, la falta de tecnologías modernas, hacia obligatorio que la mano de obra directa fuera la del hombre, como motor de funcionamiento de las economías apenas deslumbrantes en aquellos tiempos, el empleo de cada vez más rigurosos y largos horarios y la imposición de condiciones, hicieron que las masas laborales se vieran al borde del colapso, puesto que a los empleadores y empresarios de aquel entonces, poca atención daban a las mínimas condiciones de higiene y seguridad para el correcto modo de prestar servicios por parte de los trabajadores.

Cuando se piensa en grandes proezas laborales, legan a mi mente una hazaña importante y gloriosa del movimiento sindical, se desprende desde ***"el incidente o revuelta de Haymarket"*** en la que los valientes trabajadores de la ciudad de Chicago, se enfrentaron a la negativa patronal de otorgar las 8 horas de trabajo y donde durante la protesta 6 personas fueron detenidas, cinco de las cuales fueron condenadas a muerte y el sexto hombre decidió suicidarse antes de darle el honor a los empresarios de la época y a las autoridades policiales de aquellos entonces.

Tal masacre de chicago, hoy se conmemora cada Primero (1) de mayo como el día internacional del Trabajo, en honor a estos valientes mártires del empresariado Estado Unidense, irónicamente hay solo tres países en el planeta, que no aceptan ni reconocen tal fecha internacional como día de remembranza, como lo son los Estados Unidos, el Reino Unido y el Principado de Andorra. ***Lo ilógico es pensar entonces, que nosotros conmemoramoscomoel día del trabajador un suceso que nace en tierras Estadounidenses y que en el mismo país donde se dió origen a esa victoria del trabajador, no lo reconocen como día de celebración histórica, parece paradójico, pero así es. *(Negrillas nuestras).***

Por otro lado, mas de 183 años han pasado desde la promulgación de la primera ley laboral, concebida para apaciguar los conflictos existentes en la sociedad inglesa, dicha Ley se aplicaba a todas las fábricas textiles y prohibía el empleo de cualquier niño menor de nueve años y limitaba las horas de trabajo de los niños menores de trece años a nueve horas y el de los jóvenes menores de dieciocho, a doce horas respectivamente.

Adicionalmente, prohibía el trabajo nocturno. Sin duda fue un suceso que marcó la historia universal, pues se daba inicio al tránsito de los primeros pasos de la hoy conocida como "justicia social" y a las victorias en el campo laboral de los trabajadores y sus formas de asociación para combatir el imperante dominio de los empresarios de aquela época, pues como hemos dicho, el trabajador de entonces tenían solo el derecho a estar indefendido, a cumplir lo que se le ordenaba y a estar desprovisto de cualquier beneficio en sentido laboral.

Como bien lo describe Eric Hobsbawm en (1977, p. 75).

> Al comienzo de la semana no sabían cuánto dinero podrían levar a sus casas al finalizar aquela. No sabían cuánto iba a durar su trabajo, o, si lo perdían, cuándo podrían conseguir otro empleo, o bajo qué condiciones No sabían cuándo iban a encontrarse con un accidente o una enfermedad y, aunque eran conscientes de que en cierto momento de su vida, en la edad madura -quizás a los cuarenta años para los obreros no calificados -, serían incapaces de levar a cabo, en toda su extensión, el trabajo físico de un adulto, no sabían que les pasaría entre este momento y la muerte
> *

Localmente, el movimiento sindical en Venezuela tiene sus cimientos en estructuras importadas y que prácticamente han quedado vetustas por la combinación del empoderamiento de todos los sectores y el ascenso del poder popular de los trabajadores, a raíz de los procesos de cambio vividos en nuestra tierra, instituciones, y más importante aún, en el seno de nuestra sociedad, aunque se intento en su momento introducir reformas que modificarían estas condiciones establecidas desde antaño, nunca se consumaron y quedaron como posibles proyectos, se ha tratado de actualizarlas.

Pero se han visto, como la manera de poder restarle fuerza y vigor a los sindicatos y por eso no se ha podido modificar esa estructura sindical hoy imperante todavía en nuestro país, la falta de confianza esta por delante y es debido a eso que hemos preparado esta ayuda al Abogado y al nuevo aspirante a líder sindical, pues, desmenuza de forma instructiva las formas y las maneras de incursionar en un ámbito donde solo pocos dominan las artes sindicales ya sea por experiencia en el campo sindical o por estudios superiores dentro de esta rama importantísima del derecho colectivo laboral.***UNIVERSIDAD CENTRO OCCIDENTAL "LISANDRO ALVARADO" UCLA DECANATO DE ADMINISTRACIÓN Y CONTADURÍA. DACCENTRO DE INVESTIGACIÓNV. JORNADAS DE INVESTIGACION DEL DECANATO DE ADMINISTRACIÓN y CONTADURÍA.29 Y 30 DE MARZO DE 2004. BARQUISIMETO¨ DERECHOS LABORALES: ¿DÓNDE ESTAN HOY, DÓNDE MAÑANA?**

El movimiento sindical venezolano por norma frecuente e históricamente, practica la política, sin embargo a nivel mundial, l tendencia es similar, según los estudios practicados por la OIT, a este respecto en su informe sobre la libertad de asociación y libertad sindical, publicada en el año 2007, sin embargo, esta política en el caso particular, va a depender del partido al cual estén afiliados los dirigentes, que de alguna forma buscan respaldo y además la conciliación de clases, por su diversidad en los aspectos relativos a la protección del hombre como fuente primaria de producción como lo estableció Marx y a su importante función dentro de las empresas y esto aunque no lo sepan es una realidad que afrontan los dirigentes sindicales.

Visto esto, se puede afirmar que en el primer plano destaca la figura del hombre como eje central de los aspectos que analizaremos y comentaremos, es donde se procurara dar atención, a la protección de las actividades de este, en su entorno laboral. Por lo tanto, se puede afirmar que existe una estrecha vinculación entre el movimiento sindical venezolano, los movimientos estudiantiles y los partidos políticos, a la cual quedan frecuentemente subordinados los intereses de estos dos anteriores, cuando debiera de ser al contrario, a nuestro humilde parecer.

En las Inspectorías del trabajo de la actualidad, predominan las conexiones políticas más que cualquier otro factor preponderante, es por elo, que se necesita cambiar la forma de hacer derecho en Venezuela, pues se sigue copiando de los modelos anteriores que ocuparon la escena laboral venezolana en décadas pasadas, por citar un ejemplo.

En este sentido, se ha visto como el Ministro del ramo nombra al Coordinador de la Inspectoría del trabajo y el Viceministro nombra al Inspector del Trabajo y viceversa, esto ocasiona una avalancha de situaciones que al mismo tiempo son desventajas para los trabajadores, puesto que generalmente cada uno leva consigo líneas políticas y de acción diferentes y por lo tanto intereses distintos al de los protegidos, como debieran ser los trabajadores.

Esto sin mencionar a los empleados públicos que se debaten en una lucha de poder dentro de las Inspectorías, puesto que el Coordinador responde ante los elementos de convicción políticas y el Inspector debería responder a los elementos de convicción jurídicos y nuevamente los trabajadores en el medio del huracán, he alí entonces la gran desventaja que tienen los sujetos a proteger por excelencia dentro del Ministerio del Trabajo, no se comenta esto como denuncia,.

Sino como punto de anclaje a la necesidad de preparar a los nuevos líderes para las batalas que se libraran dentro y fuera del recinto donde prestan sus servicios, generalmente la necesidad hace, como factor común, que los trabajadores busquen la unificación de la fuerza para defenderse de los atropellos a que son capaces los patronos y en oportunidades los mismos sindicatos, que están llamados a defenderlos, pero que en determinado momento no lo hacen.

Por otro lado, los representantes de los trabajadores debieran ser tomados en cuenta por los líderes de los movimientos políticos para incursionar de leno en ela, por comisión de trabajo, elos ya han demostrado la pasión por servir, mientras que el político espera legar al cargo para empezar a servirle a la sociedad.

Aunque es más extensa la participación del político, el líder sindical desde su sociedad, ahora llamada "clase trabajadora", expresión ésta que implica una distorsión conceptual, puesto que se generaliza, la condición del trabajo hacia todas aquéllas personas que pueden ser fuente de producción, pero no asalariado, demuestra también, pero en menor grado, esa vocación de servicio que todo líder necesita tener y cultivar. Es allí donde se fundamenta la antinomia a la cual hacemos referencia.

Sin embargo, a lo largo de la historia del movimiento sindical podemos notar que no solo los obreros luchan por reivindicar sus condiciones laborales, los empleados y el personal de dirección, en primer plano, porque el estado venezolano adopto medidas de protección para este sector de la población laboral venezolana, al elevar la barrera de la inamovilidad laboral, primero a tres salarios mínimos para luego eliminar tal barrera y segundo, porque en la redacción de la ley Orgánica del

Trabajo, los Trabajadores y las Trabajadoras.

Asimismo, se eliminaron las diferencias conceptuales que dividían las organizaciones sindicales entre obreros y empleados, por la definición genérica "Trabajadores y Trabajadoras" dado el abuso que para elos implicaba ser sujetos de derechos sin poder ejercerlos, los empleados que no formaban parte de la clase obrera, por ser elos separados por la propia definición de la ley, han tomado un mayor protagonismo en la actualidad y es en esa área específica donde más nos enfocaremos, las relaciones de los patronos y trabajadores, persé, muy maltratados en nuestro país.

A este respecto, Castejón (2012) informa que la Ley del Trabajo (2012) acoge la noción genérica de "trabajador y trabajadora", para designar uniformemente a toda persona que presta su servicio en forma dependiente o no dependiente con lo cual excluye la subordinación como elemento esencial del contrato de trabajo, indica el autor que también se excluyó de la misma ley la distinción existente entre "obreros y empleados" que la ley del trabajo (1997) anterior si contemplaba, indicando que la supresión entre "obreros y empleados" esta destinada fundamentalmente a preservar el principio de "igualdad y de no discriminación" que garantiza el texto constitucional. Dejando por fuera, según su criterio la primacía del factor manual e intelectual en la realización de la labor.

Dichas relaciones y actividades frecuentemente antagonizan, mezclarlas bajo un factor de unidad, es una tarea ardua, y por tanto, amerita del concurso de todos los involucrados para lograrlo, si se puede, pero atendiendo a ciertos ingredientes necesarios que se explicaran durante el proceso que se detalara en este manual.

Los sindicatos, son la herramienta fundamental del progreso y avance de un país, son la columna vertebral del futuro, razón por la cual, hay que formarlos y capacitarlos. José Noroño.

3. LA ORGANIZACIÓN SINDICALEN VENEZUELA

(a) Explicación y Síntesis de los Convenio 87 y 98 OIT.

El derecho de trabajo constituye un derecho y deber inherente del individuo, irrenunciable y de carácter constitucional. La Carta Magna de 1999, desarrolla este derecho, establecido en la Declaración Universal de los Derechos Humanos, en su contenido normativo; compuesto por el principio de Estado Social, donde el Estado se encuentra en la obligación de proporcionar las herramientas e instrumentos necesarios para el desarrollo integral del individuo en sociedad, garantizando los derechos laborales, familiares, culturales entre otros. Los derechos Laborales están determinados, en principio, en el artículo 87 de nuestra carta fundamental. Ahora bien, cabe destacar que el derecho al trabajo no se encuentra, de ningún modo, limitado; por el contrario, la Constitución Nacional, las leyes orgánicas, reglamentos y tratados desarrollan profundamente éste derecho en sus cuerpos normativos; adaptándose indudablemente a las necesidades de los ciudadanos en la actualidad.

Es por ende que durante todo el desarrollo de los temas del presente trabajo nos centraremos en el compendio de los derechos involucrados en materia de Libertad Sindical, la protección que está establecida en nuestra legislación además de cómo conseguirla y por último la protección que poseemos al momento de hacer uso al derecho de sindicación y a la contratación colectiva como medio y mecanismo de lograr los beneficios que los trabajadores necesitan atendiendo a los principios y garantías que están fundamentados dentro del marco legal laboral venezolano.

El Estado venezolano es responsable de salvaguardar el cumplimiento de la Norma Constitucional, para elo hará uso del ejercicio de sus funciones como ente legislador para crear un entorno seguro , que brinde confianza, rapidez y seguridad a la hora de hacer valer los derechos sindicales disponibles para todo venezolano, el Estado también debe hacer uso de sus políticas ejecutivas para hacer cumplir de forma voluntaria, conciliatoria o forzosa las decisiones y dictámenes en resguardo de dichas garantías.

Al mismo tiempo es responsable por las decisiones que los funcionarios tomen en el uso de la debida y no injerente supervisión que hagan a dicho disfrute de los derechos civiles y sindicales, esto refleja de parte del Estado, interés en la protección de sus nacionales en un ámbito local y de la reputación en el ámbito internacional, puesto que nuestro país es firmante de acuerdos internacionales que lo obligan en los ámbitos que analizaremos a continuación para establecer un criterio uniforme sobre la aplicabilidad de las garantías laborales en nuestro país.

En materia de derechos sindicales y laborales entendemos a la Organización Internacional de Trabajo (en lo sucesivo OIT), como el órgano rector Internacional de supervisión y vigilancia del cumplimiento de los convenios ratificados por los países parte, Venezuela por ser miembro de la OIT se debe a los edictos ratificados por la República y por lo tanto esto es una garantía adicional que fortalece la libertad sindical.

El Estado Venezolano durante su participación como país miembro de esa comunidad internacional ha firmado y ratificado en todas sus partes ciertos convenios que analizaremos en detale para una mejor comprensión de los temas a los cuales se hará alusión posteriormente.

El convenio 87 establece diversos principios en materia de Libertad sindical, considerando las necesidades de la época en materia laboral, aunado a la inexistencia en tal fecha de garantías laborales que fuesen acogida tanto por los trabajadores y empleadores.

Cabe destacar que Venezuela suscribió dicho convenio, resultando un tanto irónica las contravenciones al marco legal existente en materia de sindicalización, puesto que no sólo ratifica éste convenio, sino también los desarrolla tanto en la CRBV de 1999 como en la L.O.T de 1997 y la LOTTT (2012). La constitución de 1999 se ocupa en el Titulo III, denominado de los "Derechos Humanos y Garantías y de los Deberes" de todo lo referente a los derechos de los trabajadores en la normativa comprendida entre los artículos 87 hasta el 97. Específicamente, en cuanto a la Libertad Sindical se establece:

> CRBV (1999), Artículo 95: Los trabajadores y las trabajadoras, sin distinción alguna y sin necesidad de autorización previa, tienen derecho a constituir libremente las organizaciones sindicales que estimen convenientes para la mejor defensa de sus derechos e intereses, así como a afiliarse o no a elas, de conformidad con la ley. Estas organizaciones no están sujetas a intervención, suspensión o disolución administrativa. Los trabajadores y trabajadoras están protegidos y protegidas contra todo acto de discriminación o de injerencia contrario al ejercicio de este derecho. Los promotores o promotoras y los o las integrantes de las directivas de las organizaciones sindicales gozarán de inamovilidad laboral durante el tiempo y en las condiciones que se requieran para el ejercicio de sus funciones. Para el ejercicio de la democracia sindical, los estatutos y reglamentos de las organizaciones sindicales establecerán la alternabilidad de los y las integrantes de las directivas y representantes mediante el sufragio universal, directo y secreto. Los y las integrantes de las directivas y representantes sindicales que abusen de los beneficios derivados de la libertad sindical para su lucro o interés personal, serán sancionados o sancionadas de conformidad con la ley. Los y las integrantes de las directivas de las organizaciones sindicales estarán obligados u obligadas a hacer declaración jurada de bienes.

Esta modificación dentro de la constitución presenta una importante Innovación pues se establecen nuevos conceptos y garantías que antes no existían durante la vigencia de la Constitución de 1961 y que de una mejor forma beneficiaban la existencia de estas organizaciones colectivas de protección laboral como lo son los sindicatos, aunado a estos nuevos principios se blinda de una mejor forma el ejercicio de los amparos constitucionales para la defensa y protección de los trabajadores Venezolanos.

De la misma manera el convenio en su Artículo 4 y la CRBV de 1999 establece en su Artículo 95 que Las organizaciones de trabajadores y de empleadores no están sujetas a disolución o suspensión por vía administrativa esto haciendo referencia a que la única forma de disolución es por vía Judicial y previa ciertas consideraciones y limitantes.

Este artículo contiene la libertad sindical, la base constitucional para intentar toda clase de amparos que de alguna manera protegen a los sindicatos y también establecen de forma propia la autonomía de los sindicatos, los delegados sindicales, elecciones de los sindicatos, y que la obligación que tienen los integrantes de las Juntas directivas de las organizaciones sindicales de presentar para su inscripción la declaración jurada de bienes.

> Según Garay, J. (2001), "establece: que este artículo, el derecho ya consagrado en la legislación laboral del poder pertenecer a sindicatos y puntualiza el derecho de no afiliarse a los mismos, es decir, que el trabajador es libre de afiliarse o no a un sindicato, fuerza la democracia dentro de los sindicatos, y lo novedoso es que indica a los directivos que hagan la declaración de bienes, equiparándolos a los funcionarios públicos según la Ley de Salvaguarda del Patrimonio Público".

Aunque la Constitución establece tales requisitos, solo le es exigida la presentación de una declaración Jurada de Bienes a los integrantes de sindicatos de segundo y tercer grado según su estructura, es decir, sindicatos regionales, nacionales, federaciones y confederaciones.

La antigua Ley Orgánica del Trabajo de 1997, amplió las disposiciones que consagran la libertad sindical, y al mismo tiempo trata de proteger los derechos de los miembros de esas organizaciones contra posibles abusos; consagra en vista de la renuncia del sector empresarial en organizarse sindicalmente: La de darle a las cámaras de comercio y producción del carácter de sindicatos patronales cuando así lo desean y se inscriban en el registro correspondiente levado por las autoridades del trabajo.

Asimismo, el artículo 353 de la LOTTT (2012) desarrolla lo dispuesto en la Constitución, ratificando el derecho de los trabajadores a constituirse libremente en sindicatos. Y así lo establece:

Libertad Sindical:

> Artículo 353. Los trabajadores y trabajadoras, sin distinción alguna y sin necesidad de autorización previa, tienen derecho a constituir libremente las organizaciones sindicales que estimen conveniente para la mejor defensa de sus derechos e intereses, así como afiliarse o no a elas de conformidad con esta Ley. Las organizaciones sindicales no están sujetas a intervención, suspensión o disolución administrativa. Los trabajadores y trabajadores están protegidos y protegidas contra todo acto de discriminación o injerencia contrario al ejercicio de este derecho.

En relación a lo establecido en el convenio numero 87 OIT, existe gran similitud con el mencionado artículo anteriormente y sobre los Artículos 2 y 5 de dicho convenio debido a que ambos estipulan que los trabajadores y empleadores sin ninguna distinción tienen derecho a constituirse en sindicato, asimismo el derecho de de constituirse en federaciones y confederaciones.

Seguidamente la LOTTT (2012), establece la autonomía sindical en su artículo 354, quedando tácitamente prohibida la intervención o suspensión por parte de otras organizaciones sindicales, lo que quiere decir, que aun y existan varias organizaciones sindicales en una entidad de trabajo, y una de elas sea la administradora de la convención colectiva, por ser la más representativa, jamás esta, podrá limitar, afectar su autonomía u obstaculizar sus funciones y desempeño de las que no lo sean, lo cual es un avance significativo que no estaba contemplado en la LOT de 1997.

Seguidamente la ley establece tanto los derechos individuales en el artículo 355, como los colectivos en el articulo 356 ambos de la LOTTT (2012) y recalca la libertad sindical como eje común entre ambos

Sin duda existe relación entre el Convenio 87 en su Artículo 3 y los artículos precedentes ya que ambos disponen que los trabajadores y los sindicatos tienen derecho a elegir, ser elegidos, a la afiliación positiva y negativa, y a redactar como organismo sus propios estatutos y reglamentos administrativos, de elegir a sus representantes, organizar su administración y el de formular programas de su acción sindical.

A partir de ésta premisa, podemos apuntar que todos los trabajadores y empleadores tienen el derecho de constituir las organizaciones que estimen convenientes y de afiliarse a elas, con objeto de promover y defender sus respectivos intereses y de celebrar negociaciones colectivas con la otra parte, libremente y sin injerencia de unas con respecto a otras.

El convenio 98 OIT, también suscrito y ratificado por la República, está relacionado con el Derecho de Sindicación y negociación colectiva. El principio establecido en este convenio consiste en la protección de los trabajadores en ejercicio del derecho de sindicación y la protección contra acto de injerencia contra dichas organizaciones y el fomento de la negociación colectiva.

El convenio, en su articulado, regula el derecho de los trabajadores a gozar de la adecuada y pertinente protección, por parte del estado, contra todo acto de discriminación tendiente a menoscabar la libertad sindical. Protege el rechazo de su contratación por causa de su afiliación sindical, o el despido por su participación en actividades sindicales.

Por otra parte, según el convenio antes mencionado, se deben crear organismos nacionales, o sea, autoridades gubernamentales para garantizar el derecho de sindicación de los trabajadores. Asimismo, el gobierno debe garantizar y proteger la negociación y los contratos colectivos de dichas organizaciones o sindicatos.

Es asombroso el parecido que contiene nuestra Carta Magna en su artículo 95, lo que denota que en esta parte del desarrollo el Constituyente de 1999 estaba al tanto de que debería incluirse lo referente a los derechos y protecciones necesarias para el buen funcionamiento de las organizaciones sindicales y al mismo tiempo para la defensa de sus intereses colectivos, garantizando así que nuestra Constitución estuviera como la más actualizada dentro de Latinoamérica y el mundo concerniente a los derechos ratificados ante la OIT.

Palabras clave como "protección contra todo acto de discriminación" "protección contra todo acto de injerencia" y el termino "empleadores", nunca utilizado en la constitución de 1961, a pesar que este convenio de la OIT, fue puesto en vigor el 18/07/1951 aunque, se promulgo en la Convocatoria hecha en Ginebra por el Consejo de Administración de la OIT el 8/6/ 1949 en su XXXII reunión, si lo usó.

Como podemos observar esta nueva Constitución está totalmente en consonancia con las posturas sindicales ratificadas por la República, es digno de notar que la ley orgánica del trabajo de 1997 reglamento a profundidad la conformación de sindicatos nacionales y su estructura para su existencia y funcionamiento con el propósito que estas estuvieran acordes a este convenio que estipulo en los Artículos 3 y 4. Sin embargo la nueva ley del trabajo conocida como la LOTTT (2012), en cuanto a los aspectos relacionados con los derechos sindicales, se mantuvo casi en su totalidad, cónsona, con la anterior ley, ampliando sus derechos y limitándolos en otros, que se detalaran en su debido momento.

Así, en la CRBV de 1999, nuestro legislador constituyente recoge estas instrucciones en el famoso artículo 96 Constitucional donde se expresa:

Artículo 96. Todos los trabajadores y las trabajadoras del sector público y del privado tienen derecho a la negociación colectiva voluntaria y a celebrar convenciones colectivas de trabajo, sin más requisitos que los que establezca la ley. El Estado garantizará su desarrollo y establecerá lo conducente para favorecer las relaciones colectivas y la solución de los conflictos laborales. Las convenciones colectivas amparan a todos los trabajadores y trabajadoras activas y activos al momento de su suscripción y a quienes ingresen con posterioridad. Como bien es cierto, hasta expresiones como "negociación colectiva voluntaria" es un extracto tomado del convenio 98 para blindar los derechos y garantías Constitucionales en nuestra Carta fundamental venezolana.

Como lo establece el trabajo publicado por la OIT, obre derecho y libertades sindicales: http://www.ilo.org/wcmsp5/groups/public/@dgreports/@dcomm/documents/publication/wcms_096124.pdf, "La libertad sindical y la libertad de asociación son un derecho humano fundamental que, junto con el derecho de negociación colectiva, representa un valor medular de la OIT (Organización Internacional del Trabajo). Por tanto, los derechos de sindicación y de negociación colectiva son habilitantes y permiten promover la democracia, una buena gobernanza del mercado del trabajo y unas condiciones laborales decorosas, propias de un verdadero Estado de Derecho, que protege los derechos sociales de los ciudadanos, mediante la creación de un entorno propicio de aplicabilidad de éstas normativas.

Los principales presupuestos de un entorno propicio y habilitante para la libertad sindical y de asociación y la negociación colectiva son la existencia de un marco legislativo que brinde la protección y las garantías necesarias; de instituciones que faciliten la negociación colectiva y traten los conflictos eventuales; de una administración del trabajo que sea eficaz, y de organizaciones de trabajadores y de empleadores eficientes. Los gobiernos desempeñan un papel providencial en la generación de este entorno".

Esto también se deriva de lo establecido en el convenio ratificado por Venezuela ante la organización internacional deltrabajo donde se expresa:

> Convenio Nº 87 sobre la Libertad Sindical y la Protección del Derecho de Sindicación, 1948 (Ratificación registrada el 20-09-1982; Gaceta Oficial Nº 3.011 Extraordinario del 03-09-1982): Los trabajadores y los empleadores tienen derecho de constituir las organizaciones que estimen convenientes, así como de afiliarse a las mismas, redactar sus estatutos, elegir libremente sus representantes, organizar su administración y actividades y formular su programa de acción. Las autoridades públicas deben abstenerse de toda intervención que tienda a limitar este derecho o a entorpecer su ejercicio legal.

Este convenio es muy importante, puesto que si lo analizamos a la luz de lo establecido en nuestra CRBV (1999):

> Artículo 23, Los tratados, pactos y convenciones relativos a derechos humanos, suscritos y ratificados por Venezuela, tienen jerarquía constitucional y prevalecen en el orden interno, en la medida en que contengan normas sobre su goce y ejercicio más favorables a las establecidas por esta Constitución y en las leyes de la República, y son de aplicación inmediata y directa por los tribunales y demás órganos del Poder Público.

En el entendido, que el derecho de asociación es de base humanista debemos reconocer que el derecho de sindicación está establecido como hecho social Constitucional enmarcado en nuestro magnifico articulo 95 y es por elo, que todos los convenios ratificados por la República con ascendencia al derecho del trabajo y sindicación, están contemplados tanto en nuestra Carta Magna como en la Ley Orgánica del Trabajo. Norma que esta adelantada para el tiempo en que fue redactada.

En resumen, este análisis sobre el convenio 87 OIT y 98 OIT y la implicación, espíritu y fundamentación, quedo recogida en la compilación articular de nuestra Constitución reflejando para ese momento un interés grandioso por conservar y enervar la lucha sindical como bastión de beneficios socioeconómicos para los trabajadores venezolanos, ahora, que se haya tratado de mancilar o disminuir la participación de los organismos sindicales.

Es cuestión de otro debate y por lo tanto no ahondaremos en ese tema, lo importante es que nuestra Carta Magna consagra los derechos y garantías establecidas en los convenios internacionales y en este análisis lo desmenuzamos y podemos decir, que nuestra Constitución absorbió la norma del convenio 87 OIT y 98 OIT para el beneficio de los trabajadores y es para siempre que los tendremos para la honra de todos los que trabajamos.

(b) El Derecho Colectivo Sindical:

Como fuente directa de consulta entendemos a la LOTTT (2012) y por lo tanto todas las referencias que se harán, vienen atadas a la correcta interpretación de ela, es la propia LOTTT(2012) en su artículo 353 y siguientes, donde se establece que: "Los trabajadores y trabajadoras, sin distinción alguna y sin necesidad de autorización previa, tienen derecho a constituir libremente las organizaciones sindicales que estimen conveniente para la mejor defensa de sus derechos e intereses, así como afiliarse o no a elas de conformidad con esta Ley". Sin embargo, es en el artículo 355 LOTTT(2012), donde se enumeran cada uno de los derechos individuales garantizados en la ley, en los cuales se cuentan:

. Organizarse para la defensa de sus derechos en el proceso social de trabajo.
2. Afiliarse libremente a la organización sindical que decida. No ser obligado u obligada, ni constreñido o constreñida directa o indirectamente a formar parte o no de un sindicato.
3. No afiliarse, o separarse de una organización sindical a libre voluntad, sin que elo comporte lesiones o perjuicios de cualquier naturaleza.
4. Elegir y ser electo o electa como representante sindical.
5. Intervenir activamente en el proceso de formación de un sindicato para la defensa de sus derechos e intereses en el proceso social de trabajo.
6. Participar democráticamente en la toma de decisiones de la organización sindical a que este afiliado o afiliada.
7. Ejercer libremente la actividad sindical Participar democráticamente en la toma de decisiones de la organización sindical a que este afiliado o afiliada.
7. Ejercer libremente la actividad sindical.

Tomando en cuenta el artículo citado de forma precedente, podemos inferir que el numeral 1, Organizarse, implica o está íntimamente ligado a los pasos previos para la fundación de una organización sindical, la cual debe hacerse con una asamblea fundacional promovente, por lo general clandestina o anónima, ya que la idea de una naciente organización sindical, no es muy bien recibida por la gran mayoría de los patronos o entidades de trabajo, la cual constituye el paso previo para el nacimiento de la organización que se proyecta fundar.

Es en ese momento, donde más vulnerabilidad presentan los interesados y es alí el momento justo donde ocurren los despidos de trabajadores, para evitar la fundación del organismo sindical, es por elo, que entendiendo el sustrato psicosocial del comportamiento patronal, el legislador, hace esta acotación en la ley, para el beneficio de los interesados a la hora de conformar un sindicato. La letra está dispuesta y la garantía también.

Sin embargo, en la ley del Trabajo (1997) se estipuló una protección directa al momento en que se intentaba conformar una organización sindical, en el artículo 34, en su parte infine, y en el contexto de la solicitud patronal de reducción de personal que, tales ***"alegatos de reducción de personal no procederán cuando la solicitud se haga en un momento en que los trabajadores de la empresa estén ejerciendo sus derechos de organización y de contratación colectiva".*** Tal provisión legal, impedía un proceso de reducción de personal si había la intención de organizar o fundar una organización sindical, sin embargo, en la Ley Orgánica del Trabajo, los Trabajadores y las Trabajadoras, en el artículo homologo, se ignoró tal prohibición legal y se dejó abierta la posibilidad de intentar tales acciones patronales aun en vísperas de la fundación de un organismo sindical o mientras se discute una convención colectiva de trabajo, de conformidad con la lectura del artículo 148 LOTTT (2012).

Otra observación significativa a este numeral 1, se encuentra en las frases finales del mismo, donde indica "en el proceso social de trabajo", por cuanto no solo implica lo estipulado en la CRBV (1999) como "hecho social", sino que va mas alá, integrando los aspectos intervinientes en tales hechos, como el entorno, la comunidad etc. El proceso, es todo aspecto interviniente en el desarrollo de las actividades que lo integran, entre las que también se cuentan el cuidado a las familias, hijos y derechos de estos.

c) **Conformación de la Constitución de la República Bolivariana de Venezuela Trabajo:** Todo comportamiento humano encaminado a producir algo sea con su esfuerzo de cualquier índole se considerara trabajo en toda la expresión de la palabra. Características del trabajo: Libre, por cuenta ajena, oneroso y subordinado. Establecía que este artículo que era un deber trabajar, una obligación, y que el requisito para trabajar o para producir algo había que estar apto (vale decir preparado, tener el conocimiento y las condiciones para realizarlos).

Este artículo está relacionado con el Art. 87 de la Constitución de la República Bolivariana de Venezuela, del año 1999.

"Toda persona tiene derecho al trabajo y él deber de trabajar".

Como notamos en nuestra nueva Constitución, no solamente se habla del deber de trabajar sino del derecho de toda persona al trabajo. Como nos damos cuenta se logró ampliar el artículo o el beneficio a los ciudadanos porque ahora tiene rango constitucional el derecho al trabajo, el estado debe garantizar que exista trabajo para todos los ciudadanos. Como continua diciendo el Artículo 87 de laCRBV.

> Artículo 87 de la CRBV: "El Estado garantizará la adopción de las medidas necesarias a los fines de que toda persona pueda obtener ocupación productiva, que le proporcione una existencia digna y decorosa y le garantice el pleno ejercicio de este derecho".

Aunque se puede pensar, que es una forma importante de insertar al Estado en su forma primaria en la lucha por el bienestar social de sus ciudadanos, no podemos escapar a la realidad de que este artículo se ha mal interpretado en la actualidad, puesto que, tras la búsqueda de menguar el índice de desocupación existente en el país,

No obstante, el Estado no ha fomentado políticas eficaces a la hora de combatir el desempleo, al contrario, ha dado puestos de trabajo y se han aperturado misiones con el propósito de abrir campo de empleo y al entendimiento del autor, esto ha repercutido en el gasto público, aunque con la reducción de la jornada de trabajo que se experimentó en 1999 con la entra da en vigencia de la Constitución Bolivariana muchos empresario tuvieron que contratar nuevo personal para cubrir las necesidades de su mercado, esto no ha sido del todo eficiente, por lo que dicha norma no ha sido favorable del todo.

CRBV 1999. Igualdad de Sexo:

> Artículo 88: El estado garantizará la igualdad y equidad de hombres y mujeres n el ejercicio del Derecho al trabajo". El estado reconocerá el trabajo del hogar como actividad económica que crea valor agregado y produce riqueza y bienestar social. Las amas de casa tienen derecho a la seguridad social de conformidad con la ley. Este artículo trata de reconocer el trabajo que desarrolla la mujer en el hogar, dándole importancia a nivel de rango constitucional y estableciendo que tienen derecho a la seguridad social.

Igualmente se puede ver como la Constitución de 1961, en el Art. 61 explanó:

> Artículo 61: No se permitirán discriminaciones fundadas en la raza, el sexo, el credo o la condición social. Los documentos de identificación para los actos de la vida civil no contendrán mención alguna que califique la filiación. No se dará otro

tratamiento oficial sino el de ciudadano y usted, salvo las fórmulas diplomáticas. No se reconocerán títulos mobiliarios ni distinciones hereditarias.

Como se puede observar las Constituciones mantuvieron la intención de evitar discriminación entre diferentes sexos; la anterior fue más genérica y la CRBV de 1999, ha sido más específica igualando a la mujer, sobre todo aquela que es ama de casa, por lo menos logró incorporarla a los derechos a la seguridad social.

Tanto el derecho al trabajo como él deber de trabajar son conceptos que no puede satisfacerlo plenamente la sociedad ni el estado, pues un cierto grado de desempleo y un cierto número de personas que no quieren trabajar los ha habido siempre y ningún estado del mundo ha tenido éxito completo en este terreno. Los países socialistas del este acabaron con el desempleo a base de colocar gente donde no hacía falta. Esta política fracasó por muchas razones, entre otras porque levaba los costos desmesuradamente. Lo que sí es obligación del estado es fomentar el empleo, diseñar las políticas adecuadas que hagan que la gente encuentre trabajo.

CRBV de 1999.

Artículo 91: Todo trabajador o trabajadora tiene derecho a un salario suficiente que le permita vivir con dignidad y cubrir para sí y su familia las necesidades básicas materiales, sociales e intelectuales. Se garantizará el pago de igual salario por igual trabajo y se fijará la participación que debe corresponder a los trabajadores y trabajadoras en el beneficio de la empresa. El salario es inembargable y se pagará periódicamente y oportunamente en moneda de curso legal, salvo la excepción de la obligación alimentaria, de conformidad con la ley.

Este artículo repite normas que ya están en la Legislación Laboral salvo cuando dice: Que el salario es inembargable. La Ley del trabajo trae una escala sobre embargos del salario, que empieza en el Salario Mínimo, el cual es inembargable; tiene el inconveniente de que el que gane un salario muy alto no puede mencionarlo como referencia cuando vaya a comprar algo a crédito, pues si es inembargable no sirve como garantía de la persona.

Artículo 93: "La ley garantizará la estabilidad en el trabajo y dispondrá lo conducente para limitar toda forma de despido no justificado. Los despidos contrarios a esta Constitución son nulos".

A este respecto, Garay (2001), este artículo no prohíbe el despido injustificado, pero si ordena a la Ley que lo limite. Es difícil predecir cómo puede la ley limitar los despidos fuera de los casos contemplados en la Legislación Laboral, pues ya tiene bastantes limitaciones. El no poder libremente a un trabajador tiene una ventaja: El trabajador gozará de estabilidad y un inconveniente: Le costará más encontrar trabajo. El resultado negativo es para el trabajador. En la Constitución Nacional de 1961, en su Art. 84, establece, estos mismos principios sobre estabilidad. Esto es otra garantía importantísima, nuestro país, es firmante en los Gloriosos Convenios 87 OIT y 98 OIT, esos convenios internacionales, ratificados en todas sus partes, forman parte integrante de nuestra legislación, pues esta norma supraconstitucional fue asumida por el legislador venezolano en el año 1997, cuando fue publicada en la gaceta oficial 5.152 del 19 de junio, la nueva Ley Orgánica del Trabajo, en los artículos 396, 397,398, 400,401, 402, 403 de la LOT (1997). Y aunque muchos autores, difieren de nuestra postura sobre el derecho sindical, si es o no un derecho humano, la propia Constitución en su Magnífico artículo 89 nos ilustra de la siguiente forma:

> Artículo 89: El trabajo es un hecho social y gozará de la protección del Estado. La ley dispondrá lo necesario para mejorar las condiciones materiales, morales e intelectuales de los trabajadores y trabajadoras. Para el cumplimiento de esta obligación del Estado se establecen los siguientes principios:
> Ninguna ley podrá establecer disposiciones que alteren la intangibilidad y progresividad de los derechos y beneficios laborales. En las relaciones laborales prevalece la realidad sobre las formas o apariencias.
> Los derechos laborales son irrenunciables. Es nula toda acción, acuerdo o convenio que implique renuncia o menoscabo de estos derechos. Sólo es posible la transacción y convenimiento al término de la relación laboral, de conformidad con los requisitos que establezca la ley.
> Cuando hubiere dudas acerca de la aplicación o concurrencia de varias normas, o en la interpretación de una determinada norma se aplicará la más favorable al trabajador o trabajadora. La norma adoptada se aplicará en su integridad.
> Toda medida o acto del patrono contrario a esta Constitución es nulo y no genera efecto alguno.
> Se prohíbe todo tipo de discriminación por razones de política, edad, raza, sexo o credo o por cualquier otra condición.
> Se prohíbe el trabajo de adolescentes en labores que puedan

afectar su desarrollo integral. El Estado los o las protegerá contra cualquier explotación económica y social.

Es por tanto que, nuestro país al referirse al trabajo, lo reconoce como "*un hecho social*" y que "*contara con la protección del Estado*", en todas sus formas, por eso mismo, por ser un derecho humano, en todas sus fases. Mientras tanto, los Artículos 1, 2, y 3 de la LOT de 1997 ya tocaban la esencia social del trabajo y de hecho considerado así en todo su articulado. Mucho es lo que se ha hablado y comentado sobre estos convenios, sin embargo quienes hemos transitado por un sindicato sabemos que como organización social tienen derecho a redactar sus propios estatutos y reglamentos y a elegir libremente a los integrantes de su junta directiva y a removerlos de ser necesario; a programar y organizar su administración y a establecer pautas para realizar su acción sindical y el alcance del mismo. Y además,

No pueden ser disueltos por ninguna vía administrativa, siendo el propio Estado venezolano el lamado a garantizar dichos derechos sindicales según lo denota el artículo 402 de la LOT (1997), que se baso en el edicto contenido en el convenio 98 de la OIT, y que fue asumido por nuestro legislador en la reforma de la LOT en 1997.

Según el Artículo 92 Constitucional:

> Todos los trabajadores y trabajadoras tienen derecho a prestaciones sociales que les recompensen la antigüedad en el servicio y los amparen en caso de cesantía. El salario y las prestaciones sociales son créditos laborales de exigibilidad inmediata. Toda mora en su pago genera intereses, los cuales constituyen deudas de valor y gozarán de los mismos privilegios y garantías de la deuda principal.

Según, Garay (2001). "Este artículo consagra nuevamente las antiguas prestaciones y cesantía que estaban vigentes en leyes del trabajo anteriores. Cuando se promulgaron estas prestaciones no existían ni las pensiones de vejez del seguro social, no el subsidio del paro forzoso. Estas prestaciones, especialmente la del paro forzoso es lo que correspondía antes al auxilio de cesantía.

En Venezuela, se puede notar como les descuentan a los patronos y a los trabajadores una cantidad para el Seguro Social y este no funciona, ni cumple.

Este artículo tiene que ver con la Disposición transitoria cuarta, en su numeral 3, dice: que el pago de las prestaciones sociales será proporcional al tiempo de servicio y calculado de conformidad con el último salario devengado.

La organización sindical es una institución básica del Derecho Laboral, establecida en el articulo 96 CRBV (1999) ejusdem.

La Constitución de 1947 estableció el contrato colectivo de trabajo, incluyendo en él la cláusula sindical (que se refiere a aquelas que puedan pactarse que en caso de que el patrono enganche a trabajadores tiene que pedirse al sindicato (la Ley Orgánica del Trabajador – actual establece un máximo de 75%). Establecía como mecanismo a la solución de los conflictos colectivos la conciliación que era el medio para solucionar un conflicto entre Los artículos 1 y 2 del convenio 98 dicen de la siguiente manera:

> Artículo 1
> 1. Los trabajadores deberán gozar de adecuada protección contra todo acto de discriminación tendiente a menoscabar la libertad sindical en relación con su empleo.
> 2. Dicha protección deberá ejercerse especialmente contra todo acto que tenga por objeto:
> a) sujetar el empleo de un trabajador a la condición de que no se afilie a un sindicato o a la de dejar de ser miembro de un sindicato;
> b) despedir a un trabajador o perjudicarlo en cualquier otra forma a causa de su afiliación sindicalo de su participación en actividades sindicales fuera de las horas de trabajo o, con el consentimiento del empleador, durante las horas de trabajo.
> Artículo 2
> 1. Las organizaciones de trabajadores y de empleadores deberán gozar de adecuada protección contra todo acto de injerencia de unas respecto de las otras, ya se realice directamente o por medio de sus agentes o miembros, en su constitución, funcionamiento o administración.
> 2. Se consideran actos de injerencia, en el sentido del presente artículo, principalmente, las medidas que tiendan a fomentar la constitución de organizaciones de trabajadores dominadas por un empleador o una organización de empleadores, o a sostener económicamente, o en otra forma, organizaciones de trabajadores, con objeto de colocar estas organizaciones bajo el control de un empleador o de una organización de empleadores.

Es asombroso el parecido que contiene nuestra Carta Magna en su artículo 95, lo que denota que en esta parte del desarrollo el Constituyente de 1999 estaba al tanto de que debería incluirse lo referente a los derechos y protecciones necesarias para el buen funcionamiento de las organizaciones sindicales y al mismo tiempo para la defensa de sus intereses colectivos, garantizando así que nuestra Constitución estuviera como la más actualizada dentro de Latinoamérica y el mundo concerniente a los derechos ratificados ante la OIT.

Palabras clave como "protección contra todo acto de discriminación" "protección contra todo acto de injerencia" y el termino "empleadores", nunca utilizado en la constitución de 1961, a pesar que este convenio de la OIT, fue puesto en vigor el 18/07/1951 aunque, se promulgo en la Convocatoria hecha en Ginebra por el Consejo de Administración de la OIT el 8/6/ 1949 en su XXXII reunión, si lo usó.

Como se puede observar, esta nueva Constitución está totalmente en consonancia con las posturas sindicales ratificadas por la República, es digno de notar que la ley orgánica del trabajo de 1997 reglamento a profundidad la conformación de sindicatos nacionales y su estructura para su existencia y funcionamiento con el propósito que estas estuvieran acordes a este convenio que estipulo en los artículos 3 y 4.

Así, en la CRBV de 1999, nuestro legislador constituyente recoge estas instrucciones en el famoso artículo 96 Ejusdem. En resumen, este análisis sobre el convenio 98 OIT y la implicación, espíritu y fundamentación, quedo recogida en la compilación articular de nuestra Constitución reflejando para ese momento un interés grandioso por conservar y enervar la lucha sindical como bastión de beneficios socioeconómicos para los trabajadores venezolanos, ahora, que se haya tratado de mancilar o disminuir la participación de los organismos sindicales, es cuestión de otro debate y por lo tanto no ahondaremos en ese tema, lo importante es que nuestra Carta Magna consagra los derechos y garantías establecidas en los convenios internacionales y en este análisis lo desmenuzamos y podemos decir, que nuestra Constitución absorbió la norma del convenio 98 para el beneficio de los trabajadores y es para siempre que los tendremos para la honra de todos.

CRBV de 1999.

Artículo 97: "Todos los trabajadores y trabajadoras del sector público y del privado tiene derecho a la huelga, dentro de las condiciones que establezca la ley".

En este importantísimo artículo donde se contiene el derecho a la huelga tanto del sector privado como del sector público, dentro de las limitaciones que establezcan las leyes para ejercerlas, puesto que existen limitantes, que analizaremos durante toda la exposición de posibles situaciones que enfrentan las organizaciones sindicales y que se expondrán a la luz de la legislación laboral venezolana y donde mostraremos el camino formal de instaurarlas.

En la Constitución de 1947, el derecho a la huelga se concedía, salvo que se excluían los servicios públicos que determinará la ley. Según: Brewer, A. (1999), estima que en esta materia también debió establecerse una distinción entre el sector público y el sector privado y en general, respecto de la huelga en los servicios públicos como lo establecía Art. 92, de la Constitución de 1961.

Al respecto, Espinoza, A. (2000). "El derecho a la huelga es la más alta conquista laboral de la clase trabajadora, porque cumple dos funciones esenciales. En primer lugar, refuerza la idea fundamental del derecho colectivo del trabajo en el sentido de contribuir el instrumento autónomo de nivelación de la capacidad contractual de los factores de la relación de trabajo y en segundo término porque viene a ser la garantía, en las propias manos de los trabajadores de la existencia real efectiva, de los demás derechos laborales".

Espinoza, A. (Op. cit.) Concepto de Huelga La paralización concertada y colectiva de carácter pacífica, que hacen los determinados trabajadores de una empresa, una rama de actividad o de una rama de actividad económica, industrial o comercial a nivel local, regional o nacional para inducir al patrono a que negocie una convención colectiva; respete los beneficios en una vigente o que impida tanto al patrono o al estado a tomar o dejar de tomar una actitud, en beneficio de las condiciones de trabajo que conlleven a obtener en última instancia condiciones dignas y decorosas en el marco de los principios de la justicia social.

d) ¿Quiénes tienen derecho a sindicación?

Según el artículo 353 LOTTT (2012)

> Los trabajadores y trabajadoras, sin distinción alguna y sin necesidad de autorización previa, tienen derecho a constituir libremente las organizaciones sindicales que estimen conveniente para la mejor defensa de sus derechos e intereses, así como afiliarse o no a elas de conformidad con esta Ley. Las organizaciones sindicales no están sujetas a intervención, suspensión o disolución administrativa. Los trabajadores y trabajadores están protegidos y protegidas contra todo acto de discriminación o injerencia contrario al ejercicio de este derecho.

Este derecho está garantizado en la Constitución de la República y en la norma sustantiva laboral vigente y además se puede ejercer en la forma y casos que señala la ley. Por citar dos casos importantes, mencionamos a la participación de los extranjeros en los movimientos sindicales del país, y elo se hizo de forma tangible con la modificación de la ley Laboral en 1997, donde se indicó en el artículo 404, ahora Ley Orgánica del Trabajo:

> Parágrafo Único: Los extranjeros con más de diez (10) años de residencia en el país, previa autorización del Ministerio del ramo, podrán formar parte de la junta directiva y ejercer cargos de representación sindical. De esta manera, se dejó así, el camino abierto para que los nuevos nacionales pudieran ejercer como iguales, los derechos sindicales.

Como segundo caso importante, tenemos lo que establece en primera instancia el acápite del artículo 404 LOT (1997), como la edad mínima de participación, el artículo en cuestión indica:

> "Los trabajadores podrán constituir sindicatos o formar parte en los ya constituidos y participar en la dirección y administración sindical siempre que hayan cumplido dieciocho (18) años". Esta norma estuvo vigente poco tiempo, pues con la promulgación el 2 de Octubre de 1998, de la Ley Orgánica para la Protección del Niño y del Adolescente (Gaceta Oficial Extraordinaria Nº 5.266), que entró en vigencia el 01 de Abril del año 2000, resulto imposible eludir la reforma de los programas educativos, y demás leyes del ordenamiento jurídico venezolano a fin de adecuarlos a las exigencias del nuevo paradigma. La Convención Sobre Derechos del Niño, que dio origen a estos nuevos derechos universales exigía en su artículo 4 lo siguiente:

> "Los Estados Partes adoptarán todas las medidas administrativas, legislativas y de otra índole para dar efectividad a los derechos reconocidos en la presente Convención...".

Es a partir de entonces cuando los anteriormente denominados menores, empezaban a tener derechos sindicales, de afiliación, participación, postulación y representación, gracias a esas nuevas tendencias, los niños, niñas y adolescentes venezolanos, pueden ahora tener acceso a esta clase de asociaciones sin más limitantes que las establecidas por la ahora ley Orgánica para la protección de niños niñas y adolescentes (G.O. 39.264 del martes 15 de septiembre de 2009) específicamente los articulo 13 y 14 de la novísima ley.
(b) Objetivo de los sindicatos:

Es la propia Ley Orgánica del Trabajo (1997) en su artículo 407, la que nos da la pauta al decir:

> Los sindicatos tendrán por objeto el estudio, defensa, desarrollo y protección de los intereses profesionales o generales de los trabajadores y de la producción, según se trate de sindicatos de trabajadores o de patronos, y el mejoramiento social, económico y moral y la defensa de los derechos individuales de sus asociados.

Sin embargo la LOTTT (2012) establece: Objeto

> Artículo 365. Las organizaciones sindicales tienen carácter permanente y tienen por objeto el estudio, defensa, desarrollo y protección del proceso social de trabajo, la protección y defensa de la clase trabajadora, del conjunto del pueblo, de la independencia y soberanía nacional conforme a la Constitución de la República Bolivariana de Venezuela, así como la defensa y promoción de los intereses de sus afiliados y afiliadas.
> Las organizaciones sindicales no estarán sometidas a otros requisitos para su constitución y funcionamiento que los establecidos en esta Ley y en sus estatutos, a objeto de asegurar la mejor realización de sus funciones y garantizar los derechos de sus afiliados y afiliadas.

Es importante recordar que antes, la ley establecía importantes diferencias entre los sindicatos de obreros y los sindicatos de patronos, pero luego se modificó para brindar las mismas oportunidades, tanto a trabajadores, como a patronos a organizarse en sindicatos, de alí se eliminarían las grandes lagunas que dividían a los sindicatos de obreros y los sindicatos de empleados.

Cabe destacar, que ha sido el Legislador venezolano, quien mediante la propia LOTTT (2012), ha eliminado tal distinción, que a final de cuentas solo le convenía al patrono, pues en la división y disolución de la concentración de la fuerza se gana, por eso el tópico "divide y vencerás" de Maquiavelo, aplica fuertemente a esas estructura de control aplicado en nuestro país por los empresarios.

Los sindicatos no nacen por iniciativa de los empresarios, así como tampoco se les puede atribuir a ningún gobierno en particular, aunque, muchos los han apoyado, vienen a constituirse gracias a nuestros predecesores, quienes, con sangre muchas veces, doblegaron a los dueños de las empresas y no se inclinaron ante las autoridades y dieron como origen a un movimiento, ahora internacional, de protección hacia los trabajadores que perdurará, hasta la mismísima existencia del humano sobre la tierra, puesto que no se ha conocido un instrumento legal que permita aglutinar a todos los trabajadores y al mismo tiempo a toda la fuerza motora de producción bajo un mismo estandarte, como lo es, mediante el sindicato, las reivindicaciones y progresividad de los beneficios colectivos.

Ese es el principal objetivo de los sindicatos, defender al individuo de fuerte económico, como es el patrón. El sindicato se ve constituido y concebido como un escudo grande que rompe con estigmas y paradigmas clásicos del mundo industrializado y capitalista que solo le importa lograr beneficios económicos para unos pocos, sin importar cuánto capital humano se invierta para lograrlo, y es importante reconocer, que donde los trabajadores vemos logros y beneficios, los empresarios y gobiernos solo ven costos y rentabilidad.

Desde alí, nace lo antagónico de dichas relaciones que la Ley Orgánica del Trabajo trata de normar para establecer y afianzar un clima laboral que beneficie a ambas partes en el logro de sus propios objetivos, por otro lado también debemos recordar que el sindicato no es para promoción, ni catapultar figuras a la escena pública, puesto que en nuestro país, eso, es la moda en la actualidad, si alguien logra algún escaño que posea alguna actividad que le otorgue publicidad, este sujeto automáticamente empieza a pensar en el segundo nivel, y este es ser Concejal, Diputado al Consejo Legislativo local o Diputado a la Asamblea Nacional, por decir, alguna de las aspiraciones de los líderes sindicales.

Así como también el Diputado quiere ser Alcalde y el Alcalde quiere ser Gobernador y el Gobernador, Presidente de la República, sin dejar su puesto anterior, lo que deja en completa desventaja a la nueva generación de emprendedores y de nuevos líderes, descuidando su puesto dentro de los trabajadores y convirtiéndose en cazadores de prosélitos en vez de protectores de su gremio.

Esta inmensa fala, logra que el líder sindical descuide sus deberes, por prestarle atención a la campaña electoral, ese detale se le escapo a nuestro legislador, y es por elo que vemos el descalabro de algunas formas de poder y de autoridad en nuestro país.

El sindicato, es la figura que maxifica el esfuerzo de los trabajadores por lograr los objetivos trazados por la asamblea, como la autoridad y la que le dicta el libreto a la junta directiva, es esta forma la correcta, y no como vemos en la actualidad en muchas organizaciones, que ven a sus líderes sindicales como otros dueños de la empresa y por tanto se les debe respeto, siendo estos, los sujetos a la autoridad de la asamblea de trabajadores.

Y no así al contrario, los trabajadores sujetos a las decisiones de los líderes sindicales, el sindicato es la forma de conseguir una mano dura que doblega al patrono a conceder beneficios superiores a los establecidos en la ley, y es alí a donde deben ir dirigidos los esfuerzos de todos, y no así al contrario, utilizar la mano dura del sindicato para subordinar los intereses de los trabajadores a los deseos del patrono, como en muchos casos sucede

En resumen, el sindicato, es la vía para lograr la fuerza que se necesita para vencer y al mismo tiempo es la fuente de los derechos colectivos de todo trabajador en Venezuela, no hay otro instrumento u organismo que se le compare.

El nacimiento de una organización sindical se compara al nacimiento de un hijo, te llena de orgullo, satisfacciones, pero también de la responsabilidad de crianza, cuidados y desarrollo. José Noroño.

4. EL PRIMER PASO

Un primer paso fundamental, que deben tener en cuenta quienes desean asociarse en una organización sindical, ya sea de empresa, profesional, de industria, regional o nacional, es la selección de los miembros que conformaran esa Junta Directiva que será el máximo organismo de representación de los intereses de los trabajadores y aunque no hay una fórmula para dicha selección, los trabajadores escogidos deben tener vocación de servicio y aplomo, puesto que con el transcurrir del tiempo y el prolongarse en el cargo algunos líderes sindicales legan a pensar que los afiliados se deben a ellos, empiezan a sobreestimarse y no así alcontrario.

Por eso es importante que los líderes sindicales sean elegidos por la mayoría de los trabajadores y no impuestos por patronos o por grupos políticos, lo que confundiría su papel de defensor de los derechos de quienes los eligieron, en un dirigente que aprovecha su posición para lograr sus propios beneficios, es por elo que los Estatutos Sociales contienen disposiciones dentro de su clausulado para remover a los directivos, en caso que sucedan situaciones que así lo ameriten.

Aun cuando la propia ley del trabajo permite la revocatoria del mandato de la Junta Directiva con el referéndum revocatorio, la costumbre y la ley ha designado a la asamblea de miembros como la "máxima autoridad" dentro de las organizaciones sindicales y mediante ésta se pueden remover, nombrar, sancionar, reorganizar y hasta expulsar a quienes malogren, y perturben los intereses de los asociados dentro del sindicato.

Por lo tanto, lo primero en tomar en cuenta es que la Junta Directiva es conformada por 7 miembros principales y 2 suplentes, (esto, para un sindicato de empresa) estos últimos son quienes suplirán las ausencias temporales, definitivas o permanentes de los 7 principales, (estos 2 suplentes son los vocales, estos, no gozan de fuero sindical, hay que lograrlo mediante la convención colectiva de trabajo) la escogencia de estos 9 es crucial para el correcto funcionar de la organización; como de costumbre, a las empresas no les gusta mucho la idea de enfrentarse a la formación de sindicatos, puesto que pierden de alguna manera el control que ejercen dentro del recinto donde se labora y las decisiones se deben tomar tomando en consideración a los trabajadores.

Cosa que no les da mucho agrado del todo, pero a sabiendas de esto, los que pretendan constituirse como líderes sindicales deben ser personas de reconocida solvencia moral y en lo posible de buena reputación y laboriosos dentro del ámbito de la empresa, esta selección conlleva ciertos riesgos que el trabajador debe sopesar, que mas adelante abarcaremos con mayor detenimiento, pero por ahora nos centraremos en los 9 miembros del sindicato ahora en planificación.

Luego de poseer a esos 9 candidatos, es recomendable muchísima discreción a la hora de divulgar las intenciones, puesto que como ya se dijo los patronos le temen a la pérdida del control de la masa de trabajadores y por eso son capaces de hacer cuanto esté a su alcance para evitar de todas las formas legales o no posibles, la organización del mismo,.

Impidiendo así la conformación e inscripción de esta fuente de derechos colectivos como lo son los sindicatos, generalmente esto debe hacerse verificando personalmente a cada posible miembro, que no tenga familiares que ocupen puestos dentro de los cargos de importancia en la empresa, es decir, no invitaremos al hermano del dueño, porque esto sería desastroso para el comienzo de la organización del sindicato, recomiendo que estos 9 escojan a sus amigos, los que saben que no se irán corriendo a decirle al patrono, jefe o dueño del establecimiento comercial donde se pretende organizar un sindicato.

Esto se debe hacer rápido y sin dilaciones innecesarias, puesto que no se sabe cómo reaccionarán los patronos al enterarse y por eso luego de la celebración de esta reunión clandestina donde se escojan a estos 9 miembros se deben consignar ante el Registro Nacional de Organizaciones Sindicales de la Jurisdicción, si es de ámbito regional o nacional , deberán solicitar su inscripción por ante Registro Nacional de Organizaciones Sindicales en Caracas, todos los recaudos en el menor tiempo posible para que quienes deseen formar parte de este sindicato y lo apoyen, estén investidos con la inamovilidad laboral establecida en la propia ley del trabajo para quienes se organizan para la defensa de sus intereses colectivos.

Es decir, no comienzan solos ni desamparados, comienzan investidos de inamovilidad laboral y esta protección es absoluta, no hay legislación, ni evento, ni autoridad en Venezuela que pueda contra ésta designación de la ley, no se puede despedir a un trabajador que este apoyando, ni firmando, ni que este dentro de la Junta Directiva del sindicato en formación, ni nada, no hay manera de despedirlo, la inamovilidad es absoluta, esta inamovilidad se compara al trato que le otorga la ley a la mujer embarazada, al padre que le nace un hijo, es decir, contra éste fuero.

No hay nada que se pueda hacer, es irrevocable, es una protección que brinda la propia ley y que es necesario que el líder sindical electo lo sepa desde ahora, que está protegido y que sus miembros en este nuevo organismo también lo están, además, también quedaran protegidos quienes se afilien a este organismo luego de su constitución como tal, hasta mientras dura la inscripción del mismo y por el lapso que establece el artículo 419.1, LOTTT (2012).

Una vez redactados los documentos constitutivos, el siguiente paso es levarlos ante el Registro Nacional de Organizaciones Sindicales, para su tramitación, en este punto, recomiendo la numeración de todas las hojas que conforman el expediente que contiene el proyecto de sindicato, además, que las firmas de los integrantes de la Junta Directiva, estén en una sola hoja para que estas sean escaneadas y enviadas al Registro Nacional de Organizaciones Sindical en la ciudad de Caracas, donde serán revisados si cumple con los extremos de la ley. Por norma casi general, la junta directiva está conformada por los siguientes miembros:

SECRETARIOS:
Secretario General
Secretario de Organización
Secretario de Finanzas
Secretario de Reclamos
Secretario de Actas y Correspondencia
Secretario de Formación y Doctrina
Secretario de Cultura y Deportes
Primer Vocal
Segundo Vocal

Adicionalmente se acostumbra hacer el nombramiento del cuerpo que integra el tribunal disciplinario, compuesto de la siguiente forma:

CARGOS POR SECRETARIA
Presidente
Vice-Presidente
Secretario

En resumen, y como consecuencia de este tribunal, se necesitarán doce (12) miembros para fundar la organización sindical, en el entendido que estos últimos tres trabajadores no contarán con fuero sindical, debido a lo establecido en el artículo 419.3 LOTTT (2012), si la entidad de trabajo posee menos de ciento cincuenta (150) trabajadores, sin embargo, será posible conseguírsela por convención colectiva.

De ésta manera, se observa un modelo de categorizar la junta directiva, debo acotar que esta conformación varía dependiendo de quién redacte los estatutos sociales, de esta forma, pueden configurarse otras nomenclaturas siempre y cuando sus atribuciones, responsabilidades sean descritas utilizando las nuevas formalidades, el décadas pasadas se solía usar la terminología "Presidente" en las juntas directivas, sin embargo, a criterio del autor, el termino Secretario General, es más acorde, puesto que exime de superioridad sobre el resto de directivos.

La libertad, es eso, libertad, no se negocia, no se vende, no se pacta, solo se disfruta y se cuida. José Noroño.

5. LA LIBERTAD SINDICAL EN NUESTRA LEGISLACIÓN LABORAL VIGENTE

Aunque ya se explicó, lo que se entiende por esta libertad, ahora verificaremos en el ordenamiento Jurídico vigente, las características de lo que implican tales libertades. Con respecto a elas, se hará una comparación, sobre la Ley Orgánica del Trabajo (1997) y la Ley Orgánica del Trabajo, los Trabajadores y las Trabajadoras (2012), donde notaremos los avances y retrocesos evidentes que se desprenden del estudio de ambas normas, así como la utilización del Marco Adjetivo aun vigente en parte.

> Según el Reglamento de la Ley del Trabajo vigente, específicamente los artículos 112 y 113:
> La libertad sindical constituye el derecho de los trabajadores y empleadores a organizarse, en la forma que estimaren conveniente y sin autorización previa, para la defensa y promoción de sus intereses económicos y sociales y de ejercer la acción o actividad sindical sin más restricciones que las surgidas en razón de la ley.

La libertad sindical comprende:

a. En una esfera individual, el derecho a:

I. Organizarse en la forma que estimaren conveniente a sus intereses.

II. Afiliarse a sindicatos y demás organizaciones de representación colectiva.

III. No afiliarse o separarse del sindicato, u otra organización de representación colectiva, cuando así lo estimaren conveniente y sin que elos comporte lecciones o perjuicios, de cualquier naturaleza.

IV. Elegir y ser elegido como representantes sindicales; y

b. En la esfera colectiva, el derecho de las organizaciones sindicales y demás instancias de representación colectiva a:

V. Constituir federaciones o confederaciones sindicales, incluso en el ámbito internacional en la forma que estimaren conveniente.

VI. Afiliarse a federaciones sindicales, incluso en el ámbito internacional, sin autorización previa, y a separarse de las mismas si lo consideraren conveniente.

VII. Redactar sus propios estatutos, organizar tanto su funcionamiento como también su forma de administración interna y formular su programa de acción en defensa de sus intereses colectivos.

VIII. Elegir sus representantes.

IX. No ser suspendidas, paralizadas, ni disueltas por las autoridades administrativas; y

X. Ejercer la actividad sindical que comprenderá en particular, el derecho a lalibertad en la negociación colectiva, a la posibilidad de el planteamiento de conflictos colectivos de trabajo si hubiere lugar y a razón de elo y a la participación en el diálogo social y en la gestión de la empresa, para las organizaciones de trabajadores, a demás, el ejercicio de la huelga y la participación en la gestión de la empresa dentro de las condiciones pautadas por la ley.

Finalidad de Los Sindicatos:(Art. 399 y 400 LOT (1997) La ley señala que son fines principales de las organizaciones sindicales:

1. Representar a los trabajadores en el ejercicio de los derechos emanados de los contratos individuales de los trabajos, cuando sean requeridos por los asociados. No será necesario requerimiento de los afectados para que los representen

en el ejercicio de los derechos emanados de los instrumentos colectivos de trabajadores y cuando se reclamen de las infracciones legales o contractuales que afecten a la generalidad de sus socios. En ningún caso podrán percibir las remuneraciones de sus afiliados.

2. Representar a los afiliados en las diversas instancias de la negociación colectiva en el ámbito de la empresa, y así mismo cuando previo acuerdo de las partes la negociación involucre a más de una empresa. Suscribir los instrumentos colectivos del trabajo que corresponda velar por su cumplimiento y hacer valer los derechos que de elos nazcan.

3. Velar por el cumplimiento de las leyes del trabajo o de la seguridad social, denunciar sus infracciones antes las autoridades administrativas o judiciales, actuar como parte en los juicios o reclamaciones a que den lugar la aplicación de multas u otras sanciones.

4. Actuar como parte en los juicios o reclamaciones, de carácter judicial o administrativo que tengan por objeto denunciar prácticas desleales.(Toda esta actividad atada a la defensa de sus intereses individuales y colectivos como organización sindical) En general, asumir la representación de interés social comprometido por la inobservancia de las leyes de protección, establecidas a favor de sus afiliados, conjunta o separadamente de los servicios estatales respectivos.

5. Prestar ayuda a sus asociados y promover la cooperación mutua entre los mismos, estimular su convivencia humana e integral y proporcional recreación.

6. Promover la educación gremial, técnica y general de sus asociados.

7. Canalizar inquietudes y necesidades de integración respecto de la empresa y de su trabajo

8. Propender al mejoramiento de sistemas de prevención de riesgos de accidentes de trabajo y enfermedades profesionales, sin perjuicio de la competencia de los Comités Paritarios de Higiene y Seguridad, pudiendo además, formular planteamiento y peticiones ante estos y exigir su pronunciamiento

Estos servicios pueden consistir en asesorías técnicas, jurídicas, educacionales, culturales, de promoción socioeconómicas y otras; constituir, concurrir a la constitución o asociarse a instituciones de carácter provisional o de salud, cualquiera sea su naturaleza jurídica y participar en elas.

9. Constituir, concurrir a la constitución o asociarse a mutualidades, fondos u servicios y participar en ellos.
10. Propender al mejoramiento del nivel del empleo y participar infusiones de colocación de trabajadores.

Sin embargo en la LOTTT (2012) las atribuciones sufren un cambio de paradigma consonó con la disposición socialista del Estado venezolano y dentro de las mismas se establecieron las que a continuación reza el artículo 367.

Atribuciones y finalidades de los sindicatos de Trabajadores y trabajadoras.

> Artículo 367. Las organizaciones sindicales de trabajadores y trabajadoras tendrán las siguientes atribuciones y finalidades:
> 1. Garantizar la formación colectiva, integral, continua y permanente de sus afiliados y afiliadas para su desarrollo integral y el logro de una sociedad justa y amante de la paz basada en la valoración ética deltrabajo.
> 2. Contribuir en la producción y distribución de bienes y servicios para la satisfacción de las necesidades del pueblo.
> 3. Ejercer control y vigilancia sobre los costos y las ganancias, para que los precios de los bienes y servicios producidos sean justos para el pueblo.
> 4. Promover entre sus afiliados la responsabilidad con las comunidades y el medio ambiente.
> 5. Proteger y defender los intereses de sus afiliados y afiliadas en el proceso social de trabajo.
> 6. Representar a sus afiliados y afiliadas en las negociaciones y conflictos colectivos de trabajo y, especialmente, en los procedimientos de conciliación, mediación y arbitraje.
> 7. Promover, negociar, celebrar, revisar y modificar convenciones colectivas de trabajo y exigir su cumplimiento.
> 8. Proteger y defender los derechos individuales y colectivos de sus afiliados y afiliadas, mejorando las condiciones materiales, morales e intelectuales y el interés supremo del trabajo como hecho social y proceso generador de riqueza para su justa distribución.
> 9. Representar y defender a los trabajadores y trabajadoras que lo soliciten, aunque no sean miembros de la organización sindical, en el ejercicio de sus derechos y la protección de sus intereses individuales o colectivos, en sus relaciones con el patrono o patrona y en los procedimientos administrativos. En el caso de

los procedimientos judiciales podrán ejercer la representación de los trabajadores y trabajadoras, con la debida asistencia jurídica.

10. Supervisar y defender el cumplimiento de todas las normas destinadas a garantizar la seguridad social y el proceso social de trabajo, a los trabajadores y las trabajadoras, especialmente las de prevención, condiciones y medio ambiente de trabajo, las de construcción de viviendas para los trabajadores, las de creación y mantenimiento de servicios sociales y actividades sanas y de mejoramiento durante el tiempo libre.

11. Ejercer especial vigilancia para el fiel cumplimiento de las normas dirigidas a garantizar la igualdad de oportunidades, así como de las normas protectoras de la maternidad y la familia, menores y aprendices.

12. Crear fondos de socorro y de ahorro y cooperativas, escuelas industriales o profesionales, bibliotecas populares y clubes destinados al deporte y a la recreación o al turismo.

13. Realizar estudios sobre las características de la respectiva rama profesional, industrial o comercial o de servicios, costos y niveles de vida, educación, aprendizaje y cultura y, en general, sobre todas aquelas que les permita promover el progreso social, económico y cultural de sus asociados; y presentar proposiciones a los Poderes Públicos para la realización de dichos fines.

14. Colaborar con las autoridades, organismos e institutos públicos en la preparación y ejecución de programas de mejoramiento social y cultural y en la capacitación técnica y colocación de los trabajadores.

15. Realizar campañas permanentes en los centros de trabajo para concientizar a los trabajadores en la lucha activa contra la corrupción, consumo y distribución de estupefacientes y sustancias psicotrópicas y hábitos dañinos para su salud física y mental, y para la sociedad.

16. Las que señalen sus estatutos o resuelvan sus afiliados y afiliadas, para el mejor logro de sus finalidades, en el marco de la Constitución y las leyes.

Y en general los sindicatos tendrán como eje principal la responsabilidad de generar, realizar y de formular todas aquelas actividades contempladas en los estatutos y que no estuvieren prohibidas por la ley.

En base a esa libertad, propia del movimiento sindical estableceremos como partida del establecimiento de un sindicato lo necesario para su constitución, y empezamos con los estatutos sociales que rigen el funcionamiento interno de la organización, para después enfocarnos en la redacción de las actas necesarias, los documentos que se deben consignar y ante quienes se deben consignar.

Además, de contemplar los lapsos establecidos para ejercer el derecho de sindicalización del que hemos hablado supra. Como dijimos al principio nuestra intención es además de educativa y didáctica, demostrar en forma básica las formas de cómo se debe redactar un documento legal que de forma guiadora conlleve a la correcta manera de inscribir una organización sindical, dirigida a nuevos líderes sindicales, estudiantes y abogados en ejercicio que quieran incursionar en el ámbito laboral sindical.

Es de imperativo interés, las nuevas atribuciones establecidas en el artículo 367 LOTTT, citado supra, en especial lo relativo a los numerales 2 y 3:

2. Contribuir en la producción y distribución de bienes y servicios para la satisfacción de las necesidades del pueblo.
3. Ejercer control y vigilancia sobre los costos y las ganancias, para que los precios de los bienes y servicios producidos sean justos para el pueblo.

En estos numerales, a criterio del autor, se rompe el paradigma del sindicato de empresa y se abre la puerta a un sindicalismo de mayor actividad sin barreras, ni fronteras, estableciendo responsabilidades de custodia y observancia de los bienes y servicios que la empresa donde laboran manufactura, produce, distribuye y vende, en el entendido que persigue la satisfacción de las necesidades no sólo de quienes forman su sindicato, sino del pueblo o sociedad.

Adicionalmente se el encomienda el "control y vigilancia sobre costos y ganancias" de lo producido persiguiendo un "precio justo para el pueblo", en otras palabras, se le encomienda al sindicato, velar pero también supervisar las ganancias percibidas por el empresario, situación que nunca había sido posible, por cuanto el ente tributario jamás lo ha autorizado, de esta manera, se apertura nuevos escenarios donde incursionar según lo establece la ley, para las organizaciones sindicales. Quedará a futuro verificar el sano cumplimiento de estas disposiciones novatorias para la buena marcha de las relaciones laborales en empresas privadas.

La historia es la que confiesa quienes fuimos, no quiénes somos y en el caso sindical, la historia revelará el papel trascendental que juegan quieneslideraron con honor. José Noroño.

6. CONSTITUCIÓN Y REGISTRO DE UNA ORGANIZACIÓN SINDICAL

Los sindicatos, son formas asociativas de trabajadores y patronos, que persiguen la cohesión de voluntades con fines laborales lícitos por demás, en la persecución de objetivos progresistas y modificatorios a su pacto laboral o relación laboral, Según Noroño (2014) Organizaciones Sindicales: Son todas aquel as organizaciones de carácter permanente diseñadas y creadas por grupos de trabajadores y patronos, con el fin último de proteger, defender cuidar y mejorar sus beneficios socio-laborales que se desprenden de un nexo jurídico con el beneficiario de una obra, entidad de trabajo, faena o explotación, dotadas legalmente de capacidad jurídica y de representación personaly colectiva, a fin de cumplir con los principios, valores, metas y aspiraciones, aprobadas por la mayoría de sus fundadores. El sindicato, como cualquier otra forma de asociación requiere de ciertos requisitos y pasos netamente procedimentales tendientes a adquirir su personalidad jurídica, haciendo esto nace la organización, con la cual el sindicato adquiere la capacidad para ejecutar en forma valida actos procésales y poder ser parte como demandante o demandado por sí mismo o representación de sus agremiados, en los juicios o en los procesos administrativos en que él o estos, últimos tengan intereses.

Para nadie es un secreto, que para formar una organización sindical es necesario efectuar de manera preliminar una actividad clandestina dirigida a promocionar entre los candidatos y entre la masa de trabajadores, la inquietud de reunirse para conformar y construir la nueva y naciente organización que dará a luz la fórmula para defenderse mediante dicha asociación social de trabajadores dentro del recinto donde se labora.

Ese carácter de clandestinidad, pareciera que colindara con la libertad que tienen los trabajadores de constituir órganos sindicales, sin embargo la reiterada práctica nos señala que los empleadores tienden a tratar de desintegrar, obstaculizar y a neutralizar cualquier célula de orden sindical que brote en su ámbito empresarial de acción. En los casos, en que los patronos mantienen una actitud permisiva ante la formación de un sindicato es porque el mismo nacerá con sus objetivos distorsionados y en consonancia con los directivos empresariales, dueños y probablemente sean éstos mismos los organizadores; olvidándose, que su creación es con la finalidad de procesar, proteger, defender y velar por los intereses de los integrantes de dicha organización.

Hay en cambio empresas, que disfrutan por decirlo de una forma, de la formación de nuevos sindicatos dentro de sus pertrechos, puesto que esto significa la disolución de la fuerza del sindicato y la transformación en pequeños grupos de trabajadores manejables de mejor forma, que frecuentemente no hacen daño a sus propósitos económicos, pues son concebidos para la protección de los trabajadores, contra el empleador o contra los sindicatos administradores de las convenciones colectivas, de haberlas.

Como se ha dicho, la permanencia por largo tiempo en esos cargos tiende a transformar en la mayoría de los casos el verdadero propósito de esta fuente de derechos colectivos, y donde la inversión de propósitos trae como resultado la pérdida de empleos de quienes no están amparados por fuero sindical y la indefensión por parte de quienes están llamados a hacerlo ante los abusos y decisiones de los patronos.

Hay otras empresas, donde el nacimiento de los sindicatos para empleados empieza luego de la formación de un sindicato constituidos mayormente por el personal usualmente denominado, obreros, con el propósito de que éstos trabajadores usualmente denominados "empleados" no se sientan tentados a asociarse con la primera fuerza sindical naciente y es por elo que utilizan a su poder económico y algunos trabajadores de su confianza, para que inscriban en las inspectorías sindicatos constituidos mayormente de empleados para poder controlar a estos trabajadores, la empresa les ayuda en lo concerniente a su legalización y hasta les firman contrato colectivo.

Para separar la fuerza, pocos de estos sindicatos también llamados patronales, se mantienen fuera del control de quien los patrocina, pocos son los que salen de la mano del dueño del establecimiento o explotación, pero los que lo hacen se ganan la mala voluntad del patrono, pero también para elos hay ley en nuestro país, y también les tenemos buenas recomendaciones a lo largo de estemanual.

Al definir las relaciones laborales, Noroño (2014) explica: es el "Vínculo jurídico que nace de la existencia de quién preste un servicio personal y quién lo reciba, constituye un nexo jurídico entre los actores laborales (empleador y empleado), donde el empleado recibe a cambio de su labor una remuneración, bajo ciertas condiciones y el empleado el fruto de la labor realizada a cambio de una contraprestación estipulada en dinero. Esta relación laboral puede o no, ser originada por un contrato escrito que genera la prestación de servicios".

(a) De los Organismos Competentes en Materia Laboral

Con la anterior ley Orgánica del Trabajo (1997), el registro de una organización sindical, dependía de la Inspectoría del Trabajo de la Jurisdicción donde estuviera el centro de Trabajo, empresa, explotación o faena y de forma más específica, de la Sala de Sindicatos, y el tramite se efectuaba directamente con el Funcionario asignado por el Inspector del Trabajo, el cual, era responsable de verificar los documentos constitutivos y gestionar la inscripción o subsanación del proyecto.

Sin embargo, en la ley Orgánica del Trabajo, los Trabajadores y las Trabajadoras hubo un cambio significativo, por cuanto, se creó el Registro Nacional de Organizaciones Sindicales, lo que a mi modo de ver, significó un gran avance organizacional, pero luego en un gran retroceso en las libertades inherentes a la formación de una organización sindical, por cuanto, dicho Registro, funciona como una mera oficina de recepción de documentos, ya que todo se tramita en Caracas de forma directa y centralizada, aumentando el retraso y la demora en la gestión del registro de una organización sindical.

De acuerdo al tipo de organización sindical que se persiga constituir antes de la entrada en vigencia de la LOTTT (2012) no se podía escogerse la autoridad administrativa de trabajo por ante la cual se debía tramitar la inscripción del sindicato, en el caso particular del Estado Zulia, solo existía y una sola Sala de Sindicatos, ésta era de tipo "A", como la del Municipio Maracaibo, lamada "Luis Homes" ya que en las Inspectorías del Trabajo de Cabimas, Lagunil as, y Machiques no existió nunca esta sala.

Obligando así, a que todas las organizaciones sindicales del Estado, tuvieran que trasladarse a Maracaibo a tramitar la inscripción de la organización sindical en este Municipio, afectando así, la tutela Judicial efectiva a que hace mención la ley, ésta sala era la que se encargaba de recibir, tramitar y facilitar la inscripción y resguardo de las actuaciones de estos entes colectivos.

Ante eso, no había nada que hacer, los trabajadores ante tal circunstancia, debían organizarse para trasladarse hasta Maracaibo incluso viajando más de 5 horas para realizar cualquier trámite concerniente a su organización. Igual sucede hoy con la sala de Contratos, Conciliación y Conflicto, solo hay una para todo el Estado Zulia y se somete a todas las organizaciones sindicales a este trote, cada vez que discutan su convención colectiva de Trabajo.

Sin embargo, como se ha reiterado antes, la nueva LOTTT (2012), trajo consigo dentro de su modificación, la creación del Registro Nacional de Organizaciones Sindicales, como único y absoluto ente en la República, con competencias para conocer sobre las organizaciones sindicales. En este sentido, si el sindicato que se pretende fundar y conformar posee ámbito de acción regional o nacional, la formalidad del registro debe efectuarse por ante el Registro Nacional de Organizaciones Sindicales en la ciudad de Caracas.

Si se refiere a sindicatos locales o estatales deberán registrarse por ante el Registro Nacional de Organizaciones Sindicales con jurisdicción en el lugar señalado en el acta constitutiva como domicilio de la organización sindical. Según el artículo 374 y 375 de la LOTTT (2012). (Ver anexos)

Aunque la ley es clara, la realidad es otra muy diferente, ya que, dentro del Registro de Organizaciones Sindicales de cada estado, nadie toma decisiones, funcionan en todo el territorio como oficina de recepción de documentos, en este caso, las organizaciones sindicales o grupos de trabajadores interesados, perdieron la interacción como antes, cuando eran directamente atendidos por la sala de Sindicatos que existían en cada Inspectoría, logrando así, centralizar todo lo concerniente a los derechos colectivos y malogrando su correcto funcionamiento.

Por otra parte, este registro, ha demorado excesivamente en la practica la agilidad que antes poseían los trabajadores para fundar una organización sindical, por último y más grave aún, las respuestas tardías y la pérdida de interlocutores que definan los criterios de revisión de documentos, ha hecho que en vez de mejorar, los derechos colectivos y la fundación de un sindicato, parezca un milagro, en vez de una garantía Constitucional.

Una vez consignada la documentación, el Registro deberá realizar la constatación exhaustiva de la información entregada y en un lapso no mayor a treinta (30) días continuos deberá dictar un auto, ya sea de subsanación o registro, en el cual, los interesados procederán a realizar las correcciones dentro del lapso perentorio de otros treinta (30) días.

Sin embargo, esa es la letra de la ley, en la realidad estos lapsos no son respetados en lo absoluto, situación que perjudica ampliamente los derechos de los trabajadores interesados en la fundación de una organización sindical, por cuanto, la demora suele ser utilizada para atacar a los directivos y tratar de impedir la consolidación del grupo de trabajadores, una vez realizada la subsanación, el registro vuelve a tener treinta (30) días mas para certificar si la organización sindical cumplió con las recomendaciones del auto de subsanación, en caso, de que se consideren satisfechas las exigencias, se dará el registro, en caso contrario se negara la inscripción de la misma.

Los sindicatos están llamados a defender los intereses de sus patrocinados y afiliados, en la ardua tarea que implica la vida en sociedad de intereses donde hacen simbiosis. José Noroño.

7. DE LA SOLICITUD DE REGISTRO

Esta carta solicitud, no es otra cosa que el resumen de cómo quedo conformada la Junta Directiva y el Tribunal Disciplinario escogido por los miembros en asamblea, ésta carta le notifica al ciudadano Inspector, de la intención de registrar y legalizar un sindicato, en la misma siempre se recomienda contabilizar todos los folios que han de entregar al RENOS.

Es decir, cada página entregada debe ser cuidadosamente contabilizada para evitar traspapeleos, tropiezos, dilaciones, y cualquier uso mal habido que pudiera estorbar, demorar y frustrar el proceso de inscripción de los trabajadores de unificarse, ya ha sucedido y por lo tanto, esta recomendación es de suma importancia que se tome en cuenta al momento de introducir la documentación ante el Registro, en años recientes.

Como ejemplo, se recuerda lo que sucedió al primer sindicato de empleados de la empresa PEPSICOLA, que de hecho, se conformó como generalmente sucede, con cierto grado de hermetismo y de forma clandestina, elos no contabilizaron sus folios y una mano inocente desapareció el expediente completo del proyecto en original del sindicato de empleados en formación, lo que levo a que la empresa tuviera tiempo de despedir a toda la junta directiva, a dilatar la inscripción, a negociar liquidaciones, a prolongar los reenganches y a someter a discusiones para desmotivar al personal que apoyaba al sindicato y de esta manera, desmoronar la fuerza que existía y las intenciones que poseían los trabajadores.

Finalmente, pudo más el brazo largo de la empresa y los trabajadores con el tiempo formalizaron la inscripción pero ya el trabajo había sido hecho, los empleados decían, sindicato es igual a despidos, y eso dió como fruto un nacimiento infructuoso, por no poseer los debidos cuidados al momento de concretar la legalización del sindicato, de alí, lo importante de estos argumentos. Con estos consejos, pasamos ahora al ejemplo de cómo redactar la tan importante carta de solicitud de registro e inscripción del sindicato.

Luego de la carta de notificación, debemos consignar todos los otros documentos que contendrán la información que establece el legislador venezolano para la inscripción de un sindicato de empresas, tomado este como modelo para ilustrar de forma didáctica como se realizan estos procedimientos de legalización de los mismos. Estos otros documentos son, la convocatoria a la asamblea constitutiva, el acta constitutiva, los estatutos sociales y la nómina de miembros fundadores. A continuación les enseñamos un modelo de cómo redactar tal carta: (Ver anexos)

A nivel local, nacional e internacional, las únicas organizaciones reconocidas con capacidad jurídica para defender al trabajador, son los sindicatos, en sus diferentes tipos y grados. José Noroño.

8. DEL ACTA CONSTITUTIVA: De Conformidad con el artículo 383 LOTTT (2012) el acta constitutiva deberá contener:

Acta constitutiva
Artículo 383. El acta constitutiva expresará:
1. Fecha y lugar de la asamblea constitutiva, conforme a la convocatoria realizada al efecto.
2. Nombres, apellidos y números de las Cédulas de Identidad de los y las asistentes a la asamblea.
3. Denominación, domicilio, objeto, tipo y ámbito territorialde la organización sindical que se constituye.
4. Nombres y apellidos de los y las integrantes de la junta directiva provisional y los cargos que ocupa cada quién.
5. Lapso de duración de la junta directiva provisional.

El Acta Constitutiva es el instrumento por medio del cual las personas interesadas en la fundación de un sindicato, manifiestan su expresa voluntad, la cual debe ser otorgada en una asamblea y debe indicar la fecha, hora y lugar de la misma. De igual manera es necesario que contenga la identificación plena de los asistentes a la misma, la denominación con la cual se identificara el órgano a fundar, no puede ser igual o muy parecida a otro organismo pre-existente, ni expresar frases que ofendan la moral o las buenas costumbres.

Es muy utilizado por la historia sindical venezolana, que se incorpore al nombre del sindicato la denominación de la empresa, si se tratase de un sindicato de empresa, si fuera un sindicato profesional, que incluya la profesión u oficio de los miembros fundadores, y si fuera un sindicato industrial o sectorial, la rama industrial o actividad económica de sus agremiados. Para diferenciarse de otras ramas y al mismo tiempo de otros sindicatos y sus siglas que de paso, deben ser únicas en nuestro país, pues no se acepta la homonimia en estas organizaciones.

Asimismo, el acta constitutiva debe indicar el domicilio escogido como el centro principal de la actividad del sindicato, a fin de que este pueda ser ubicado en el espacio. También debe mencionar el objeto que en parte se establece en el artículo 384.3 de la LOTTT (2012) y las finalidades del órgano a fundarse, extremo este que puede fácilmente cubrirse transcribiendo en el acta el contenido del artículo 367 de la LOTTT (2012) si se trata de un sindicato de trabajadores, o del artículo 368 de la LOTTT (2012), si fuese de Patronos o Patronas.

Además deben señalarse las reglas de funcionamiento del sindicato, es decir, todo lo referente a sus asambleas, forma de convocatorias, quórum, sobre el funcionamiento de la junta directiva, objeto y atribuciones especificas, sobre la administración y movilización de los fondos y patrimonio común y sobre la creación del ente disciplinario, conocido comúnmente como el "tribunal disciplinario".

Es de hacer notar, que este ente que se encarga de velar por el cumplimiento de la normativa interna de la organización y de velar por la conducta de los miembros de la Junta Directiva del sindicato, es de suma importancia también para los afiliados este ente, puesto que, mediante el, se emanan las expulsiones, sanciones y remociones a los miembros de la junta directiva y demás miembros que se desvíen de su real proceder y que atenten contra la organización, pretendan disolverla o dividirla.

Finalmente, el acta debe estar suscrita por todos los miembros de la junta directiva provisional en mayor ocasión por todos los miembros asistentes. A este respecto también es bueno entender lo expresado en la LOTTT (2012) en el artículo 387 donde el Legislador concibe a los organismos sindicales ya registrados con personalidad jurídica, con personalidad perpetua en el tiempo y no así, breve, ni transitoria ya que el fin que se persigue dista mucho de ser breve ni temporal.

En un primer orden de ideas, pasaremos a darles el ejemplo de cómo se deben redactar unos estatutos sociales para un sindicato de empresa, estos estatutos pueden ser modificados a las necesidades de cada organismo sindical y su redacción de igual manera, nos ha parecido bien no recargar con formalismos innecesarios estos estatutos y por lo tanto pueden ser utilizados como guía para futuros sindicatos de empresa, profesionales y hasta nacionales, salvo porque este modelo no contempla las seccionales que deben operar en cada entidad federal cuando se refiere a el sindicato nacional.

A continuación, una muestra de cómo se deben realizar el acta de asamblea de un organismo sindical, recordando que pueden ser modificados a conveniencia de los interesados y tomando en consideración sus necesidades y realidades. (Ver anexos).

Las organizaciones sindicales, como entes colectivos, persiguen el progreso continuo y sustentable tanto de las fuentes de trabajo como del desarrollo económico de sus agremiados. José Noroño.

9. DE LOS ESTATUTOSSOCIALES:

De Conformidad con el artículo 384 de la LOTTT (2012), los estatutos sociales de las organizaciones sindicales deben contener los siguientes datos en primer término:

Estatutos
Artículo 384. Los estatutos contemplarán:
1. Denominación del sindicato, federación, confederación o central.
2. Domicilio.
3. Objeto, atribuciones y finalidades.
4. Si es una organización sindicalde trabajadores y trabajadoras indicar el tipo de sindicato.
5. Ámbito territorial de actuación.
6. Condiciones de admisión de los afiliados y afiliadas.
7. Derechos y obligaciones de los afiliados y afiliadas.
8. Monto y periodicidad de las cuotas ordinarias y forma de revisarlas; y causas y procedimientos para aprobar cuotas extraordinarias.
9. Causas y procedimientos para la imposición de sanciones y para la exclusión de los afiliados y las afiliadas.
10. Número de integrantes de la Junta Directiva y otros organismos de dirección, sus atribuciones, duración e indicación de los cargos que estarán amparados por el fuero sindical.
11. Forma de elección de la Junta Directiva, basada en principios democráticos, conforme a lo indicada en esta Ley.

12. Causas y procedimientos para la remoción o revocatoria del mandato de los y las integrantes de la Junta Directiva. Forma de sustitución de los que hayan sido removidos, removidas, revocados, revocadas o hayan renunciado a su cargo antes del vencimiento del período estatutario de la Junta Directiva.
13. Periodicidad y procedimiento para la convocatoria de asambleas ordinarias y extraordinarias.
14. Reglas para la autenticidad de las actas de asambleas.
15. Destino de los fondos y reglas para la administración del patrimonio sindical.
16. Oportunidad de presentación y requisitos de las cuentas de la administración.
17. Subsidios que puedan otorgarse a los afiliados y las afiliadas y reservas que deban hacerse para esos fines.
18. Reglas para la disolución y liquidación del sindicato y destino de los bienes.
19. Procedimientos para la modificación de estatutos.
20. Cualquier otra disposición destinada al mejor funcionamiento de la organización.
Los estatutos de una organización sindical no podrán imponer obligaciones a terceros o terceras, no afiliados o afiliadas a la organización sindical.

Adicionalmente y en segundo término, de conformidad con la ley, los estatutos deben contener las normas relativas a los eventos electorales a que tienen derecho y al mismo tiempo están obligados, de esta manera el artículo 403 de la LOTTT (2012) establece:

Normas electorales que deben contener los estatutos sindicales

Artículo 403. Los procesos electorales de las organizaciones sindicales se regirán conforme a lo establecido en sus estatutos y reglamentos internos. A tal efecto estos deberán indicar con claridad:
a) La forma de convocar las elecciones de directivos y demás representantes de la organización sindical.
b) La forma de designar a los y las integrantes de la Comisión Electoral.
c) Los afiliados y afiliadas con derecho a voto.
d) Los requisitos para la inscripción de candidatos y candidatas.
e) Un sistema de votación que integre en la elección de la junta directiva la forma uninominal y la representación proporcional de las minorías.

f) La forma y oportunidad de revocatoria del mandato de la junta directiva o alguno o alguna de sus integrantes.
g) Las demás que establezca los afiliados y las afiliadas. Las normas deben garantizar la participación democrática de sus afiliados y afiliadas, el secreto del voto, y la alternabilidad democrática.

Los estatutos sociales son las máximas normas internas que rigen la vida de las sociedades, gremios, colegios profesionales, corporaciones, sociedades mercantiles y también los sindicatos, integrando su acto constitutivo, debiendo ser aprobados por la asamblea general de miembros fundadores del sindicato a formarse. Por supuesto, los estatutos no pueden desconocer las normas jurídicas generales, ni de ningún tipo.

Reglan desde su nacimiento hasta su fin, estableciendo su denominación, objeto, domicilio, finalidad, capacidad, los derechos y deberes de los socios y de los miembros de su administración y dirección, las relaciones con otras organizaciones, la conducta que debe asumir cada miembro, la conducta que debe poseer cada integrante de la Junta Directiva, las de elos con respecto a la sociedad, y de la sociedad con terceras personas, la administración y conformación de sus bienes patrimoniales, la forma de su movilizar sus fondos y el destino de los mismos, en caso de que la organización se disuelva.

Pueden ser impugnados únicamente por vía judicial, ya sea, por ser inconstitucionales, ilegales, o violar principios generales del derecho nacional o internacional. Siguiendo este mismo hilo argumental, los sindicatos tienen derecho a redactar sus propios estatutos y reglamentos y elegir libremente a los integrantes de su junta directiva; a programar y organizar su administración, acción, alcance y fututo sin más limitaciones que la ley. Sin embargo, es la propia ley la que exige, determinadas situaciones que los sindicatos deben observar cuando se pretende fundar una organización sindical.

Todos y cada uno de estos requisitos deben ser contemplados a la hora de redactar los estatutos sociales, puesto que en la inscripción del mismo, la omisión de uno solo de estos requisitos acarrea la no inscripción y por lo tanto, el reverso del proyecto para que sea modificado y corregido, cabe destacar que la revisión es minuciosa, se necesita verificar en cada unas de sus partes para que no posea errores ni omisiones que demoren la inscripción y por tanto el funcionamiento en pleno de las actividades de defensa que se ameritan para la protección de la masa de trabajadores.

Es por elo, que se requiere del correcto conocimiento legal en esta materia para no retardar el proceso de inscripción, pues, tal vez, la empresa utilice ese tiempo (corrección de errores u omisiones) para amedrentar, perseguir y coaccionar a los trabajadores para que digan que fueron engañados y que dieron su firma para una actividad diferente a la de inscribir un sindicato, pues ya está patraña es común por parte de las empresas.

Se aprovechan de su condición de empleadores para obligar a algunos a que retiren su firma del proyecto, alegando que fue falsificada y que la dio para otra cosa diferente a la que está siendo usada, buscando así que la fundación del sindicato baje de los miembros suficientes establecidos en la LOTTT (2012) para que el Registrador Nacional de Organizaciones Sindicales se vea forzado a negar la inscripción en base al incumplimiento de la normativa señalada en el articulo Artículo 387.2.

Los estatutos de los sindicatos determinarán el ámbito local, regional o nacional de sus actividades y como ayuda para su correcta redacción hemos intentado con un ejemplo demostrar cómo es que se constituyen los estatutos sociales de modo que los lectores puedan utilizarlo como guía para su aplicación en el campo laboral. A estos se le pueden anexar clausulas tales como las necesarias a la hora de transformar un sindicato de empresa en profesional o nacional, pero esto quedara para la decisión de los miembros del sindicato reunidos en asamblea. El ejemplo que utilizaremos sub iudice, es simplemente para guiarlos en la correcta, práctica y básica realización de unos estatutos sociales

La ley del trabajo de 1997, solo hacía mención en el artículo 423 LOT, sobre los asuntos que debía respetar la organización sindical cuando se refería a elecciones y al proceso de renovación sindical de la Junta Directiva, sin embargo, la LOTTT (2012), le asignó nuevas normas colocándole al sindicato la responsabilidad de solicitar las elecciones por ante el CNE, que a criterio del Autor, no estuvo mal, pero lo cierto es que la demora causada por este ente, produce el atraso en el comienzo de las negociaciones por su ineficiencia al decretar las mismas.

Es muy lamentable, pero muchos intentos terminan de esta forma, por no observar todos los requisitos señalados en la ley. A continuación, una muestra de cómo se deben realizar los estatutos sociales de un organismo sindical, recordando que pueden ser modificados a conveniencia de los interesados y tomando en consideración sus necesidades y realidades. (Ver Anexos)

Un sindicato fiel a sus normas, valores y principios, será la corona de gemas y piedras brillantes que adorne a los trabajadores. José Noroño.

10. DE LA NOMINA DE MIEMBROS FUNDADORES

Es la lista o relación escrita de los asistentes a la Asamblea Constitutiva, identificados con nombres, apellidos, nacionalidad, edad, profesión u oficio, cedula de identidad u otro cualquier medio de identificación legal y el domicilio. Según reporta en Artículo 424 de la LOTTT (2012) vigente:

> Nómina de afiliados y afiliadas
> Artículo 385. La nómina de los integrantes fundadores y fundadoras contendrá las siguientes especificaciones:
> a) Nombres y apellidos.
> b) Cédula de Identidad.
> c) Nacionalidad.
> d) Edad.
> e) Profesión u oficio.
> f) Domicilio.
> En el caso de federaciones, confederaciones o centrales la nómina de las organizaciones sindicales fundadoras deberá indicar el domicilio y el registro de cada sindicato o federación.

Asimismo, debe contar la rúbrica (firma) de todos los miembros de la junta directiva, nada obsta que pueda levar la firma de los demás integrantes del sindicato. Estas planilas deben ser numeradas en la parte superior derecha o izquierda con el número de cada una de elas con el propósito de contabilizarlas y levar el registro de cómo aparecen dentro del acta constitutiva, así evitaremos traspapeleos y lo engorroso de que se nos extravíen los nombres de los asistentes a esta importantísima asamblea.

Y es desde aquí, donde partimos a la realización del sindicato, puesto que este formato es la parte primigenia del mismo, alí los asistentes a la asamblea colocaran sus firmas y procuraremos que se realice de forma que sea entendible, sus nombres y sus cedulas de identidad que después se colocará en el acta constitutiva para no cometer errores, al contabilizar en la nomina los asistentes y verificar el quórum necesario de asistentes para la conformación del sindicato en cuestión.

Seguidamente, se comenzará a completar los detales de esa acta de asamblea previamente descrita en esta publicación, de todas maneras dejaremos un ejemplo que identifica y escenifica como se debe realizar dicho formato, de este mismo instrumento nunca podemos olvidar que en su reverso (nomina de miembros fundadores) deben estar las firmas de la Junta Directiva electa, cada quien con su cargo dentro de la organización y su número de cedula de identidad, este es un frecuente error y además motivo para que nos devuelvan el expediente del nuevo sindicato, para que lo corrijamos, pero eso es hasta hoy, puesto que ya no cometeremos esta omisión. Tal y como ejemplificamos a continuación:

<table>
<tr><th colspan="6">SINDICATO BOLIVARIANO DE TRABAJADORES SOCIALISTAS DE LA EMPRESA XXXXX XXXXXX C.A. DEL ESTADO ZULIA (SIBOTRASOXXXXXXXXCAZ)</th></tr>
<tr><td colspan="6">NOMINA DE MIEMBROS FUNDADORES Y FUNDADORAS QUE ASISTIERON A LA ASAMBLEA PROMOTORA DONDE SE EXPUSO A CONSIDERACIÓN DE LOS PRESENTES EL PROYECTO DE SINDICATO BOLIVARIANO DE TRABAJADORES SOCIALISTAS DE LA XXXX XXXXXXXXX XXXXXXXX C.A DEL ESTADO ZULIA (SIBOTRASOXXXXXXXXCAZ), QUEDANDO APROBADA POR TODOS LOS ASISTENTES EN LA ASAMBLEA, HORA: 4:00PM LUGAR: VEREDA DEL LAGO DIAGONAL A LA ESTACION DE POLICIAS "POLIMARACAIBO" 28/11/2012 SE LEYÓ EL ACTA Y EN CONFORMIDAD FIRMAMOS.</td></tr>
<tr><td>NOMBRES Y APELLIDOS</td><td>CEDULA</td><td>NACIONALIDAD</td><td>PROFESION u OFICIO</td><td>EDAD</td><td>DOMICILIO</td></tr>
<tr><td></td><td></td><td></td><td></td><td></td><td></td></tr>
<tr><td></td><td></td><td></td><td></td><td></td><td></td></tr>
<tr><td></td><td></td><td></td><td></td><td></td><td></td></tr>
<tr><td></td><td></td><td></td><td></td><td></td><td></td></tr>
<tr><td></td><td></td><td></td><td></td><td></td><td></td></tr>
<tr><td></td><td></td><td></td><td></td><td></td><td></td></tr>
</table>

LISTADO DE TRABAJADORES FUNDADORES Y FUNDADORAS QUE ASISTIERON A LA ASAMBLEA PROMOTORA DONDE SE EXPUSO A CONSIDERACIÓN DE LOS PRESENTES EL PROYECTO FUNDACIONAL DEL SINDICATO BOLIVARIANO DE TRABAJADORES DE LA EMPRESA XXXXXX C.A. DEL ESTADO ZULIA (SINTRAXXXXXXEZ), QUEDANDO APROBADA POR TODOS LOS ASISTENTES EN LA ASAMBLEA, HORA: 03:00PM LUGAR: LUGAR: FERIA DE LA COMIDA DEL CENTRO DE CONVENCIONES PALACIO DE LOS EVENTOS DE MARACAIBO 21/08/2013 SE LEYÓ EL ACTA Y EN CONFORMIDAD FIRMAMOS.

Núm.	Nombre y Apellidos	Cedula	Firma
1			
2			
3			

4			
5			
6			
7			
8			
9			
10			

LISTADO DE TRABAJADORES FUNDADORES Y FUNDADORAS QUE ASISTIERON A LA ASAMBLEA PROMOTORA DONDE SE EXPUSO A CONSIDERACIÓN DE LOS PRESENTES EL PROYECTO FUNDACIONAL DEL SINDICATO BOLIVARIANO DE TRABAJADORES DE LA EMPRESA XXXXXX C.A. DEL ESTADO ZULIA (SINTRAXXXXXXEZ), QUEDANDO APROBADA POR TODOS LOS ASISTENTES EN LA ASAMBLEA, HORA: 03:00PM LUGAR: LUGAR: FERIA DE LA COMIDA DEL CENTRO DE CONVENCIONES PALACIO DE LOS EVENTOS DE MARACAIBO 21/08/2013 SE LEYÓ EL ACTA Y EN CONFORMIDAD FIRMAMOS.

NOTA: Este formato, que a continuación se observó, es una solicitud impuesta por el Renos a los trabajadores, tal formato, no está descrito en la ley anterior del trabajo de 1997, pero en la nueva ley del trabajo de 2012, tampoco aparece tal especificación. Sin embargo, si los que conforman la fundación del sindicato, no saben, les ordenarán subsanar esta omisión impuesta por el registro, además, nadie da explicaciones de tal requerimiento y por tanto, es un requisito indispensable para evitar demoras innecesarias a la hora del registro de la organización sindical.

Supuestamente, todo organismo sindical debe pasar lista de asistencia a la realización de una asamblea y al parecer, esa es la razón por la cual, exigen este formato. Recomiendo firmar por detrás con los integrantes de la junta directiva, con el formato que a continuación se especifica.

SINDICATO XXXXXXX DE TRABAJADORES DE LA EMPRESA XXXXXXX XXXXXX XXXXXX DEL ESTADO ZULIA (SINTRAXXXXXXXXZ)

POR LA JUNTA DIRECTIVA ELECTA PROVISIONAL

____

Jose XXXXXX
C.I. XX.XXX.XXX
SECRETARIO GENERAL

____

____

Pedro XXXXX
Luis XXXXXO
C.I. XX.XXX.XXX
C.I. XX.XXX.XXX
SEC. DE ORGANIZACIÓN
SEC. FINANZAS

____

____

Jesus XXXXXXX
Juan XXXXXXX
C.I XX.XXX.XXX C.I.
XX.XXX.XXX
SEC. DE RECLAMOS
SEC. DE ACTAS Y CORR.

____

____

Jehiel XXXXXX
Jatniel XXXXXXXXX
C.I. XX.XXX.XXX
C.I. XX.XXX.XXX
SEC. FORM. Y DOCT.
SEC. CULT. Y DEP.

____

____

Jahaziel XXXXXXXX
Yasenia XXXXXXXX
C.I. XX.XXX.XXX
C.I. XX.XXX.XXX
VOCAL 1.
VOCAL 2.

Sindicatos utilitarios, serán la base futura que sembraremos hoy para el éxito del mañana. José Noroño.

11. DE LACONVOCATORIA

En primer lugar, la convocatoria no aparece en ninguna norma adjetiva o sustantiva como elemento de redacción, sin embargo, se supone que para la realización de cualquier tipo de asambleas, es necesario el aspecto de publicidad para que las decisiones sean tomadas con las personas interesadas y las mismas, puedan estar presentes y debatir los puntos para los cuales se hace el llamado, es una forma de garantizar la participación en la toma de decisiones, por tal motivo los estatutos sociales de cualquier organización, incluyendo a las sindicales, deben poseer, las garantías de participación bien establecidas.

La convocatoria a la asamblea la hemos dejado de ultimo con un propósito, es el último documento que recomendamos elaborar, puesto que no ofrece mayor dificultad a la hora de redactarla, sin embargo no deja de ser importante a la hora de verificar las fechas exactas, en que se realizaron las asambleas promotoras, desde alí comienza la elaboración de un proyecto, debemos de considerar para su redacción, lo establecido en los estatutos sociales, puesto que elos son quienes nos dicen la antelación para la convocatoria, quien la convoca, y todo lo referente al propósito de dicha convocatoria, en los estatutos se deja claro quién y cómo se convoca a una asamblea y los lapsos que hay que establecer y contabilizar, ahora daremos un ejemplo que lo ilustra.

En el ejemplo se podrá observar, que lo encabeza la o las personas que estatutariamente, son las facultadas legalmente para realizar el llamado, en una organización sindical, por norma general convocan las asambleas tres personas, en un primer nivel, el Secretario General, en un Segundo nivel, la Junta Directiva y en un tercer nivel, la decima parte de los afiliados al sindicato, si estos dos anteriores se negaren a convocar una asamblea, y esto se deriva de la redacción del modelo que recomendamos emular para futuras organizaciones.

De la misma manera, se prosigue con el punto a tratar y este es importantísimo, ya que debe coincidir con la nómina de autorización que firman los trabajadores, y debe coincidir con el cuerpo interno del acta de asamblea, en el entendido, que sino está en el punto a tratar, no puede aparecer como punto de debate en la asamblea. Debe aparecer la fecha, hora y el lugar de celebración de la misma y estos datos de la misma forma deben coincidir con el cuerpo del acta constitutiva y con la nómina donde se recoge la autorización de los trabajadores. Sin olvidar la firma de quienes convocan y el carácter con el cual lo hacen. (Ver anexos).

Como se puede notar, la fecha de la convocatoria es una y la fecha de realización es otra, puesto que se supone que quien convoca a una asamblea lo hace con el propósito de establecer un margen de tiempo para que los trabajadores concurran en masa y respondan al lamado de conformación de dicho organismo sindical, en esta primera convocatoria existen varios puntos de interés, puesto que quienes la convocan todavía en el tiempo de la realización del llamado, los promotores todavía no han sido elegidos como directivos y por ende, lógicamente ningún directivo ha sido nombrado, por elo se les denomina "comité organizador".

Pues para ese momento clandestino, todavía la asamblea no los ha nombrado directivos sindicales, esta convocatoria es la única con esas características, pues las sucesivas convocatorias a asambleas, deben regirse por los estatutos y deben de ser convocadas por quienes tengan la formalidad explicita y la facultad estatutaria para elo. No así en esta, que la convoca un comité organizador, pues nadie ha sido facultado para realizarla, sin embargo, quien revisara por parte de la Inspectoría, verificara si cumple con lo establecido en los estatutos con respecto a el tiempo existente entre la convocatoria y la fecha de realización, este punto es sumamente importante, puesto que de no poseer lo establecido en los estatutos, será objeto de revisión y de subsanación, lo que demoraría la inscripción del sindicato.

En los estatutos, cuando se toca el tema de las convocatorias, siempre es prudente que refresquemos los datos establecidos para las mismas, pues existen varias clases de asambleas y al mismo tiempo los lapsos establecidos son diferentes para cada una de elas, además, debemos estar pendientes del punto a tratar, de la hora de la realización de la asamblea y de la dirección donde se levara a cabo la misma, no sin antes tener en mente que al momento de elaborar el acta constitutiva, debemos de tener en cuenta los mismos datos de la convocatoria. De esta forma demostramos, con un buen ejemplo como es que se realizan y se redactan de forma sencila y esquematizada las convocatorias a la asamblea de constituyente y las demás asambleas a realizarse en un futuro. (Ver anexos)

Los Sindicatos poseen las herramientas necesarias para defender, proteger y cuidar de sus afiliados, tanto en razón de la ley, como en su intención perpetua de hacerlo. José Noroño.

12. DE LA INAMOVILIDAD LABORAL

Según los Artículos de la Ley Sustantiva laboral vigente, específicamente del 419, 419, 420 y 421 de la LOTTT (2012), se establece la norma donde se ampara a los trabajadores que promuevan la legalización de los sindicatos y a los miembros de las juntas directivas sindicales, en un número no mayor de siete, (para un sindicato de empresa) no podrán ser despedidos, trasladados o desmejorados en sus condiciones de trabajo sin causa justa, revisada previamente por el respectivo Inspector del Trabajo. Esto se debe a que la inamovilidad que otorga el legislador es considerada "ABSOLUTA", es decir, no existe despido alguno en la ley, ni instrumento que se pueda oponer en su contra, no hay manera, salvo previa calificación legal, y según Alfonso Guzmán, en su obra, Nueva Didáctica del Derecho del Trabajo edición del 2004, en su página 342, tercer párrafo, se esgrime:

> *c.2. La orden de reenganche del trabajador despedido con violación del fuero sindical (Art. 639 de la L.O.T.), y las demás producidascon ocasión de los procedimientos administrativos de calificación del despido de trabajadores amparados por inamovilidad, están previstas para ser cumplidases especie, y no por su equivalente. La sanción de multa progresiva, convertible en arresto proporcional (Art. 645 L.O.T.), nodeja lugar a dudas acerca de que es la restitución de la situación original del trabajador, y no un pago sucedáneo en dinero lo deseado por el legislador. No necesitamos mayores explicaciones.*

Sin embargo la LOTTT (2012), se expresa de la siguiente manera: (Ver Anexos p. 394-395)

Con todo esto lo único que buscamos es darle la seguridad a los nuevos líderes sindicales y al nuevo emprendedor laboral de que sea cual sea la razón para despedir a un trabajador, existen las herramientas legales para solventar estas posibles acciones emprendidas por los patronos para desmantelar, impedir, soslayar y obstaculizar el derecho Universal de asociación que tienen todos los trabajadores en Venezuela, reiterados de forma frecuente y constante, en los convenios ratificados por la República y en nuestras normas sustantivas y adjetivas, lo único que debemos conocer es el mecanismo que debemos utilizar para elo, no hay razones para tener temor, ni para limitarnos a la hora de formalizar la inscripción de un sindicato de trabajadores.

Las organizaciones sindicales, son el único medio disponible para representar, resolver y mejorar las condiciones laborales de los trabajadores, la fusión del gremio, redundará en beneficios permanentes, José Noroño.

13. LUEGO DEL REGISTRO DE LA ORGANIZACIÓN SINDICAL

Luego de haber sido suficientemente llenados los extremos de los artículos 365 al 385 de la LOTTT (2012), el Registrador Nacional de Organizaciones Sindicales dará inscripción sin mayor dilación al organismo sindical, otorgándole inmediatamente el número de expediente con el cual se conocerá a dicho sindicato dentro del Registro Nacional de Organizaciones Sindicales, donde cursara sus efectos legales, es a partir de ese momento donde adquiere la personalidad jurídica que hará posible que las actuaciones sean del todo legales y que cuenten con legitimidad dada por el ente donde se satisfizo todos los requisitos de ley (Art 386 LOTTT 2012).

Esa legitimación da origen a otras situaciones no contempladas por la ley, estas suceden en su mayoría dentro de los recintos donde el trabajador labora y presta sus servicios, por norma frecuente, se aplica el desconocimiento a esta nueva organización sindical por parte de los patronos, con el fin de que los otros trabajadores no apoyen al recién nacido organismo, para elos así poder seguir teniendo cierto control sobre los trabajadores que no apoyaron la formación y creación del sindicato ya sea por desconocimiento o por temor a ser despedidos.

Este desconocimiento se combate de varias maneras, una buena forma de hacerlo es inscribiendo de forma legal a los trabajadores dentro del sindicato, recordemos que en primera instancia lo único que hicimos fue recaudar los trabajadores necesarios para su funcionamiento y fundación, ahora solicitaremos para elo redactar una "planila de afiliación", formato este que debe contar con el logo que la organización haya escogido para tales efectos, sus siglas, nombre completo, numero del expediente donde serán depositadas (en la página web del Mintra a nombre del expediente de registro en el Renos), con la información del trabajador.

Su cargo dentro de la empresa, su salario básico y al mismo tiempo dicha planila contendrá el monto a descontarse mensualmente por concepto de cuota sindical previamente discutida y establecida en los estatutos sociales y al mismo tiempo la petición hecha por el trabajador de que sea incorporado a esta organización sindical y que si en algún momento estuvo inscrito en otra, quede sin efecto con la sola aparición de su firma en esta nueva, esta decisión es legalmente aceptada, puesto que la LOTTT (2012) así lo autoriza, según el Artículo 398, que explana:

> Pérdida de la condición de afiliado o afiliada
>
> Artículo 398. La condición de afiliado o afiliada de un sindicato sólo se perderá:
> a) Por las causas previstas en los estatutos.
> b) En los sindicatos profesionales o sectoriales, por falta de ejercicio voluntario durante seis meses consecutivos, de la respectiva profesión u oficio o separación de la industria o rama económica respectiva. De esta norma se exceptuarán aquellos miembros que ocupen un cargo en la junta directiva mientras permanezcan en él y hasta por seis meses después de su separación.
> c) En los sindicatos de empresa, por culminación de la relación de trabajo al cumplirse tres meses de ésta.
> d) Por renuncia a la afiliación de la organización sindical; o
> e) Por ingresar en otro sindicato con objeto igual o incompatible.
> Los estatutos deben establecer los derechos que correspondan en las instituciones de carácter social al miembro que deje de pertenecer a una organización sindical.

Para una mayor interpretación y entendimiento, la renuncia se logra de dos formas conocidas a nuestro entender, de forma tácita, cuando, el trabajador se afilia a esta nueva organización con el solo consentimiento, demostrado con la intensión de afiliarse y llenando la respectiva planila de afiliación y será explicita cuando el trabajador antes de afiliarse a esta naciente organización sindical, pasa por escrito a su antiguo sindicato la solicitud de renuncia, y luego de ela se afilia a la nueva figura sindical, Ahora les recomendamos, sirvan realizar una planila similar a esta, pero ajustándola a lo que establecen para la admisión de miembros, los estatutos sociales de la organización. (Ver anexos, Pag. 396)

Otra actividad que denotara el comienzo de las actividades sindicales en arranque, es la de solicitar a la empresa el cumplimiento de lo estipulado en la propia LOTTT (2012) específicamente en el artículo 412 que se transcribe de la siguiente forma:

> Cuotas sindicales
>
> Artículo 412. Los patronos y las patronas deberán descontar del salario de los trabajadores afiliados y las trabajadoras afiliadas a una organización sindical las cuotas ordinarias o extraordinarias que la organización sindical haya fijado de conformidad con sus estatutos y hayan sido autorizadas por el trabajador o trabajadora. Las sumas recaudadas las entregará el patrono o la patrona a los representantes autorizados de la organización sindical tan pronto haya hecho la recaudación, mediante un cheque girado a nombre de la organización sindical. No podrán ser pagadas en efectivo ni en cheques a nombre de personas naturales o jurídicas distintas a la organización sindical, en caso contrario se considerarán como no efectuados y la organización sindical podrá exigir el pago correspondiente.

Como ya se observó, la planila de afiliación, contiene la solicitud de incorporación al organismo sindical y aunado a ela, la autorización del descuento de cuota sindical expreso, en este mismo momento el sindicato debe entender que la firma de esta planila, debe hacerse mínimo por triplicado y si es posible en original, puesto que una de elas se introducirá a la Inspectoría, otra quedara en la empresa para que se coordinen los descuentos y otra que quedara en manos del directivo sindical con competencias en revisar el cumplimiento de esta norma Orgánica en beneficio de los trabajadores, así se distribuye esta indispensable planila y estos son sus propósitos.

Claro está, la empresa no lo pondrá fácil, seguido de esto, le solicitaran al sindicato su inscripción fiscal ante el SENIAT, y esto se hace de forma gratuita, solicitando dos (2) copias certificadas al Inspector del Trabajo, la primera, de la conformación de la Junta Directiva electa y la segunda copia, de los estatutos del sindicato, mas, los registros de información fiscal (R.I.F.) de cada directivo, los nombres completos y cedulas de identidad de cada miembro Junto con un recibo de energía eléctrica que indique el lugar de residencia donde estará la oficina o dirección del sindicato, en una carta solicitud dirigida al ente fiscalizador, indicándole el propósito de la misma.

Así, es como se logra la obtención del (R.I.F.) del sindicato, para luego levar este informe a la entidad financiera de la preferencia del sindicato para aperturar una cuenta bancaria con las características descritas en los estatutos, con elo, el sindicato podrá obtener financiamiento para sus actividades de defensa de sus intereses colectivos de mano de sus afiliados.

Siguiendo en lo que refiere a este respecto y luego de contar con la inscripción del sindicato en el SENIAT, y de poseer cuenta bancaria, procedemos a solicitar el descuento de las cuotas ordinarias de aportes de los trabajadores, las cuales deben reposar en el libro de ingresos destinado para tales fines en los estatutos, los gastos de estas actividades se deben declarar en asamblea a los trabajadores y esa asamblea de leva ante el Registro Nacional de Organizaciones Sindicales, por lo menos Una (1) vez al año según lo establece la propia legislación vigente en el articulo 412 LOTTT (2012) ejusdem.

De no hacerlo así, el sindicato corre el riesgo de ser declarado en mora por no tener al día las cuentas del sindicato y no podrá ejercer acción sindical alguna a menos de que se corrija la deficiencia, de conformidad con el artículo 402 LOTTT (2012). Tampoco podrán hacer elecciones sindicales ni postularse para la discusión de contrato colectivo alguno derivado de las mismas consecuencias de no realizar lo estipulado en la ley concerniente a la declaración del destino de los fondos sindicales.

Fundar una organización sindical redunda en el beneficio de todos sus integrantes, ya que, se unifica el esfuerzo y se maxifícan los logros para el colectivo. José Noroño.

14. PROCEDIMIENTO DE LA NEGOCIACION COLECTIVADE TRABAJO

Como se ha dicho anteriormente, en esta sección del Manual pretendemos enfocarnos en los trámites previos a la solicitud de contratación colectiva por ante la Inspectoría del Trabajo de la Jurisdicción, para elo enunciaremos que es un proyecto de contratación colectiva, sus requisitos de ley y como se debe de redactar, sus implicaciones a trabajadores, empleadores y sindicatos, así como también de las dudas que se generan frecuentemente en su discusión, luego enseñaremos la manera en que el sindicato debe organizarse para celebrar el suyo de la mejor forma, y explicaremos de la simple, practica y pedagógica la forma como recomendamos sea discutida.

(a) Características de la Convención Colectiva

I. Solo puede interponerse con la figura del sindicato, en sus tipos y grados, conlleva la realización previa de asambleas aprobatorias, autorizaciones, poderes, y al final asambleas donde autorizan el depósito por ante el Inspector del Trabajo. Aunque las coaliciones de trabajadores en ausencia de organismos sindicales pueden interponer acuerdos colectivos, estos no cuentan con la envergadura de una convención colectiva, por cuanto solo se basan en las condiciones en las cuales se realizan y prestan los servicios, sin incluir cláusulas de protección o desarrollo sindical, por cuanto, para la discusión de un acuerdo colectivo, la primera norma que observar exige, que no exista una organización sindical o que el número de trabajadores no sea suficiente para fundaruna.

II. Entra en plena validez luego que el inspector homologa su depósito 3.) Se fundamenta en las figuras del Derecho Civil, específicamente en base al Principio PACTA SUNT SERVANDA, creando compromisos y responsabilidades para los pactantes. 4) Según establece el artículo 434 de la LOTTT (2012), las convenciones no podrá concertarse en condiciones menos favorables para los trabajadores que las establecidas en los contratos de trabajo vigentes celebrados entre las partes.

III. Otra modalidad contemplada en el ordenamiento Jurídico venezolano que impulsa los beneficios socioeconómicos de los trabajadores, son las coaliciones de trabajadores, en el Reglamento de la LOT (2006), se le otorgan cualidades de sujeto colectivo, por tanto, hábiles y titulares de derecho para presentar actos en pro de quienes les respalden, en este sentido el artículo 114RLOT (2006)establece:

> Artículo 114 Sujetos colectivos: Se consideran sujetos colectivos del derecho del trabajo y, por tanto, titulares de la libertad sindical, las organizaciones sindicales de primer, segundo y tercer grado; las coaliciones o grupos de trabajadores y trabajadoras; y las cámaras patronales, en los términos y condiciones de la Ley Orgánica del Trabajo; y las demás organizaciones de representación colectiva de los intereses bien sea de trabajadores y trabajadoras, por una parte, o de patronos y patronas, por la otra."

Sin embargo, esto no es tan fácil, el sujeto colectivo que se pretenda constituir para deberá poseer la mayoría absoluta de trabajadores afiliados o interesados en que esta coalición genere oportunidades para todos, de conformidad con el artículo 115 RLOT (2006). A tenor de lo expuesto es interesante lo que expresa el artículo 136 RLOT (2006):

Artículo 136
En las empresas donde no hubiere trabajadores y trabajadoras sindicalizados o el número de éstos fuere insuficiente para constituir una organización sindical, podrán celebrarse acuerdos colectivos sobre condiciones de trabajo entre el grupo o coalición de trabajadores y trabajadoras y el patrono o patrona, siempre que sean aprobados por la mayoría absoluta de los trabajadores y trabajadoras interesados. Dichos acuerdos colectivos deberán ser depositados ante el Inspector o Inspectora del Trabajo de la jurisdicción y tendrán una duración que no excederá de dos (2) años. Los mismos establecerán su ámbito de validez. Parágrafo Único: Lo dispuesto en el presente artículo no impedirá a la organización sindical negociar y celebrar una convención colectiva de trabajo.

(b) Garantía Constitucional

El art. 96 de la Constitución (1999): Ejusdem. Como se puede notar, en relación con la Constitución de 1961, la de 1999 establece el derecho que tienen los trabajadores a la negociación colectiva. Pues la anterior Constitución, pautaba que la Ley favorecerá al desarrollo de las relaciones colectivas de trabajo y la nueva es un Derecho que tienen los trabajadores a la negociación colectiva.

(c) Proyecto: Requisitos de Forma y de Fondo

El Proyecto de Convención Colectiva de Trabajo: Es un convenio celebrado entre uno o varios sindicatos de trabajadores y uno o varios patrones o uno o varios sindicatos de patrones, también se pueden realizar contrataciones colectivas utilizando las formas secundarias de agrupación colectiva como lo son las Federaciones de Trabajadores y un patrono, o una federación y varios patronos y viceversa, es decir, varias federaciones y varios patronos, todo, con objeto de establecer las condiciones laborales según las cuales debe prestarse el trabajo en una entidad, faena, empresa o explotación.

El patrón que emplee trabajadores miembros de un sindicato tendrá la obligación de celebrar con éste, un contrato de trabajo donde se establecerán las peticiones, las reivindicaciones y mejorías que los trabajadores quieren negociar con los empleadores, el empleador está obligado a negociar y a celebrar convenciones colectivas para el beneficio de sus trabajadores pero no está obligado a aceptar todas las peticiones que los mismos hagan en su escrito, por eso lo importante de su redacción al momento de estructurarlo y darlo a conocer a los trabajadores.

Para esta importantísima sección también haremos lo acostumbrado en este Manual, luego de presentada todo la información contentiva de cómo se debe hacer presentaremos los ejemplos que de alguna manera ilustran como se debe hacer, claro, es preciso indicar que así lo hemos hecho nosotros, pero hay miles formas de redactar esa clase de documentos, aquí presentaremos una guía adecuada de realizarlos, pues, cada quien le coloca su selo personal a cada documento y nosotros presentaremos en nuestro.

(d) Beneficiarios de la contratación Colectiva de Trabajo :

Según el Artículo 509 LOT (1997).

Las estipulaciones de las convenciones colectivas beneficiarán a todos los trabajadores de la empresa, explotación o establecimiento, aun cuando ingresen con posterioridad a su celebración. Las partes podrán exceptuar de su aplicación a las personas a que se refieren los Artículos 42 (personal de dirección) y 45 (personal de Confianza) de esta Ley.

Según los artículos 431 y 432 LOTTT (2012): (Ver Anexos p. 397)

(e) Requisitos de Forma:

Articulo 516 LOT (1997):

> El sindicato que solicite celebrar una convención colectiva presentará por ante la Inspectoría del Trabajo el proyecto de convención redactado en tres (3) ejemplares y el acta de la asamblea en la cual se acordó dicha presentación.

Por increíble que parezca, dentro del articulado de la LOTTT (2012), no existe indicación de tales requisitos, en el entendido, que el Legislador, dio por sentado que la presentación de un proyecto de convención colectiva se redactaba en varios ejemplares, y que el mismo generaba tales efectos, sin embargo, las organizaciones sindicales están convencidas del correcto modo de introducir sus convenciones colectivas y todos las presentan como indica el 516 LOT (1997). Tal vez, dejaron ese artículo adjetivo para incluirlo en el próximo reglamente de la LOTTT, que aún está pendiente por ser publicado.

Sin embargo, como hemos visto este artículo presenta 2 requisitos, 1.) El proyecto y 2.) El acta de la asamblea donde se autoriza al sindicato a la introducción de dicho convenio o contrato colectivo por ante las autoridades del trabajo. Esto es muy importante, pues, cada asamblea debe estar adecuada y ceñida a lo establecido por los estatutos sociales del sindicato y la precede la convocatoria que de igual forma debe ser redactada conforme dictan los estatutos, quienes pueden convocarla y con los días de anticipación que se merece dicha asamblea, si estos requisitos no están de acuerdo y satisfechos del todo esto provocara la inadmisión del proyecto y su subsanación por parte del sindicato, por eso es de vital importancia prestar atención a la hora de redactar dichos documentos legales.

La ley de 1997 utiliza la figura del triplicado de estos documentos al igual que lo solicita para la conformación y la inscripción del sindicato, y aunque la LOTTT (2012) no lo contempla, así recomendamos sea consignado el proyecto, puesto que le será entregado al sindicato una copia, una le será entregada al patrono y otra se quedara en original en el expediente que se abrirá en la sala de Contratos de la Inspectoría, donde de ser admitido el proyecto, le será abierto un expediente donde reposaran todas las diligencias y observaciones que a bien tengan a hacer las partes involucradas.

Otro punto que requiere de una importante explicación es la solicitud legal de asamblea que autorice la consignación del proyecto por parte del sindicato, esta situación es muy interesante, puesto que esta característica es proteccionista de la LOTTT (2012), en su articulado blinda con estas asambleas las posibilidades de corrupción por parte de los sindicatos, sindicalistas y hasta de los propios Patronos, pues, estas asambleas no son más que el conferimiento de la autorización poder donde se inviste a la Junta Directiva de suficiencia y amplitud de autoridad para la introducción del referido proyecto, sin este importantísimo requisito el Inspector del Trabajo jamás dará admisión a un proyecto de convención colectiva.

Más importante aún, un sindicato jamás podrá negociar a espaldas de sus agremiados por cuanto, necesita del 50%+1 para que la asamblea sea válida, al igual se aplica a la hora del depósito de la convención colectiva, situación que se explica más adelante, esto quiere decir que un líder sindical jamás podrá negociar clausulas a espaldas de los trabajadores, puesto que es un requisito primario la autorización de su gremio previamente, no hay manera de negociar a espaldas de los trabajadores a menos que elos estén de acuerdo y firmen su asamblea de autorización o que la mayoría de los agremiados este de acuerdo en hacerlo, no hay otra vía.

Esto se ha visto, como una buena forma de evitarse inconvenientes entre los pactantes, lo que es necesario entender es que los involucrados están siendo observados y que cualquier clausula solo desaparece si el gremio está de acuerdo, se han dado casos en que sindicatos han negociado contratos colectivos que perjudican a los trabajadores y el propio Inspector del Trabajo al percatarse de que existe una violación al "Principio de Progresividad de los Beneficios" ha decidido no aceptar dicha convención colectiva y no otorgar el depósito de la misma hasta tanto sean corregidos los daños causados a los trabajadores.

Por otro lado también se ha utilizado estas excusas sin fundamento legal para atacar a líderes sindicales, como estrategia es bueno, pero legalmente imposible, que un líder sindical a espaldas de la Junta Directiva y al mismo tiempo a espaldas de los trabajadores, sin haber firmado los agremiados una acta de asamblea donde autoricen el Depósito de la convención colectiva, negocie, reste beneficios, firme clausulas sin la autorización del 50%+1 del que hemos hablado en esta sección de nuestro Manual.

Legalmente, se ha demostrado que es imposible sin la firma de los Trabajadores, lo que se ha hecho es, que engañosamente han informado que ya ha sido discutida la convención colectiva y que no pueden hacer nada para remediarlo, con el fin de que los trabajadores, decepcionados, caigan como corderos a firmar lo que se consideraría, lo que sea, y así lograr recaudar las firmas de los trabajadores logrando así el objetivo poco ético de buscar sus propios beneficios y el de los patronos.

Sin embargo, como ya es conocido la asamblea de trabajadores es la "Máxima Autoridad" y si una asamblea otorga poderes especiales a la Junta Directiva de un sindicato, una asamblea también puede revocar poderes, y hasta revocar autoridades internas del sindicato si se percatan que han obrado indignamente, como de hecho ha sucedido. Pero ese no será nuestro caso, pues estamos considerando todas las aristas posibles dentro de nuestra explicación.

(f) Requisitos de Fondo

Son todos aquellos alegatos y defensas que pueden establecer el empleador para impedir que se realice la negociación colectiva de trabajo. Las defensas que comúnmente oponen el empleador o patrono son las siguientes:

- Que el sindicato no tiene cualidad
- Que los directivos del sindicato son ilegítimos
- Falta de representatividad
- Que en la empresa haya una convención colectiva vigente
- Que la empresa se encuentre celebrando una reunión normativa laboral
- Que haya sido presentado ante la Inspectoría del Trabajo otro proyecto de convención colectiva.
- Que la empresa se encuentre en un procedimiento de reducción de personal avalado por la Inspectoría del Trabajo.

Según el artículo 520 LOT (1997):

> A partir del día y hora en que sea presentado un proyecto de convención colectiva por ante la Inspectoría del Trabajo, ninguno de los trabajadores interesados podrá ser despedido, trasladado, suspendido o desmejorado en sus condiciones de trabajo sin justa causa, calificada previamente por el Inspector. Esta inamovilidad será similar a la de los trabajadores que gozan de fuero sindical y tendrá efecto durante el período de las negociaciones conciliatorias del proyecto de convención, hasta por un lapso de ciento ochenta (180) días. En casos excepcionales el Inspector podrá prorrogar la inamovilidad prevista en este artículo hasta por noventa (90) días más.

En el caso de la LOTTT (2012):

> Protegidos por fuero sindical
> Artículo 419. 9.10.11 Gozarán de fuero sindical:
>
> 9. Los trabajadores y las trabajadoras durante la tramitación y negociación de una convención colectiva de trabajo o de un pliego de peticiones a partir del día y hora en que sea presentado por ante la Inspectoría del Trabajo, hasta el término de su negociación o sometimiento a arbitraje.
> 10. Los trabajadores y trabajadoras durante la tramitación y negociación de una reunión normativa laboral hasta el término de su negociación.
> 11. Los trabajadores y las trabajadoras durante el ejercicio de una huelga, tramitada conforme a lo previsto en la Ley.

Esta otra inamovilidad que establece nuestro Legislador laboral es como bien lo dice el artículo similar a la dictada en ocasión del registro y constitución de la organización sindical que se explicó en el punto 13 de este manual, acá se declara una inamovilidad absoluta y solo se diferencia en los días que se otorgan de protección por la magnitud que implica la discusión de un convenio colectivo de trabajo.

(g) Admisión y Transcripción de las Negociaciones Articulo 516 Lot (1997)

> Una vez presentado un proyecto de convención colectiva el Inspector del Trabajo lo revisara y velara por la correcta aplicación de las normas establecidas en la ley para su admisión, cumplidas a cabalidad las debidas formalidades extenderá un auto de admisión como tal indicándole a las partes interesadas que se ha cumplido con los requisitos de forma establecidos en la ley, es decir, los tres (3) ejemplares y el acta de asamblea con su convocatoria y la autorización de los trabajadores en la cual se acordó dicha presentación.
> Si el Inspector del Trabajo observa una deficiencia, error u omisión, se lo notificara al sindicato para que los subsane.

La LOT (1997) no estableció el lapso que tiene el sindicato para la subsanación de las deficiencias, errores u omisiones cometidas, por el vacío se suplía con respaldo a la Ley Orgánica de Procedimientos Administrativos (LOPA) en sus artículos 49 y 50 donde se establece: (Ver anexos Pag. 397-398)

Una vez que el sindicato haya corregido las deficiencias, errores u omisiones, de haberlas corregido en el plazo indicado, el Inspector del Trabajo transcribirá al empleador el proyecto presentado a los efectos de iniciar las negociaciones en fecha inmediata, indicando en el escrito el día y la hora de la primera reunión.

Sin embargo con la LOTTT (2012):

> Convocatoria a negociación
>
> Artículo 448. Admitido el proyecto de convención colectiva de trabajo, el inspector o la inspectora de trabajo fijará la primera reunión para dar inicio a las negociaciones de la Convención Colectiva de Trabajo dentro de los treinta días siguientes a la admisión, notificándole al patrono o la patrona el lugar, fecha y hora de la primera reunión, y remitiéndole una copia del proyecto.

En este estadio, observamos que de forma elegante la LOTTT (2012), también obvió establecer si el proyecto de convención colectiva presentado por la organización sindical, presentaba errores u omisiones, y simplemente comienza la sección tercera: De las Convenciones Colectivas de Trabajo en el Sector Privado con la convocatoria, tal vez:

(h) Alegatos y Defensas Previas

Las defensas que puede oponer el empleador, que son al mismo tiempo los requisitos de fondo, son las siguientes:

- **Que el sindicato no tiene cualidad**: esto quiere decir que el sindicato no tiene el número de miembros mínimos para su constitución y funcionamiento, es decir, si es un sindicato de empresa, no cumple con el requisito de 20 trabajadores, si es un sindicato profesional, no cumple con el requisito de 40 afiliados mínimos que establece la ley para su constitución.
- **Que el sindicato o alguno de sus directivos no son legítimos**: esto quiere decir que el sindicato pueda estar en mora electoral, al no hacer sus elecciones sindicales a tiempo, luego de pasados los tres años de su fundación, en mora contable, por no entregar las cuentas anuales como la establece la ley o que algún directivo del sindicato haya renunciado o haya sido expulsado del sindicato y que aparezca como miembro activo en la junta directiva que discutirá el proyecto.
- **Falta de Representatividad**: con esto se quiere decir que el sindicato no ampara a la mayoría de los trabajadores que laboran dentro de la empresa, esto es alegado cuando el sindicato que pretende discutir una convención colectiva se enfrenta generalmente al sindicato que goza de la aprobación del patrono y con eso se busca generar un conflicto intersindical que produzca un referéndum entre las dos organizaciones sindicales.

Buscando así, alargar más la contratación colectiva y de esta manera, ganar tiempo para desprestigiar a los nuevos aspirantes, someter al temor a la población de trabajadores, poner a correr rumores de despidos masivos y quitarles fuerza dentro de la masa de trabajadores al nuevo sindicato, esta falta de representatividad es eliminada cuando se somete a referéndum a todos los trabajadores por el voto universal y secreto que coordinara la Inspectoría y alí el electo pasara a discutir la convención colectiva luego de su proclamación como organización vencedora.

- **Que en la empresa exista una contratación colectiva vigente** : esto sí es definitivo, hasta tanto no se haya vencido una contratación colectiva, no se puede empezar a discutir la próxima, a menos que en ese contrato vencido existan clausulas donde se estipulen discusiones anteriores a la fecha de su expiración para evitarse el cálculo de retroactivos, cosa que es general en los contratos de tono vanguardista.

•**Que la empresa se encuentre celebrando una reunión normativa laboral**: esta reunión normativa laboral es un acuerdo macro al cual legan los trabajadores y los empleadores de una misma rama de actividad, por ende, si la empresa está inmersa en una discusión de este tipo, para el beneficio de todos los trabajadores de una misma rama de industrias o actividad, la presentación de un proyecto de contratación colectiva que solo aplique a una sola empresa, no es beneficiosa y por lo tanto el Inspector del Trabajo no tendrá más que decidir, que solo, negar la admisión del referido proyecto, pues los beneficios generalmente son mayores cuando se discuten de forma que la mayoría de los trabajadores se beneficien.

•**Que haya sido presentado ante la Inspectoría del trabajo otro proyecto de contratación colectiva**: En este caso le corresponde al Inspector del Trabajo revisar cual sindicato tiene la mayor cantidad de afiliados y así la mayor representatividad en la empresa y será con este con quien el patrono se sentara a discutir el proyecto de contratación colectiva y será con este con quien quedara obligado a negociar.

De alí lo importante de las planilas de afiliación que recomendamos en el numeral 13 de este Manual, aunque esta desavenencia no se resuelva contando los afiliados, se resuelve de la misma manera que la "falta de representatividad", con un "referéndum sindical" que coloque en posición favorable y transparente al sindicato frente a la Inspectoría, el patrono y más importante aún, frente a los trabajadores, quienes son los más interesados, pues serán elos quienes emitirán su voluntad y veredicto al respecto.

•**Que la empresa se encuentre en un procedimiento de reducción de personal avalado por la Inspectoría del Trabajo**: Cuando los problemas económicos de una empresa sobrepasan las posibilidades y la Inspectoría del trabajo está de acuerdo con un procedimiento de reducción de personal, difícil es que acepten un proyecto e contratación colectiva, la cual generaría más inconvenientes económicos por los costos que implican estas decisiones sindicales.

Sin embargo son pocas las empresa que alegan y oponen esta causal en la actualidad, pues como es sabido nadie que tenga una empresa se atrevería a proclamarse en quiebra tan fácilmente, pues el tramite es mas engorroso que la contratación colectiva y pondría al estado venezolano a primeramente velar por los compromisos adquiridos por el patrono con los trabajadores, que el propio procedimiento en sí, como la propia Constitución lo establece, el trabajo es un hecho social y por ende contara con la protección del Estado en materia tan delicada como es la quiebra o falta de una correcta administración en la cual los trabajadores no participan. Por elo esta es una causal que solo pocos se atreven a invocar, pues, lo primordial es la salud de los beneficios de los trabajadores.

(j) Oportunidad:

De conformidad con el artículo 439 LOTTT (2012):
Oportunidad para oponerse a negociación

> Artículo 439. Los convocados y las convocadas para la negociación de una convención colectiva de trabajo, o aquellos terceros y aquelas terceras afectados y afectadas por ela, sólo podrán formular alegatos y oponer defensas sobre la improcedencia de las negociaciones, en la primera reunión que se efectúe de conformidad con la convocatoria. Vencida esa oportunidad no podrán oponer otras defensas. Opuestas los alegatos y las defensas, el Inspector o la Inspectora del Trabajo decidirá dentro de los cinco días hábiles siguientes sobre su procedencia. Contra la decisión del Inspector o de la Inspectora del Trabajo, se oirá apelación en un solo efecto por ante el Ministro o Ministra del Poder Popular con competencia en materia de trabajo y seguridad social. El lapso para apelar será de diez días hábiles. Si el Ministro o la Ministra no decidiese dentro del lapso previsto en la Ley que rige la materia de procedimientos administrativos o lo hiciere en forma adversa, el afectado o la afectada podrá recurrir ante la Sala Político Administrativa del Tribunal Supremo de Justicia dentro del lapso establecido en la Ley.

Como bien lo indica este artículo, solo podrán formular alegatos y oponer defensas sobre su negativa a discutir una convención colectiva solo en esa oportunidad, si las oposiciones fueran tales que el sindicato se viera afectado, este podrá hacer uso del recurso jerárquico que se establece en ese artículo y acudir ante el Ministro del ramo laboral, si este no contesta el recurso, y opera el silencio administrativo entonces la decisión del Inspector del Trabajo tendrá que ser revisada por el Contencioso Laboral y así se solventaría esta inconveniencia, que se decidirá de forma breve y sumaria.

Las oposiciones son las mismas que las defensas que comúnmente utilizan el empleador o patrono:

- Que el sindicato no tiene cualidad
- Que los directivos del sindicato son ilegítimos
- Falta de representatividad
- Que en la empresa haya una convención colectiva vigente
- Que la empresa se encuentre celebrando una reunión normativa laboral

•Que haya sido presentado ante la Inspectoría del Trabajo otro proyecto de convención colectiva.

•Que la empresa se encuentre en un procedimiento de reducción de personal avalado por la Inspectoría del Trabajo.

Según se desprende del importante artículo 439 LOTTT (2012), vencida la oportunidad no podrán oponer defensas. Opuestas defensas, el Inspector del Trabajo decidirá dentro de los cinco (5) días hábiles siguientes sobre su procedencia. Contra la decisión del Inspector de Trabajo se oirá apelación a un solo efecto por ante el Ministro del ramo. Estas defensas no simplemente tienen que ser de tipo diligencia, deben poseer estructura de escrito y deben ser razones alegadas con fuerte base, pues.

De lo contrario tendría el significado de buscar de forma temeraria esquivar las responsabilidades con el sindicato y con sus trabajadores, por eso es costumbre, hacer un escrito bien fundamentado de oposición en los casos que resulten necesario. Por otra parte, sobre el particular referido a que la empresa o entidad de trabajo se encuentre en un procedimiento de reducción de personal avalado por la Inspectoría, cabe destacar, que dicho procedimiento se desprendía del artículo 34 de la LOT (1997) en su parte infine, que estipulaba:

> Artículo 34
> El despido se considerará masivo cuando afecte a un número igual o mayor al diez por ciento (10%) de los trabajadores de una empresa que tenga más de cien (100) trabajadores, o al veinte por ciento (20%) de una empresa que tenga más de cincuenta (50) trabajadores, o a diez (10) trabajadores de la que tenga menos de cincuenta (50) dentro de un lapso de tres (3) meses, o aun mayor si las circunstancias le dieren carácter crítico. Cuando se realice un despido masivo, el Ministerio del ramo podrá, por razones de interés social, suspenderlo mediante resolución especial. El patrono podrá ocurrir al procedimiento pautado en el Capítulo III del Título VII de esta Ley. Si para la reducción de personal se invocaren circunstancias económicas, o de progreso o modificaciones tecnológicas, el procedimiento conflictivo, en caso de no legarse a acuerdo entre las partes, se someterá a arbitraje. De la solicitud del patrono se notificará al sindicato al que estén afiliados los trabajadores involucrados, o en ausencia del sindicato, a los trabajadores mismos. Los alegatos de reducción de personal no procederán cuando la solicitud se haga en un momento en que los trabajadores de la empresa estén ejerciendo sus derechos de organización y contratación colectiva.

Es en este artículo donde se podían intentar el llamado "procedimiento de reducción de personal", sin embargo, en la modificación realizada a la misma en la LOTTT (2012), este procedimiento desapareció en parte y se resumió de la siguiente manera:

> Protección del proceso social de trabajo
>
> Artículo 148. Cuando por razones técnicas o económicas exista peligro de extinción de la fuente de trabajo, de reducción de personal o sean necesarias modificaciones en las condiciones de trabajo, el Ministerio del poder popular con competencia en materia de trabajo podrá, por razones de interés público y social, intervenir de oficio o a petición de parte, a objeto de proteger el proceso social de trabajo, garantizando la actividad productiva de bienes o servicios, y el derecho al trabajo. A tal efecto instalará una instancia de protección de derechos con participación de los trabajadores, trabajadoras, sus organizaciones sindicales si las hubiere, el patrono o patrona. Los trabajadores y trabajadoras quedarán investidos de inamovilidad laboral durante este proceso. El reglamento de esta ley regulará la instancia de protección de derechos.
> En caso de existir convención colectiva, y si resulta acordada la modificación de condiciones contenidas en él, dichas modificaciones permanecerán en ejecución durante un plazo no mayor del que falte para que termine la vigencia de la convención colectiva correspondiente.

(j) Efectos

Si la decisión definitivamente firme declarare con lugar la oposición de la parte empleadora, se dará por terminado el procedimiento. Si la decisión declarare sin lugar los alegatos y las defensas opuestas por el empleador continuaran las negociaciones.

(k) Discusión de la contratación colectiva:

Luego de subsanados los errores y omisiones y luego de pasar ya sea por el referéndum que pone fin a las controversias de quien es el sindicato más representativo y a la vez el legitimado por los trabajadores para la discusión de la contratación colectiva, la empresa o patrono, baja el tono de las conversaciones pues no le queda más remedio que sentarse a discutir una contratación colectiva de trabajo con el sindicato que desde un principio suponemos que hubo diferencias.

A partir de este momento las cosas empiezan a cambiar, ahora el patrono trata con aprecio a los líderes sindicales, se interesa más por ellos, y hasta quiere hacerse amigo de ellos, pero eso es momentáneo, pues esa conducta es normal cuando se discutirán los egresos que el patrono hará por efecto de las discusiones del contrato colectivo,

Es alí donde se necesitan esas cualidades que enumeramos en el numeral 4 de este Manual, pues donde los trabajadores vemos derechos, obligaciones y beneficios, el empleador o patrono solo ve la palabra "costos" y tratara de hacer cuanto esté a su alcance para impedir la erogación de dinero, tratara de colocarse en un plano de insolvencia, dirá que no tiene dinero, hasta se considerara humilde, con el fin de evitarse los beneficios a que tienen derecho los trabajadores, intentara comprar conciencias y buscara fracturar a la Junta Directiva antes que se sienten a discutir las clausulas del ahora contrato colectivo, pues ya no es proyecto. Ahora será el comienzo de las discusiones que darán como fruto los beneficios de esa masa de trabajadores que los apoyo y estuvo con ustedes durante todas las etapas del proceso, y es ahora donde la Junta Directiva es más vulnerable y por eso les recomendamos que nunca acepten favores de la empresa, pues cuando menos lo esperen estos favores legaran a oídos de los trabajadores y serán utilizados en su contra cuando más le convenga al patrono.

Ahora defendiendo sus intereses económicos, por eso les sugiero que mantengan en mente todo lo que pasaron para legar a discusión de un contrato colectivo, recordar eso les hará fuertes pues verán que quien los puso alí no fueron los abogados de la empresa ni la voluntad del patrono, fueron los trabajadores quienes confiando en esa Junta Directiva y en esos hombres y mujeres que los representan, ahora tienen voz y voto en la empresa y ahora si serán escuchados mediante sus representantes sindicales, quienes tienen la valiosa misión de tratar de mejorarles la calidad de vida de sus familias.

A criterio del autor, es más importante ahora la comunicación con los trabajadores, pues las incertidumbres y la falta de información hacen un ambiente volátil y fácil de utilizar por los patronos para sembrar dudas entre los trabajadores hacia sus dirigentes, por eso recomendamos que en cada sesión donde se empiecen a discutir el clausulado del contrato, busquen observadores de todas las partes de la empresa, afín de que se pueda tener informada a la colectividad.

Asimismo, se pueden utilizar las carteleras informativas existentes en las empresas para colocar los avances y progresos de las conversaciones, así como también el uso de mecanismos electrónicos como paginas, blogs y correos electrónicos para difundir la información del contrato colectivo, también es prudente realizar asambleas permanentes pues así, se evitan dejar espacios que pudieran ser utilizados vilmente por el patrono para crear situaciones de conflicto en contra de los trabajadores que conforman la Junta Directiva del sindicato.

Según el artículo 449 LOTTT (2012):

> Presencia del funcionario o de la funcionaria del trabajo
>
> Artículo 449. La discusión de un proyecto de convención colectiva de trabajo se realizará en presencia de un funcionario o una funcionaria del trabajo, quien presidirá las reuniones y se interesará en lograr un acuerdo inspirado en la justicia, protección del proceso social de trabajo y en la justa distribución de la riqueza, conforme a la Ley. Ambas partes podrán realizar las reuniones y acordar las negociaciones sin la presencia del funcionario o funcionaria del trabajo.

Después de la lectura del artículo anterior, ambas partes, o a solicitud de alguna de elas, las reuniones de discusión sobre la convención colectiva, podrán celebrarse en el recinto de la Inspectoría del Trabajo de la Jurisdicción o en la sede de la empresa o sindicato, sin embargo, al establecerse dentro de la Inspectoría, éstas tendrán la asistencia y supervisión de un funcionario que velará e intermediará a fin de lograr los acuerdos que hagan falta para el beneficio de los trabajadores, este funcionario mantendrá una posición de neutralidad que beneficie el diálogo, cordialidad y entendimiento entre los pactantes.

A este respecto, también recomiendo la elaboración de una tabla en el formato Excel, con indicación de varias columnas donde se vaciará el contenido clausular del contrato en una columna, dividiéndola según el número de la clausulas, de esta manera, se ubicarán las cláusulas de los contratos anteriores (de haberlos) y luego se aperturarán otras columnas para las propuestas empresariales y las propuestas máximas y mínimas que establezca la organización sindical con respaldo de sus agremiados, de esta manera, se comenzará de forma organizada y sistematizada el proceso de negociación de la convención colectiva de trabajo, para elo brindamos un ejemplo de cómo hacerlo: (Ver Anexos p. 399)

Siguiendo estas recomendaciones, el sindicato, los asesores y todos los representantes e interesados en las discusiones del convenio o contrato colectivo, empezarán el proceso de negociación de forma ordenada y con indicación del control clausular necesario para evitar errores involuntarios a la hora del depósito de la convención colectiva. El atender estas recomendaciones, les ahorrará tiempo y papeleo a la hora de sentarse a discutir el tan anhelado proyecto y tranSformarlo en el marco regulatorio que gobernará la escena laboral en la empresa durante los próximos dos o tres años.

En cada sesión de discusión de contrato colectivo, se recomienda dejar por escrito una minuta donde reposaran los avances y progresos de dichas discusiones las cuales deben ser enviadas a al expediente que fue abierto en la sala de contrato de la Inspectoría del Trabajo, esa misma minuta se puede utilizar para informar a los trabajadores sobre los avances de la discusión de su contratación colectiva, además no solamente se deben limitar a esas minutas, durante el tiempo en que se discuta, el sindicato puede solicitar mediante la Inspectoría del Trabajo la posibilidad de realizar asambleas semanales y la utilización de volantes explicativos y propagandísticos dentro de la empresa para mitigar las dudas e incertidumbres que pudieran ocasionar las discusiones.

Para estas actividades se comisiona al secretario de prensa y propaganda para que se encargue de estas actividades inherentes a su cargo, así, tendrá más oportunidades el Secretario General de enfocarse en las asambleas y en la participación personal, luego de todas estas actividades, la ley ordena lo que conoceremos como "El Deposito" de la convención colectiva, el cual ahondaremos en los párrafos sub iudice.

Como de costumbre les muestro una forma de redactarla: (Ver anexos p. 400-403).

Seguidamente, todos los miembros de la comisión negociadora, los observadores, los relatores y abogados asistentes, deben firmar el acta de discusión y es responsabilidad del sindicato, consignarla en el ministerio del Trabajo para que repose en el expediente abierto en la sala de contratos.

l) Duración de las discusiones de la Convención Colectiva

De conformidad con la ley, las conversaciones, discusiones y negociaciones de una convención o contrato colectivo, deben tener limite y espacio en el tiempo, de lo contrario cualquiera de las partes pudiera usar esta situación para prolongar de forma eterna un proceso de negociación para nunca otorgar y concertar la revisión de los beneficios económicos establecidos en el proyecto de convención colectiva, por lo cual, la LOT (1997) Estableció el siguiente criterio:

> Artículo 520
>
> A partir del día y hora en que sea presentado un proyecto de convención colectiva por ante la Inspectoría del Trabajo, ninguno de los trabajadores interesados podrá ser despedido, trasladado, suspendido o desmejorado en sus condiciones de trabajo sin justa causa, calificada previamente por el Inspector. Esta inamovilidad será similar a la de los

> trabajadores que gozan de fuero sindical y tendrá efecto durante el período de las negociaciones conciliatorias del proyecto de convención, hasta por un lapso de ciento ochenta (180) días. En casos excepcionales el Inspector podrá prorrogar la inamovilidad prevista en este Artículo hasta por noventa (90) días más.

Sin embargo, a criterio del autor, en la modificación de la LOTTT (2012) hubo un retroceso en la interpretación de tal norma, por cuanto, su redacción quedó supeditada a la voluntad de las partes sin término, pudiéndose este alargar de forma indefinida en perjuicio de los trabajadores, en razón a lo estipulado en el artículo 441 de la LOTTT (2012):

> Duración de las negociaciones
> Artículo 441. Las negociaciones de la convención colectiva de trabajo no excederán de ciento ochenta días continuos. Las partes podrán, de mutuo acuerdo, establecer prorrogas a este lapso, cuando lo consideren conveniente.

De esta manera, las partes y menos aún el patrono, no tendrá ninguna clase de incentivo a la hora de dar culminación a un proceso de negociación de una convención colectiva de trabajo, razón por lo cual, dadas las falencias en este sentido, es casi obligatorio para las organizaciones sindicales, introducir dentro del articulado del proyecto de convención colectiva, la mayor cantidad posible de cláusulas con efecto retroactivo, de modo que se pueda compensar al trabajador la demora en la revisión de sus beneficios legales y contractuales en el marco de la convención colectiva.

(m) Del Depósito de la Convención Colectiva

El Deposito es un acto administrativo que realizan las partes por ante la Inspectoría del Trabajo de la Jurisdicción, cuando se trata de un sindicato de empresa o profesional y por ante la Inspectoría Nacional con sede en caracas, cuando se trata de sindicatos regionales, nacionales, federaciones o confederaciones, con el propósito de otorgarle plena validez y personalidad jurídica a lo pactado por las partes durante las discusiones del contrato colectivo, así como también el depósito brinda oportunidades ante cualquier otro interesado.

Según el artículo 450 LOTTT (2012)

Depósito de la convención colectiva acordada
Artículo 450. A los efectos de su validez, la convención colectiva de trabajo acordada deberá ser depositada en la Inspectoría del Trabajo donde fue tramitada. Cuando la convención colectiva de trabajo fuere presentada para su depósito, el Inspector o la Inspectora del Trabajo, dentro de los diez días hábiles siguientes, verificará su conformidad con las normas de orden público que rigen la materia, a efecto de impartir la homologación. A partir de la fecha y hora de homologación surtirá todos los efectos legales.

Como bien es sabido, la ley no establece el momento ni el tiempo para que las partes realicen este acto, que generalmente le compete al sindicato, sin embargo las empresas suelen, en la mayoría de los casos apoyar en esta ardua gestión y colocan a sus abogados a redactar dicho depósito y luego en compañía de la organización sindical procuran un día y se deposita ante la sala de contratos, conciliación y conflicto de la Inspectoría del Trabajo de la Jurisdicción.

Según el artículo 143 del RLOT (2006):

Cuando la convención colectiva de trabajo fuere presentada para su depósito, el Inspector o Inspectora del Trabajo, dentro de los diez (10) días hábiles siguientes, verificará su conformidad con las normas de orden público que rigen la materia al efecto de impartirle su homologación. El depósito deberá observar los extremos que respecto de los actos administrativos dispone la Ley Orgánica de Procedimientos Administrativos.

Según el artículo 451 de la LOTTT (2012):

Abstención de homologación

Artículo 451. Si el Inspector o la Inspectora del Trabajo lo estimaren procedente, en lugar de la homologación, podrá indicar a las partes las observaciones y recomendaciones que procedan, las cuales deberán ser subsanadas dentro de los quince días hábiles siguientes.
En caso que los interesados e interesadas insistieren en el depósito de la convención, el Inspector o Inspectora del Trabajo procederá en tal sentido y asentará sus observaciones en la

respectiva providencia administrativa, homologando las cláusulas de la convención que no contraríen el orden público.

(n) Requisitos para el Depósito de la Convención Colectiva

Estos requisitos se establecen para la protección de los trabajadores, pues este procedimiento garantiza que un sindicato no negocie a espaldas de sus agremiados, ya que necesariamente tienen que realizar asambleas que autoricen el depósito de la convención, como recordamos en el inicio de esta sección, la Junta Directiva debía consignar una asamblea donde los agremiados le otorgaban poder amplio y suficiente para consignar el proyecto de contrato colectivo en su nombre, para ser discutido con la empresa, ahora el legislador venezolano haciendo uso de su Inteligencia legal, establece que para el depósito nuevamente se debe de consultar a los trabajadores para verificar si están o no de acuerdo en solicitar el depósito y el acta de homologación de esta contratación colectiva, los requisitos son por quintuplicado y son los siguientes:

- 5 ejemplares de la Convención colectiva
- 5 ejemplares de la Planila forma "S", esta es una planila en el cual se identifica a todos los trabajadores que van a ser beneficiados por la convención colectiva.
- 5 ejemplares de costo económico de la convención colectiva, esto es estimado donde se va a establecer cuanto le costara al empleador la celebración de la convención colectiva durante su tiempo de aplicación.
- Acta de asamblea donde se determine que el 50%+1 de los trabajadores afiliados y beneficiados de la contratación colectiva estén de acuerdo en su Depósito y en recibir los beneficios de la convención, autorizando amplia y suficientemente al sindicato ante las autoridades laborales al depósito de la convención.

(o) Subsanación de Errores u Omisiones:

Según Artículo 144 RLOT (2006):
Si el Inspector o Inspectora del Trabajo lo estimare procedente, en lugar del depósito, podrá indicar a las partes de la convención colectiva las observaciones y recomendaciones que procedan, de conformidad con lo previsto en el artículo 50 de la Ley Orgánica de Procedimientos Administrativos. En caso de que los interesados e interesadas insistieren en el depósito de la convención, el Inspector o Inspectora del Trabajo procederá en tal sentido y asentará sus observaciones en la respectiva providencia administrativa, homologando las cláusulas de la convención que no contraríen el orden público.

El procedimiento es el mismo de la Admisión y Transcripción de las Negociaciones que explicamos en el literal "e" de esta sección, de todas formas reiteraremos los artículos de la LOPA para reforzar los criterios explicados y que quede como base firme de ese procedimiento: Ejusdem.

(p) Efectos del Depósito de la Convención Colectiva

El Depósito de la Convención Colectiva conlleva varios efectos inmediatos, el primero es el otorgamiento de plena validez y personalidad jurídica tanto para las partes como para cualquier otro interesado. Ahora bien, si esa convención es celebrada por una federación o confederación será depositada en la Inspectoría Nacional del Trabajo. A partir de la fecha y hora de su depósito surtirá todos los efectos legales. Solo podrá ser administrada por el sindicato firmante o hasta que un sindicato elegido por los trabajadores vía referéndum sea el designado.

Como recomendación, se sugiere que el tiempo dedicado en el proceso de negociación se incluya dentro del lapso de validez de la convención colectiva de Trabajo, ha habido organizaciones sindicales que excluyen estos meses y es alí, donde la convención colectiva se extiende más alá de la permitida y sugerida por la ley, es necesario que los términos de alcance, espacio y validez sean dejados bien claros en el proceso de redacción del clausulado interno del convenio colectivo, a fin de evitar, malos entendidos.

Ahora como es costumbre presentaremos un ejemplo de un proyecto de convención colectiva con el propósito de que sea utilizado por los nuevos líderes sindicales y por los nuevos abogados laboralistas para el desempeño de su actividad como Profesional que incursa es esta fascinante rama del Derecho, como es sabido, presentaremos un ejemplo que puede

ser modificado según las características y necesidades individuales de cada sujeto colectivo, pues lo que deseamos brindar es una guía para el mejor desempeño.

Primeramente comenzaremos por establecer la convocatoria y el acta de asamblea donde los trabajadores autorizan a la Junta Directiva a introducir en su nombre y en su representación el proyecto de contrato y luego Redactaremos la carta dirigida a la Autoridad laboral de la jurisdicción que aplique, para luego finalizar con el ejemplo de contrato colectivo. (Ver anexos p. 403-406).

SINDICATO XXXXXXX DE TRABAJADORES DE LA EMPRESA XXXXXXX XXXXXX XXXXXX DEL ESTADO ZULIA (SINTRAXXXXXXXZ)

SINDICATO DE TRABAJADORES DE XXXXXXXXXXXX XXXXXXXXXX XXXXXXXX XXXXXXXXX DEL ESTADO ZULIA

LISTA DE ASISTENTES A LA ASAMBLEA CELEBRADA EN FECHA 16 DE DICIEMBRE DE 2014, EN DONDE SE APROBO LA CONSIGNACION DEL PROY ECTO DE CONVENCION COLECTIVA DE TRABAJO A CELEBRARSE CON LA EMPRESA XXXXXXXX XXXXXXXXXXXXXX XXXXXXXXX C.A. (XXXXXCA) ANTE LAS AUTORIDADES DEL TRABAJO DEL ESTADO ZULIA, ASI MISMO AUTORIZAMOS, SUFICIENTE, AMPLIA Y PLENAMENTE AL SINDICATO DE TRABAJADORES DE XXXXXXXXXXXXXXXXXXXXXXXX XXXXXXXXXXXXXXXXXXXXXXXXXDEL ESTADO ZULIA A QUE CONSIGNE Y DISCUTA EN NUESTRO NOMBRE EL PROY ECTO DE CONVENCION COLECTIVA DE TRABAJO. QUEDANDO APROBADA POR TODOS LOS AFILIADOS ASISTENTES EN LA ASAMBLEA, HORA: 11:30 AM LUGAR: AREA DEL COMEDOR, ZONA INDUSTRIAL SUR SEGUNDA ETAPA, AV. XXA CALLE XXXDEL MUNICIPIO SAN FRANCISCO DEL ESTADO ZULIA, SE LEY Ó EL ACTA Y EN CONFORMIDAD FIRMAMOS.

NOMBRE Y APELLIDO	CEDULA	NACIONALIDAD	PROFESION	EDAD	DOMICILIO	FIRMA

POR LA JUNTA DIRECTIVA ELECTA PROVISIONAL

____

Jose XXXXXX

C.I. XX.XXX.XXX
SECRETARIO GENERAL

Pedro XXXXX
Luis XXXXXO
C.I. XX.XXX.XXX
C.I. XX.XXX.XXX
SEC. DE ORGANIZACIÓN
SEC. FINANZAS

Jesus XXXXXXX
Juan XXXXXXX
C.I XX.XXX.XXX C.I. XX.XXX.XXX
SEC. DE RECLAMOS
SEC. DE ACTAS Y CORR.

Jehiel XXXXXX
Jatniel XXXXXXXXX
C.I. XX.XXX.XXX
C.I. XX.XXX.XXX
SEC. FORM. Y DOCT.
SEC. CULT. Y DEP.

Jahaziel XXXXXXXX
Yasenia XXXXXXXX

C.I. XX.XXX.XXX
C.I. XX.XXX.XXX
VOCAL 1.
VOCAL 2.

De este ejemplo, podemos aprender varias cosas, una de las más importantes es que desde este punto se puede extraer las cláusulas que consideramos aplicables para empezar a trabajar en una contratación colectiva y adecuarla a las necesidades de la empresa o institución en la cual trabajemos, este ejemplo es uno de los más completos en lo que a clausulado se refiere, y es un proyecto que entro a una Inspectoría del Trabajo para la discusión con una empresa de la región.

Este convenio nos otorga una visión clara y limpia de la manera como debemos redactar una convención colectiva para empezar a discutir con los patrones, empresas o empleadores donde laboremos o cuando se nos solicite la redacción de un contrato para un sindicato si somos sus asesores laborales. Este es un buen ejemplo de partida. Ahora bien hay otros factores que debemos explicar, y comenzaremos por ciertas responsabilidades que adquieren las partes pactantes a continuación. (Ver anexos p. 407-432).

Son incalculables, los éxitos sindicales, cuando sus miembros observan los postulados utilitaristas en la toma de decisiones, más aun, en el marco de una Convención Colectiva de Trabajo. José Noroño.

15. DESPUES DEL DEPÓSITO DE LA CONVENCION COLECTIVA

Luego de que han pasado todas las discusiones del convenio o contrato colectivo, y después de completar los requisitos del Depósito, las partes adquieren responsabilidades, tal es el caso que la propia ley enumera varias:

Según el artículo 522 LOT (1997):

El sindicato que sea parte de una convención colectiva de trabajo será responsable de su cumplimiento frente a los trabajadores y al patrono respectivamente.

Según el artículo 440 LOTTT (2012):

Comité de Evaluación y Seguimiento

Artículo 440. En las convenciones colectivas de trabajo que acuerden las organizaciones sindicales y los patronos y patronas, quedará establecido un procedimiento y un comité de carácter permanente, para la debida evaluación y seguimiento de la aplicación de la Convención Colectiva de Trabajo.
Dicho comité, integrado por la partes, se reunirá, al menos, una vez al mes, y asegurará el cumplimiento de la convención colectiva de trabajo y de la legislación laboral, a fin de proteger los derechos de los trabajadores, las trabajadoras y el proceso social de trabajo.
A petición de ambas partes, o de una de ellas, el ministerio del poder popular con competencia en materia de trabajo y seguridad social podrá participar de ella o convocar la reunión de esta instancia, en el marco de sus competencias.

Aquí se dará una breve pero importante explicación de lo que entendemos que el Legislador quiso decir, en un primer plano es sindicato es responsable de salvaguardar y velar por que el patrono cumpla cada clausula estipulada en el convenio o contrato colectivo, es decir, que luego del depósito, existe una acción por parte del patrono, y es simplemente de "dar" a los trabajadores amparados por la convención todos los beneficios alí logrados y pactados, aunque nosotros no nos detuvimos en la explicación de las técnicas de negociación colectiva del cual muchos autores han hablado.

Se considera que es en este momento donde los trabajadores recibirán los aumentos y mejoras que tanto lucharon y es a partir de este momento en que el sindicato debe estar presto al cumplimiento de dicho contrato que genera en su mayoría obligaciones para el patrono, el sindicato debió prestar atención a la redacción de las clausulas y a como quedaron después del filtro al que tal vez la empresa lo sometió luego de cada sesión de discusión, pues ahora ya depositado son pocas las cosas que se pueden modificar.

Es por elo, que existe este Manual, para adelantarse a los acontecimientos y no estar desprevenidos al momento que nos toque empezar una discusión de este tipo, además se recomienda que el sindicato posea asesores legales de su confianza a la hora de la redacción de cada clausula, puesto que los términos jurídicos pueden ser confusos y solo la experiencia y sapiencia de un abogado versado en asuntos sindicales puede arrojar luz sobre los términos utilizados.

Es de hacer notar, que en la mayoría de los casos terminan en tribunales, acordémonos que se está redactando un documento legal y que debe contener pautas y directrices jurídicas, otra situación que recomendamos es la utilización en lo posible de un contador que facilite el cálculo de expresiones laborales tales como incrementos, ajustes de salarios, cálculo de porcentajes que tal vez no se tenga a la mano y este personal también debe tener experiencia en asuntos laborales y colectivos.

En este sentido, debe conocer las formulas establecidas en la ley para su cálculo, las empresas ponen sus mejores adquisiciones profesionales a la hora de una discusión de contratación colectiva, así también el sindicato debe estar bien representado, a esta importante actividad, en la que solo se discuten erogaciones pues cada clausula representa lo que solo ven los patronos "costos".

En un segundo plano, los trabajadores han elegido a una Junta Directiva para que en su nombre los protejan de los abusos que en oportunidades los patronos pudieran cometer, y por elo, la propia ley los inviste de una inamovilidad absoluta explicada ampliamente en el numeral 13 de esta Manual, el no cumplimiento de lo pactado puede traerle consecuencias severas al empleador porque abre las posibilidades de conflictos laborales establecidos en la propia ley, y de eso hablaremos en capítulos siguientes, sin embargo la propia ley en el artículo 150 del RLOT(2006) establece:

> Articulo 150 RLOT (2006): Las partes de la convención colectiva cumplirán de buena fe los deberes y obligaciones que de ela dimana para cada uno, en los términos y condiciones en que fueron pactados.

Por ahora se expondrá todo lo concerniente a la contratación colectiva y sus implicaciones y para elo comenzaremos con una parte importante de casi todo contrato colectivo, como lo son las clausulas retroactivas.

(b) Cláusulas de Aplicación Retroactiva:

Según el artículo 149 RLOT (2006):

> 149 RLOT (2006): Si en la convención colectiva se estipularen cláusulas de aplicación retroactiva, las mismas no beneficiarán a quienes no ostentaren la condición de trabajador o trabajadora

para la fecha de su depósito, salvo disposición en contrario de las partes.

De este modo, todo trabajador que ingrese con posterioridad a la fecha del depósito de la convención colectiva, no gozara del beneficio de cualquier retroactivo que se desprenda de la discusión del convenio colectivo, salvo que generosamente y bondadosamente las partes decidan pactarlo de esa manera.

En el ejemplo de convenio colectivo que contiene este Manual, las ultimas 4 cláusulas son de este tipo, con incidencia retroactiva.

Estas cláusulas se derivan del proceso previo a las discusiones, puesto que hemos explicado que para legar a la discusión como tal hay que transitar por procesos legales que pudieran demorar, y por elo retrasar el cobro de beneficios logrados en la contratación nueva, estos beneficios no se pierden, al contrario, se acumulan, y es alí donde nacen estas cláusulas de aplicación retroactivas, ejemplo, imaginemos que un grupo de trabajadores realizan paso a paso las actividades de este manual y fundan una organización sindical nueva.

Luego de su inscripción como organismo y en consonancia con los consejos explicados acá redactan una nueva contratación colectiva y cumpliendo con los requisitos de forma y de fondo aplicables al caso, les es admitido el proyecto y como ya el sindicato patronal de la empresa estaba en proceso de discusión, estas discusiones fueron paralizadas y el Inspector al verse inmiscuido en un conflicto "intersindical" decidió como lo establece la ley, dictando un referéndum donde se demuestre cual de los sindicatos es el más representativo y al mismo tiempo cuál de elos será legitimado por los trabajadores para la discusión y representación ante el patrono, y que luego de ese referéndum, este sindicato es proclamado vencedor,-

Ese trayecto puede demorar meses, mientras tanto la convención colectiva está paralizada y tal vez existan beneficios que de haberse discutido en fecha no se hubieran vencido, pues entonces nuestro Legislador, ideo esta figura para que ese tiempo donde los beneficios no se adjudicaron a los trabajadores no se pierdan ni se estanquen, sencilamente se crea una deuda con los trabajadores que se lama retroactivo y se utiliza esta figura legal clausulada para hacer efectiva la cancelación de dicha deuda.

Sin duda estas cláusulas son vitales ya que un proceso de negociación colectiva puede tardar meses, en tal caso, tales cláusulas de aplicación retroactiva pueden paliar los efectos de inflación y tardanza en la aplicación de los nuevos beneficios adquiridos en el marco del convenio colectivo celebrado.

(b) **Duración y Prorroga de la convención colectiva**:

Según el artículo 435 de la LOTTT (2012):

Duración de la convención
Artículo 435. La convención colectiva de trabajo tendrá una duración que no podrá ser mayor de tres años ni menor de dos años, sin perjuicio que la convención prevea cláusulas revisables en períodos menores.
Vencido el período de una convención colectiva de trabajo, las estipulaciones económicas, sociales y sindicales que beneficien a los trabajadores y las trabajadoras, continuarán vigentes hasta tanto se celebre otra que la sustituya. Las partes podrán, mediante Acta Convenio, prorrogar la duración de la convención colectiva por un límite que no excederá de la mitad del período para la cual fue pactada.

Según el artículo 151 RLOT (2006):

151 RLOT (2006) Las partes podrán prorrogar la duración de la convención colectiva por un límite que no excederá de la mitad del período.

Aunque poco se ha usado en tiempos anteriores, las condiciones económicas de una empresa pudiera levar a los patronos a establecer tiempos superiores a los establecidos en la ley para la aplicación de una contratación colectiva, es por elo que se necesita el concierto de las partes para legar a estos acuerdos, pues no son unilaterales y por elo el legislador previniendo tales acontecimientos delimita tal período a lo contemplado *supra*.

Solo la ética Sindical que impulsa la Constitución y las Leyes, pude dirigir a puerto seguro las aspiraciones legítimas de Trabajadores y Sindicatos. José Noroño.

16. ETICA SINDICAL COMO VALOR IMPULSOR DE LAS RELACIONES LABORALES MODERNAS

Postulados Éticos

i) Ética Sindical: A criterio del Investigador, es la conducta ejemplar, basada en principios moralmente aceptables, rectitud demostrada con equidad y justicia, que se manifiesta en el actuar y comportamiento del líder sindical en sus diversas formas, esferas y modalidades, donde poseen actividad e intereses las organizaciones sindicales, con las cuales se impulsa y apalancan el componente ético para el logro y consecución de los objetivos comunes.

Cabe acotar, que el plano sindical exige de varias acepciones que necesariamente debieran poseer las personas que conforman cualquier organismo de representación colectiva, dado al importante y sensible trabajo que estos importan para el desarrollo progresivo de los beneficios socioeconómicos de quienes son sus representados.

A este respecto, el comportamiento ético, puede dividirse a criterio del investigador en varias esferas propias de la vida sindical, entre las que se pueden contar, ante la entidad de trabajo o empresa, ante los trabajadores y ante los organismos públicos con los cuales hacen interacción permanente, por solo mencionar tres de las más sensibles, pudiendo estas generar al mismo tiempo otras subdivisiones o subcategorías con mayor detal e y de mayor amplitud.

Al mismo tenor, tal modelaje, implica más que simples postulados conductuales, o decálogos de actuación para el dirigente; engloba posibilidades diversas a las cuales se le harán aportes basados en la observación y recomendación de los expertos e informantes clave que participaron y colaboraron en la redacción del presente trabajo de investigación, subdividiendo las esferas en momentos donde debe prevalecer la Ética Sindical y los intereses colectivos en primer lugar antes que los intereses particulares.

II) Ética Sindical en la Esfera de la Empresa o Entidad de Trabajo

Aunque no se pretende emplazar, ni de alguna forma forzar lo que implica el comportamiento ético-sindical, se harán aportes a lo que a criterio del Investigador, debe prevalecer en la conducta asumida por el dirigente sindical, los participantes en la fundación del organismo sindical y la entidad de trabajo, faena o explotación a que se dedique, con el fin de ejemplificar el actuar, transitar o caminar de ese novel líder sindical y de quienes le ayudan, sin que esto indique que sus variaciones o alteraciones impliquen una conducta que se aleje de lo ético, lo moral y lo correcto.

Dadas las consideraciones anteriores, con tales aportes, solo se persigue fortalecer y reforzar la conducta ética-sindical para que ésta, agregue valor tanto a las relaciones laborales como a los actores del mundo sindical, como lo son el entorno laboral de la entidad de trabajo, empresa, explotación o faena y sus afiliados, en todo lo que esto implica.

En este mismo orden de ideas, se comenzará con las relaciones existentes entre las organizaciones sindicales y el entorno empresarial-sectorial, donde primariamente se encuentra inmersa, puesto que analizaremos exclusivamente el entorno de las empresas privadas en esta investigación, aunado a eso, una organización sindical nace o se organiza de conformidad con el ordenamiento jurídico venezolano a partir de una entidad de trabajo, donde existan como mínimo veinte (20) trabajadores.

Partiendo desde esta premisa, su mismísimo nacimiento y organización ya reporta un sinnúmero de desafíos, puesto que casi toda organización y fundación de un órgano de esta naturaleza comienza de forma clandestina, debido a que el empresariado, históricamente está acostumbrado a tener y sentir el control absoluto de la masa de trabajadores, las decisiones y casi nunca estará feliz de tener que revisar eventualmente las condiciones en que se prestan los servicios junto con el aumento de los beneficios económicos que se derivan de tales actividades realizadas por el trabajador.

En sintonía con lo anterior, al percatarse de la posibilidad del nacimiento o conformación de una organización sindical, en el recinto empresarial, faena o explotación comercial, lo primero que hará el dueño o doliente de la entidad, será identificar a los promotores, interesados o fundadores de tal organismo, con el fin de impedir que avancen en la idea de legalización del mismo. Mediante entrevistas particulares a grupos o trabajadores puntuales, se investigaran los integrantes de esta junta directiva y de inmediato se les emplazará para conocer sus intenciones.

De este modo, los dueños o dolientes, intentarán disolver las intenciones de organización del sindicato, mediante el uso de posible coacción, ofertas de mejoras o ascensos y hasta con amenazas de despido, se obstaculizará el nacimiento de este instrumento que permite la cohesión social-laboral y la unificación de la fuerza de trabajo, pero esto es solo el inicio de un largo camino que conduce al nacimiento del sindicato. Puesto que, si en esa primera entrevista o conversación no se derrumban los deseos sindicales, entonces los dolientes arrecian las estrategias de disolución, tal vez, se empiece una desenfrenada búsqueda o persecución en la que se maltrata abiertamente a los promoventes con el fin de sembrar el temor en los trabajadores que observan.

De esta manera, buscan neutralizar o apagar los intentos de formación de una organización sindical, intentando así, enviar un mensaje claro al resto de trabajadores no afiliados, en otras palabras, "quien se afilie le pasara esto también" otra estrategia muy utilizada, es la que implica el despido, traslado o desmejora de quien lidere el proceso de fundación del sindicato y sus más cercanos colaboradores, esta modalidad de verdad que ha dado resultados asombrosos puesto que va atada al unísono, de una publicidad negativa que verse sobre los involucrados, tal vez indicando que buscan dinero, situación que persigue la ruptura del contacto directo del grupo de trabajadores con los integrantes o interesados en el nacimiento de esta organización.

Por lo tanto, con esta actitud del empresario, se persigue la pérdida progresiva de la confianza en dicha conformación de trabajadores, así se empieza a debilitar la escasa organización y emoción que existía al inicio del movimiento clandestino de los trabajadores, interesados en la fundación de un instrumento de lucha importante para sus intereses.

Con todo eso, los interesados en la conformación deben persistir en su intento por legalizar la organización sindical, puesto que si las anteriores estrategias no funcionan, se intentará romper la moral de los integrantes, tal vez, realizándoles ofertas cuantiosas de liquidación a todos los que conformen la Junta Directiva, siendo esta la primera oportunidad donde los noveles líderes demostraran si cuentan con las herramientas morales y éticas necesarias para hacerle frente a los ofrecimientos económicos que impliquen la renuncia a la empresa y la renuncia al organismo sindical que se proyecta fundar, lo que implicará el cierre por abandono del expediente por ante el Registro Nacional de Organizaciones Sindicales.

Por otro lado, si los interesados persisten, a pesar de las estrategias implementadas, se buscará de forma sistemática, la eliminación gradual de los trabajadores integrantes del sindicato, a sabiendas, que si se logra reducir su cantidad a menos de veinte (20) afiliados, el organismo sindical nacerá y se fundará, pero no podrá presentarse ningún proyecto de convención colectiva por ante la Inspectoría del trabajo de la jurisdicción hasta tanto no tenga el numero establecido en los artículos 377 y siguientes de la LOTTT (2012), dependiendo del tipo de organización que se pretenda fundar.

En este mismo orden de ideas, las estrategias e intensidad no se detendrán hasta tanto, no cesen los intentos por fundar una organización sindical, puede darse el caso, en que hasta se utilice formas ilegales para despedir a los promotores, hasta el punto en que se falsifiquen renuncias de los interesados con el propósito de aperturar los procedimientos de reenganche que se intentaran posterior al posible despido de los promotores sindicales, situación que demorará la solución intentada, pero que no será definitiva. Sin embargo, la determinación es crucial, puesto que la justicia y estas herramientas aportadas facilitarán el transitar de estas eventualidades, además de las establecidas en la ley tal como lo establece el artículo 353 LOTTT (2012).

Más importante aún, es mantenerse en contacto abierto con quienes persisten en las intenciones de seguir avanzando en la constitución de la organización sindical, ya que considerando los peores escenarios, los líderes deben buscar la manera de mantener informados a los interesados que permanecen respaldando las aspiraciones de mejora de sus condiciones laborales, para elo se recomienda, aperturar cuentas en las redes sociales con el nombre de la organización, presentando constantemente los avances y progresos de la documentación entregada ante los organismos competentes, donde se demuestre la fidelidad al grupo que no ha sido despedido, trasladado o desmejorado.

De esta manera, se intenta ilustrar el transitar del proceso defensivo que aplican los dueños o dolientes de las entidades de trabajo, donde se proyecta la fundación de un organismo sindical, sin embargo, estas no son todas las estrategias utilizadas, también, se utilizará en ahogo económico de los trabajadores interesados, evitando que estos perciban los beneficios que se desprenden del trabajo de forma correcta, aun violando la ley, con el fin de estorbar, castigar y maltratar el bolsilo de quienes intenten mejorar su calidad de vida a través de la fundación de un organismo de representación colectiva.

Para tales formas, la entidad de trabajo, hasta pudiera dejar de cancelar conceptos a que está obligada por ley, entre las que se cuentan, la suspensión del pago del salario de la semana o quincena, el pago incorrecto de las vacaciones de los trabajadores, el impago de las utilidades o el retraso en el pago de las mismas, y al mismo tiempo, el pago correcto a quienes no se hayan afiliado al sindicato, situación que de inmediato impulsará el descontento generalizado y al mismo tiempo someterán al escarnio público a los integrantes del proyectado organismo sindical, ya que se intentará culpar a estos de la conducta asumida por los dueños o dolientes de la entidad de trabajo, incluso, hasta justificando tales actos ilegales.

Estas consideraciones previas, se analizan y se realizan aun, sabiendo el dueño o dolientes de la entidad de trabajo que la ley de forma expresa ha dictado la prohibición de tales actos y prácticas nocivas contra los trabajadores, por cuanto la LOTTT (2012) establece en su artículo 358:

> Prohibición de injerencia patronal
>
> Artículo 358. Los patronos y patronas no podrán:
> a) Imponer a la persona que solicita trabajo abstenerse del ejercicio de sus derechos sindicales o formar parte de un sindicato determinado;
> b) Intervenir por sí o por interpuesta persona en la constitución de una organización sindical de trabajadores y trabajadoras;
> c) Sostener financieramente, o de cualquier otra forma, a organizaciones sindicales de trabajadores y trabajadoras.
> d) Obstaculizar o intervenir en los actos que realicen las

organizaciones sindicales de trabajadores y trabajadoras en ejercicio de su autonomía, tales como la elección de su junta directiva y las deliberaciones acerca de pliegos de peticiones.
e) Discriminar a trabajadores o trabajadoras con motivo de su afiliación sindical.
La violación de estas disposiciones será objeto de sanción de conformidad con esta Ley.

Siendo una estrategia bastante efectiva, se recomienda dialogo oportuno y actividad defensiva sindical legal, con el propósito de restituir las situaciones jurídicas infringidas por los dueños o dolientes de la entidad de trabajo, tal vez impulsando inspecciones al sitio de trabajo donde se deje constancia de los incumplimientos y cualquier procedimiento administrativo a que tenga lugar sin olvidar que existen procedimientos legales que protegen la actividad sindical y el actuar antisindical por parte del patrono. Tampoco hay que olvidar que el artículo 419 LOTTT (2012) y siguientes inviste a los interesados en la formación de una organización sindical de una protección legal absoluta denominada fuero sindical, que imposibilita el despido.

Sin embargo, tales situaciones no son necesariamente del todo efectivas, si antes de la fundación del organismo sindical los interesados y líderes han considerado tales posibles actuaciones por parte de los dueños o dolientes de la entidad de trabajo, por tanto, poner en sobre aviso a los involucrados, resultará en beneficio si tales circunstancias legaran a acontecer. Por otra parte, no faltará quien intente mediar o interceder en la situación ofreciendo ayuda, por lo que se recomienda estar muy atentos a tales interlocutores que posiblemente sean enviados por los afectados con el fin de saber que intentan y quienes les ayudan, para así, anticipar los movimientos de los interesados.

Ante tales eventos, los noveles lideres deben defenderse de tales estrategias, en primer lugar, deben hacerse de la asesoría especializada en esta clase de situaciones, tal vez, contratando abogados con especial experiencia en asuntos colectivos, sin olvidar, que el dueño o dolientes de la entidad de trabajo, también pueden intentar malponer o desacreditar a los abogados contratados para asesorar a estos interesados, tal vez dejando correr rumores de que los abogados están pidiendo cantidades de dinero, o que solo buscan beneficios particulares y no generales.

En segundo lugar, se recomienda intentar todo procedimiento administrativo y judicial que sea necesario, propio, además de pertinente para restituir todas las infracciones legales a que hayan sido sometidos los trabajadores, pero no sin antes hacer acción y gestión sindical, por cuanto, ésta es la actividad que enrumbará el liderazgo entre los afiliados y demostrará el propósito de su fundación, al presentarse como el escudo defensivo ante los ataques del patrono.

De esta manera, la proyectada organización sindical iniciará actividades conociendo parte de las estrategias patronales más utilizadas a la hora de intentar la fundación de una organización sindical, en donde, al anticiparse a éstas, de seguro que se podrá avanzar de forma más rápida y efectiva en el proceso de legalización y fundación del único instrumento legal que permite a grupos de trabajadores modificar las condiciones laborales y superar lo limitado de la ley al mismo tiempo como lo es el Sindicato, aunque existe la posibilidad de modificarlas mediante los acuerdos colectivos, el sindicato, es la forma más permanente de conseguir avance socioeconómicos para los trabajadores.

En resumen, se han explicado varias alternativas que tendrán los noveles líderes sindicales a la hora que promover una organización sindical en sus lugares de trabajo, al mismo tiempo, se reconoce que las delaciones siempre estarán presentes y por eso, se debe estar preparado para asumirlas de la mejor forma, con una actitud mental fortalecida, puesto que los intereses en esta clase de relaciones algunas veces están contrapuestos y el dueño y sus dolientes buscarán la fórmula para mantener el control absoluto en los centros de trabajo sin la influencia o intervención sindical que medie.

A tenor de lo antes expuesto, se realizan estas consideraciones tomando en consideración las posibles vías o estrategias asumidas por el capital para entorpecer el nacimiento de un mecanismo de defensa colectivo, sin embargo, como ancla para subsiguientes análisis, partimos siempre de la buena fe y de la aceptación armónica de tales derechos y garantías establecidos para protección de los trabajadores venezolanos. De esta manera, se ejemplifica el actuar más común del capital y del que se aspira asuman los noveles líderes sindicales a la hora de incursionar en la fundación y legalización de un organismo sindical.

En sintonía con lo anterior explicado, las estrategias para desarticular un organismo sindical varían de una empresa a otra y de un sector empresarial a otro, lo que nunca cambian son los propósitos, por cuanto la entidad de trabajo busca la libertad de acción, un ejercicio económico positivo, así como la rentabilidad y sustentabilidad a largo plazo, mientras que la organización sindical persigue el progreso económico constante y progresivo de sus agremiados, intereses que pudieran ser considerados contrapuestos por la mayoría de los interlocutores, sin embargo, la realidad es que esta dupla, al manejarse con valores éticos, estamos convencidos que puede cambiar el escenario, rompiendo con los paradigmas ancestralmente establecidos.

iii) Ética Sindical en la Esfera de los Trabajadores

Antes de abordar las consideraciones éticas que versan sobre el modelo de comportamiento sindical, debemos comenzar por situarnos en el tiempo y en el espacio, ya que debemos asumir, que la organización sindical ya ha sido registrada, legalizada y que por consiguiente ya cuenta con personalidad jurídica que la faculta a representar los intereses individuales y colectivos de sus agremiados, por ante el dueño o dolientes de la entidad de trabajo o por ante los órganos administrativos o judiciales según sea el caso.

En este mismo orden de ideas, se debe partir haciendo un análisis de las atribuciones y finalidades de las organizaciones sindicales donde se pueda observar cuales son algunas de las actividades donde tienen actuación los organismos de representación colectiva. Para elo, tomamos como referencia los artículos tanto la Constitución en su Artículo 2 como los atícelos 354,355 y 356 de la LOTTT (2012), donde se esboza:

Constitución de 1999.

Artículo 2.
Venezuela se constituye en un Estado democrático y social de Derecho y de Justicia, que propugna como valores superiores de su ordenamiento jurídico y de su actuación, la vida, la libertad, la justicia, la igualdad, la solidaridad, la democracia, la responsabilidad social y, en general, la preeminencia de los derechos humanos, la ética y el pluralismo político.

Ley Orgánica del Trabajo, los trabajadores y las trabajadoras de 2012.

Autonomía Sindical

Artículo 354. Todas las organizaciones sindicales tienen derecho a tener plena autonomía en su funcionamiento y gozarán de la protección especial del Estado para el cumplimiento de sus fines. Ninguna organización sindical será objeto de intervención o suspensión por parte de otras organizaciones sindicales.

Derechos individuales de la libertad sindical

Artículo 355. La libertad sindical de los trabajadores y trabajadoras comprende el derecho a:

1. Organizarse para la defensa de sus derechos en el proceso social de trabajo.
2. Afiliarse libremente a la organización sindical que decida. No ser obligado u obligada, ni constreñido o constreñida directa o indirectamente a formar parte o no de un sindicato.
3. No afiliarse, o separarse de una organización sindical a libre voluntad, sin que elo comporte lesiones o perjuicios de cualquier naturaleza.
4. Elegir y ser electo o electa como representante sindical.
5. Intervenir activamente en el proceso de formación de un sindicato para la defensa de sus derechos e intereses en el proceso social de trabajo.
6. Participar democráticamente en la toma de decisiones de la organización sindical a que este afiliado o afiliada.
7. Ejercer libremente la actividad sindical.

Derechos colectivos de la libertad sindical

Artículo 356. La libertad sindical de las organizaciones sindicales, comprende el derecho a:
1. Constituir federaciones, confederaciones o centrales sindicales, incluso a nivel internacional, en la forma que estimen conveniente.
2. Afiliarse a federaciones, confederaciones o centrales sindicales, incluso a nivel internacional, sin autorización previa y a separarse de las mismas si lo consideran conveniente.
3. Redactar sus propios estatutos, organizar su administración interna y formular su plan o programa de acción.
4. Elegir, en el marco de la democracia participativa y protagónica, a su directiva sindical.
5. Ejercer el derecho a la negociación colectiva y el planteamiento de conflictos colectivos de trabajo.
6. En el caso de las organizaciones sindicales de trabajadores y trabajadoras, el ejercicio del derecha a huelga, dentro de las condiciones previstas en esta Ley.

Sin embargo, estos artículos no son los únicos en los cuales se determina el ámbito de actividad de las organizaciones sindicales, ya que los que anteceden explican la esfera general individual y colectiva, sin tomar en consideración las internas, para elo, también es imprescindible analizar los artículos 365, 367 y 368 LOTTT (2012) entre otros, ejusdem.

De esta manera, el legislador patrio, concibe algunas de las actividades a las que por ley tienen derecho los sindicatos, sin embargo estas son enunciativas y jamás taxativas, ya que no limitan bajo ningún modo el actuar sindical, sino más bien, porque dejan abierta la posibilidad que los individuos que las integran decidan el mejor camino para las mismas, sin más limitaciones que las establecidas en el ordenamiento jurídico.

Por otra parte, la LOTTT (2012), le confirió por ciertas responsabilidades a las organizaciones sindicales, las cuales están recogidas en el artículo 388 el cual establece lo siguiente:

Por consiguiente, no es para sorprenderse que autores como Vilasmil (2006) indiquen que el Estado Venezolano usa el método o "modelo dirigista", cuando se refiere a las organizaciones sindicales, situación que antagoniza con los postulados abiertos institucionalizados por la Organización Internacional del Trabajo (OIT), en donde tales actividades pudieran ser observadas como injerencistas, debido a que no se le otorga la participación a las organizaciones sino que es un mandato legal.

Por otro lado, la LOTTT(2012), también posee varias limitaciones legales para las organizaciones sindicales entre las que se enumeran las estipulaciones resumidas en los artículos 401 y 402 de la LOTTT (2012), donde se explica que: (ver anexos p. 433,434)

> Período de la junta directiva
>
> Artículo 401. La junta directiva de un sindicato ejercerá sus funciones durante el tiempo que establezcan los estatutos de la organización, pero en ningún caso podrá establecerse un período mayor a tres años.
> En las federaciones y confederaciones o centrales el período de la junta directiva podrá ser de hasta cinco años.
>
> Limitaciones para juntas directivas con el periodo vencido
>
> Artículo 402. Las organizaciones sindicales tienen derecho a efectuar sus procesos electorales, sin más limitaciones que las establecidas en sus estatutos y en esta Ley. La no convocatoria a elecciones sindicales por parte de los integrantes de una junta directiva a la que se le haya vencido el período para la cual fue electa es contraria a la ética sindical, al ejercicio de la democracia sindical y a lo establecido en la Constitución de la República Bolivariana de Venezuela. Los y las integrantes de la junta directiva de las organizaciones sindicales cuyo período haya vencido de conformidad con esta Ley y en sus estatutos, no podrán realizar, celebrar o representar a la organización sindical en actos jurídicos que excedan la simple administración, por tal

razón, no podrán presentar, tramitar, ni acordar convenciones colectivas de trabajo, pliegos de peticiones con carácter conciliatorio o conflictivo ni actas convenio. La organización sindical cuya junta directiva tenga el período vencido no podrá sustituir a los integrantes de la junta directiva por mecanismos distintos al proceso de elecciones, ni modificar sus estatutos para prorrogar el periodo de la junta directiva.

Esta disposición no es aplicable cuando el vencimiento del periodo de la junta directiva ocurra en el curso de un proceso electoral para la elección de una nueva junta directiva, ó posterior al inicio de la tramitación de una convención colectiva de trabajo, o un pliego de peticiones.

Ante tales eventos, las responsabilidades son variadas, y encontramos que con referencia a los fondos sindicales también hay normas legales que establecen procedimientos obligatorios para el correcto funcionamiento de las organizaciones sindicales, entre las que se encuentran las establecidas en los artículos 415 y 417 de LOTTT (2012): (Ver anexos pag. 434,435)

Demostrado como ha sido, las estipulaciones legales existentes en el ordenamiento jurídico venezolano, se procederá a establecer de forma general, los aportes sobre el componente ético que debe existir en los líderes sindicales con respecto a la esfera interna y concerniente al trato con los afiliados, para elo, tomaremos como anclaje los principios rectores estipulados del derecho del Trabajo enarbolados en el artículo 18 y siguientes de la LOTTT (2012), donde se establece: (Ver Anexos Pag. 435,436)

En este sentido, un líder sindical, según se desprende de la lectura de esta norma de carácter general, jamás podrá tolerar actos injustos del patrono en contra de sus afiliados y agremiados, lo que incluyen, situaciones donde se puedan pactar la perdida, desmejora o menoscabo de beneficios colectivos, por prerrogativas particulares, al contrario, debe propender al desarrollo progresivo de los beneficios pactados. Por otro lado, debe velar por el correcto uso de la ley, y ante la celebración de contratos de trabajo, debe verificar por la correcta interpretación de normas de rango legal que no afecten los derechos y garantías establecidas para la protección del trabajador.

De esta manera, se evitará la errónea interpretación de normas que afecten el sano ejercicio del derecho al trabajo, por su parte el líder sindical, tiene la comisión de velar por el correcto cumplimiento de las normas de protección, higiene y la seguridad en el trabajo, por consiguiente se recomienda ser celosos a la hora de exigir tanto la dotación como el uso de los equipos de protección personal, de modo que se garantice la salud ocupacional de los trabajadores.

En síntesis, el ámbito de las atribuciones y responsabilidades otorgadas a los sindicatos y líderes sindicales también les faculta para perseguir, denunciar y combatir todas aquelas prácticas patronales o gerenciales que tengan por objeto la discriminación de cualquier índole o que tengan por objeto la segregación, fraccionamiento, atomización o división del movimiento sindical.

Por consiguiente, los principios laborales donde se fundamenta la LOTTT (2012), brindan un fuerte contenido de dirección ética al dirigente, entre tanto su observación y análisis aporta en principio la guía necesaria para el buen actuar del sindicato:

> Irrenunciabilidad de los derechos laborales
> Artículo 19. En ningún caso serán renunciables los derechos contenidos en las normas y disposiciones de cualquier naturaleza y jerarquía que favorezcan a los trabajadores y a las trabajadoras. Las transacciones y convenimientos solo podrán realizarse al término de la relación laboral y siempre que versen sobre derechos litigiosos, dudosos o discutidos, consten por escrito y contengan una relación circunstanciada de los hechos que la motiven y de los derechos en ela comprendidos.
> En consecuencia, no será estimada como transacción la simple relación de derechos, aun cuando el trabajador o trabajadora hubiese declarado su conformidad con lo pactado. Los funcionarios y las funcionarias del trabajo en sede administrativa o judicial garantizarán que la transacción no violente de forma alguna el principio constitucional de irrenunciabilidad de los derechos laborales.

En virtud de lo expuesto, es importante que los líderes sindicales tengan conciencia y perfecto conocimiento de las implicaciones relativas a la celebración de transacciones laborales que versen sobre puntos de derechos de los trabajadores, en el entendido de que cualquier convenio se considerará nulo, si perjudica, agrede o desmejora al trabajador, además es moralmente correcto y éticamente aceptable que los líderes sindicales tengan claros los conceptos en los que se fundamentan la irrenunciabilidad de los derechos y garantías laborales.

Seguidamente, se analizará uno de los principios que a criterio del investigador se ha vulnerado en los últimos años en Venezuela y de manos del propio Estado Venezolano, por contradictorio que parezca:

Igualdad y equidad de género.

Artículo 20. El Estado garantiza la igualdad y equidad de mujeres y hombres en el ejercicio del derecho al trabajo. Los patronos y patronas, aplicarán criterios de igualdad y equidad en la selección, capacitación, ascenso y estabilidad laboral, formación profesional y remuneración, y están obligadas y obligados a fomentar la participación paritaria de mujeres y hombres en responsabilidades de dirección en el proceso social de trabajo.

Por irrazonable que parezca, en la Venezuela post Chávez, como coautor de la LOTTT(2012), la igualdad de género, la participación equitativa en las fuentes de empleo, los criterios de igualdad en la selección, la contratación de mujeres, los ascensos a cargos superiores, ha disminuido con la implementación del régimen de protección y de beneficios estructurados en la ley para la protección de la maternidad, aunque se desconocen los datos oficiales de muchas plazas que antes eran fácilmente ocupadas por mujeres, ahora se otorgan mayormente a hombres ya que el patrono evita la el riesgo de mujeres embarazadas y el pago de las creencias establecidas en su beneficio.

Por otro lado, los horarios protegidos y flexibles para la alimentación infantil de los hijos de las trabajadoras en vez de causar ternura entre los patronos, resulta, en molestias para algunos, por ende, el líder sindical, no debe permitir que tales disposiciones de índole legal se vean afectadas dentro de sus entidades de trabajo, por el contrario, es ético velar por el cumplimiento tanto de estas normas de carácter humanista, como también sobre el establecimiento del mejor horario para las madres trabajadoras.

Por consiguiente, proseguiremos con el análisis de los principios que rigen el derecho del trabajo, analizaremos uno de los principios más controversiales de la novísima ley Orgánica del Trabajo, los trabajadores y las trabajadoras por las contradicciones entre lo que dice el artículo y lo que la historia contemporánea de Venezuela ha demostrado:

Principio de no discriminación en el trabajo

Artículo 21. Son contrarias a los principios de esta Ley las prácticas de discriminación. Se prohíbe toda distinción, exclusión, preferencia o restricción en el acceso y en las condiciones de trabajo, basadas en razones de raza, sexo, edad, estado civil, sindicalización, religión, opiniones políticas, nacionalidad, orientación sexual, personas con discapacidad u origen social, que menoscabe el derecho al trabajo por resultar contrarias a los postulados constitucionales. Los actos emanados de los infractores y de las infractoras serán írritos y penados de

conformidad con las leyes que regulan la materia. No se considerarán discriminatorias las disposiciones especiales dictadas para proteger la maternidad, paternidad y la familia, ni las tendentes a la protección de los niños, niñas, adolescentes, personas adultas mayores y personas con discapacidad.
En las solicitudes de trabajo y en los contratos individuales de trabajo, no se podrán incluir cláusulas que contraríen lo dispuesto en este artículo. Ninguna persona podrá ser objeto de discriminación en su derecho al trabajo por tener antecedentes penales.

Como se puede observar, en el artículo se establece el principio de no discriminación en el trabajo, sin embargo la realidad venezolana es otra, puesto que, entre el año 2002 y 2003, fueron despedidos de la industria petrolera más de 40.000 trabajadores que se plegaron a un paro cívico nacional, según la revista sobre Relaciones Laborales e Industriales (2005) en su número 40, página 130, donde se indica: (ver anexo pag. 434)

De esta forma, se evidencia una de las terribles contradicciones relativas a la aplicación de las normas protectoras del derecho al trabajo y sobre discriminación, sesgo, intolerancia política y además, es fecha que a toda esta gran cantidad de ex trabajadores, no se les ha cancelado su sagrado derecho a percibir, de conformidad con la Constitución y la ley, el pago de sus prestaciones sociales.

Es por elo entonces, que no es ético, ni legal hacer cualquier clase de discriminación de ningún tipo de las establecidas dentro del referido artículo y principio fundamental del derecho laboral venezolano, por otra parte, aun están pendientes por justicia laboral estos casos y se recomienda al Estado Venezolano, honrar tales conceptos dejados de percibir. Si efectivamente hubo sabotaje a la industria, tales actos configuran una casual de despido que se debió invocar, pero las percepciones laborales son irrenunciables y por ende es una gran deuda social que acompañará a este proceso que se hace lamar "revolucionario" hasta que sea efectivamente cancelado.

Por consiguiente, observamos que el andamiaje jurídico que protege la escena laboral está construido sobre principios importantes, que al analizarlos en detale, otorgan un referente ético oportuno para cualquier líder sindical, seguidamente se analizará el principio que facilita la interpretación legal de las formas y apariencias:

Primacía de la realidad
Artículo 22. En las relaciones de trabajo prevalece la realidad sobre las formas o apariencias, así como en la interpretación y aplicación de la materia del trabajo y la seguridad social. Son

> nulas de pleno derecho todas las medidas, actos, actuaciones, fórmulas y convenios adoptados por el patrono o la patrona en fraude a esta Ley, así como las destinadas a simular las relaciones de trabajo y precarizar sus condiciones.
> En estos casos, la nulidad declarada no afectará el disfrute y ejercicio de los derechos, garantías, remuneraciones y demás beneficios que les correspondan a los trabajadores y las trabajadoras derivadas de la relación de trabajo.

En el análisis del presente principio, se obtiene de su interpretación jurídica, que cualquier fórmula, método, mecanismo, forma o apariencia que de alguna manera, se pretenda usar para desvirtuar las relaciones laborales, será nula y sus efectos considerados írritos y sin validez, por cuanto, el principio, establece que el intento de fraude, evasión o inobservancia, solo generan la penalización legal con las consecuencias jurídicas que favorecen al trabajador.

Es entendido que, en las relaciones laborales, los líderes sindicales constantemente deben proteger a sus agremiados de los intentos por tercerizar, externalizar y satelizar procesos de trabajos fuera del amparo de la ley, en el caso de la industria de la Construcción es típico encontrar la modalidad de contrataciones denominadas "por paquete" en donde utilizando la anuencia del sindicato, se cancela al trabajador un mayor salario semanal, pero que no reporta beneficios de naturaleza prestacional, es decir, dentro del pago semanal, se incluyen los demás conceptos de ley, en donde, solo la jurisprudencia ha autorizado los adelantos consensuales de vacaciones y utilidades y no así, de las prestaciones sociales establecidas en la ley.

Por tal motivo, no es ético, aceptar, aprobar, pactar o consentir condiciones de trabajo que no estén ampliamente autorizadas ni aprobadas por los órganos competentes en materia del trabajo y la seguridad social, en el entendido, de que tales formas ajenas a la ley, solo reportan modernas formas de explotación y que al mismo tiempo significan un ahorro significativo para los dueños de los medios de producción en la mano de obra.

Ante tales circunstancias, por demás peligrosas para los beneficios de los trabajadores, se observa necesario empoderar al novel líder sindical a que construya una estructura ética que le permita reconocer con facilidad las estrategias empresariales que persiguen la precariedad y el empobrecimiento sistemático del trabajador, para elo se analizará otro principio importante donde se sustenta la LOTTT (2012):

Principios de la administración de justicia

Artículo 23. La legislación procesal, la organización de los tribunales y la administración del trabajo, se orientarán con el propósito de ofrecer a los trabajadores y a las trabajadoras, patronos y patronas, la solución de los conflictos sobre derechos individuales o colectivos que surjan entre ellos, mediante una administración de justicia orientada por los principios de uniformidad, brevedad, gratuidad, celeridad, oralidad, inmediatez, concentración, prioridad de la realidad de los hechos, la equidad, rectoría del juez en el proceso, sencilez, eficacia, accesibilidad, imparcialidad, idoneidad, transparencia, autonomía, independencia, responsabilidad, atendiendo el debido proceso, sin dilaciones indebidas, sin formalismos o reposiciones inútiles.

De este artículo, se pueden desprender postulados éticos valiosos, ya que el líder sindical debe conocer como acceder a la justicia y más importante aún, como encaminar a sus agremiados a la solución de sus necesidades, problemas o conflictos que se presenten durante la prestación de sus servicios, por tal motivo, es determinante que el líder sindical, posea conocimiento legal, formación sindical y profesional adecuada a los requerimientos de su área de actuación, además de los procedimientos que puede utilizar para la protección de sus agremiados. Por lo tanto, es necesario, es importante y es ético, que el líder sindical se actualice de forma permanente, para que también pueda dar cumplimiento al siguiente principio analizado:

Correcta aplicación de esta Ley

Artículo 24. La correcta aplicación de esta Ley tiene como esencia la concepción constitucional sobre el trabajo como proceso social fundamental para alcanzar los fines esenciales del Estado. En correspondencia con elo, debe interpretarse que la participación en el proceso social de trabajo está en función de la construcción de relaciones de trabajo justas e igualitarias, de la producción de bienes y la prestación de servicios que satisfagan las necesidades del pueblo, generar fuentes de trabajo, alto valor agregado nacional, elevar el nivel de vida de la población, consolidar la independencia y fortalecer la soberanía económica del país, con la finalidad de asegurar el desarrollo humano integral y una existencia digna y provechosa para la colectividad.

De conformidad con este principio, los sindicatos y sus integrantes participan directamente en el cumplimiento y prosecución de relaciones laborales cada vez más justas e igualitarias con el firme propósito de enaltecer el trabajo como fuente de riqueza, y como derecho humano indispensable para el progreso social y la lucha contra la pobreza. De conformidad con este principio, el trabajo, según Caldera (1957), es el "hecho social" que agrega valor y que coadyuva al surgimiento de las civilizaciones. En tal sentido, es ético asegurar y propender al desarrollo humano con base al trabajo.

iv) Ética sindical en la esfera de la Negociación Colectiva

Partiendo del hecho, que en la Constitución de la República Bolivariana de Venezuela, se garantizan, no solo las libertades sindicales como se establece el su artículo 95, sino también la posibilidad de que estas aspiren modificar sus condiciones laborales a través del instrumento legal conocido como la "Convención Colectiva", fundamentada en el artículo 96 Constitucional, se analizarán y se establecerán las consideraciones éticas destinadas a enervar las situaciones de avance y de posible debilitamiento sindical existentes, con el propósito de fortalecer tales desventajas.

En este estado, encontramos que la LOTTT (2012) mantuvo las disposiciones relativas al proceso de trámite y negociación colectiva de forma preferente para las organizaciones sindicales, a este respecto, la propia ley emplea un lenguaje más sencillo y acogedor a la hora de enumerar los derechos a que las partes intervinientes se contraen, sobre la base de tales preceptos se desprende el artículo 431 LOTTT (2012): (Ver anxo Pag. 434)-

En el campo de las atribuciones, son muchas las aristas que deben tener en consideración quienes asumen la responsabilidad de representar a la clase trabajadora, por eso, no se debe olvidar que el sindicato debe perseguir la continua mejora de sus agremiados, en este sentido, debe buscar el progreso económico y social de sus representados, para elo, está facultado para presentar, discutir y negociar las convenciones colectivas de trabajo ante las autoridades competentes.

A tenor de lo expuesto, es ético por parte de las organizaciones sindicales y sus integrantes, presentarse ante la autoridad electoral para solicitar en el tiempo que indiquen los propios estatutos sociales, el proyecto de elecciones sindicales, mediante el cual, se legitima la Junta Directiva, no solo ante sus agremiados, sino también ante el patrono, ya que de conformidad con el artículo 402 de la LOTTT (2012), sino se adecúa a lo preceptuado, no podrá celebrar actuaciones que excedan de la simple administración, entendiendo por eso, que tampoco podrá de conformidad con las atribuciones ya descritas, defender eficazmente a los trabajadores ni presentar reclamaciones colectivas ante los organismos competentes.

Por consiguiente, prestar atención a los lapsos establecidos tanto en los estatutos de la organización como en la ley, redunda no solo en beneficios particulares para los líderes que conforman la Junta Directiva, sino que también, ese beneficio es directamente proporcional a los afiliados, puesto que, se discutirán las mejoras proyectadas en el tiempo preciso, por el contrario, al no observar los lapsos legales descritos, esa conducta irresponsable sumerge a los afiliados en un retraso económico por cuanto la demora en la discusión y negociación de la convención colectiva, somete a daños patrimoniales al trabajador por la tranquilidad e inobservancia de los líderes sindicales.

A este mismo tenor, es una práctica honorable y ética, tomar en consideración las recomendaciones y sugerencias de los miembros del sindicato reunidos en asamblea para la redacción del proyecto de convención colectiva de trabajo que se pretenda discutir con la entidad de trabajo, es importante verificar las necesidades propia de cada sector de la empresa o cada proceso productivo, con el fin o propósito de contemplar de forma integral todas las actividades en las que se encuentran los agremiados, por tal motivo, se recomienda realizar entrevistas y reuniones con cada departamento en donde se recojan las inquietudes y necesidades de cada una de elas.

Luego de lo anterior, se redactará el proyecto de convención colectiva, para lo cual se recomienda utilizar como base de expresión de los cálculos, el salario mínimo o unidades tributarias, ya que definir el clausulado en bolívares, deprecia los montos y no se autorevisarían en el tiempo, por lo que resultaría más provechoso el uso de tales unidades. Las convenciones colectivas, además de la protección legal, es uno de los propósitos más deseados de la fundación y legalización de un organismo sindical, ya que cada dos (2) años como mínimo y cada tres (3) años como máximo, la ley indica que se deben revisar sus estipulaciones, según se establece en el artículo 435 LOTTT (2012).

De este modo, todos los afiliados se sentirán tomados en cuenta y que también participan en la elaboración, redacción y discusión del medio establecido en la ley para mejorar su calidad de vida, una vez introducido, se recomienda la participación de observadores de las diferentes áreas de trabajo y de los diferentes centros de trabajo o unidades de producción, con el propósito de brindar seguridad, tranquilidad y transparencia a la hora de empezar con el proceso de negociación colectiva, las cuales deben ser establecidas en la primera reunión a que se contraen según el artículo 439 LOTTT (2012).

Después de tomar estas consideraciones, los redactores del Proyecto de Convención Colectiva, deben establecer cláusulas de aplicación retroactiva de ser posible, con la finalidad de perseguir los beneficios que en razón del tiempo invertido en el proceso de negociación pueda ser calculado y los trabajadores reciban el beneficio en la forma como sean pactados, ya sea, de forma individual o con la implementación de un monto único por cada trabajador amparado, a este respecto, se recomienda que tales consideraciones posean carácter salarial e impacten las prestación de antigüedad de cada beneficiario, de conformidad con el artículo 433 de la LOTTT (2012), ejusdem.

Sin embargo, esto no quiere decir, que los trabajadores que entren con posterioridad a la firma de una convención colectiva estén en desventaja, con respecto a aquellos que estuvieron activos durante el proceso de negociación, ya que como se analizó en el artículo 432 LOTTT (2012), *supra*, las estipulaciones aplican de inmediato para todos los trabajadores, incluso, para aquellos que no forman parte de la organización sindical, y que no apoyaron el proyecto de convención colectiva. Además de la obligatoriedad de incluir las mejoras en los contratos individuales de trabajo que se celebren a futuro, en síntesis, todo se ajusta a la nueva norma pactada entre las partes. Por lo tanto es ético, otorgarle beneficios y defender, aun a los que no apoyan al sindicato.

De conformidad con lo que antecede, la LOTTT (2012) y las anteriores, La ley Orgánica del Trabajo (1997) y La ley del Trabajo (1936), hicieron especial énfasis en el desarrollo del concepto del "hecho social", en razón a tales exposiciones, la renovada LOTTT (2012), define en mayor grado el grado de protección del Estado sobre los beneficios laborales en el marco de la discusión de un proyecto de convención colectiva, a este respecto, se enuncia en el artículo 434 LOTTT (2012): (ver anexos pag.434).

Debido a las consideraciones anteriores, un sindicato no podrá disminuir, menoscabar, cambiar, estancar, paralizar, eliminar, ni retroceder los beneficios ya adquiridos mediante la lucha sindical, en el entendido, que para cambiar o permutar clausulas, se deberá dejar constancia de las implicaciones con fundados motivos que justifiquen el cambio, además, es falso que el líder sindical en solitario puede desmejorar un instrumento de tal magnitud, en principio necesita de la anuencia de los trabajadores que autorizan el depósito de la convención colectiva con la firma de un acta de asamblea y acto seguido, se necesita que el inspector del trabajo así lo permita y emita la homologación.

Es en este momento, a criterio del Investigador, en el que el liderazgo, el conocimiento, la formación sindical, la formación profesional, la asesoría especializada en asuntos colectivos, y la ética sindical, deben dar sus frutos, ya que este es el momento estelar, donde se firma el éxito o el fracaso de la gestión sindical, es en este momento donde las aspiraciones sociales y laborales alcanzan su clímax, y es donde se consagran los lí deres y se derrumban imperios, es este momento, donde las estrategias patronales juegan un papel preponderante, por cuanto, se discute la salud económica de la empresa y la revisión salarial de los trabajadores.

A tenor de lo expuesto, tales estrategias están enfocadas en minimizar los gastos y lograr que la convención colectiva de trabajo se firme con el menor impacto en lo que respecta al salario y por ende a la prestación de antigüedad, para elo, la entidad de trabajo jugará su carta reiterada constante del "no estamos en condiciones", para firmar, aprobar, solicitar, aprobar las solicitudes contempladas en el proyecto de convención colectiva.

Es importante acotar, que existe una buena forma de poner en primer lugar los beneficios colectivos, esta técnica fue señalada por el Filósofo James Mill, el cual generó una serie de postulados que todo líder sindical debe observar, en especial cuando se discute un proyecto de convención colectiva de Trabajo, tales preceptos, fueron denominados "Utilitarismo", que no es más, que la toma de decisiones basadas en el beneficio de las mayorías.

En tal sentido, es considerado moralmente Ético, realizar consultas a los agremiados sobre las decisiones, propuestas, formulas y posturas por asumir con respecto al clausulado que se aprobará en el ámbito de tales discusiones, ya que definitivamente, es a la mayoría a la que se pretende complacer. Por lo tanto, se recomienda que las decisiones sobre el alcance, validez y efectividad del clausulado del proyecto de convención colectiva, sea ampliamente discutido en asamblea y las decisiones enfocadas en lo que a la mayoría le benefician.

Siendo este el escenario, pudiéramos tener organizaciones sindicales que medirían el impacto de las decisiones en base al beneficio, en ese caso, primero se harían el estudio de la cantidades de afiliados beneficiarios, versus los menos beneficiados, para poder establecer, si la decisión a tomar, realmente será positiva una vez tomada, con lo que estaríamos fundando para el orgullo de los trabajadores y del Investigador, la nueva fase o era del sindicalismo Venezolano, como lo sería, el "Utilitarismo Sindical", que no es otro, que aquel, que mide y proyecta sus decisiones tomando como base, los resultados antes de ejecutar las decisiones o políticas sindicales.

Por otra parte, cuando los representantes de la entidad de trabajo ponen en práctica estrategias de negociación basadas en el cansancio de los trabajadores, aplican el desprestigio de los líderes sindicales y sus asesores para que al momento del posible conflicto, la organización sindical no cuente con el respaldo irrestricto de los afiliados y es en este estadio donde la entidad de trabajo hace ofertas poco honrosas a los líderes sindicales y sus representantes, para que estos pongan de lado sus criterios y acepten el discurso empobrecido de la empresa, con la consecuencia ya ampliamente conocida.

Sin embargo, se recomienda, fortalecer la moral, las buenas prácticas sindicales dentro de las que se pueden sugerir, ejercicios de recuerdo, como por ejemplo, rememorar cual es el propósito de la organización sindical, recordar todo el gran trayecto desde la fundación tumultuosa y conflictiva con el dueño y los dolientes de la entidad de trabajo, además, todo lo que significó la preparación, redacción, aprobación, consignación, discusión y deposito del proyecto de convención colectiva, para terminar con el beneplácito de los trabajadores o la decepción generalizada de todos los que confiaron en sus líderes hasta el final.

Esta investigación, a criterio del Investigador, se enfoca en brindar las herramientas necesarias para el control de las actividades sindicales, antes, durante y posterior al nacimiento de la organización sindical, por tal motivo, es necesario que el compromiso sea legítimo, basado en un reconocimiento de clase y comprometidos con ela, no solo de quienes forman parte de la Junta Directiva, sino de todos los afiliados y los que participan en la representación legal del sindicato, es una tarea ardua y por elo se requiere del concurso de todos para alcanzar el objetivo final que no es otra cosa que, complacer y satisfacer las necesidades de crecimiento y desarrollo socioeconómico de todos los que conforman el sindicato.

v) Ética Sindical ante los organismos Públicos

Durante décadas, las organizaciones sindicales han hecho vida en el país y en la sociedad, por elo, son ampliamente conocidas en todos los sectores de la economía, sin embargo, el reto histórico representa el cambio necesario de paradigma que se debe imprimir en estas oxidadas estructuras de organización social, como tal, hacen vida frecuente en las Inspectorías del Trabajo, modernamente en el INPSASEL, y poco menos en los tribunales y las defensorías del Pueblo.

Es frecuente, observar el tránsito de organismos sindicales en el trámite de reclamaciones de diferente índole, por cuanto, están dadas a resolver las necesidades y solicitudes de sus agremiados, sin embargo, el factor ético y el compromiso, forman la clave del éxito de la gestión sindical, por cuanto, perderían su misión y propósito si incumplieran con la ardua tarea que implica la representación y protección de la clase trabajadora.

En tal asignación, honrosa por demás, deben coexistir en una relación simbiótica con funcionarios contratados y pagados por el Estado venezolano para dar oportuna respuesta a sus solicitudes, procesos y reclamos, es alí, donde el componente ético y la formación sindical juegan un papel importante, por cuanto, estos actores públicos pudieran no poseer hipotéticamente hablando, del mismo grado de compromiso de clase y por tal motivo afectar la gestión del líder sindical.

Es en este escenario, donde el líder sindical debe demostrar como lo indica Marx, "conciencia de clase", que no es más, que el rol de responsabilidad asumido en el cuidado, defensa y protección de sus iguales ante los organismos públicos, partidos políticos, el entorno empresarial y el Estado, reflejándose en el compromiso de velar, por los beneficios de sus agremiados.

A pesar de esto y a sabiendas de los lapsos, tiempos y momentos que cada proceso legal leva implícito, la efectividad sindical empezará a depender del grado de celeridad con que las instituciones públicas resuelvan las solicitudes planteadas, en este sentido, vale la pena acotar, que desde la creación del Registro Nacional de Organizaciones Sindicales, los lapsos que están tarifados en la ley ya no son respetados, y cuando antes se tardaban 3 meses en la recepción, revisión e inscripción de una organización sindical, al centralizar este organismo en la ciudad de Caracas, todo es más tardío y hoy día, la fundación de un sindicato hasta puede tardar fácilmente un (1) año.

En concordancia con lo expuesto, situación similar ocurre en los procesos administrativos intentados por ante las Inspectorías del Trabajo, en donde un procedimiento aperturado a pruebas puede tardar en providenciarse más de dos (2) años, lo que repercute abiertamente en las aspiraciones sindicales si los despedidos se encuentran en proceso de fundación de una organización sindical. Esta demora en la tramitación de cada proceso, afecta abiertamente la eficiencia sindical, por cuanto, el resto de trabajadores empieza a desconfiar del líder sindical y de su gestión. Por tal motivo, se recomienda la acción sindical como primer medio de resolución de conflictos y por último recurso el inepto tratamiento por ante los institutos y entes del Estado.

En concordancia con lo analizado, el componente ético es necesario en todo espectro del trabajo del líder sindical, algunas desviaciones de tal componente, pudieran dar mal uso a las sedes judiciales y administrativas con fines poco honestos, en tal caso, se pudiera inferir, que las organizaciones pudieran intentar procesos de tales índoles, con el propósito de negociar a espaldas de los trabajadores y mal defender las causas luego de legar a acuerdos onerosos para los líderes involucrados y sus asesores legales.

En este mismo orden de ideas, tales desviaciones del propósito originario del organismo sindical, pudiera legar más lejos aun, al intentar controlar los procedimientos legales intentados en pro de los trabajadores y pretender cobrarles a sus asesores por cada caso asignado. En tal caso, se estaría en presencia de una organización sindical escaza de ética sindical que no agregaría valor a las relaciones laborales, pero menos aun a sus afiliados, quienes recibirían la peor parte, ya que dejarían de ser vistos como los protegidos y se convertirían en objetos del negocio sindical.

Por cuanto, el objeto primario se perdería de vista, la baja conflictividad y actuación sindical solo demuestran abiertamente que es necesario refrescar según Noroño (2014) las líneas de comando sindical, para reimpulsar el espíritu defensivo en la organización sindical y retomar la senda ética que tanto beneficia a los agremiados y a las relaciones laborales.

Los sindicatos solo están limitados por la ley, siempre y cuando ésta, no interfiera con los derechos humanos y el derecho adquirido propio de las conquistas laborales. José Noroño.

17) PLAN DE ACTUALIZACIÓN Y CLIMA LABORAL PARA ORGANIZACIONES SINDICALES.

El plan de actualización y clima laboral para organizaciones sindicales, nace como resultado de las entrevistas practicadas a un selecto grupo de expertos en materia del Derecho Colectivo del Trabajo de la región zuliana y con amplia trayectoria en el mundo sindical, sus comentarios y argumentos sobre debilidades conceptuales, de seguimiento, de falta de compromiso, de educación, de formación y de capacitación.

Lo cual trajo las ideas para realizar la puesta en marcha de la creación de una serie de fases donde el fin último sea elevar el nivel de conocimiento en la práctica del nuevo líder sindical y de los líderes sindicales existentes, a la hora de prestar patrocinios a sus afiliados, dentro de lo que se enmarca en un pequeño curso de entrenamiento que compone varias fases, siendo la última la medición de la implementación del plan, con una serie de entrevistas a los trabajadores.

Sé que no es el mejor programa y tal vez no sea el más completo, sin embargo, mi compromiso con las organizaciones sindicales me motiva a por lo menos dar el primer paso en la redacción y elaboración de un plan que coadyuve con su mejor desempeño y por lo tanto, me enfoco en fortalecer con mis aportes teóricos, estas organizaciones que hasta el día de hoy, teniendo grandes dificultades estructurales, de misión y visión, de capacitación integral, han librado en la medida de sus posibilidades, una lucha que ha elevado históricamente y progresivamente la calidad de vida de quienes representan, al menos, en mi humilde apreciación. Persigo siempre la excelencia y por lo tanto, deseo que los nuevos paradigmas sindicales sean establecidos para el beneficio perpetuo de los trabajadores.

(a) Fases

En el diseño del Plan de Actualización y clima laboral para organizaciones Sindicales se analizarán los posibles escenarios con el fin de vislumbrar la posible conducta asumida por tales organizaciones en cada momento, se definirá el personal que estará involucrado en la aplicación del Plan de Actualización y clima laboral para Organizaciones Sindicales, se diseñara los posibles planes de acción a seguir en cada fase del plan, se aplicará tal plan y se evaluara con el fin de renovar o corregir según sea el caso.

(b) Inicio

Según Añez (2010) las organizaciones sindicales tradicionales y su mayor Central sindical (CTV), estuvieron sometidas al control del partido Acción Democrática, restándole así, tanto protagonismo como autonomía a las organizaciones sindicales venezolanas durante más de cuatro décadas, muchas de estas, sin una real orientación dirigida a la protección de los beneficios laborales, sumergiendo a los trabajadores en una constante espiral de pérdida de beneficios que marcó tanto la reputación como la visión de las organizaciones sindicales tradicionales y las modernas.

Esta situación de decadencia, incidió en el pensar colectivo; tan profunda ha sido la desconfianza que en la actualidad se ha pensado en formas distintas de asociación laboral diferentes a las de las organizaciones sindicales, en pro de sustituirlas, cambiarlas o eliminarlas de la vida laboral, lo cual sería uno de los escenarios de más incertidumbre y al mismo tiempo más catastróficos a que harían frente tales organizaciones sociales de representación colectiva.

En la actualidad, las organizaciones sindicales se debaten entre las costumbres de antaño y las actuales tendencias proteccionistas, en donde existen debates ideológicos que caracterizan a cada organización, en el presente, no existe en Venezuela una Confederación de Trabajadores que represente legítimamente la mayoría de los trabajadores como en las décadas pasadas, se ha diluido la cohesión que existía y nadie puede abrogarse la representatividad.

Según Noroño (2014) y Añez (2010) esta nueva forma de hacer sindicalismo permite que la dirigencia empresarial empiece a tomar parte en las decisiones que deben tomar los sindicatos, toda vez que amoldan a su modo de ver el derecho y a los trabajadores, considerándola como una parte más de la empresa, en otras palabras, tratan de desvirtuar el papel de estas organizaciones y su función como defensores de los trabajadores, de representarlos, de ejercer acciones en defensa del interés colectivo y particular.

En consecuencia, lo que se pretende es tratar de amoldar el sindicato a las premisas de protección del capital antes que el derecho colectivo de los trabajadores y mucho menos a que las organizaciones intenten revelarse a la explotación o a los mecanismos implementados para conseguir mayores índices de rentabilidad.

Sin embargo, las organizaciones sindicales no han terminado su transitar en Venezuela, siguen en constante cambio y transformación, lo que pudiera redundar en beneficios para el colectivo que las integra. Una muestra de esos cambios, radica en eliminar o evitar la manipulación a que históricamente han sido objeto por parte de los partidos políticos, los cuales han ocasionado en elas, la perdida de la autonomía, la legitimidad en varios casos y más importante aún, el éxito y el fracaso de tales; las organizaciones sindicales tienen por delante varias metas que alcanza.

Según Noroño (2014) una de elas es la de deslastrarse del control de los partidos y perseguir de forma incansable los beneficios para los representados, evitando caer en el corporativismo sindical, que no es más, que la intromisión del capital dentro de las decisiones sindicales, entre otras metas, se encuentra la cohesión sindical como mecanismo defensivo y novatorio, puesto que es necesario la fuerza para hacerle frente al poder económico de los patronos, y para lograrlo, se deberá unificar a los sindicatos en organizaciones cada vez más grandes y fortalecidas al estructurarse en federaciones sectoriales que permita el avance al unísono de los beneficios conseguidos y logrados en las luchas sindicales, siendo este estado, el momento de mejor condición y más deseable para tales organismos de representación colectiva.

No quiero decir con esto que las modernas organizaciones sindicales sean tildadas de ermitañas o ascetas, que nieguen sus reales necesidades, pero en la práctica histórica sindical, éstas relaciones amistosas se han convertido en una moderna forma de esclavitud del líder sindical, sometido a la voluntad de los partidos políticos, que en mi humilde apreciación, las organizaciones sindicales deben articular con las organizaciones políticas, sin que esto les cueste en el intento la sumisión al partido, ni la perdida de independencia y autonomía sindical.

Dicho en otras palabras, juntos en objetivos, pero diferentes en intereses y propósitos, ya que, cuando los intereses del político, son diferentes al del líder sindical, son los trabajadores que el líder representa los únicos afectados; es impresionante ver las empresas del Estado, maltratando, acallando a las organizaciones sindicales y hasta negándose a discutir las convenciones colectivas, incumplir providencias administrativas emanadas de las Inspectorías del trabajo, negarse al pago de prestaciones laborales en tribunales y hasta desconociendo la figura de la organización sindical legítimamente constituida y Dios proteja al líder sindical que se atreva a criticar al "Estado", de inmediato es tildado de "contrarrevolucionario", "infiltrado", "traidor" y quien sabe que más términos peyorativos.

Por tales motivos, se hace necesario implementar un modelo de actualización sindical que impulse una nueva visión y gestión sindical, que persiga la constante formación, capacitación y educación a nivel integral para que el propio líder sindical cuente con las herramientas necesarias para definir y decidir propiamente, el rumbo del accionar en beneficio de sus representados, que al final del camino, son los únicos con el poder legal para elegirlo como su representante.

(c) Reclutamiento

Para dar continuidad al Plan de Actualización y clima laboral para organizaciones Sindicales que se desea, debemos contar en primer lugar, con un equipo multidisciplinario, y un grupo de trabajadores expertos en el área sindical-laboral, y en segundo lugar se deberá seleccionar a las organizaciones sindicales objeto del Plan. Estos dos (2) grupos multidisciplinarios serán los responsables de elaborar y diseñar el plan de actualización, formación y capacitación, aplicándolo, así como también, la elaboración del plan de renovación y ajuste del plan respectivo.

(a). El equipo multidisciplinario estará conformado por:

1. Un Abogado con Postgrado en Derecho del Trabajo y especialidad en asuntos colectivos del trabajo o experiencia comprobada en el área al menos de cinco (5) años.

2. Un contador con Postgrado en Derecho del Trabajo.

3. Un relacionista Industrial con Postgrado en Derecho del Trabajo.

4. Un sociólogo.

5. Un líder sindical con experiencia en el área, mayor a 6 años. (Que no pertenezca a las organizaciones sindicales a las que se le aplica el Plan de Actualización y clima laboral para organizaciones Sindicales).

(b). El grupo de Trabajadores expertos estará conformado por:

1. Un representante del Registro Nacional de Organizaciones Sindicales.

2. Un representante de la federación al cual este afiliado el o los organismos sindicales.

3. Un representante de la Confederación al cual este afiliado el o los organismos sindicales.

4. Estos trabajadores expertos deberán como experiencia mínima poseer al menos 5 años de ejercicio en los respectivos cargos.

(c) Las organizaciones sindicales seleccionadas serán:

Las seleccionadas por el grupo de Profesionales y trabajadores expertos.

(d) Generación

El plan constará de tres fases, la primera se centrará en formar y capacitar a los nuevos líderes sindicales en las áreas respectivas donde prestaran sus servicios a los afiliados. La segunda fase se centrará en revestir a los nuevos líderes de valores y del comportamiento ético que debe mantener durante toda su carrera como sindicalista y la tercera fase, se centrara en la obtención de estrategias de negociación y resolución de conflictos.

(e) Fase de Formación y Capacitación Sindical

Es responsabilidad del equipo multidisciplinario elaborar para la formación y capacitación, un manual de procedimientos y actualización sindical, el cual servirá de marco referencial para el adiestramiento de los líderes sindicales, en el cual se contemple la etapa de conformación de un sindicato, las actividades internas y más importante aún, que contenga el componente ético y de conducta que debe poseer el líder sindical con visión globalizada y moderna, alejada de las prácticas de antaño.

El manual también abordará las posibles situaciones que afrontará el líder sindical a la hora de resolver los conflictos frecuentes y comunes con las relaciones laborales entre la entidad de trabajo y los afiliados, el trato de cordialidad y respeto mutuo entre los representantes del patrono y los representantes de la organización sindical, así como el cumplimiento y seguimiento al marco normativo que rige las relaciones laborales.

Este entrenamiento se deberá realizar en un salón destinado para tales efectos que cuente con las condiciones requeridas para un aprendizaje completo, tal vez, en las Instalaciones del Colegio de Abogados del Estado Zulia o un recinto que disponga de los servicios como excelente iluminación, ventilación, Internet, video Beam y baños y contara con la presencia del Equipo Multidisciplinario de Profesionales y de Trabajadores expertos. Tal entrenamiento tendrá una duración de 180 horas dividida en dos niveles de 90 horas cada una.

(f) Fase de concientización de Valores y Comportamiento Ético

Es responsabilidad del grupo de Trabajadores Expertos elaborar para la concientización y comportamiento ético, un código de ética y comportamiento sindical, el cual servirá de marco referencial para el adiestramiento de los líderes sindicales, con el propósito de analizar de forma real y verídica las situaciones de riesgo al cual se exponen los líderes sindicales a la hora de proteger los intereses de los trabajadores, elevar sus reclamos por ante los organismos competentes en materia del trabajo, discutir una convención colectiva, las situaciones que pudieran afectar los beneficios de los trabajadores y las consecuencias de hacer caso omiso al código de ética diseñado.

Este entrenamiento se deberá realizar en un salón destinado para tales efectos que cuente con las condiciones requeridas para un aprendizaje completo, tal vez, en las Instalaciones del Colegio de Abogados del Estado Zulia o un recinto que disponga de los servicios como excelente iluminación, ventilación, Internet, video Beam y baños y contara con la presencia del equipo multidisciplinario de Profesionales y de trabajadores expertos. Tal entrenamiento tendrá una duración de 180 horas dividida en dos niveles de 90 horas cada una.

(g) Fase de Estrategias de Negociación y Resolución de Conflictos

Es responsabilidad del Equipo Multidisciplinario y del Equipo de Trabajadores Expertos, elaborar para la formación y capacitación de estas organizaciones sindicales, un Manual de Procesos de Negociación y Resolución de Conflictos, el cual servirá de marco referencial para el adiestramiento de los líderes sindicales, en el cual se contemple la etapa de investigación, redacción, elaboración, discusión y depósito del proyecto de Convención Colectiva.

Así también, dicho manual debe contener el proceso de negociación, las estrategias dilatorias a que se enfrentaran durante la negociación colectiva y en detale, las actividades propias para el conflicto laboral de ser necesario, incluyendo la redacción de pliegos de peticiones con carácter conciliatorio y conflictivo, su introducción, discusión y cierre.

Este entrenamiento se deberá realizar en un salón destinado para tales efectos que cuente con las condiciones requeridas para un aprendizaje completo, tal vez, en las Instalaciones del Colegio de Abogados del Estado Zulia o un recinto que disponga de los servicios como excelente iluminación, ventilación, Internet, video Beam y baños y contara con la presencia del equipo multidisciplinario de Profesionales y de trabajadores expertos. Tal entrenamiento tendrá una duración de 180 horas dividida en dos niveles de 90 horas cada una.

(h) Acción

(a) Esta parte del Plan de Actualización y clima laboral para organizaciones Sindicales, entrara en ejecución una vez se hayan redactado por parte del equipo multidisciplinario y el grupo de trabajadores expertos los textos marco para el fortalecimiento de las juntas directivas de las organizaciones sindicales seleccionadas, estos textos son:

1. Manual de Procedimientos y Actualización Sindical.
2. Código de Ética y Comportamiento Sindical.
3. Manual de Proceso de Negociación y Resolución de Conflictos.

(b) Las organizaciones sindicales deberán solicitar a sus respectivos patronos, los permisos sindicales para los participantes seleccionados para tales propósitos, así como facilitarles el traslado y los refrigerios a cada beneficiado.

(c) El Equipo Multidisciplinario será el encargado de la contratación y alquiler tanto del local donde se impartirán los taleres, así como también de las ayudas audiovisuales necesarias para impartir dichas clases.

(d).- Tanto el Equipo Multidisciplinario como el Equipo de Trabajadores Expertos velara por el cumplimiento tanto del entrenamiento en aula, como en la puesta en práctica de tales ayuda y asesoramiento en el lugar de trabajo de cada beneficiado, haciéndole seguimiento a los avances y progresos alcanzados.

(e) Tanto el Equipo Multidisciplinario como el Equipo de Trabajadores Expertos, luego de cada módulo de enseñanza realizaran test, para comprobar si la información disertada ha sido entendida de la forma y la manera adecuada, repasando y reforzando en las debilidades observadas.

(f) Tanto el Equipo Multidisciplinario como el Equipo de Trabajadores Expertos se trasladara a las entidades de trabajo a la hora de la discusión de la convención colectiva de trabajo, a cualquier reunión del comité de evaluación y seguimiento o a la Inspectoría del trabajo con el fin de fortalecer lo aprendido en las aulas de entrenamiento sindical.

(g) Los trabajadores seleccionados por las organizaciones sindicales deberán ser responsables a la hora de entregar tareas e informes solicitados por los grupos multidisciplinarios.

(h) Las evaluaciones no serán cuantitativas, sino cualitativas.

(i) Renovación:

En esta fase del plan, los equipos que lo implementan deberán supervisar, analizar y corregir de conformidad con los resultados obtenidos en las mediciones los equipos tanto de trabajadores expertos así como de profesionales expertos, con el propósito de ajustar la calidad de la enseñanza, en tal caso, se podrá modificar y renovar a los integrantes de cada grupo de expertos a necesidad, persiguiendo la excelencia del plan de actualización.

Esta renovación también incluye a los organismos sindicales analizados y objeto del Plan de Actualización y clima laboral para organizaciones Sindicales, tales mediciones dejaran unos indicadores de gestión y comportamiento el cual se deberá discutir con el equipo de implementación del Plan de Actualización y clima laboral para organizaciones Sindicales con el objetivo de tomar los correctivos que sean necesarios para el éxito, desarrollo y fortalecimiento de las organizaciones piloto.

(j) Clima laboral Sindical

Este análisis permitirá determinar en forma directa, con la utilización de una serie de entrevistas a los trabajadores en sus sitios de trabajo, el desempeño del grupo de líderes sindicales, de tal forma, se investigará donde se encuentran las debilidades en los procesos de comunicación, defensa integral y asesoría sindical, liderazgo, transparencia, tiempos de gestión, respuesta a solicitudes y reclamos de los trabajadores, entre otros; todo con el propósito de identificar directamente del trabajador afiliado, lo que se observa líneas afuera de la organización sindical.

Para la realización del análisis, los grupos de profesionales y trabajadores expertos, redactarán una encuesta utilizando preguntas de simple selección y en varias, que indiquen las personas o la persona con la cual se sienten en confianza dentro de la junta directiva, quien es la persona que a su parecer le resuelve siempre sus problemas y reclamos y en su criterio quien es un verdadero líder dentro de la empresa, con estos ejemplos, se construirá la entrevista que serán objeto los trabajadores afiliados a las organizaciones sindicales a las que se le aplica en plan.

1.2. REFLEXIONES FINALES

Verdaderamente, como estudiante e investigador sumamente crítico, considero que la mejor forma de apostar al futuro de las organizaciones sindicales, es creyendo en elas y realizando aportes significativos para su fortalecimiento, aunque el propósito de mi investigación no persigue determinar porcentajes éticos dentro de una organización sindical, el establecimiento de postulados de conducta, comportamiento y ética en la gestión de organismos de representación colectivas, van de la mano en esta investigación.

En este mismo orden de ideas, prevalece el interés genuino en la superación de dilemas y obstáculos que pudieran deteriorar la capacidad de respuesta, acción, protección, visión, misión y propósito de las organizaciones sindicales, razones más que suficientes para plantear aportes dirigidos al entono donde elas hacen vida, donde afrontan retos y desafíos.

Es por cuanto, considerando que hay necesidades teóricas y en la práctica, diseñe en el manual presentado, en sus primeros tres capítulos, con una referencia a la definición de derechos sindicales, al movimiento sindical en Venezuela y a la organización existente en el país, con explicación de los convenios internacionales ratificados por la República como los son el Convenio 87 y el Convenio 98 OIT.

Seguidamente, abordé los pasos previos que a mi criterio deben observar los nuevos líderes y aspirantes sindicales a la hora de iniciar la fundación y legalización de un organismo de representación colectiva, haciendo indicaciones referentes al cuerpo normativo vigente, a los derechos y garantías legales, a los organismos públicos intervinientes, al proceso legal envuelto en la inscripción de un sindicato, a los datos necesarios para el registro y a los detales que la nueva ley del Trabajo (2012) no contempla, pero que son estrictamente necesarios para impulsar el éxito sindical.

Acto seguido, hice inferencias al proceso de negociación colectiva como fruto de la gestión y derechos consagrados para el impulso de los beneficios de tal asociación de trabajadores, haciendo especial énfasis en la caracterización de tales negociaciones, las garantías legales envueltas, los requisitos de forma y de fondo, el proceso de admisión por parte de las Inspectorías del trabajo, las defensas que pudieran asumir los patronos ante tal derecho de los trabajadores, las oportunidades, los efectos, duración, subsanación y depósito legal de la convención colectiva de trabajo.

Luego, realice una explicación del clausulado interno que debe poseer una convención colectiva y se brindaron ejemplos en la documentación que se debe construir para evitar demoras innecesarias a la hora de iniciar con tales procesos imprescindibles para las organizaciones sindicales, haciendo referencia a las clausulas claves de todo proyecto de contratación colectiva, como lo son las cláusulas de aplicación retroactiva, así como la duración y prorrogas de la convención colectiva.

Finalmente, redacte y elaboré, tomando en consideración los resultados obtenidos en base a las entrevistas realizadas durante la recolección de la data, los postulados éticos y teóricos que a mi criterio agregaran valor e impulsarán las relaciones laborales modernas y la ética sindical en las diferentes esferas donde se desenvuelven las organizaciones de representación colectiva. Así como también, construí un plan de actualización y clima laboral para las organizaciones sindicales, que de forma simple coadyuvará a un mejor desempeño de estas organizaciones. Por último, hice una recopilación de los convenios internacionales ratificados, como soporte a la gestión sindical venezolana.

Todo lo anterior explicado, se fundamenta en el análisis de resultados y en la teorización posterior, agregando valor en cada una de las situaciones que pudieran perjudicar o minimizar la labor organizativa y defensiva de los sindicatos, aunque pude centrarme en los aspectos negativos que han marcado la historia contemporánea de las organizaciones sindicales, decidí enfocarme únicamente en la construcción de un nuevo modelo o nuevo paradigma para las nuevas organizaciones sindicales y las ya existentes haciendo aportes éticos que contribuyan a su fortalecimiento.

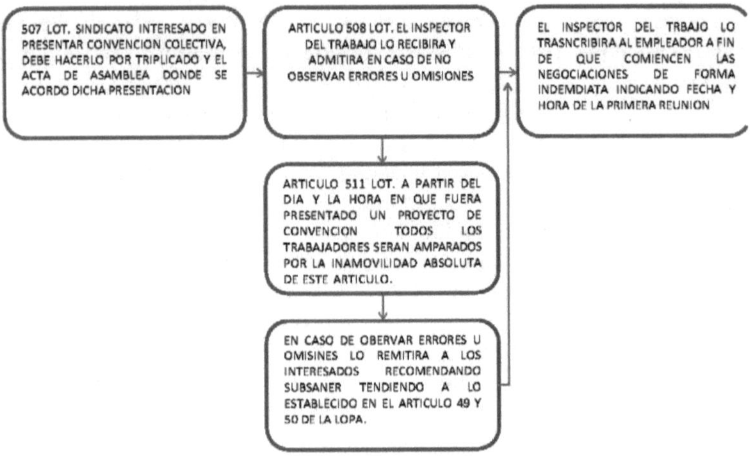

Grafico 6. Diagrama de flujo de una convención colectiva
Fuente: Noroño (2015)

Grafico 7. Diagrama cognitivo del manual del laboralista y sindicalista
Fuente: Noroño (2016)

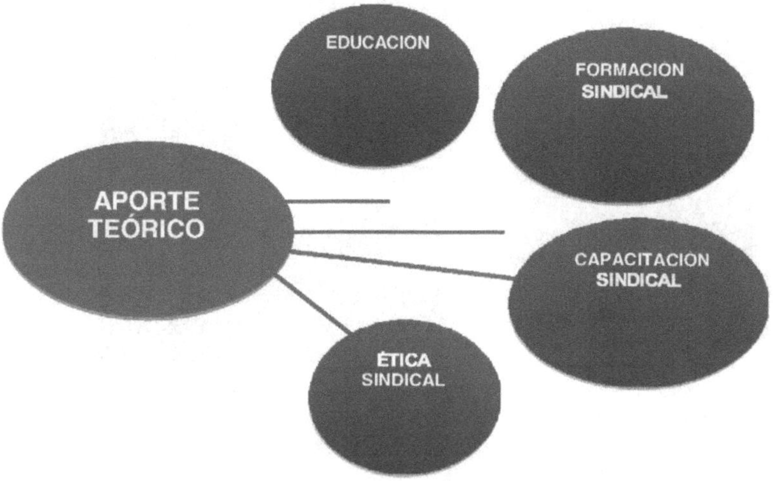

Grafico 8. Manual del sindicalista y laboralista
Fuente: Noroño (2016)

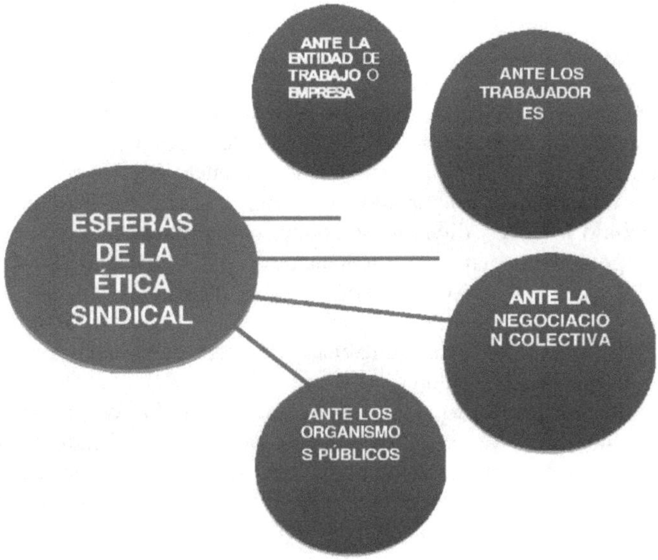

Grafico 9. Diferentes esferas de la ética sindical
Fuente: Noroño (2016)

CONCLUSIONES

Luego de finalizada la investigación y realizar el análisis cualitativo a las entrevistas aplicadas se presentan las siguientes conclusiones:

En cuanto al propósito que trata de comprender los elementos de la ética en empresas privadas se constató que en principio, hablar de ética sindical, implica una abstracción directa al complejo recorrido histórico de los últimos setenta años de historia contemporánea de Venezuela, en la cual, se ha observado a criterio del investigador, altas y bajas en el actuar sindical, debido a causas diversas en donde, se ha afectado gravemente su papel protagónico y además, su reputación como organismo de defensa colectivo para el trabajador, de ahí, que se intente casi de forma desesperada, suplantar, suprimir, o minimizar a este tipo de organización social en la búsqueda de formas diferentes de asociación laboral como lo son los consejos de trabajadores.

Sin embargo, esta búsqueda no ha calado del todo en la sociedad laboral de hoy día, ya que los intentos por restarle fuerza a estos organismos han sido rechazados en por la gran mayoría de los trabajadores, debido al reconocimiento social que se han ganado las organizaciones sindicales, y todo, a pesar de lo ya explicado, en donde los sindicatos, como agrupaciones, son las únicas formas reconocidas a nivel internacional, como representantes legítimas de los trabajadores y no así, los consejos de trabajadores, que modernamente se han impulsado en Venezuela.

A este respecto, Parra (2010) y Aguilar (2010) coinciden en que las organizaciones sindicales y las relaciones laborales están inmersas en una crisis cada vez más profunda, ya que no se han establecido responsabilidades intrínsecas, lo que requiere, a criterio de los autores una nueva configuración de las mismas, basada en el fundamento ético que las reimpulse, en donde se analicen sus aspectos relacionados con la disciplina, la moral, la conducta y las obligaciones tanto empresariales como sindicales.

A este mismo tenor, los autores señalan que se debe redimensionar los espacios que ocupan tales actores y se debe reconstruir lo racional, lo ético, lo sistémico, lo jurídico, lo político y lo sustantivo en el campo del derecho, con miras a una renegociación en el plano laboral que modifique el actual comportamiento tanto empresarial como sindical. Entre tanto, se consideran muy pertinentes los criterios de Sen (2006) donde explica que si estos valores se accionan a favor de la inversión, donde la honestidad, el progreso tecnológico y la inclusión social superan la ganancia fácil y rápida, la corrupción, la falta de escrúpulos, todo cambiaría.

Es importante destacar, el papel determinante que desempeña nuestra Constitución en la consecución de los componentes morales y éticos en la construcción del individuo, resaltando en su artículo 2 la ética como valor superior del Estado Venezolano, que se reinsertó en el desarrollo del artículo 402 de la Ley Orgánica del Trabajo, los Trabajadores y las Trabajadoras (2012) lo que implicó un avance en cuanto al componente ético que deben desplegar las organizaciones sindicales.

Sin embargo, autores como Vilasmil (2006) y Alegría (2007) establecen que el sindicato es concebido a objeto de regular, mejorar, defender, como persona jurídica, las condiciones de trabajo así como proteger los intereses específicos y derivados de la relación de trabajo, pero aquellos de naturaleza general, concuerdan los autores, en que la actual realidad sindical está muy alejada de las atribuciones y finalidades establecidas por el Legislador, aludiendo a que el movimiento sindical actual se encuentra ensombrecido y con debilidades que le impiden cumplir a cabalidad con sus funciones derivadas de sus propósitos originarios.

Por su parte Etkins (2007) establece que la ética es un saber que orienta el comportamiento, porque requiere compromiso y convicción en las prácticas y relaciones, buscando el bienestar general de de la organización, entre tanto Weber (2004) declara a este mismo tenor que la convicción se rige por principios morales que se deben establecer y respetar por encima de todo.

Sin embargo, estas características no son las únicas necesarias ni intervinientes, de esta manera, el consentimiento se integra como elemento también determinante en la ética sindical por ser un acuerdo de voluntades y siendo que los objetivos y propósitos de las organizaciones sindicales están inexorablemente entrelazadas también con el compromiso, por su disposición, consideración y opción de imparcialidad según Melé (2009) y Newton (2014), comprendemos que el estudio de la ética sindical no es posible hacerlo de forma aislada, debe hacerse tomando en consideración a estos valores intrínsecamente vinculados.

En concordancia con lo anterior planteado, Newton (2014) establece que el fundamento de lo moral se basa en evitar el comportamiento impulsivo, prejuicioso, irracional, irresponsable y poco objetivo, por cuanto, dicho comportamiento reportaría falta de interés en los resultados que los interesados, en este caso, los trabajadores, desean, aspiran y esperan.

A criterio del Investigador, todos los autores, así como los expertos sindicales consultados, se han enfocado en explicar la verdadera situación que desde su óptica han observado, a tenor de lo ya expuesto, resulta valioso e indispensable la comprensión en un primer término, de los elementos de la ética sindical en empresas privadas por parte de los dirigentes sindicales, ya que así, tendrán una visión clara de lo que se espera de ellos, ya que son los protagonistas de la toma de decisiones con respecto al devenir de sus organizaciones y la búsqueda de beneficios para los afiliados en base a las convenciones colectivas que solo los sindicatos tienen acceso.

En un segundo plano, se infiere, que las organizaciones sindicales han estado desprovistas de un liderazgo enfocado en la complacencia de los afiliados, razón por la cual, uno de los expertos entrevistados considera que a su entender, lo que debe exigírsele al sindicato es una rendición de cuentas más amplia, en donde se contemple no solo el aspecto económico, sino también, las acciones de reclamos, defensivas y en especial su desempeño a la hora de proteger los beneficios de la convención colectiva.

De esta manera, se concluye que las actuales organizaciones sindicales, poseen grandes deficiencias en torno al comportamiento ético de sus líderes, al compromiso para con sus agremiados y al consentimiento excesivo por parte de las normas legales que rigen en el ordenamiento jurídico y de los afiliados, lo cual se evidencia en la gestión sindical, en donde, se observa falta de consolidación de normas destinadas a vigilar y proteger los beneficios derivados de las convenciones colectivas, aun cuando se estableció en la ley del trabajo el comité de evaluación y seguimiento, que persigue tales fines de conformidad con el 440 LOTTT (2012).

Por otra parte, en el propósito que trata de identificar los dilemas éticos en empresas privadas, luego de identificar algunos de los elementos de la ética aplicada al campo sindical y establecer a criterio del Investigador, los mas resaltantes, debemos concurrir en los posibles dilemas que pudieran afectar a la dirigencia sindical actual y futura en las organizaciones sindicales, para elo, se realizó un análisis del discurso presentado por los expertos entrevistados y se concluye que en el ámbito sindical existen grandes dilemas éticos, los cuales deben ser minimizados para que se logre el impulso de las relaciones laborales en el contexto de las empresas privadas.

Según Terry (2007), Seijo (2008) y Alvarado (2012), los dilemas más frecuentes en las organizaciones se encuentra constituido por la falta de transparencia y la opacidad en la gestión, que resulta en graves acusaciones relativas a la corrupción y zonas grises. Sin embargo, aunque los autores en principio se refieren al mundo empresarial, sus aportes contrastan abiertamente con el accionar actual sindical y de ahí, su importante valoración para la superación de este éstos.

Según Aguilar (2009) y Rangel (2012) la transparencia implica una práctica común de todas las organizaciones de hacer públicas todo tipo de información, procesos, solicitudes, intereses, propuestas y aspiraciones, en la cual deben prevalecer la toma de decisiones en sus diferentes abordajes haciendo énfasis en brindar justicia, clara evidencia de la rendición de cuentas y fundamentalmente integridad. A este mismo tenor, Etkin (2007), Cortina (2000), Clemenza y Ferrer (2004) hacen una contraposición a éstos, dilucidando el término opacidad, como aprovechamiento indebido de patrimonio común relacionado con la desviación hacia el beneficio particular de quien lo realiza.

Argumenta Rangel (2012), que la opacidad denota oscuridad, lo opaco, lo que no es transparente, lo corrupto, perverso, la doble moral, el doble discurso en las organizaciones y por último, la total vulneración de los derechos y la justicia, donde se usan mecanismos anómalos administrativos para construir felicidad particular en desmedro de la felicidad colectiva.

En este estado, a criterio del Investigador, y en consonancia con los expertos entrevistados, las organizaciones sindicales atraviesan por fuertes señalamientos sobre el manejo de sus fondos y el correcto uso de los mismos, denotando falta de transparencia en la administración y una fuerte opacidad al momento de entregar memoria y cuenta con referencia a las cuotas sindicales, observando el investigador, que casi no existe supervisión, contraloría social y fiscalización de los agremiados sobre este respecto.

En este sentido, los dilemas se presentan justo después de la fundación de la organización sindical, puesto que al novel líder sindical y al ya consagrado, solo se le pide por ley la demostración de una asamblea anual donde reposen los estados financieros del movimiento económico y la firma de los afiliados al organismo sindical, situación que abiertamente puede ser fácilmente vulnerada y maquilada, puesto que en su elaboración solo participan los que componen la junta directiva de la organización sin participación del colectivo.

Se denota, una gran facilidad para acceder a los fondos sindicales, necesarios para el correcto funcionamiento de estas organizaciones, cabe destacar, que la rendición de cuentas anual, a criterio del Investigador, pudiera estar afectando la transparencia, por cuanto la ley no dice nada sobre los informes o estados financieros mensuales, y solo una vez al año, no es suficiente, a este respecto se deben implementar otros mecanismos de fiscalización y supervisión para el correcto uso de los bienes y fondos sindicales.

Se observa, que la opacidad no implica nada mas la administración de fondos sindicales, también puede verificarse a la hora de discutir las revisiones novatorias contenidas en las convenciones colectivas a que tienen derecho las organizaciones sindicales, en este caso, los sindicatos, en palabras de uno de los expertos entrevistados, suelen transar con el empresario el corto progreso de los beneficios contractuales, por abundantes beneficios y prerrogativas para los líderes sindicales, esto suele venir acompañado, según el entrevistado, de baja conflictividad sindical y una pasividad ilógica del ente sindical, así como la desinformación generalizada de los trabajadores, ya que mi entras menos sepan, es mejor.

Por otro lado, se concluye que las organizaciones sindicales no poseen, ni por ley, ni por intermedio de sus estatutos, obligaciones de formación y capacitación sindical, lo cual, redunda en un ambiente propicio para el cultivo de un líder desfasado de las nuevas tendencias actuales en temas relacionados con la formación del carácter, la ética sindical, los valores y en resumen de una conciencia colectiva que prive sobre los deseos e intereses propios, que al mismo tiempo, lo faculten para un mejor desempeño en las labores defensivas que incluyen la contínua progresividad de los beneficios socioeconómicos de sus agremiados.

Se concluye, que existe complicidad entre los integrantes de la Junta Directiva de la Organización sindical, en el momento cumbre de la discusión de la convención colectiva, donde a criterio de los expertos y del Investigador, se pactan menores beneficios en determinadas clausulas con el fin de que la empresa le reconozca ciertas ayudas y beneficios a miembros clave de la junta directiva, no afectando la clausula en cuanto a progresividad, pero minimizando el incremento de la misma a cambio del beneplácito del empresario.

Otro dilema importante, es la sumisión histórica que han mantenido las organizaciones sindicales con los partidos políticos, donde se constata que tal sujeción raya con la perdida de la autonomía sindical, en sus muchas aristas conocidas, entre las que se pueden contar, la postergación de derechos sindicales, la postergación de reclamos legítimos por parte de trabajadores ya que pudieran afectar la reputación de algún líder político o su gestión, la postergación o estancamiento de beneficios laborales o simplemente la eliminación de alguno de ellos.

Haciendo referencia al propósito analizar el marco normativo en empresas privadas. Según Perdomo (2005) y Fernández (2007), el espectro jurídico legal que se aplica en el ámbito sindical, esta colmado de directrices que en su mayoría las protegen, sin embargo, existen a criterio del Investigador, algunas normas que debieran corregirse para impulsar la ética sindical y los valores en las empresas privadas.

Iniciando con la Constitución de la República Bolivariana de Venezuela (1999), en su artículo 89, en donde se define el trabajo como hecho social, y se establece el papel protagónico del Estado en garantizar la protección de las condiciones materiales, morales e intelectuales en las relaciones laborales, además, el propio Estado, asume varios principios para proteger estas relaciones, entre los que se encuentran, el principio de intangibilidad, el principio de progresividad, principio de irrenunciabilidad de los derechos, el principio INDUBIO PRO OPERARIO y el principio de primacía de la realidad sobre las formas o apariencias, que luego se desarrolla en el artículo 22 de la LOTTT (2012).

Seguidamente, el artículo 89 CRBV, establece varias prohibiciones que deben contemplar los juzgadores en materia laboral, es decir, inspectores del Trabajo y jueces del Trabajo, entre las que encontramos, los acuerdos privados que impliquen menoscabo de derechos, la transacción y convenios solo al final de la relación laboral, además de la prohibición expresa de toda clase de discriminación y se prohíbe el trabajo de adolescentes donde se pudiera afectar su desarrollo integral.

Por otra parte, los artículos 95 y 96 de la CRBV, en donde se fundamenta el derecho de los trabajadores a organizarse libremente y sin necesidad de autorización previa para constituirse y organizar las organizaciones sindicales que a bien tengan para la defensa integral de sus derechos individuales y colectivos. Este artículo 95, hace una consonancia casi idéntica a los lineamientos establecidos en el convenio 87 OIT, equiparándose hasta en su redacción, lo que garantiza su desarrollo como norma legal.

Sin embargo, cabe destacar, que la parte in fine, del artículo 95 no se cumple al cien por ciento, por cuanto, se establece que todas las organizaciones sindicales deben entregar para su buen funcionamiento un informe detallado de sus bienes, en una declaración jurada de los mismos, y esto, solo se exige en las organizaciones sindicales de segundo y tercer grado, siendo, caldo de cultivo para aquelas organizaciones sindicales de mayor numero en el país, como lo son las de tipo empresa y profesionales, en donde no se exige el cumplimiento de tal orden o mandato constitucional.

El artículo 96 de la CRBV, establece el derecho de todos los trabajadores venezolanos a discutir y presentar proyectos de convención colectiva y de acuerdos de convención colectiva, en sus respectivos ámbitos, responsabilizándose el Estado en garantizar el desarrollo de las relaciones colectivas y la solución de conflictos de índole laboral.

Se denota el incumplimiento del artículo 95 Constitucional, por parte del Registro nacionalde Organizaciones Sindicales, por cuanto, se observa un tiempo de respuesta excesivo a la hora de la realización de cualquier trámite o intención de realizar la fundación de un organismo sindical; imposibilitando el acceso sin dilaciones indebidas a los derechos de agrupación colectiva, actualmente las organizaciones sindicales critican la demora excesiva en asuntos relacionados con la reestructuración de sus juntas directivas y la entrega de su conformación, además, de la perdida de la interacción funcionarial, por cuanto, quien decide sobre sus intenciones, está en Caracas y no así en cada Estad del País, afectando la tutela efectiva.

Se concluye que el Consejo Nacional Electoral, de conformidad con el criterio de los expertos entrevistados y a criterio del Investigador, representa un grave daño a las organizaciones sindicales actuales, a la hora en que éstas, comienzan sus procesos de renovación y elección de sus integrantes, ya que el protocolo, la demora, la ineficiencia, la centralización y la burocracia abrumadora, castiga, reprime, mancilla y maltrata a toda organización que intenta celebrar las elecciones sindicales a que tiene derecho.

A este respecto, se denota que existe demora y opacidad en el trámite del proceso de elecciones sindicales y luego de la celebración de las mismas, nadie se responsabiliza por la proclamación de las nuevas juntas directivas, con la cual, las Inspectorías del trabajo, no autorizan la introducción de convenciones ni reclamos colectivos, ni pliegos conciliatorios ni conflictivos de ninguna especie, ocasionando graves daños a las aspiraciones y metas de las organizaciones sindicales.

A criterio del investigador, el ordenamiento Jurídico que rige la escena laboral es casi propicio para el desenvolvimiento de la gestión sindical, salvo ciertas excepciones más que de ley, de aplicación, que se contemplarán a continuación, en donde, partiendo del análisis ya efectuado, se verificarán las posibles debilidades y que pudiesen ser reorientadas con el propósito de fortalecer a los organismos sindicales.

RECOMENDACIONES

Tomando en consideración el propósito comprender los elementos de la ética en empresas privadas se constató que en principio, se sugiere a las organizaciones sindicales, establecer un programa de formación y capacitación que incluya el componente moral y ético, que impulse la visión proteccionista de los trabajadores en todas sus esferas y que rediseñe el paradigma sindical actual, por un nuevo paradigma sindical estableciendo como premisas el progreso continuo de los beneficios socioeconómicos.

Asimismo, se hace necesaria la rendición de cuentas ampliadas, esto quiere decir que no solo se circunscriba al ámbito de la administración y disposición de las cuotas sindicales, sino que incluya su actuación en el campo defensivo y el establecimiento de un modelo continuo de rendición de cuentas que demuestre los reclamos resueltos y la gestión por resultados con lapsos inferiores a un año.

Se recomienda a los miembros y afiliados de los sindicatos, velar por la correcta aplicación de las convenciones colectivas y en la supervisión sistemática de los aspectos relativos a la progresividad gradual en los beneficios contractuales, aumentando la participación protagónica en las asambleas que se convoquen para tales fines, exigiendo una rendición de cuentas ampliada, que incluya todos los aspectos relativos al comportamiento sindical.

En este orden y dirección, en cuanto al propósito Identificar los dilemas éticos en empresas privadas. Se recomienda al Estado Venezolano, la modificación de la ley Orgánica del Trabajo, los Trabajadores y las Trabajadoras con el fin de que se exija, la corrección del articulo 388 y que este informe detallado de los gastos en que incurra el sindicato sea mensual y un informe anual donde se haga del conocimiento de todos los agremiados del estado de ingresos y egresos realizados durante el año de gestión de cada organización sindical, según sus tipos y grados.

Se recomienda a la Universidad Dr. Rafael Belloso Chacín la configuración de un Diplomado dirigido a los líderes sindicales, abogados laboralistas y a los trabajadores en general, que abarque los tópicos sindicales entre ellos, la fundación de Organizaciones sindicales, el componente ético que deben poseer tales organismos, la formación y capacitación legal para afrontar los desafíos defensivos, la formulación de estrategias de negociación y resolución de conflictos entre otros. Con el fin de ayudar a este segmento en el establecimiento de criterios y valores que coadyuven al mejor desempeño de estas sensibles organizaciones.

Esta capacitación, ayudará a transformar la visión del líder sindical y le dotará de las herramientas jurídicas, técnicas y de negociación para hacer frente a la labor de defender a los trabajadores y a mantener en alto la persecución del beneficio colectivo, donde las estrategias empresariales no puedan vulnerar la misión sindical y se evite caer en las prácticas deshonestas que han manchado la reputación de estas organizaciones generando un nuevo paradigma sindical.

Se recomienda a los miembros afiliados y agremiados a las organizaciones sindicales, el estudio y revisión de los estados financieros de sus organizaciones sindicales mensuales, autorizando previamente los gastos de la junta directiva, estableciendo mecanismos más concretos a la hora de realizar contraloría de las finanzas sindicales, tal vez actuando de forma similar a los accionistas de una empresa.

Se recomienda, en virtud de las constantes aseveraciones de corrupción y opacidad de que son objeto las organizaciones sindicales, mantener una conducta transparente y abierta en los diferentes escenarios en los cuales hacen vida, entre los que contamos, el trato con los afiliados, el tiempo de respuesta a peticiones o reclamos de los trabajadores, mantener comunicación abierta y efectiva mediante el uso de las asambleas generales como forma de comunicación, el uso de los medios electrónicos para brindar acceso a la información de interés general como el caso de los avances y progresos de las negociaciones de la convención colectiva y el uso de observadores en las mismas para que se valide la información ofrecida.

En cuanto a la presencia de dirigentes en las Juntas Directivas que demuestren o asuman conductas que afecten, manchen o menoscaben la moral, la ética y las buenas costumbres dentro de la organización sindical, se recomienda la aplicación de sanciones disciplinarias de conformidad con el grado de la ofensa, ya que, este despliegue de disciplina interna, demostrará el compromiso de quienes integran la asociación sindical y enviará un mensaje al externo, de transparencia en la gestión y la intolerancia en temas de corrupción y opacidad sindical.

Se recomienda fomentar a lo interno de la Junta Directiva de las organizaciones sindicales, la visión y misión de servicio que implica ser líder sindical, ya que se observa que con el transcurrir de los años en la dirección del sindicato, algunos han desvirtuado tal compromiso y se han convertido en casi dueños del sindicato, en este sentido no suelen tener empatía por el trabajador, sino que descuidan su rol de protectores y se convierten en impulsores de las políticas empresariales hasta en desmedro de sus propios afiliados.

Se recomienda, refrescar la Junta Directiva de las organizaciones sindicales mediante la elección de nuevos miembros que hayan demostrado pasión y vocación de servicio, modificando así, no el organismo como tal, sino quienes lo integran, de esta manera se renovará la visión protectora que debe prevalecer en un órgano diseñado para el servicio del trabajador y no que vea o ponga a los trabajadores y sus beneficios a su servicio.

Se recomienda, a todas las organizaciones sindicales según a criterio del Investigador, deslastrar a las organizaciones sindicales de la manipulación y control político, en el entendido que deben articular con elas, pero sin que eso signifique la perdida de la dirección y autonomía propia del sindicato, esto implica, mantener los intereses políticos alejados de los intereses colectivos y ante la ocurrencia o convergencia de tales, mantener una actitud defensiva en razón de los intereses de los trabajadores que representan, en el entendido, de que a la larga, son los trabajadores quienes los eligen en sus cargos y no así el partido político.

Por otra parte, haciendo mención al propósito analizar el marco normativo en empresas privadas, se recomienda el cumplimiento de lo establecido en el artículo 95 constitucional en su parte in fine, donde se exige que todos los dirigentes sindicales sin excepción hagan entrega ante el hoy Registro de Organizaciones sindicales, la declaración jurada de bienes, al momento de ingresar en un organismo de representación colectiva, tal vez, no se pueda exigir de inicio, porque representaría un estorbo para los promoventes, pero se pude establecer un lapso no mayor a un año para consignarlo, tal provisión se puede establecer en las responsabilidades que se recogen en el artículo 388 de la LOTTT (2012).

Esta disposición a criterio del Investigador, es clara y tangible en la Constitución (1999), sin embargo, se observa en la práctica que no se cumple al cien por ciento, demostrándose una debilidad no de la ley, sino de quienes la aplican, en este sentido, se le sugiere al Estado Venezolano, la inclusión de un lapso de presentación de tal declaración jurada de bienes, posterior al registro de la organización sindical para aquellos trabajadores que deseen fundar un sindicato de primer grado, en sus formas y tipos.

Se recomienda al Ministro del Poder Popular para el Trabajo, la reorganización del Registro Nacional de Organizaciones Sindicales, estableciendo un Registrador de Organizaciones Sindicales por cada Entidad Federal de la República, con el fin de que estos sean autónomos en sus decisiones y brinden un mejor servicio a las organizaciones sindicales, para que se respeten y corten los lapsos establecidos en la ley tanto para la fundación de un organismo sindical, así como para que se agilicen sus trámites.

Se recomienda al Consejo Nacional Electoral, agilizar los procesos electorales de las organizaciones sindicales y la entrega inmediata de la proclamación de los nuevos integrantes de las juntas directivas, para que estas puedan tener acceso oportuno a los beneficios contemplados en el ordenamiento jurídico venezolano.

REFERENCIAS BIBLIOGRÁFICAS

Aguilar, N (2008) Revista Jurídica Cajamarca, Algunos apuntes acerca de la Ética y la Moral

Álvarez, I (2009) Utilitarismo y Derechos Humanos La propuesta de Jhon Mil. Plaza y Valdés Editores España

Añez Hernández, Carmen. (2010). Movimiento sindical venezolano y flexibilización laboral. Fermentum. Revista Venezolana de Sociología y Antropología, Mayo-Agosto, 217-236.

Bencomo E. (2012) Relaciones laborales y "gestión de recursos humanos" en filiales de empresas multinacionales en Argentina marcelO DelFini Investigador CONICET – Instituto de Industria, Universidad Nacional de General Sarmiento.

Di Lela, Patricia Eugenia, Di Pietro, Alejandro O., Louys, Liliana M., Quintana, María Beatriz, Valdés, Miguel Ángel. LOS VACÍOS EN LAS NORMAS... SUS UMPLICANCIAS ÉTICAS. Cuadernos de la Facultad de Humanidades y Ciencias Sociales - Universidad Nacional de Jujuy [en línea] 2002, (diciembre) [Fecha de consulta: 12 de junio de 2014] Disponible en:<http://www.redalyc.org/articulo.oa?id=18501522> ISSN 0327-1471.

Etkin, J (2007) Capital Social Y Valores En La Organizacion Sustentable - *https://books.google.co.ve/books?isbn=9506415137*

Gaceta Oficial de la República de Venezuela Nº 5.152, extraordinaria Ley Orgánica del Trabajo (1997), reformada el 6 de mayo de 2011, publicada en Gaceta Oficial Nº6024, extraordinaria.

Gaceta Oficial 6076, Decreto Presidencial Nº 8.938 del 07 de mayo de 2012, Ley Orgánica del Trabajo, los Trabajadores y las Trabajadoras.

Girón, Alicia. Desarrollo, ética y democracia Problemas del Desarrollo. Revista Latinoamericana de Economía [en línea] 2012, 43 (Octubre-Diciembre). [Fecha de consulta: 12 de junio de 2014]. Disponible en:<http://www.redalyc.org/articulo.oa?id=11823951001> ISSN 0301-7036.

Hernández y Seijo (2013) Rasgos éticos de la gerencia: Posturas Sociales para la construcción del saber. Ediciones Astro Data S.A Maracaibo Venezuela.

Kliksberg, Bernardo. Ética y gerencia de organizaciones INNOVAR. Revista de Ciencias Administrativas y Sociales [en línea] 2003, (julio-diciembre). [Fecha de consulta: 12 de junio de 2014]. Disponible en:<http://www.redalyc.org/articulo.oa?id=81802205> ISSN 0121-5051.

Kliksberg, Bernardo. Ética y gerencia de organizaciones INNOVAR. Revista de Ciencias Administrativas y Sociales [en línea] 2003, (julio-diciembre)

[Fecha de consulta: 12 de junio de 2014] Disponible en:<http://estudiosterritoriales.org/articulo.oa?id=81802205> ISSN 0121-5051.

León O. (2008). Tomar Decisiones difíciles. Segunda Edición. Editorial Mc Graw Hil. Madrid (España)

Maidana, Susana. La dimensión ética del trabajo Texto & Contexto Enfermagem [en línea] 2005, 14 (janeiro-março). [Fecha de consulta: 12 de junio de 2014] Disponible en:<http://estudiosterritoriales.org/articulo.oa?id=71414108> ISSN 0104-0707.

Mele, D (2009) Negocios, Ética en Acción, persiguiendo la excelencia humana en las organizaciones.

Mendoza de Graterol, Eva, Mendoza de Lorbes, María Antonia. El liderazgo ético en organizaciones postmodernas Revista de Artes y Humanidades UNICA [en línea] 2008, 9 (Mayo-Agosto). [Fecha de consulta: 12 de junio de 2014] Disponible en:<http://www.redalyc.org/articulo.oa?id=170118859004> ISSN 1317-102X.

Maureira, Jorge L. (1968) Ideología sindical cristiana para América Latina.

Noroño, José (2014), Retos y perspectivas de las organizaciones sindicales en el contexto de la globalización de las relaciones laborales en Venezuel Revista Electrónica Lex Laboro de la Universidad Rafael Belloso Chacín (URBE) Depósito Legal: PPI 200602ZU3009 / ISSN: 1856-9447. Vol. VI Enero-Julio 2014.

Noroño, J (2014), Las Relaciones Laborales Venezolanas En El Contexto De La Globalización. Revista Legem Vol. 2 No. 1 2014 ISSN: 2346-2787. Julio – Diciembre 2014. Facultad de Ciencias Jurídicas cienciasjuridicas@mail.uniatlantico.edu.co Teléfono: PBX 3197010 Ext. 1210. Código Postal 081001 Km 7 Antigua Vía a Puerto Colombia Bloque H P1 Barranquila, Colombia. http://www.uniatlantico.edu.co.

Newton, L (2014) Decisiones tomadas con Ética: Introducción de casos y conceptos éticos

Pelekais, C; Seijo, C; Neuman, N y Trompo, L (2014= El ABC de la Investigación Guía Didáctica, Sexta Edición. Ediciones Astro Data. Maracaibo Venezuela

Robbins, P (2004) Comportamiento Organizacional. Pearson Education

Rubio, Heriberto, Elegido, J M. Fundamentos de Ética de Empresa (1998). Pp. 251. Editorial IPADE. México.

Urquijo, José Luis (2000) El movimiento obrero de Venezuela. Pp. 108-111, 169. Publicaciones UCAB. Venezuela.

Villarreal Cantillo, Elizabeth, Visbal Illera, Gloria. Dilemas éticos Salud Uninorte [en línea] 2013, 29 (Enero-Abril). [Fecha de consulta: 12 de junio de 2014] Disponible en:<http://www.redalyc.org/articulo.oa?id=81728689013> ISSN 0120-5552.

Urquijo, L (2000) El Movimiento Obrero en Venezuela. UCAB Universidad Católica Andrés Belo. Caracas Venezuela

Urquijo, L (2009) Teoría de la Relaciones sindicatos Gerenciales. UCAB Universidad Católica Andrés Bello. Caracas Venezuela

Zagal y Galindo ética para adolescentes post modernos (2006) 2 edición ampliada. Publicaciones Cruz O S.A México Ciudad de México.

UNIVERSIDAD
Rafael Belloso Chacín

ANEXO A

GUIÓN DE ENTREVISTA ESTRUCTURADA

1. ¿Según su experiencia, que métodos o procesos pueden impulsar el éxito de la gestión sindical?
2. ¿Según su apreciación, que factores pudieran impedir el éxito de la organización sindical?
3. ¿Qué significado tiene para usted la ética sindical?
4. ¿Cuáles comportamientos observa usted, en referencia a los líderes sindicales, que de alguna manera pudieran ser perjudiciales o tóxicos para las relaciones laborales?
5. ¿Según su apreciación, que factores pudieran generar esas conductas?
6. ¿de qué manera la ética sindical puede impulsar las relaciones laborales en las empresas privadas?

UNIVERSIDAD
Rafael Belloso Chacín

ANEXO B

CONVENIOS INTERNACIONALES OIT

Convenio 87 O.I.T Convenio sobre la libertad sindical y la protección del derecho de sindicación de 1948.
Parte I. Libertad Sindical

Artículo 1
Todo Miembro de la Organización Internacional del Trabajo para el cual esté en vigor el presente Convenio se obliga a poner en práctica las disposiciones siguientes.
Artículo 2
Los trabajadores y los empleadores, sin ninguna distinción y sin autorización previa, tienen el derecho de constituir las organizaciones que estimen convenientes, así como el de afiliarse a estas organizaciones, con la sola condición de observar los estatutos de las mismas.
Artículo 3
1. Las organizaciones de trabajadores y de empleadores tienen el derecho de redactar sus estatutos y reglamentos administrativos, el de elegir libremente sus representantes, el de organizar su administración y sus actividades y el de formular su programa de acción.
2. Las autoridades públicas deberán abstenerse de toda intervención que tienda a limitar este derecho o a entorpecer su ejercicio legal.
Artículo 4
Las organizaciones de trabajadores y de empleadores no están sujetas a disolución o suspensión por vía administrativa.
Artículo 5
Las organizaciones de trabajadores y de empleadores tienen el derecho de constituir federaciones y confederaciones, así como el de afiliarse a las mismas, y toda organización, federación o confederación tiene el derecho de afiliarse a organizaciones internacionales de trabajadores y de empleadores.
Artículo 6
Las disposiciones de los artículos 2, 3 y 4 de este Convenio se aplican a las federaciones y confederaciones de organizaciones de trabajadores y de empleadores.
Artículo 7
La adquisición de la personalidad jurídica por las organizaciones de trabajadores y de empleadores, sus federaciones y confederaciones no puede estar sujeta a condiciones cuya naturaleza limite la aplicación de las disposiciones de los artículos 2, 3 y 4 de este Convenio
Artículo 8
1. Al ejercer los derechos que se les reconocen en el presente Convenio, los trabajadores, los empleadores y sus organizaciones respectivas están

obligados, lo mismo que las demás personas o las colectividades organizadas, a respetar la legalidad.
2. La legislación nacional no menoscabará ni será aplicada de suerte que menoscabe las garantías previstas por el presente Convenio.
Artículo 9
1. La legislación nacional deberá determinar hasta qué punto se aplicarán a las fuerzas armadas y a la policía las garantías previstas por el presente Convenio.
2. De conformidad con los principios establecidos en el párrafo 8 del artículo 19 de la Constitución de la Organización Internacional del Trabajo, no deberá considerarse que la ratificación de este Convenio por un Miembro menoscaba en modo alguno las leyes, sentencias, costumbres o acuerdos ya existentes que concedan a los miembros de las fuerzas armadas y de la policía garantías prescritas por el presente Convenio.
Artículo 10
En el presente Convenio, el término *organización* significa toda organización de trabajadores o de empleadores que tenga por objeto fomentar y defender los intereses de los trabajadores o de los empleadores.
Parte II. Protección del Derecho de Sindicación
Artículo 11
Todo Miembro de la Organización Internacional del Trabajo para el cual esté en vigor el presente Convenio se obliga a adoptar todas las medidas necesarias y apropiadas para garantizar a los trabajadores y a los empleadores el libre ejercicio del derecho de sindicación.
Parte III. Disposiciones Diversas
Artículo 12
1. Respecto de los territorios mencionados en el artículo 35 de la Constitución de la Organización Internacional del Trabajo, enmendada por el Instrumento de enmienda a la Constitución de la Organización Internacional del Trabajo, 1946, excepción hecha de los territorios a que se refieren los párrafos 4 y 5 de dicho artículo, tal como quedó enmendado, todo Miembro de la Organización que ratifique el presente Convenio deberá comunicar al Director General de la Oficina Internacional del Trabajo, en el plazo más breve posible después de su ratificación, una declaración en la que manifieste:

a) los territorios respecto de los cuales se obliga a que las disposiciones del Convenio sean aplicadas sin modificaciones;

b) los territorios respecto de los cuales se obliga a que las disposiciones del Convenio sean aplicadas con modificaciones, junto con los detales de dichas modificaciones;

c) los territorios respecto de los cuales es inaplicable el Convenio y los motivos por los que es inaplicable;

d) los territorios respecto de los cuales reserva su decisión.

2. Las obligaciones a que se refieren los apartados a) y b) del párrafo 1 de este artículo se considerarán parte integrante de la ratificación y producirán sus mismos efectos.
3. Todo Miembro podrá renunciar, total o parcialmente, por medio de una nueva declaración, a cualquier reserva formulada en su primera declaración en virtud de los apartados b), c) o d) del párrafo 1 de este artículo.
4. Durante los períodos en que este Convenio pueda ser denunciado, de conformidad con las disposiciones del artículo 16, todo Miembro podrá comunicar al Director General una declaración por la que modifique, en cualquier otro aspecto, los términos de cualquier declaración anterior y en la que indique la situación en territorios determinados.

Artículo 13

1. Cuando las cuestiones tratadas en el presente Convenio sean de la competencia de las autoridades de un territorio no metropolitano, el Miembro responsable de las relaciones internacionales de ese territorio, de acuerdo con el gobierno del territorio, podrá comunicar al Director General de la Oficina Internacional del Trabajo una declaración por la que acepte, en nombre del territorio, las obligaciones del presente Convenio.
2. Podrán comunicar al Director General de la Oficina Internacional del Trabajo una declaración por la que se acepten las obligaciones de este Convenio:
a) dos o más Miembros de la Organización, respecto de cualquier territorio que esté bajo su autoridad común; o
b) toda autoridad internacional responsable de la administración de cualquier territorio, en virtud de las disposiciones de la Carta de las Naciones Unidas o de cualquier otra disposición en vigor, respecto de dicho territorio.
3. Las declaraciones comunicadas al Director General de la Oficina Internacional del Trabajo, de conformidad con los párrafos precedentes de este artículo, deberán indicar si las disposiciones del Convenio serán aplicadas en el territorio interesado con modificaciones o sin elas; cuando la declaración indique que las disposiciones del Convenio serán aplicadas con modificaciones, deberá especificar en qué consisten dichas modificaciones.
4. El Miembro, los Miembros o la autoridad internacional interesados podrán renunciar, total o parcialmente, por medio de una declaración ulterior, al derecho a invocar una modificación indicada en cualquier otra declaración anterior.
5. Durante los períodos en que este Convenio pueda ser denunciado de conformidad con las disposiciones del artículo 16, el Miembro, los Miembros o la autoridad internacional interesados podrán comunicar al Director Generaluna declaración por la que modifiquen, en cualquier otro

respecto, los términos de cualquier declaración anterior y en la que indiquen la situación en lo que se refiere a la aplicación del Convenio.

Parte IV. Disposiciones Finales

Artículo 14

Las ratificaciones formales delpresente Convenio serán comunicadas, para su registro, al Director General de la Oficina Internacional del Trabajo.

Artículo 15

1. Este Convenio obligará únicamente a aquellos Miembros de la Organización Internacional del Trabajo cuyas ratificaciones haya registrado el Director General.

2. Entrará en vigor doce meses después de la fecha en que las ratificaciones de dos Miembros hayan sido registradas por el Director General.

3. Desde dicho momento, este Convenio entrará en vigor, para cada Miembro, doce meses después de la fecha en que haya sido registrada su ratificación.

Artículo 16

1. Todo Miembro que haya ratificado este Convenio podrá denunciarlo a la expiración de un período de diez años, a partir de la fecha en que se haya puesto inicialmente en vigor, mediante un acta comunicada, para su registro, al Director General de la Oficina Internacional del Trabajo. La denuncia no surtirá efecto hasta un año después de la fecha en que se haya registrado.

2. Todo Miembro que haya ratificado este Convenio y que, en el plazo de un año después de la expiración del período de diez años mencionado en el párrafo precedente, no haga uso del derecho de denuncia previsto en este artículo quedará obligado durante un nuevo período de diez años, y en lo sucesivo podrá denunciar este Convenio a la expiración de cada período de diez años en las condiciones previstas en este artículo.

Artículo 17

1. El Director General de la Oficina Internacional del Trabajo notificará a todos los Miembros de la Organización Internacional del Trabajo el registro de cuantas ratificaciones, declaraciones y denuncias le comuniquen los Miembros de laOrganización.

2. Al notificar a los Miembros de la Organización el registro de la segunda ratificación que le haya sido comunicada, el Director General lamará la atención de los Miembros de la Organización sobre la fecha en que entrará en vigor el presente Convenio.

Artículo 18

El Director General de la Oficina Internacional del Trabajo comunicará al Secretario General de las Naciones Unidas, a los efectos del registro y de conformidad con el artículo 102 de la Carta de las Naciones Unidas, una información completa sobre todas las ratificaciones, declaraciones y actas de denuncia que haya registrado de acuerdo con los artículos precedentes.

Artículo 19

A la expiración de cada período de diez años, a partir de la fecha en que este Convenio entre en vigor, el Consejo de Administración de la Oficina Internacional del Trabajo deberá presentar a la Conferencia General una memoria sobre la aplicación de este Convenio, y deberá considerar la conveniencia de incluir en el orden del día de la Conferencia la cuestión de la revisión total o parcial del mismo.

Artículo 20

1. En caso de que la Conferencia adopte un nuevo convenio que implique una revisión total o parcial del presente, y a menos que el nuevo convenio contenga disposiciones en contrario:

a) la ratificación, por un Miembro, del nuevo convenio revisor implicará, ipso jure, la denuncia inmediata de este Convenio, no obstante las disposiciones contenidas en el artículo 16, siempre que el nuevo convenio revisor haya entrado en vigor;

b) a partir de la fecha en que entre en vigor el nuevo convenio revisor, el presente Convenio cesará de estar abierto a la ratificación por los Miembros.

2. Este Convenio continuará en vigor en todo caso, en su forma y contenido actuales, para los Miembros que lo hayan ratificado y no ratifiquen el convenio revisor.

Artículo 21

Las versiones inglesa y francesa del texto de este Convenio son igualmente auténticas.

Convenio 98 O.I.T Convenio sobre el derecho de sindicación y de negociación colectiva de 1949.

Artículo 1

1. Los trabajadores deberán gozar de adecuada protección contra todo acto de discriminación tendiente a menoscabar la libertad sindical en relación con su empleo.

2. Dicha protección deberá ejercerse especialmente contra todo acto que tenga por objeto:

a) sujetar el empleo de un trabajador a la condición de que no se afilie a un sindicato o a la de dejar de ser miembro de un sindicato;

b) despedir a un trabajador o perjudicarlo en cualquier otra forma a causa de su afiliación sindical o de su participación en actividades sindicales fuera de las horas de trabajo o, con el consentimiento del empleador, durante las horas de trabajo.

Artículo 2

1. Las organizaciones de trabajadores y de empleadores deberán gozar de adecuada protección contra todo acto de injerencia de unas respecto de las otras, ya se realice directamente o por medio de sus agentes o miembros, en su constitución, funcionamiento o administración.

2. Se consideran actos de injerencia, en el sentido del presente artículo, principalmente, las medidas que tiendan a fomentar la constitución de organizaciones de trabajadores dominadas por un empleador o una organización de empleadores, o a sostener económicamente, o en otra forma, organizaciones de trabajadores, con objeto de colocar estas organizaciones bajo el control de un empleador o de una organización de empleadores.

Artículo 3

Deberán crearse organismos adecuados a las condiciones nacionales, cuando elo sea necesario, para garantizar el respeto al derecho de sindicación definido en los artículos precedentes.

Artículo 4

Deberán adoptarse medidas adecuadas a las condiciones nacionales, cuando elo sea necesario, para estimular y fomentar entre los empleadores y las organizaciones de empleadores, por una parte, y las organizaciones de trabajadores, por otra, el pleno desarrollo y uso de procedimientos de negociación voluntaria, con objeto de reglamentar, por medio de contratos colectivos, las condiciones de empleo.

Artículo 5

1. La legislación nacional deberá determinar el alcance de las garantías previstas en el presente Convenio en lo que se refiere a su aplicación a las fuerzas armadas y a la policía.

2. De acuerdo con los principios establecidos en el párrafo 8 del artículo 19 de la Constitución de la Organización Internacional del Trabajo, la ratificación de este Convenio por un Miembro no podrá considerarse que menoscaba en modo alguno las leyes, sentencias, costumbres o acuerdos ya existentes, que concedan a los miembros de las fuerzas armadas y de la policía las garantías prescritas en este Convenio.

Artículo 6

El presente Convenio no trata de la situación de los funcionarios públicos en la administración del Estado y no deberá interpretarse, en modo alguno, en menoscabo de sus derechos o de su estatuto.

Artículo 7

Las ratificaciones formales del presente Convenio serán comunicadas, para su registro, al Director General de la Oficina Internacional del Trabajo.

Artículo 8

1. Este Convenio obligará únicamente a aquellos Miembros de la Organización Internacionaldel Trabajo cuyas ratificaciones haya registrado el Director General.
2. Entrará en vigor doce meses después de la fecha en que las ratificaciones de dos Miembros hayan sido registradas por el Director General.
3. Desde dicho momento, este Convenio entrará en vigor, para cada Miembro, doce meses después de la fecha en que haya sido registrada su ratificación.
Artículo 9
1. Las declaraciones comunicadas al Director General de la Oficina Internacional del Trabajo, de acuerdo con el párrafo 2 del artículo 35 de la Constitución de la Organización Internacional del Trabajo, deberán indicar:
a) los territorios respecto de los cuales el Miembro interesado se obliga a que las disposiciones del Convenio sean aplicadas sin modificaciones;
b) los territorios respecto de los cuales se obliga a que las disposiciones del Convenio sean aplicadas con modificaciones, junto con los detales de dichas modificaciones;
c) los territorios respecto de los cuales es inaplicable el Convenio y los motivos por los cuales es inaplicable;
d) los territorios respecto de los cuales reserva su decisión en espera de un examen más detenido de susituación.
2. Las obligaciones a que se refieren los apartados a) y b) del párrafo 1 de este artículo se considerarán parte integrante de la ratificación y producirán sus mismos efectos.
3. Todo Miembro podrá renunciar, total o parcialmente, por medio de una nueva declaración, a cualquier reserva formulada en su primera declaración en virtud de los apartados b), c) o d) del párrafo 1 de este artículo.
4. Durante los períodos en que este Convenio pueda ser denunciado de conformidad con las disposiciones del artículo 11, todo Miembro podrá comunicar al Director General una declaración por la que modifique, en cualquier otro respecto, los términos de cualquier declaración anterior y en la que indique la situación en territorios determinados.
Artículo 10
1. Las declaraciones comunicadas al Director General de la Oficina Internacional del Trabajo, de conformidad con los párrafos 4 y 5 del artículo 35 de la Constitución de la Organización Internacional del Trabajo, deberán indicar si las disposiciones del Convenio serán aplicadas en el territorio interesado con modificaciones o sin elas; cuando la declaración indique que las disposiciones del Convenio serán aplicadas con modificaciones, deberá especificar en qué consisten dichas modificaciones.
2. El Miembro, los Miembros o la autoridad internacional interesados podrán renunciar, total o parcialmente, por medio de una declaración

ulterior, al derecho a invocar una modificación indicada en cualquier otra declaración anterior.

3. Durante los períodos en que este Convenio puede ser denunciado de conformidad con las disposiciones del artículo 11, el Miembro, los Miembros o la autoridad internacionalinteresados podrán comunicar al Director General una declaración por la que modifiquen, en cualquier otro respecto, los términos de cualquier declaración anterior y en la que indiquen la situación en lo que se refiere a la aplicación del Convenio.

Artículo 11

1. Todo Miembro que haya ratificado este Convenio podrá denunciarlo a la expiración de un período de diez años, a partir de la fecha en que se haya puesto inicialmente en vigor, mediante un acta comunicada, para su registro, al Director General de la Oficina Internacional del Trabajo. La denuncia no surtirá efecto hasta un año después de la fecha en que se haya registrado.

2. Todo Miembro que haya ratificado este Convenio y que, en el plazo de un año después de la expiración del período de diez años mencionado en el párrafo precedente, no haga uso del derecho de denuncia previsto en este artículo quedará obligado durante un nuevo período de diez años, y en lo sucesivo podrá denunciar este Convenio a la expiración de cada período de diez años, en las condiciones previstas en este artículo.

Artículo 12

1. El Director General de la Oficina Internacional del Trabajo notificará a todos los Miembros de la Organización Internacional del Trabajo el registro de cuantas ratificaciones, declaraciones y denuncias le comuniquen los Miembros de laOrganización.

2. Al notificar a los Miembros de la Organización el registro de la segunda ratificación que le haya sido comunicada, el Director General lamará la atención de los Miembros de la Organización sobre la fecha en que entrará en vigor el presente Convenio.

Artículo 13

El Director General de la Oficina Internacionaldel Trabajo comunicará al Secretario Generalde las Naciones Unidas, a los efectos del registro y de conformidad con el artículo 102 de la Carta de las Naciones Unidas, una información completa sobre todas las ratificaciones, declaraciones y actas de denuncia que haya registrado de acuerdo con los artículos precedentes.

Artículo 14

Cada vez que lo estime necesario, el Consejo de Administración de la Oficina Internacional del Trabajo presentará a la Conferencia General una memoria sobre la aplicación del Convenio y considerará la conveniencia de incluir en el orden del día de la Conferencia la cuestión de su revisión total o parcial.

Artículo 15

1. En caso de que la Conferencia adopte un nuevo convenio que implique una revisión total o parcial del presente, y a menos que el nuevo convenio contenga disposiciones en contrario:

a) la ratificación, por un Miembro, del nuevo convenio revisor implicará, ipso jure, la denuncia inmediata de este Convenio, no obstante las disposiciones contenidas en el artículo 11, siempre que el nuevo convenio revisor haya entrado en vigor;

b) a partir de la fecha en que entre en vigor el nuevo convenio revisor, el presente Convenio cesará de estar abierto a la ratificación por los Miembros.

2. Este Convenio continuará en vigor en todo caso, en su forma y contenido actuales, para las Miembros que lo hayan ratificado y no ratifiquen el convenio revisor.

Artículo 16

Las versiones inglesa y francesa del texto de este Convenio son igualmente auténticas.

UNIVERSIDAD
Rafael Belloso Chacín

ANEXO C

ARTÍCULOS DE LA NORMATIVA LEGAL VENEZOLANA

Protegidos por fuero sindical

Artículo 419 LOTTT (2012). Gozarán de fuero sindical:

1. Los trabajadores y las trabajadoras solicitantes del registro de una organización sindical desde el momento de la solicitud, hasta quince días después de registrada la misma o de haberse negado su registro.
2. Los trabajadores y las trabajadoras que se adhieran a la solicitud de registro de una organización sindical desde su adhesión, hasta quince días después de registrada la misma, o de haberse negado su registro.
3. Los primeros y las primeras siete integrantes de la junta directiva en las entidades de trabajo que ocupen menos de ciento cincuenta trabajadores y trabajadoras desde el momento de su elección hasta tres meses después del cese de sus funciones como integrante de la junta directiva de la organización sindical.
4. Los primeros y las primeras nueve integrantes de la junta directiva en las entidades de trabajo que ocupen entre ciento cincuenta y mil trabajadores y trabajadoras desde el momento de su elección hasta tres meses después del cese de sus funciones como integrante de la junta directiva de la organización sindical.
5. Los primeros y las primeras doce integrantes de la junta directiva en las entidades de trabajo que ocupen más de mil trabajadores y trabajadoras desde el momento de su elección hasta tres meses después del cese de sus funciones como integrante de la junta directiva de la organización sindical.
6. Los primeros y las primeras cinco integrantes de la junta directiva de la seccional de una entidad federal cuando se trate de un sindicato nacional que tenga seccionales en entidades federales desde el momento de su elección hasta tres meses después del cese de sus funciones como integrante de la junta directiva de laseccional.
7. Los trabajadores y las trabajadoras de una organización sindical que realice elecciones sindicales desde el momento de la convocatoria, hasta la proclamación de la junta directiva.
8. Los trabajadores y las trabajadoras que han sido postulados o postuladas a una elección sindical hasta sesenta días después de proclamada la junta directiva.
9. Los trabajadores y las trabajadoras durante la tramitación y negociación de una convención colectiva de trabajo o de un pliego de peticiones a partir del día y hora en que sea presentado por ante la Inspectoría del Trabajo, hasta el término de su negociación o sometimiento a arbitraje.
10. Los trabajadores y trabajadoras durante la tramitación y negociación de una reunión normativa laboral hasta el término de su negociación.
11. Los trabajadores y las trabajadoras durante el ejercicio de una huelga, tramitada conforme a lo previsto en la Ley.

-Procedimiento de Inscripción ante el Registro de Organizaciones Sindicales (RENOS):

Los y las interesadas en constituir una organización sindical deberán lenar los siguientes requisitos para la fundación de la misma:

Documentos para el registro

Artículo 382. La solicitud de registro de una organización sindical se acompañará de:

1. Copia del acta constitutiva.
2. Un ejemplar de los estatutos.
3. La nómina de integrantes promotores y promotoras. La documentación debe cumplir con lo establecido en esta Ley, y debe ir firmada por todos los y las integrantes de la junta directiva en prueba de su autenticidad. En el caso de las federaciones y confederaciones o centrales, la nómina de integrantes fundadores y fundadoras será sustituida por la nómina de los sindicatos o federaciones fundadoras, según sea el caso, y por las copias de las actas de las asambleas de estas organizaciones sindicales autorizando la afiliación a la nueva organización.

Procedimiento para el registro

Artículo 386. Los interesados e interesadas en el registro de una organización sindical presentarán los documentos indicados ante el Registro Nacional de Organizaciones Sindicales de acuerdo al ámbito territorial de la organización sindical que se proyecta.

Si la documentación presenta deficiencias u omisiones en lo que se refiere a lo establecido en los artículos precedentes, el funcionario o funcionaria de registro lo comunicará a los y las solicitantes dentro de los treinta días siguientes a la solicitud, orientándolos en la forma de subsanar las deficiencias, siendo ésta la única oportunidad de hacer observaciones sobre deficiencias u omisiones. Los y las solicitantes tienen un lapso de treinta días para corregir las deficiencias indicadas. Si la documentación no tiene deficiencias o éstas son subsanadas correctamente dentro del lapso establecido, se procederá al registro de la organización sindical dentro de los treinta días siguientes y se entregará a los y las solicitantes la boleta donde consta el registro.

Abstención de registro

Artículo 387. El Registro Nacional de Organizaciones Sindicales únicamente podrá abstenerse del registro de una organización sindical en los siguientes casos:

1. Si la organización sindical no tiene como objeto las atribuciones y finalidades previstas en esta Ley.

2. Si no se ha constituido el sindicato con el número mínimo de afiliados y afiliadas establecido en esta sección.
3. Si no se acompaña la solicitud de registro con los documentos exigidos en la presente sección ó si éstos presentan alguna deficiencia u omisión no subsanada correctamente conforme a lo establecido en el artículo precedente.
4. Si el sindicato no cumple con el principio de pureza establecido en esta Ley.
5. Si la organización sindical tiene un nombre igual al de otra ya registrada, o tan parecido que pueda inducir a confusión.
6. En el caso de una federación, confederación o central, si no están registradas las organizaciones sindicales requeridas para su constitución.
7. Cuando en la junta directiva provisional se incluyan personas que durante el último año fueron inhabilitadas para la reelección por no rendir cuenta de la administración de fondos sindicales.
8. Cuando en la junta directiva provisional se incluyan personas que durante el último año pertenecieron a la junta directiva de otra organización sindical cuyo periodo se venció y no han convocado a elecciones sindicales. La abstención al registro de un sindicato deberá hacerse mediante Providencia Administrativa debidamente motivada, conforme a los numerales previstos en el presente artículo.
El funcionario o funcionaria de registro no podrá negarse al registro de una organización sindical alegando errores u omisiones no indicadas en su oportunidad. Cumplidos los extremos que se establecen para la inscripción de los sindicatos en esta Ley, las autoridades competentes del Trabajo no podrán negar su registro. La decisión de no registrar una organización sindical será recurrible ante el ministro o ministra del Poder Popular con competencia en materia de trabajo y seguridad social y la de éste o ésta por ante la Sala Político Administrativa del Tribunal Supremo de Justicia.
El lapso para recurrir ante el ministro o ministra será de quince días hábiles contados a partir de la notificación de la providencia administrativa y el lapso para recurrir de la decisión del ministro o ministra será el establecido en la Ley Orgánica del Tribunal Supremo de Justicia. El registro de una organización sindical dota de personalidad jurídica para todos los efectos relacionados con esta Ley.

Del Fuero Sindical o Inamovilidad Laboral
Definición de fuero sindical o inamovilidad laboral LOTTT (2012).

Artículo 418. Los trabajadores y las trabajadoras que gocen de fuero sindical o inamovilidad laboral, de acuerdo con lo establecido en este Capítulo, no podrán ser despedidos, despedidas, trasladados, trasladadas, desmejorados ni desmejoradas en sus condiciones de trabajo, sin justa causa previamente calificada por el Inspector o Inspectora del Trabajo. El despido, traslado o desmejora de un trabajador amparado o trabajadora amparada por fuero sindical o inamovilidad laboral, se considerará nulo y no genera efecto alguno, si no se han cumplido los trámites establecidos en esta Ley, independientemente de las razones esgrimidas para justificar el despido, traslado o desmejora. La protección especial del Estado consagrada en virtud del fuero sindical se otorga para garantizar la defensa del interés colectivo y la autonomía en el ejercicio de las funciones sindicales.

Protegidos por fuero sindical

Artículo 419. Gozarán de fuero sindical:

1. Los trabajadores y las trabajadoras solicitantes del registro de una organización sindical desde el momento de la solicitud, hasta quince días después de registrada la misma o de haberse negado su registro.
2. Los trabajadores y las trabajadoras que se adhieran a la solicitud de registro de una organización sindical desde su adhesión, hasta quince días después de registrada la misma, o de haberse negado su registro.
3. Los primeros y las primeras siete integrantes de la junta directiva en las entidades de trabajo que ocupen menos de ciento cincuenta trabajadores y trabajadoras desde el momento de su elección hasta tres meses después del cese de sus funciones como integrante de la junta directiva de la organización sindical.
4. Los primeros y las primeras nueve integrantes de la junta directiva en las entidades de trabajo que ocupen entre ciento cincuenta y mil trabajadores y trabajadoras desde el momento de su elección hasta tres meses después del cese de sus funciones como integrante de la junta directiva de la organización sindical.
5. Los primeros y las primeras doce integrantes de la junta directiva en las entidades de trabajo que ocupen más de mil trabajadores y trabajadoras desde el momento de su elección hasta tres meses después del cese de sus funciones como integrante de la junta directiva de la organización sindical.
6. Los primeros y las primeras cinco integrantes de la junta directiva de la seccional de una entidad federal cuando se trate de un sindicato nacional que tenga seccionales en entidades federales desde el momento de su elección hasta tres meses después del cese de sus funciones como integrante de la junta directiva de laseccional.
7. Los trabajadores y las trabajadoras de una organización sindical que realice elecciones sindicales desde el momento de la convocatoria, hasta la proclamación de la junta directiva.
8. Los trabajadores y las trabajadoras que han sido postulados o postuladas a una elección sindical hasta sesenta días después de proclamada la junta directiva.

9. Los trabajadores y las trabajadoras durante la tramitación y negociación de una convención colectiva de trabajo o de un pliego de peticiones a partir del día y hora en que sea presentado por ante la Inspectoría del Trabajo, hasta el término de su negociación o sometimiento a arbitraje.
10. Los trabajadores y trabajadoras durante la tramitación y negociación de una reunión normativa laboral hasta el término de su negociación.
11. Los trabajadores y las trabajadoras durante el ejercicio de una huelga, tramitada conforme a lo previsto en la Ley.

Protegidos por inamovilidad
Artículo 420. Estarán protegidos y protegidas por inamovilidad laboral:
1. Las trabajadoras en estado de gravidez, desde el inicio del embarazo hasta dos años después del parto.
2. Los trabajadores desde el inicio del embarazo de su pareja, hasta dos años después del parto.
3. Los trabajadores y trabajadoras que adopten niños o niñas menores de tres años, gozarán de inamovilidad por el lapso de dos años desde la fecha en que el niño o la niña sea dado o dada en adopción.
4. Las trabajadoras y trabajadores con hijos o hijas con alguna discapacidad o enfermedad que le impida o dificulte valerse por sí misma o por sí mismo.
5. Los trabajadores y trabajadoras durante la suspensión de la relación de trabajo.
6. En los demás casos contendidos en esta Ley, otras leyes y decretos.

Igualdad de procedimiento
Artículo 421. Los procedimientos establecidos en este Capítulo para solicitar la calificación de faltas o para la protección del fuero sindical se aplicarán también a los trabajadores y las trabajadoras que gocen de inamovilidad laboral conforme a lo previsto en esta ley, otras leyes, decretos o normas, y a los que determine la convención colectiva de trabajo.

Derecho a la negociación colectiva LOTTT (2012)

Artículo 431. Se favorecerán armónicas relaciones colectivas entre trabajadores, trabajadoras, patronos y patronas, para la mejor protección del proceso social de trabajo y el desarrollo de la persona del trabajador o trabajadora y para alcanzar los fines esenciales del Estado. Todos los trabajadores y trabajadoras tienen derecho a la negociación colectiva y a celebrar convenciones colectivas de trabajo sin más requisitos que lo que establezca la Ley, para establecer las condiciones conforme a las cuales se debe prestar el trabajo y los derechos y obligaciones que correspondan a cada una de las partes, con el fin de proteger el proceso social de trabajo y lograr la justa distribución de la riqueza.

Efectos de la convención colectiva

Artículo 432. Las estipulaciones de la convención colectiva de trabajo se convierten en cláusulas obligatorias y en parte integrante de los contratos individuales de trabajo celebrados o que se celebren durante su vigencia en el ámbito de aplicación de la convención, aun para aquellos trabajadores y aquelas trabajadoras que no sean integrantes de la organización sindical u organizaciones sindicales que hayan suscrito la convención. Las estipulaciones de las convenciones colectivas beneficiarán a todos y todas los trabajadores y las trabajadoras de la entidad de trabajo aun cuando ingresen con posterioridad a su celebración. Excepto los representantes del patrono o patrona a quienes le corresponde autorizar y participan en su discusión, salvo disposición en contrario de las partes. Cuando una entidad de trabajo tenga departamentos o sucursales en localidades que correspondan a jurisdicciones distintas, la convención colectiva que celebre con la organización sindical que represente a la mayoría de sus trabajadores y trabajadoras, se aplicará a los departamentos o sucursales.

Artículo49. LOPA:
Cuando el procedimiento se inicie por solicitud de persona interesada, en el escrito se deberá hacer constar: 1. El organismo al cual está dirigido. 2. La identificación del interesado, y en su caso, de la persona que actúe como su representante con expresión de los nombres y apellidos, domicilio, nacionalidad, estado civil, profesión y número de la cédula de identidad o pasaporte. 3. La dirección del lugar donde se harán las notificaciones pertinentes. 4. Los hechos, razones y pedimentos correspondientes, expresando con toda claridad la materia objeto de la solicitud. 5. Referencia a los anexos que lo acompañan, si tal es el caso. 6. Cualesquiera otras circunstancias que exijan las normas legales o reglamentarias. 7. La firma de los interesados.
Artículo 50. LOPA: Cuando en el escrito o solicitud dirigida a la Administración Pública faltare cualquiera de los requisitos exigidos en el artículo anterior, la autoridad que hubiere de iniciar las actuaciones lo notificará al presentante, comunicándole las omisiones o faltas observadas a fin de que en el plazo de quince (15) días proceda a subsanarlos. Si el interesado presentare oportunamente el escrito o solicitud con las correcciones exigidas, y ésta fuere objetada por la administración debido a nuevos errores u omisiones, el solicitante podrá ejercer el recurso jerárquico contra la segunda decisión o bien corregir nuevamente sus documentos conforme a las indicaciones del funcionario.

Del Funcionamiento de las Organizaciones Sindicales
Obligaciones.

Artículo 388. LOTTT (2012)

Las organizaciones sindicales están obligadas a:

1. Comunicar al Registro Nacional de Organizaciones Sindicales dentro de los treinta días siguientes, las modificaciones introducidas en los estatutos y acompañar copias auténticas de los documentos correspondientes.
2. Remitir, dentro de los tres primeros meses de cada año, al Registro Nacional de Organizaciones Sindicales, informe detallado de su administración de acuerdo a lo establecido en esta Ley debidamente aprobada en Asamblea General.
3. Remitir dentro de los tres primeros meses de cada año, al Registro Nacional de Organizaciones Sindicales, la nómina completa de sus afiliados y afiliadas, con las indicaciones señaladas en la sección precedente.
4. Comunicar al Registro Nacional de Organizaciones Sindicales, el acta de totalización, adjudicación y proclamación de la Junta Directiva emanada de la Comisión Electoral de la organización sindical así como los cambios que se realicen en la composición de la junta directiva, dentro de los treinta días siguientes a la emisión de la misma.
5. Comunicar al Registro Nacional de Organizaciones Sindicales, la decisión de disolver y liquidar la organización sindical de acuerdo a lo establecido en los estatutos y acompañar copias auténticas de los documentos correspondientes; dentro de los treinta días siguientes a la decisión.
6. Suministrar a los funcionarios y a las funcionarias competentes del trabajo las informaciones que les soliciten en lo pertinente a sus obligaciones legales.
7. Cumplir las demás obligaciones que les impongan la Constitución y demás leyes de la República.

Rendición de cuentas

Artículo 415 LOTTT (2012). La junta directiva estará obligada cada año a rendir cuenta de la administración de los fondos y bienes de la organización sindical en asamblea general de sus afiliados y afiliadas, y publicará una copia de la cuenta que proyecte presentar quince días antes, por lo menos, de la fecha en que vaya a celebrarse la misma, en las carteleras sindicales y centros de trabajo, para ser examinada por los afiliados y las afiliadas.

Los directivos y las directivas sindicales que de acuerdo a los estatutos sean responsables de la administración y movilización de los fondos de la organización sindical y no hayan cumplido esta obligación, no podrán ser reelectos como directivos de la organización sindical.
Ilícitos en el manejo de fondos sindicales

Artículo 417 LOTTT (2012). Los y las integrantes de las directivas y representantes sindicales que abusen de los beneficios derivados de la libertad sindical para su lucro o interés personal, serán sancionados y sancionadas de conformidad con la Ley. Los y las integrantes de las directivas de las organizaciones sindicales estarán obligados u obligadas a hacer declaración jurada de bienes.
En el caso de las organizaciones sindicales de trabajadores y trabajadoras será ilegal cualquier pago por parte el patrono o patrona a dirigentes sindicales o a sus asesores. Todos los pagos provenientes de obligaciones derivadas de la negociación colectiva o de cláusulas sindicales deben realizarse a nombre de la organización sindical y hacerse del conocimiento de sus afiliados y afiliadas.

"PDVSA, parte patronal, la cual es una empresa del Estado perteneciente al sector de la Administración Pública descentralizada, adscrita al ministerio de Energía y Minas y en su condición de socio minoritario en las empresas operadoras: Ameriven, Operadora Cerro Negro, Petrozuata y Sincor, dirigió una comunicación de fecha 09 de mayo de 2003 de numero NCT- 05-03-2003, mediante la cual le solicita a los representantes legales de dichas empresas operadoras se abstengan de contratar a cualquiera de los trabajadores despedidos de PDVSA. Del mismo modo PDV Marina S.A. (Filial de PDVSA) envió comunicación de fecha 11 de marzo a la empresa denominada "Hanseatic Shipping Company" (la cual opera 8 buques banqueros propiedad de Venfleet Ltd, filial de PDV Marina S.A), con el mismo objeto referido en el párrafo anterior, evidenciando de manera directa la violación tal violación al mencionar los nombres, identificación y credencialde 168 marinos mercantes y exponiéndolos al escarnio público".

De la Convención Colectiva de Trabajo

Sección Primera: Disposiciones Generales

Derecho a la negociación colectiva
Artículo 431. Se favorecerán armónicas relaciones colectivas entre trabajadores, trabajadoras, patronos y patronas, para la mejor protección del proceso social de trabajo y el desarrollo de la persona del trabajador o trabajadora y para alcanzar los fines esenciales del Estado.

Todos los trabajadores y trabajadoras tienen derecho a la negociación colectiva y a celebrar convenciones colectivas de trabajo sin más requisitos que lo que establezca la Ley, para establecer las condiciones conforme a las cuales se debe prestar el trabajo y los derechos y obligaciones que correspondan a cada una de las partes, con el fin de proteger el proceso social de trabajo y lograr la justa distribución de la riqueza.

Efectos de la convención colectiva

Artículo 432LOTTT (2012). Las estipulaciones de la convención colectiva de trabajo se convierten en cláusulas obligatorias y en parte integrante de los contratos individuales de trabajo celebrados o que se celebren durante su vigencia en el ámbito de aplicación de la convención, aun para aquellos trabajadores y aquelas trabajadoras que no sean integrantes de la organización sindical u organizaciones sindicales que hayan suscrito la convención. Las estipulaciones de las convenciones colectivas beneficiarán a todos y todas los trabajadores y las trabajadoras de la entidad de trabajo aun cuando ingresen con posterioridad a su celebración. Excepto los representantes del patrono o patrona a quienes le corresponde autorizar y participan en su discusión, salvo disposición en contrario de las partes. Cuando una entidad de trabajo tenga departamentos o sucursales en localidades que correspondan a jurisdicciones distintas, la convención colectiva que celebre con la organización sindical que represente a la mayoría de sus trabajadores y trabajadoras, se aplicará a los departamentos o sucursales.

Artículo 434LOTTT (2012) La convención colectiva de trabajo no podrá concertarse en condiciones menos favorables para los trabajadores y trabajadoras que las contenidas en los contratos de trabajo vigentes. No obstante, podrán modificarse las condiciones de trabajo vigentes si las partes convienen en cambiar o sustituir algunas de las cláusulas establecidas, por otras, aun de distinta naturaleza, que consagren beneficios que en su conjunto sean más favorables para los trabajadores y trabajadoras. Es condición necesaria para la aplicación de este artículo indicar en el texto de la convención, con claridad, cuáles son los beneficios sustitutivos de los contenidos en las cláusulas modificadas.
No se considerarán condiciones menos favorables el cambio de un beneficio por otro, aunque no sea de naturaleza similar, debiéndose dejar constancia de la razón del cambio o de la modificación.

UNIVERSIDAD
Rafael Belloso Chacín

ANEXO D

DOCUMENTOS CONSTITUTIVOS PARAREGISTRAR UNA ORGANIZACIÓN SINDICAL

Maracaibo, 29 de Enero de 2014

Atentamente:
Registro Nacional de Organizaciones Sindicales.
Atte.: Abog. XXXXX XXXXX. Directora Nacional de Organizaciones Sindicales según Resolución Nº 8254 de fecha 16/04/2013.
Su Despacho.-

De nuestro aprecio, consideración y respeto.

Yo, Luis XXXXXXX, venezolano, mayor de edad, portador de la cedula de identidad Nº. V-XX.XXX.XXX., de profesión Obrero, domiciliado en el Municipio Maracaibo del Edo. Zulia y en mi condición de Secretario General de la proyectada organización sindical, **SINDICATO XXXXXXX DE TRABAJADORES DE LA EMPRESA XXXXXXX XXXXXX XXXXXX DEL ESTADO ZULIA (SINTRAXXXXXXXXZ),** asistidos por el ciudadano **José Gregorio Noroño Sánchez**, Venezolano, mayor de edad, portador de la cedula de identidad No. V-13.705.676, domiciliado en el Municipio Maracaibo del Estado Zulia, Abogado en ejercicio Profesional, legalmente inscrito en el Instituto de Previsión Social del Abogado (INPREABOGADO) con el No. 175.673, cumplimos con informarle que cada uno de los cuerpos que consignamos está escrito por una sola cara y que los mismos son contentivos de: Comunicación al Registro Nacional de Organizaciones Sindicales, Convocatoria para la realización de la asamblea general extraordinaria fundacional, Acta de Asamblea Constitutiva, nomina de asistentes a la asamblea que aprobó la Fundación del Proyecto de **SINDICATO XXXXXXX DE TRABAJADORES DE LA EMPRESA XXXXXXX XXXXXX XXXXXX DEL ESTADO ZULIA (SINTRAXXXXXXXXZ),** las cuales están escritas en ambas caras y Listado de trabajadores asistentes a la asamblea de fecha 27/01/2014 donde se aprobó la fundación del **SINDICATO XXXXXXX DE TRABAJADORES DE LA EMPRESA XXXXXXX XXXXXX XXXXXX DEL ESTADO ZULIA (SINTRAXXXXXXXXZ),** y los Estatutos Sociales discutidos, aprobados por esta asamblea fundacional. Hacemos también de su debido conocimiento que la Junta Directiva Provisional de esta organización quedó conformada de la siguiente manera:

JUNTA DIRECTIVA PROVISIONAL

CARGOS POR SECRETARIA	NOMBRES Y APELLIDOS	Nº C.I.
Secretario General	Luis XXXXXX	XX.XXX.XXX
Secretario de Organización	Adrian XXXXXX	XX.XXX.XXX
Secretario de Finanzas	Darwin XXXXXX	XX.XXX.XXX
Secretario de Reclamos	William XXXXXX	XX.XXX.XXX
Secretario de Actas y Correspondencia	Leobaldo XXXXXX	XX.XXX.XXX
Secretario de Formación y Doctrina	Miguel XXXXXXX	XX.XXX.XXX
Secretario de Cultura y Deportes	Yohervis XXXXXXX	XX.XXX.XXX
Primer Vocal	Hengerbeth XXXXXX	XX.XXX.XXX
Segundo Vocal	Marcdonald XXXXXX	XX.XXX.XXX

TRIBUNAL DISCIPLINARIO

CARGOS POR SECRETARIA	NOMBRES Y APELLIDOS	Nº C.I.
Presidente	José XXXXXX	XX.XXX.XXX
Vice-Presidente	Jorge XXXXXXX	XX.XXX.XXX
Secretario	Antonio XXXXXXX	XX.XXX.XXX

Por todo lo anteriormente expuesto solicitamos al Ciudadano Registrador Nacional se sirva dar el curso legal correspondiente a la documentación que estamos consignando y declare la inamovilidad prevista en el Artículo 419.1 de la Ley Orgánica del Trabajo, los Trabajadores y las Trabajadoras, en beneficio de todos los trabajadores interesados en el presente proyecto de Sindicato, y en concordancia y cumplimiento con el artículo 49 numeral 3 de la LOPA, notifique de elo a: **EMPRESA XXXXXXX XXXXXXXX XXXXXX C.A (XXXXXXXXXX), UBICADA EN LA ZONA INDUSTRIAL, PRIMERA ETAPA, XXXXXXXX XXXXXXX DE LA CIUDAD Y MUNICIPIO MARACAIBO DEL ESTADO ZULIA.**

SINDICATO XXXXXXX DE TRABAJADORES DE LA EMPRESA XXXXXXX

XXXXXX XXXXXX DEL ESTADO ZULIA (SINTRAXXXXXXXZ), POR LA JUNTA DIRECTIVA ELECTA PROVISIONAL

XXXX XXXXXX
C.I. xx.xxx.xxx
SECRETARIO GENERAL

XXXX XXXXX
XXXX XXXXX
C.I. xx.xxx.xxx
C.I. xx.xxx.xxx
SEC. DE ORGANIZACIÓN
SEC. FINANZAS

XXXX XXXXXXX
XXXXX XXXXXXX
C.I xx.xxx.xxx C.I. xx.xxx.xxx
SEC. DE RECLAMOS SEC.
DE ACTAS Y CORR.

XXXXX XXXXXX
XXXXXXXX XXXXXXXXXXXX
C.I. xx.xxx.xxx
C.I. xx.xxx.xxx
SEC. FORM. Y DOCT.
SEC. CULT. Y DEP.

XXXXXXX XXXXXXXX
XXXXXX XXXXXXXX
C.I. xx.xxx.xxx
C.I. xx.xxx.xxx
VOCAL 1.
VOCAL 2.

SINDICATO XXXXXXX DE TRABAJADORES DE LA EMPRESA XXXXXXX XXXXXX XXXXXX DEL ESTADO ZULIA (SINTRAXXXXXXXXZ),

ACTA CONSTITUTIVA

En Maracaibo, el día veintisiete (27) de enero de 2014 (27/01/14), siendo las Tres (3) de la tarde (03:00 p.m.), reunidos en la FERIA DE LA COMIDA DEL CENTRO DE CONVENCIONES PALACIO DE LOS EVENTOS DE MARACAIBO, previa convocatoria girada a tal efecto por los Ciudadanos, Luis XXXX, Adrian XXX, Darwin XXXX: presentes los ciudadanos: **AQUÍ ES DONDE SE INTRODUCEN LOS DATOS DE LOS ASISTENTES A LA ASAMBLEA** , en total xxxx trabajadores, de un universo totalde xxxx, todos mayores de edad, trabajadores activos de la empresa **XXXXXX XXXXX XXXXX C.A (XXX XXXXX XXXXX), Ubicada en la Zona Industrial, Primera Etapa, XXXX XXXXX XXXXX de la Ciudad y Municipio Maracaibo del Estado Zulia**, reunidos con el propósito de deliberar sobre el único punto de la convocatoria que da origen a esta Asamblea General Extraordinaria, como lo es: Punto único a tratar: Constitución del Sindicato de Empresa, **SINDICATO XXXXXXX DE TRABAJADORES DE LA EMPRESA XXXXXXX XXXXXX XXXXXX DEL ESTADO ZULIA (SINTRAXXXXXXXXZ),** según el artículo 371 Lit. "a" y 376 de la Ley Orgánica del Trabajo, los Trabajadores y las Trabajadoras, siendo la hora y fecha señaladas, toma la palabra el compañero Luis XXXXXXXXX, quien informa que el día de hoy de propondrá la fundación del proyecto de Sindicato de Empresa **SINDICATO XXXXXXX DE TRABAJADORES DE LA EMPRESA XXXXXXX XXXXXX XXXXXX DEL ESTADO ZULIA (SINTRAXXXXXXXXZ),** y dirigiéndose a los presentes expresa: "Compañeros, toda vez que en la convocatoria establece las 03:00 p.m. el día de hoy, Veintisiete (27) de Enero de 2014, hemos logrado reunirnos una cantidad de trabajadores que supera la exigencia numérica prevista en el Articulo 376 de la Ley Orgánica del Trabajo, los Trabajadores y las

Trabajadoras que decidimos inscribir y legalizar esta organización sindical y a los fines de la fundación del proyecto de Constitución de un Sindicato de empresa, y siendo que todos trabajamos para la misma entidad de trabajo, propongo que acordemos hoy la fundación y constitución de un sindicato que se denominará **SINDICATO XXXXXXX DE TRABAJADORES DE LA EMPRESA XXXXXXX XXXXXX XXXXXX DEL ESTADO ZULIA (SINTRAXXXXXXXXZ),** para que como organización de acción social, represente y defienda nuestros legítimos derechos y luche por nuestras justas aspiraciones, teniendo como domicilio la siguiente ubicación, **XXXXXXXXXXXXXX XXXXXXXXXXXXXXXXXXX XXXXXXXXXXXXXXXXX XXXXXXXXXXXXXX del Municipio Maracaibo del Estado Zulia** . Esta organización sindical tiene carácter permanente y por objeto el estudio, defensa, desarrollo y protección del proceso social de trabajo, la protección y defensa de la clase trabajadora, del conjunto del pueblo, de la Independencia y soberanía nacional conforme a la Constitución de la República Bolivariana de Venezuela, así como la defensa y promoción de los intereses de sus afiliados y afiliadas. Esta organización sindical no estará sometida a otros requisitos para su constitución y funcionamiento que los establecidos en esta Ley y en los presentes Estatutos, a objeto de asegurar la mejor realización de sus funciones y garantizar los derechos de sus afiliados y afiliadas, siendo de tipo Empresa según lo estipulado en el art. 371 Lit. "a" y el art. 376 de la LOTTT (2012) y su ámbito territorial será todo el territorio del Estado Zulia; esta Junta Directiva tendrá una duración provisional de Doce (12) meses a partir de la fecha de registro, luego de la cual estará obligada a realizar en pro de la democracia y ética sindical, un proceso de elecciones sindicales por la base, descrito en los Estatutos Sociales de esta Organización, estableciéndose la alternabilidad de los y las integrantes de la Junta Directiva y representantes, mediante el sufragio universal directo y secreto, ésta proposición tiene apoyo y sometida a votación resultó aprobada con el voto unánime de los xxxx trabajadores presentes de un gran universo de xxxx trabajadores. El compañero Luis xxxxxx solicita el auxilio de un director de debates y un secretario accidental que levante el acta de esta Asamblea de fundación, y a tales efectos se propone al compañero: Adrian XXXXXXXXXX, tal proposición tiene apoyo y sometidas a votación resultaron aprobadas con el voto unánime de los xxxx asambleístas asistentes. En este estado toma la palabra el compañero director de debates designado, Adrian xxxxxx declarando abierta la discusión sobre el único punto del respectivo orden del día. Seguidamente tomó la palabra nuevamente el compañero Luis xxxxxxx, quien expresa: "Compañeros, el comité de del proyecto de constitución y fundación del Sindicato, y hoy el con el asesoramiento del Escritorio Jurídico Noroño Sánchez Trejo, y su representante el Abogado en ejercicio José Gregorio Noroño Sánchez, se ha adelantado en preparar un proyecto de Estatutos el cual a presentaremos a consideración de esta asamblea y consecuentemente con esto propongo que se le dé lectura artículo por artículo, se discuta su contenido y si se considera conveniente se modifique o se apruebe tal y como ha sido elaborado. Esta proposición tiene apoyo y sometida a votación resultó aprobada con el voto unánime de los xxxx asambleístas presentes. Seguidamente el director de debates indica al Abogado José G. Noroño S. que proceda a dar lectura al proyecto de estatutos presentado, lo cual hace diciendo: "Compañeros, los presentes Estatutos, están encabezados por la denominación: **SINDICATO XXXXXXX DE TRABAJADORES DE LA EMPRESA XXXXXXX XXXXXX XXXXXX DEL ESTADO ZULIA (SINTRAXXXXXXXXZ)**, en el texto de dichos estatutos se **SINDICATO XXXXXXX DE TRABAJADORES DE LA EMPRESA XXXXXXX XXXXXX XXXXXX DEL ESTADO ZULIA (SINTRAXXXXXXXXZ)**, según el artículo 3, el "domicilio" del sindicato será en xxxxxxxxxx xxxxxxxxxxxxx xxxxxxxxxxxxx xxxxxxxxxxxxxx xxxxxxxxx Parroquia xxxxxxxx xxxxxxxxxxxx xxxxxxxxxxxxx del Municipio Maracaibo del Estado Zulia, y que su Ámbito de actuación se circunscribe a todo el territorio del estado Zulia, que su "objeto" el estudio, defensa, desarrollo y protección del proceso social de trabajo, la protección y defensa de la clase trabajadora, del conjunto del pueblo, de la Independencia y soberanía nacional conforme a la Constitución de la República Bolivariana de Venezuela, así como la defensa y promoción de los intereses de sus afiliados y afiliadas. Esta organización sindicalno estarán sometida a otros requisitos para su constitución y funcionamiento que los establecidos en esta Ley y en los presentes Estatutos, a objeto de asegurar la mejor realización de sus funciones y garantizar los derechos de sus afiliados y afiliadas, tal y como lo establece en su artículo 4 "Objeto" y que al mismo tiempo expresa las mismas "atribuciones y finalidades" que el Articulo 367 de la Ley Orgánica del Trabajo, los Trabajadores y las Trabajadoras", como lo son: 1. Garantizar la formación colectiva, integral, continua y permanente de sus afiliados y afiliadas para su desarrollo integral y el logro de una sociedad justa y amante de la paz basada en la valoración ética del trabajo. 2. Contribuir en la producción y distribución de bienes y servicios para la satisfacción de las necesidades del pueblo. 3. Ejercer control y vigilancia sobre los costos y las ganancias, para que los precios de los bienes y servicios producidos sean justos para el pueblo. 4. Promover entre sus afiliados la responsabilidad con las comunidades y el medio ambiente. 5. Proteger y defender los intereses de sus afiliados y afiliadas en el proceso social de trabajo. 6. Representar a sus afiliados y afiliadas en las negociaciones y conflictos colectivos de trabajo y, especialmente, en los procedimientos de conciliación, mediación y arbitraje. 7. Promover, negociar, celebrar, revisar y modificar convenciones colectivas de trabajo y exigir su cumplimiento. 8. Proteger y defender los derechos individuales y colectivos de sus afiliados y afiliadas, mejorando las condiciones materiales, morales e intelectuales y el interés supremo del trabajo como hecho social y proceso generador de riqueza para su justa distribución. 9. Representar y defender a los trabajadores y trabajadoras que lo soliciten, aunque no sean miembros de la organización sindical, en el ejercicio de sus derechos y la protección de sus intereses individuales o colectivos, en sus relaciones con el patrono o patrona y en los procedimientos administrativos. En el caso de los procedimientos judiciales podrán ejercer la representación de los trabajadores y trabajadoras, con la debida asistencia jurídica. 10. Supervisar y defender el cumplimiento de todas las normas destinadas a garantizar la seguridad social y el proceso social de trabajo, a los trabajadores y las trabajadoras, especialmente las de prevención, condiciones y medio ambiente de trabajo, las de construcción de viviendas para los trabajadores, las de creación y mantenimiento de servicios sociales y actividades sanas y de mejoramiento durante el tiempo libre. 11. Ejercer especial vigilancia para el fiel cumplimiento de las normas dirigidas a garantizar la igualdad de oportunidades, así como de las normas protectoras de la maternidad y la familia, menores y aprendices. 12. Crear fondos de socorro y de ahorro y cooperativas, escuelas industriales o profesionales, bibliotecas populares y clubes destinados al deporte y a la recreación o al turismo. 13. Realizar estudios sobre las características de la respectiva rama profesional, industrial o comercial o de servicios, costos y niveles de vida, educación, aprendizaje y cultura y, en general, sobre todas aquelas que les permita promover el progreso social, económico y cultural de sus agremiados; y presentar proposiciones a los Poderes Públicos para la realización de dichos fines.14. Colaborar con las autoridades, organismos e institutos públicos en la preparación y ejecución de programas de mejoramiento social y cultural y en la capacitación técnica y colocación de los trabajadores. 15. Realizar campañas permanentes en los centros de trabajo para concientizar a los trabajadores en la lucha activa contra la corrupción, consumo y distribución de estupefacientes y sustancias psicotrópicas y hábitos dañinos para su salud física y mental, y para la sociedad. 16. Las que señalen los presentes estatutos o resuelvan los afiliados y las afiliadas, para el mejor logro de sus finalidades, en el marco de la Constitución y las leyes, seguidamente procedió a dar lectura al capítulo segundo en el cual se establecen las "principios y valores" del mismo, las alianzas que este podrá hacer para la defensa de las causas justas, la duración del sindicato, la cantidad mínima de trabajadores para su buen funcionamiento y protección de los miembros en cada sucursal de la empresa **xxxxxxxxxx xxxxxxxxxxxxxx xxxxxxxxxxxx C.A**, o como se le conozca en el futuro, dentro del territorio del Estado Zulia, seguidamente se empezó a dar lectura al capítulo tercero, "de los miembros" en donde se establecen las normas referentes a la de admisión, obligaciones y derechos de los miembros, así como las causas de la perdida de la condición de tales. Posteriormente se procede a dar lectura al reglamento concerniente a todo lo relacionado con las cuotas Ordinarias y extraordinarias; siguiendo con el capítulo cuarto, "de la Junta Directiva", que refiere a la designación de la Junta Directiva quedando establecida, dirigida e integrada por siete (7) miembros principales y dos (2) vocales, la misma será integrada por los siguientes secretarios: Secretario General, Secretario de Organización, Secretario de Finanzas, Secretario de Reclamos, Secretario de Actas y Correspondencia, Secretario de Formación y Doctrina, Secretario de Cultura y Deportes, y dos (2) Vocales, que lenarán las faltas absolutas o temporales de los miembros de la Junta Directiva. Quedando claro que la Junta Directiva Provisional está obligada a cumplir las decisiones emanadas por la Asamblea General de Trabajadores actuando en nombre y en representación de la misma, también este capítulo explica las atribuciones de la Junta Directiva Provisional y también de cada Secretario y como se lega a ser parte de ela, contemplando, en dicho capitulo, las normas que permiten la reestructuración de la Junta Directiva del Sindicato. Prosiguiendo en la lectura de los estatutos sociales subsanados y corregidos del proyectado **SINDICATO XXXXXXX DE TRABAJADORES DE LA EMPRESA XXXXXXX XXXXXX XXXXXX DEL ESTADO ZULIA (SINTRAXXXXXXXZ),** se pasó al capítulo quinto, "de las asambleas generales" donde se ratificó que la suprema autoridad de la Organización sindical es la Asamblea General de Miembros agremiados, esta sección explica los tipos de asambleas a realizar, su validez, el método para la convocación de las mismas y quien debe convocarlas y con cuanto tiempo de anticipación y el mecanismo para establecer la participación de los miembros y para el Quórum reglamentario que valida y certifica cada Asamblea. Pasando al capítulo sexto "del régimen económico" donde se establece todo lo atinente al Patrimonio, Administración y destino de los fondos del Sindicato, sus cuotas ordinarias, extraordinarias, la forma de decretarlas y como se descontarán las mismas. Siguiendo con la lectura pasamos al capítulo séptimo, "del tribunal disciplinario" donde se establece la elección del Tribunal disciplinario, sus responsabilidades, de la remoción parcial o total de los miembros de la Junta Directiva Provisional, que estará integrado por Tres (3) Miembros, Un (1) Presidente, Un (1) Vice-Presidente, y Un Secretario, así como también refiere de las causas y procedimientos para la imposición de sanciones y exclusión de los miembros; pasando con posterioridad al capítulo octavo que expresa "las disposiciones finales" de los estatutos corregidos y subsanados, donde se considera todo lo relacionado con la aprobación de los mismos y sobre la disolución y liquidación del sindicato. Concluida la lectura de todo el artículo del proyecto de estatutos subsanados y corregidos, los cuales fueron progresivamente analizados y discutidos, el compañero Adrian XXXXXXXXXX director de debates procedió a someterlos a votación, resultando aprobada en su totalidad con el voto unánime de los xxxxx presentes. En este estado toma la palabra el compañero director de debates, Adrian xxxxxxxxxxx, quien señala la necesidad de que en esta misma asamblea se elija una Junta Directiva Provisional que represente al **SINDICATO XXXXXXX DE TRABAJADORES DE LA EMPRESA XXXXXXX XXXXXX XXXXXX DEL ESTADO ZULIA (SINTRAXXXXXXXZ),** y a tales efectos propone que de conformidad con la primera parte del artículo 20 de los estatutos aprobados, corregidos y subsanados, se procede a la elección uninominal y de la forma representativa de las minorías de cada uno de los miembros de la Junta Directiva Provisional del sindicato y sus Vocales. Esta proposición tiene apoyo y sometida a votación resultó aprobada con el voto unánime de los xxx trabajadores presentes. En este estado toma la palabra el director de debates, quien manifiesta que en virtud de la elección uninominal que va a realizarse se concederán Cincuenta (50) minutos de espera para todo aquel que quiera postularse puede hacerlo. Concluido el lapso de espera, toma la palabra nuevamente el director de debates informando que solo se postularon los siguientes compañeros: **PARA INTEGRAR LA JUNTA DIRECTIVA PROVISIONAL:** Para Secretario General, Luis xxxxxxxxx C.I.XX.XXX.XXX, Para Secretario de Organización, Adrian xxxxxxxxx C.I.XX.XXX.XXX, para Secretario de Finanzas, Darwin xxxxxxxxC.I. XX.XXX.XXX, Para Secretario de Reclamos, WILLIAM xxxxxxxxxxxxxx C.I.XX.XXX.XXX, Para Secretario de Actas y Correspondencia, LEOBALDO xxxxxxxxxxxx C.I. XX.XXX.XXX, Para Secretario de Formación y Doctrina, Miguel xxxxxxxxxxxxxxx C.I.XX.XXX.XXX, Para Secretario de Cultura y Deportes, Yohervis xxxxxxxxxxxx C.I.XX.XXX.XXX, Para Primer Vocal, Hengerbeth xxxxxxxxxxxxx C.I. XX.XXX.XXX, Para Segundo Vocal, Marcdonald xxxxxxxxxxxxxx C.I. XX.XXX.XXX. Y en el TRIBUNAL

DISCIPLINARIO: Para Presidente, Leobaldo xxxxxxxxxxxx C.I. XX.XXX.XXX, Para Vice-Presidente, Jorgexxxxxxxxxxxx C.I. XX.XXX.XXX, Para Secretario, Antonio xxxxxxxxxxxxxx C.I. XX.XXX.XXX. Concluida la lectura del listado de candidatos postulados, el director de debates indica que, no obstante, haberse postulado un solo candidato para cada cargo, debía darse cumplimiento a las disposiciones contenidas en la Ley Orgánica del Trabajo, los Trabajadores y las Trabajadoras, razón por la cual todos los presentes procedieron a sufragar sus respectivos votos. Concluido el acto de votación, se procedió el conteo y escrutinio de votos, obteniendo los siguientes resultados: de xxx trabajadores asistentes xxx votos de un universo de trabajadores de xxx, a favor de la moción, quedando así la Junta Directiva electa Provisionalmente del **SINDICATO XXXXXXX DE TRABAJADORES DE LA EMPRESA XXXXXXX XXXXXX XXXXXX DEL ESTADO ZULIA (SINTRAXXXXXXXXZ),** integrada de la siguiente manera: **PARA INTEGRAR LA JUNTA DIRECTIVA PROVISIONAL: PARA INTEGRAR LA JUNTA DIRECTIVA PROVISIONAL:** Para Secretario General, Luis xxxxxxxxxx C.I.XX.XXX.XXX, Para Secretario de Organización, Adrian xxxxxxxxx C.I.XX.XXX.XXX, para Secretario de Finanzas, Darwin xxxxxxxxC.I. XX.XXX.XXX, Para Secretario de Reclamos, WILLIAM xxxxxxxxxxxxxx C.I.XX.XXX.XXX, Para Secretario de Actas y Correspondencia, LEOBALDO xxxxxxxxxxxx C.I. XX.XXX.XXX, Para Secretario de Formación y Doctrina, Miguel xxxxxxxxxxxxxxxx C.I.XX.XXX.XXX, Para Secretario de Cultura y Deportes, Yohervis xxxxxxxxxxxxx C.I.XX.XXX.XXX, Para Primer Vocal, Hengerbeth xxxxxxxxxxxxx C.I. XX.XXX.XXX, Para Segundo Vocal, Marcdonald xxxxxxxxxxxxxx C.I. XX.XXX.XXX. Y en el TRIBUNAL DISCIPLINARIO: Para Presidente, Leobaldo xxxxxxxxxxxx C.I. XX.XXX.XXX, Para Vice-Presidente, Jorgexxxxxxxxxxxx C.I. XX.XXX.XXX, Para Secretario, Antonio xxxxxxxxxxxxxx C.I. XX.XXX.XXX. En este acto toma la palabra el compañero Luis xxxxxxxxxxx, Secretario General Electo Provisionalmente, quien agradeció la confianza que esta asamblea constitutiva ha depositado en cada uno de los compañeros que conforman la Junta Directiva Electa

Provisional, y prometió no defraudar esta confianza que en elos han depositado, comprometiéndose a tramitar con la mayor rapidez posible la legalización y entrega de esta asamblea fundacional de esta naciente Organización Sindical denominada **SINDICATO XXXXXXX DE TRABAJADORES DE LA EMPRESA XXXXXXX XXXXXX XXXXXX DEL ESTADO ZULIA (SINTRAXXXXXXXXZ)** por ante el Registro Nacional de Organizaciones Sindicales de la Jurisdicción. Agotado el orden del día y no habiendo nada más que tratar se dio por terminada la asamblea siendo las 6:30 p.m. de la tarde. Es traslado fiel y exacto de su original, la cual quedará registrada en el libro de Actas de Asambleas de esta organización Sindical. Terminó, se leyó y conformes firman en prueba de su autenticidad.................................

Atentamente,

SINDICATO XXXXXXX DE TRABAJADORES DE LA EMPRESA XXXXXXX XXXXXX XXXXXX DEL ESTADO ZULIA (SINTRAXXXXXXXXZ) (SINTRAxxxxxxxxxZ)

POR LA JUNTA DIRECTIVA ELECTA PROVISIONAL

XXXX XXXXXX

C.I. xx.xxx.xxx

SECRETARIO GENERAL

XXXXX XXXXX

XXXX XXXXXO

C.I. xx.xxx.xxx

C.I. xx.xxx.xxx

SEC. DE ORGANIZACIÓN

SEC. FINANZAS

XXXX XXXXXXX

XXXXX XXXXXXX

C.I xx.xxx.xxx

C.I.XX.XXX.XXX

SEC. DE RECLAMOS

SEC. DE ACTAS Y CORR.

XXXXX XXXXXX

XXXXXXXX XXXXXXXXXXXX

C.I. xx.xxx.xxx

C.I. xx.xxx.xxx

SEC. FORM. Y DOCT.

SEC. CULT. Y DEP.

XXXXXXX XXXXXXXX

XXXXXX XXXXXXXX

C.I. xx.xxx.xxx

C.I. xx.xxx.xxx

VOCAL 1.

VOCAL 2.

Se debe acotar, que el acta de asamblea es un documento integro en todas sus partes, y que no conlleva puntos y apartes en toda su extensión, por lo que los redactores deben establecer todos los datos en corrido y sin espacios internos. Por otra parte, la ley no exige la presencia de una convocatoria, pero se sobre entiende que debe haber una antes de la celebración para establecer el cumplimiento de las disposiciones de publicidad relativas a los estatutos sociales.

SINDICATO XXXXXXX DE TRABAJADORES DE LA EMPRESA XXXXXXX XXXXXX XXXXXX DEL ESTADO ZULIA (SINTRAxxxxxxxxxZ)

CAPITULO PRIMERO

Articulo 1.- CONSTITUCION: La Organización Sindical estará constituida por todos aquellos trabajadores y trabajadoras con capacidad legal que deseen formar parte del mismo, se constituye el **SINDICATO XXXXXXX DE TRABAJADORES DE LA EMPRESA XXXXXXX XXXXXX XXXXXX DEL ESTADO ZULIA (SINTRAXXXXXXXXZ) (SINTRAxxxxxxxxxZ)** como sindicato de Primer Grado según el artículo 373 de la LOTTT (2012), de tipo empresa de conformidad con lo establecido en los artículos 371 Lit. "a" y 376 de la Ley Orgánica del Trabajo, los Trabajadores y las Trabajadoras, en lo sucesivo LOTTT.
Artículo 2.- DENOMINACIÓN: La Organización Sindicalse denomina **SINDICATO XXXXXXX DE TRABAJADORES DE LA EMPRESA XXXXXXX XXXXXX XXXXXX DEL ESTADO ZULIA (SINTRAXXXXXXXXZ) (SINTRAxxxxxxxxxZ).**
Articulo 3.- DOMICILIO: La Organización sindical **SINDICATO XXXXXXX DE TRABAJADORES DE LA EMPRESA XXXXXXX XXXXXX XXXXXX DEL ESTADO ZULIA (SINTRAXXXXXXXXZ) (SINTRAxxxxxxxxxZ)** tendrá como domicilio la siguiente ubicación,(la misma que aparece en el acta de asamblea).
Articulo 4.- OBJETO: Las organización sindical **SINDICATO XXXXXXX DE TRABAJADORES DE LA EMPRESA XXXXXXX XXXXXX XXXXXX DEL ESTADO ZULIA (SINTRAXXXXXXXXZ) (SINTRAxxxxxxxxxZ),** tiene el carácter permanente y tiene por objeto el estudio, defensa, desarrollo y protección del proceso social de trabajo, la protección y defensa de la clase trabajadora, del conjunto del pueblo, de la Independencia y Soberanía Nacional conforme a la Constitución de la República Bolivariana de Venezuela, así como la defensa y promoción de los intereses de sus afiliados y afiliadas. La organización sindical **SINDICATO XXXXXXX DE TRABAJADORES DE LA EMPRESA XXXXXXX XXXXXX XXXXXX DEL ESTADO ZULIA (SINTRAXXXXXXXXZ) (SINTRAxxxxxxxxxZ)** no estará sometida a

otros requisitos para su constitución y funcionamiento que los establecidos en Ley Orgánica del Trabajo, los Trabajadores y las Trabajadoras (en lo sucesivo LOTTT (2012) y los presentes Estatutos, a objeto de asegurar la mejor realización de sus funciones y garantizar los derechos de sus afiliados y afiliadas.

Articulo 5.- AMBITO: La Organización Sindical **SINDICATO XXXXXXX DE TRABAJADORES DE LA EMPRESA XXXXXXX XXXXXX XXXXXX DEL ESTADO ZULIA (SINTRAXXXXXXXXZ) (SINTRAxxxxxxxxxZ)** tendrá un ámbito de actuación en todo el territorio del Estado Zulia.

Artículo 6.- SINDICATO XXXXXXX DE TRABAJADORES DE LA EMPRESA XXXXXXX XXXXXX XXXXXX DEL ESTADO ZULIA (SINTRAXXXXXXXXZ) (SINTRAxxxxxxxxxZ) Las organizaciones sindicales de Trabajadores y
Trabajadoras tendrán las siguientes atribuciones y finalidades:

1. Garantizar la formación colectiva, integral, continua y permanente de sus afiliados y afiliadas para su desarrollo integral y el logro de una sociedad justa y amante de la paz basada en la valoración ética del trabajo.
2. Contribuir en la producción y distribución de bienes y servicios para la satisfacción de las necesidades del pueblo.
3. Ejercer control y vigilancia sobre los costos y las ganancias, para que los precios de los bienes y servicios producidos sean justos para el pueblo.
4. Promover entre sus afiliados la responsabilidad con las comunidades y el medio ambiente.
5. Proteger y defender los intereses de sus afiliados y afiliadas en el proceso social de trabajo.
6. Representar a sus afiliados y afiliadas en las negociaciones y conflictos colectivos de trabajo y, especialmente, en los procedimientos de conciliación, mediación y arbitraje.
7. Promover, negociar, celebrar, revisar y modificar convenciones colectivas de trabajo y exigir su cumplimiento.
8. Proteger y defender los derechos individuales y colectivos de sus afiliados y afiliadas, mejorando las condiciones materiales, morales e intelectuales y el interés supremo del trabajo como hecho social y proceso generador de riqueza para su justa distribución.
9. Representar y defender a los trabajadores y trabajadoras que lo soliciten, aunque no sean miembros de la organización sindical, en el ejercicio de sus derechos y la protección de sus intereses individuales o colectivos, en sus relaciones con el patrono o patrona y en los procedimientos administrativos. En el caso de los procedimientos judiciales podrán ejercer la representación de los trabajadores y trabajadoras, con la debida asistencia jurídica.

10. Supervisar y defender el cumplimiento de todas las normas destinadas a garantizar la seguridad social y el proceso social de trabajo, a los trabajadores y las trabajadoras, especialmente las de prevención, condiciones y medio ambiente de trabajo, las de construcción de viviendas para los trabajadores, las de creación y mantenimiento de servicios sociales y actividades sanas y de mejoramiento durante el tiempo libre.

11. Ejercer especial vigilancia para el fiel cumplimiento de las normas dirigidas a garantizar la igualdad de oportunidades, así como de las normas protectoras de la maternidad y la familia, menores y aprendices.

12. Crear fondos de socorro y de ahorro y cooperativas, escuelas industriales o profesionales, bibliotecas populares y clubes destinados al deporte y a la recreación o al turismo.

13. Realizar estudios sobre las características de la respectiva rama profesional, industrial o comercial o de servicios, costos y niveles de vida, educación, aprendizaje y cultura y, en general, sobre todas aquelas que les permita promover el progreso social, económico y cultural de sus agremiados; y presentar proposiciones a los Poderes Públicos para la realización de dichos fines.

14. Colaborar con las autoridades, organismos e institutos públicos en la preparación y ejecución de programas de mejoramiento social y cultural y en la capacitación técnica y colocación de los trabajadores.

15. Realizar campañas permanentes en los centros de trabajo para concientizar a los trabajadores en la lucha activa contra la corrupción, consumo y distribución de estupefacientes y sustancias psicotrópicas y hábitos dañinos para su salud física y mental,y para la sociedad.

16. Las que señalen sus estatutos o resuelvan sus afiliados y afiliadas, para el mejor logro de sus finalidades, en el marco de la Constitución y las leyes.

CAPITULO SEGUNDO
DE LOS PRINCIPIOS Y VALORES

Articulo 7.- El **SINDICATO XXXXXXX DE TRABAJADORES DE LA EMPRESA XXXXXXX XXXXXX XXXXXX DEL ESTADO ZULIA (SINTRAXXXXXXXXZ)** podrá unirse con cualquier otra organización sindical para la defensa de una causa justa, mediante acuerdos, sin comprometer de forma alguna su independencia y autonomía absoluta y su libertad de acción que siempre conservará, igualmente, podrá afiliarse o incorporarse a alguna federación o confederación, reservándose el derecho de separarse o desincorporarse cuando lo considere conveniente a sus intereses.

Articulo 8.- Este sindicato tendrá un carácter permanente, siempre y cuando tenga por lo menos Veinte (20) afiliados, según lo establecido en el Art. 376 de la LOTTT (2012), tanto para su constitución como para el pleno ejercicio de sus funciones. Sin embargo, esta Junta Directiva tendrá una duración provisional de Doce (12) meses a partir de la fecha de registro, luego de la cual estará obligada a realizar en pro de la democracia sindical, un proceso de elecciones sindicales por la base, descrito en los Estatutos Sociales de esta Organización, estableciéndose la alterabilidad de los y las integrantes de la Junta Directiva y representantes, mediante el sufragio universal directo, de conformidad con la Ley Orgánica del Trabajo, los Trabajadores y las Trabajadoras en sus artículos 399 y siguientes. Para la realización de estas elecciones sindicales se tomara en cuenta el proceso de elecciones establecido en los presentes Estatutos y Todas estas normas en materia de elecciones sindicales se apegan a las NORMAS PARA GARANTIZAR LOS DERECHOS HUMANOS DE LOS TRABAJADORES Y TRABAJADORAS EN LAS ELECCIONES SINDICALES, establecidas y publicadas en la Gaceta de la REPÚBLICA BOLIVARIANA DE VENEZUELA PODER ELECTORAL CONSEJO NACIONAL ELECTORAL RESOLUCIÓN N° 090528-0265 Caracas, 28 de mayo de 2009.

Articulo 9.- Este **SINDICATO XXXXXXX DE TRABAJADORES DE LA EMPRESA XXXXXXX XXXXXX XXXXXX DEL ESTADO ZULIA (SINTRAXXXXXXXXZ)** se constituye para representar y defender de manera autentica, genuina y amplia, los intereses y derechos generales o individuales de los trabajadores, a todo evento, bajo ninguna circunstancia la organización como tal ente, podrá simpatizar, ser militante o activista, en su proselitismo, político o religioso, conservando estrictamente en su función en la naturaleza del carácter sindical, en defensa de los derechos de los trabajadores.

CAPITULO TERCERO
DE LOS MIEMBROS

Artículo 10.- Podrán ser miembros del **SINDICATO XXXXXXX DE TRABAJADORES DE LA EMPRESA XXXXXXX XXXXXX XXXXXX DEL ESTADO ZULIA (SINTRAXXXXXXXXZ)** todos los trabajadores y trabajadoras que cumplan los presentes Estatutos, la LOTTT y su Reglamento, y presten sus servicios activos para la Entidad de trabajo **xxxxxx xxxxxxxxxxxx xxxxxxxxxxxxxx C.A.**, o como se le conozca en el futuro, directa o indirectamente del Estado Zulia, todo de conformidad a lo establecido en los articulo 45 y 46 de la LOTTT (2012), a este respecto, y en lo atinente a personas en situación de desempleo, pensionados, pensionadas, jubilados o jubiladas, podrán afiliarse a esta organización sindical de trabajadores de conformidad con el Articulo 370 de la LOTTT(2012), en lo que respecta a las entidades de trabajo, quienes deseen incorporarse al **SINDICATO XXXXXXX DE TRABAJADORES DE LA EMPRESA XXXXXXX XXXXXX XXXXXX DEL ESTADO ZULIA (SINTRAXXXXXXXXZ)** deberán:

1). Formular por escrito su solicitud y manifestar su voluntad de pertenecer a la organización sindical,

2). Gozar de buena conducta y aportar la cantidad de UNO POR CIENTO (1%) de sus salarios básicos semanales o mensuales por cada trabajador o trabajadora según sea el caso, pudiendo esta ser modificada con la aprobación de la Asamblea General de Miembros de conformidad con los presentes Estatutos y de conformidad a lo establecido en el Art. 359 de la LOTTT (2012).

Articulo 11.- Para ser miembro del **SINDICATO XXXXXXX DE TRABAJADORES DE LA EMPRESA XXXXXXX XXXXXX XXXXXX DEL ESTADO ZULIA (SINTRAXXXXXXXXZ)** es necesario presentar por escrito la solicitud de ingreso a alguno de los miembros de la Junta Directiva del Sindicato, la cual tendrá los siguientes datos: nombres y apellidos completos, cédula de identidad, nacionalidad, domicilio, edad, estado civil, salario, cargo, empresa, departamento al cual esté adscrito y otro dato que sea considerado de suma importancia.

Articulo 12.- La Junta Directiva responderá por escrito a toda solicitud de afiliación en un plazo no mayor de quince (15) días hábiles, contados a partir del día siguiente a la fecha de la solicitud, todo elo en cumplimiento a lo establecido en el art. 359 de la LOTTT (2012).

Articulo 13.- Pueden formar parte del **SINDICATO XXXXXXX DE TRABAJADORES DE LA EMPRESA XXXXXXX XXXXXX XXXXXX DEL ESTADO ZULIA (SINTRAXXXXXXXXZ) (SINTRAxxxxxxxxxZ),** y participar en la dirección y administración del mismo, todos aquellos trabajadores que hubieren cumplido dieciocho (18) años y los menores de dieciocho (18) años, pero mayores de catorce (14) años, según lo previsto en los artículos 84, 100 y 101 de la Ley Orgánica para la Protección del Niño, Niña y del Adolescente (LOPNNA), en concordancia con lo establecido en el Articulo 78 de la Constitución de la República Bolivariana de Venezuela.

Artículo 14.- Por el solo hecho de solicitar el ingreso al **SINDICATO XXXXXXX DE TRABAJADORES DE LA EMPRESA XXXXXXX XXXXXX XXXXXX DEL ESTADO ZULIA (SINTRAXXXXXXXXZ)** se entiende que el solicitante acepta en su integridad los presentes Estatutos, de ser admitido como miembro, y queda sujeto a ellos.

Artículo 15.- **Son deberes de los miembros**:

Todo trabajador afiliado o trabajadora afiliada a esta organización sindical tiene el derecho a participar, ser consultado o consultada, y a decidir, a través de la asamblea general, el referéndum o cualquier otro mecanismo establecido en los estatutos a tal efecto, en relación a:

a) La modificación de estatutos.

b) La remoción o sustitución de los y las integrantes de la junta directiva.

c) La rendición de cuentas sobre la administración de los fondos sindicales.

d) La presentación de un proyecto de convención colectiva de trabajo o la celebración de la convención colectiva de trabajo.

e) La introducción de un pliego de peticiones o para acordar su cierre;

f) La declaración o suspensión de un conflicto colectivo.

g) La fusión, disolución o liquidación de la organización sindical.

h) Cualquier acto cuya decisión involucre al colectivo de los afiliados y las afiliadas a la organización sindical.

Artículo 16.- Son derechos de los miembros de la organización SINDICATO XXXXXXX DE TRABAJADORES DE LA EMPRESA XXXXXXX XXXXXX XXXXXX DEL ESTADO ZULIA (SINTRAXXXXXXXZ)

a) Ser amparado por la organización sindical y gozar de todos los beneficios que conquiste el sindicato.

b) Intervenir en las deliberaciones de las asambleas generales, con derecho a voz y voto.

c) Elegir y ser elegido para integrar la Junta Directiva, Tribunal Disciplinario y comisiones que se nombren, salvo las restricciones contempladas en estos estatutos.

d) Ser representado, asistido y asesorado por la Junta Directiva en los asunto de su interés, y en todo cuanto permitan estos Estatutos y las leyes, especialmente en los procedimientos sean estos laborales o no, ante el Registro Nacional de Organizaciones Sindicales, la Inspectoría o Tribunales del trabajo de la jurisdicción donde este inscrita la organización.

e) Ser escogido por la Junta Directiva para representar a la organización sindical en actos públicos, reuniones y eventos de Federaciones y Confederaciones.

f) Defenderse ante las asambleas, Tribunal Disciplinario o ante la Junta Directiva, cuando sea objeto de acusaciones o investigaciones.

g) Desafilarse voluntariamente, cuando así lo desee, mediante solicitud escrita dirigida a la Junta Directiva.

h) Tendrá además los derechos que a tal efecto le acuerden los presentes Estatutos y las disposiciones legales y reglamentarias que le fueren aplicables.

i) Todo trabajador afiliado o trabajadora afiliada a la organización sindical tiene el derecho a participar, ser consultado o consultada, y a decidir, a través de la Asamblea General, el Referéndum o cualquier otro mecanismo establecido en los estatutos a tal efecto, en relación a:

a) La modificación de Estatutos.
b) La remoción, sustitución o cambio de cargo de los y las integrantes de la Junta Directiva.
c) La rendición de cuentas sobre la administración de los fondos sindicales.
d) La presentación de un proyecto de convención colectiva de trabajo o la celebración de la convención colectiva de trabajo.
e) La introducción de un pliego de peticiones o para acordar su cierre;
f) La declaración o suspensión de un conflicto colectivo.
g) La fusión, disolución o liquidación de la organización sindical.
h) La afiliación o desafiliación del Sindicato a una Federación o Confederación de Trabajadores.
i) Cualquier acto cuya decisión involucre al colectivo de los afiliados y las afiliadas a la organización sindical, todo de conformidad con el Artículo 394 de la LOTTT (2012).

PARAGRAFO UNICO: Todos los afiliados y todas las afiliadas a la organización sindical **SINDICATO XXXXXXX DE TRABAJADORES DE LA EMPRESA XXXXXXX XXXXXX XXXXXX DEL ESTADO ZULIA (SINTRAXXXXXXXXZ)** tienen el derecho a elegir y reelegir a sus representantes sindicales, así como a postularse y ser elegidos o elegidas como tal, en condiciones de igualdad y sin discriminación alguna. El incumplimiento por parte de los afiliados y afiliadas a los aportes o cuotas sindicales no impedirá el derecho al sufragio. Los trabajadores afiliados y las trabajadoras afiliadas a una organización sindical, tienen derecho a ser representados y representadas en la negociación colectiva por directivos y directivas sindicales que hayan sido designados y designadas mediante un proceso electoral libre y democrático de conformidad con el artículo 394 y 396 de la LOTTT (2012) y los presentes Estatutos.

Articulo 17.- La condición de ser miembro se pierde cuando ocurra uno de los siguientes supuestos:

a) Por renuncia escrita expresa del trabajador agremiado o por emitir su decisión públicamente en la realización de la asamblea general.
b) Por hacerse indigno de pertenecer al sindicato o por no cumplir con sus obligaciones.
c) Por realizar actos contrarios a los intereses de la organización sindical **SINDICATO XXXXXXX DE TRABAJADORES DE LA EMPRESA XXXXXXX XXXXXX XXXXXX DEL ESTADO ZULIA (SINTRAXXXXXXXXZ)** y a los justos derechos e intereses de los miembros del mismo.

d) Por participar, propiciar o actuar en actos inmorales que atenten contra las buenas costumbres o la familia, o en detrimento de la imagen del Sindicato.
e) Por no ejercer las atribuciones que le fueran conferidas por la Junta Directiva y la Asambleas General de miembros.
f) Por apropiarse de bienes del Sindicato.
g) Por ingresar a otro Sindicato dentro de la empresa, con igual objeto o incompatible.
h) La condición de miembro también se perderá por culminación de la relación de trabajo, al cumplirse tres (3) meses consecutivos de la separación de la respectiva entidad de trabajo XXX XXXXXXXXXXX XXXXXXXXXXXXXXX **C.A.**, o como se le conozca en el futuro,

Articulo 18.- En el supuesto que algún miembro incurriere en alguna o algunas de las causas indicadas en el artículo anterior, a excepción de las indicadas en el literal a), éste será inmediatamente sometido a investigación por el Tribunal Disciplinario, quien después de analizar el caso planteado, y oír al investigado, decidirá si procede o no la separación del miembro o su respectiva sanción disciplinaria, todo de conformidad con estos Estatutos de acuerdo a lo establecido con el artículo 398 de la LOTTT (2012).

Articulo 19.- Todo miembro saliente de forma definitivamente firme, sea cual fuere la causa de su separación, le pone término a toda relación de hecho y de derecho con la organización sindical y en consecuencia, no podrá hacer valer respecto a él, ningún derecho aún cuando este hubiere creado instituciones de carácter social de conformidad con el articulo 398 literal (e) de la LOTTT (2012).

CAPITULO CUARTO
DE LA JUNTA DIRECTIVA

Articulo 20.- La organización sindical **SINDICATO XXXXXXX DE TRABAJADORES DE LA EMPRESA XXXXXXX XXXXXX XXXXXX DEL ESTADO ZULIA (SINTRAXXXXXXXZ)** será dirigida y administrada por una Junta Directiva integrada por Siete (7) Miembros Principales, y Dos (2) vocales, siendo todos elegidos y aprobados en Asamblea General de miembros agremiados, basándose para elo en principios democráticos. La elección de los miembros se hará mediante el sufragio universal, directo y secreto. Los miembros de la Junta Directiva durarán en sus funciones un período de tres (3) años, pudiendo ser reelegidos en sus cargos o no, a voluntad de la Mayoría de los Miembros de la Organización en el proceso de elecciones sindicales. Así mismo, serán removidos de sus cargos en su totalidad o en parte antes del vencimiento de sus respectivos de acuerdo a lo que rezan los presentes Estatutos, a petición de la Asamblea General de Trabajadores con Mayoría simple (50%+1 de los miembros afiliados) o por Referéndum Revocatorio convocado a tales efectos según el procedimiento establecido en la LOTTT y en los presentes Estatutos, tomando las siguientes consideraciones:

a) Para la elección de los miembros de la Junta Directiva se elegirá una Comisión Electoral Sindical en Asamblea General Extraordinaria de Trabajadores, y cesará en sus funciones una vez concluido el proceso.
b) Estas normas en materia de elecciones sindicales se apegan a las NORMAS PARA GARANTIZAR LOS DERECHOS HUMANOS DE LOS TRABAJADORES Y TRABAJADORAS EN LAS ELECCIONES SINDICALES, establecidas y publicadas en la Gaceta de la REPÚBLICA BOLIVARIANA DE VENEZUELA PODER ELECTORAL CONSEJO NACIONAL ELECTORAL RESOLUCIÓN N° 090528-0265 Caracas, 28 de mayo de 2009.

Articulo 21.- Los siete (7) primeros miembros de la Junta Directiva de la Organización Sindical, gozarán del fuero sindical a que se refiere al artículo 419 numeral (3) de la Ley Orgánica del Trabajo, los Trabajadores y las Trabajadoras, el lapso de duración de ese fuero será desde la fecha de su elección, y el mismo se extenderá hasta tres (3) meses después de vencido el tiempo para el cual fueron electos o electas, revocados o revocadas, removidos o removidas de su nombramiento.

Articulo 22.- La Junta Directiva de la organización sindical estará integrada por los siguientes secretarios: Secretario General, Secretario de Organización, Secretario de Finanzas, Secretario de Reclamos, Secretario de Actas y Correspondencia, Secretario de Formación y Doctrina, Secretario de Cultura y Deportes, y dos (2) Vocales que lenaran las faltas absolutas o temporales de los miembros principales de la Junta Directiva, a excepción de la ausencia del Secretario General, que será suplido por el Secretario que designe la Junta Directiva, y aprobada en Asamblea General Extraordinaria de Trabajadores convocada con ese solo propósito, de conformidad con los Estatutos, en ausencia definitiva de éste.

Artículo 23.- La Junta Directiva deberá reunirse por lo menos una vez cada treinta (30) días, con el objeto de considerar todos los asuntos que sean planteados. De cada reunión de la Junta Directiva se levantará un acta, en la cual se indicará la fecha de la reunión, lugar de celebración, así como un extracto de las deliberaciones efectuadas y de los acuerdos tomados, la referida acta será firmada por el Secretario General y el Secretario de Actas y Correspondencia. El quórum reglamentario para instalar las reuniones de Junta Directiva será la mitad más uno de sus miembros. Y las decisiones se tomarán por el voto favorable de la mitad mas uno de los presentes.

Articulo 24.- La Junta Directiva actuará en nombre y representación de la organización sindical, es decir, la comprometerá como tal ente o persona jurídica, y velará por el fiel cumplimiento de las disposiciones de la LOTTT, de estos Estatutos, de las Convenciones Colectivas de trabajo, y las demás normas aplicables a las relaciones de trabajo. Está obligada a cumplir y hacer cumplir las decisiones y acuerdos de las asambleas y las suyas propias: y, en general, tiene a su cargo hacer todo lo posible a los fines de alcanzar los objetivos fundamentales perseguidos por la asociación sindical.

Articulo 25.- Los presentes Estatutos establecen la revocatoria del mandato de la Junta Directiva de esta organización sindical mediante referéndum el cual no podrá ser convocado antes de que haya transcurrido más de la mitad del período para el cual fue electa. En caso de resultar aprobada la revocatoria, la Comisión Electoral del proceso refrendario convocará dentro de los quince días siguientes a la asamblea general para la designación de la comisión electoral sindical. En caso de que la comisión electoral del proceso refrendario no convocare a la asamblea en el lapso previsto, ésta será convocada por la Juez o Jueza en materia electoral a petición de los afiliados y afiliadas

Artículo 26.- Para ser miembro de la Junta Directiva de la organización sindical se requiere llenar los siguientes requisitos:

a) Ser mayor de dieciocho (18) años. Los menores de dieciocho (18) años, pero mayores de catorce (14) años, según lo previsto en los artículos 84,100 y 101 de la Ley Orgánica para la Protección del Niño y del Adolescente (LOPNNA).
b) Ser miembro activo de la organización sindical.

Artículo 27.- Son atribuciones de la Junta Directiva:

a) Cumplir y hacer cumplir todo lo dispuesto en los presentes Estatutos, los acuerdos y resoluciones emanados en las asambleas generales ordinarias y extraordinarias, así como hacer que cada miembro le dé cabal cumplimiento a los Estatutos, acuerdos y resoluciones mencionados.
b) Realizar todas las gestiones que fueren necesarias para lograr soluciones favorables, a los problemas de trabajo que afecten a los miembros agremiados, así como buscar las soluciones más favorables a los conflictos colectivos que pudieran presentar.
c) Hacer todo cuanto esté a su alcance para el logro de los mejores beneficios para los miembros agremiados, mediante la celebración de convenciones colectivas de trabajo.
d) Realizar las afiliaciones de nuevos miembros siempre y cuando estos cumplan con los requisitos exigidos para pertenecer al Sindicato.

e) Designar y remover con entera libertad los servicios profesionales externos, los cuales se manejaran en este último caso, siempre mediante la figura de honorarios profesionales, y por ningún respecto serán empleados del Sindicato, ya que cumplirán con las condiciones acordadas en el contrato que al afecto se suscriba. Dichos nombramientos y remociones los decidirán conjuntamente, el Secretario General, el Secretario de Organización y el Secretario de Finanzas, con la aprobación de la Asamblea de Trabajadores.
f) Presentar a la Asamblea Ordinaria de miembros cada vez que ésta se reúna, por órgano del Secretario de Finanzas, una relación detallada de los ingresos y egresos de la asociación sindical con sus respectivos soportes.
g) Remitir al Registro Nacional de Organizaciones Sindicales, o el órgano Administrativo designado para recibir tales documentos en la Jurisdicción donde esté registrado el sindicato, la copia de la relación o informes a que se refiere el literal anterior dentro de los tres primeros (3) meses de cada año y la relación detallada de los ingresos y egresos de la asociación sindical avalado por los trabajadores reunidos en asamblea, otra copia debe ser colocada en sitio visible para que la puedan examinar los afiliados a la asociación sindical, por lo menos desde quince (15) días antes de la fecha en que debe ser presentada a la asamblea correspondiente de conformidad con los Estatutos y el articulo 388 numeral 2.
h) Nombrar los asesores técnicos, contables o laborales que considere necesarios y al Jefe de Reclamos.
i) Suministrar a los funcionarios competentes del trabajo las informaciones que les fueran solicitadas con relación a sus obligaciones legales.
j) Comunicar al Registro Nacional de Organizaciones Sindicales o el órgano Administrativo designado para recibir tales documentos en la Jurisdicción donde esté registrado el sindicato, dentro de los treinta (30) días siguientes, las modificaciones introducidas en los Estatutos y acompañar copias autenticas de los documentos correspondientes.
k) Remitir dentro de los primeros tres (3) meses de cada año al Registro Nacional de Organizaciones Sindicales o el órgano Administrativo designado para recibir tales documentos en la Jurisdicción donde esté registrado el sindicato, la nomina completa de sus afiliados y afiliadas, con las indicaciones señaladas en los literales precedentes de conformidad con el articulo 388 numeral 3 de la LOTTT (2012).

l) Comunicar al Registro Nacional de Organizaciones Sindicales o el órgano Administrativo designado para recibir tales documentos en la Jurisdicción donde esté registrado el sindicato, el acta de totalización, adjudicación y proclamación de la Junta Directiva emanada de la Comisión Electoral de la Organización sindical así como los cambios que se realicen en la composición de la Junta Directiva dentro de los treinta (30) días siguientes a la emisión de la misma de conformidad con el articulo 388 numeral 4 de la LOTTT (2012).
m) Comunicar al Registro Nacional de Organizaciones Sindicales o el órgano Administrativo designado para recibir tales documentos en la Jurisdicción donde esté registrado el sindicato, dentro de los treinta (30) días siguientes, la decisión de disolver y liquidar la organización sindical de acuerdo a lo establecido en los presentes Estatutos y acompañar copias autenticas de los documentos correspondientes de conformidad con el articulo 388 numeral 5 de la LOTTT (2012).
n) Tendrá además todas las atribuciones que le confiera estos Estatutos, la LOTTT y su Reglamento.

Son limitaciones de la Junta Directiva: La organización **SINDICATO XXXXXXX DE TRABAJADORES DE LA EMPRESA XXXXXXX XXXXXX XXXXXX DEL ESTADO ZULIA (SINTRAXXXXXXXZ)** tiene derecho a efectuar sus propios procesos electorales, sin más limitaciones que las establecidas en sus Estatutos y en la Ley. La no convocatoria a elecciones sindicales por parte de los integrantes de la Junta Directiva a la que se le haya vencido el período para la cual fue electa es contraria a la ética sindical, al ejercicio de la democracia sindical y a lo establecido en la Constitución de la República Bolivariana de Venezuela. Los y las integrantes de la Junta Directiva que integran esta organización sindical y cuyo período haya vencido de conformidad con esta Ley y en los Estatutos, no podrán realizar, celebrar o representar a la organización sindical en actos jurídicos que excedan la simple administración, por tal razón, no podrán presentar, tramitar, ni acordar convenciones colectivas de trabajo, pliegos de peticiones con carácter conciliatorio o conflictivo ni actas convenio. La organización sindical **SINDICATO XXXXXXX DE TRABAJADORES DE LA EMPRESA XXXXXXX XXXXXX XXXXXX DEL ESTADO ZULIA (SINTRAXXXXXXXZ)** no podrá sustituir a los integrantes de la junta directiva por mecanismos distintos a los establecidos en los presentes Estatutos Sociales, y a los formalismos y métodos establecidos en estos ellos, tampoco modificar el articulado Estatutario para prorrogar el periodo de la Junta Directiva. Esta disposición no es aplicable cuando el vencimiento del periodo de la Junta Directiva ocurra en el curso de un proceso electoral para la elección de una nueva, ó posterior al inicio de la tramitación de una Convención Colectiva de Trabajo, o un pliego de peticiones, de conformidad con el artículo 402 de la LOTTT (2012).

Artículo 28.- Son atribuciones del Secretario General:

a) Ejercer la representación de la asociación sindical ante otras organizaciones sindicales, federaciones y confederaciones sindicales y ante cualquier autoridad pública y privada, sea judicial o administrativa, y en fin ante cualquier tercero.
b) Convocar y presidir las reuniones de la Junta Directiva.
c) Convocar y presidir, las Asambleas Generales Ordinarias y Extraordinarias.
d) Vigilar el cabal cumplimiento de los presentes Estatutos, los acuerdo s de las asambleas y las resoluciones de la Junta Directiva.
e) Velar por una sana administración y el buen funcionamiento de la organización sindical.
f) Controlar, supervisar y respaldar el trabajo de todos los secretarios integrantes de la Junta Directiva.
g) Suscribir conjuntamente con el Secretario de Actas y Correspondencia, las actas tanto de las reuniones de la Junta Directiva como de las Asambleas Generales, Ordinarias y Extraordinarias.
h) Abrir, cerrar y movilizar las cuentas bancarias, conjuntamente con él con el Secretario de Organización y Secretario de Finanzas, y firmar los cheques y todas las órdenes de pago que emita la asociación sindical.
i) Firmar conjuntamente con el Secretario de Organización las credenciales o carné de los miembros de la asociación sindical.
j) Redactar toda la correspondencia de la organización sindical que se apruebe en las reuniones de la Junta Directiva y firmarlas conjuntamente con el Secretario de Actas y Correspondencia y el Secretario de Organización.
k) Suministrar conjuntamente con el Secretario de Organización al Registro Nacional de Organizaciones Sindicales o el órgano Administrativo designado para recibir tales documentos en la Jurisdicción donde esté registrado el sindicato, todas las informaciones que fueren necesarias y requeridas de acuerdo a lo estipulado en estos Estatutos y muy en especial en lo dispuesto en el artículo 415 de la LOTTT (2012).
l) Las demás acciones que les sean encomendadas por las asambleas.

m) Decidir con el Secretario de Organización y el Secretario de Finanzas la designación y remoción de los servicios profesionales externos para luego esta, sea aprobada por la Asamblea General de miembros Extraordinaria.
n) Discutir con la empresa o con los representantes del patrono, las Convenciones Colectivas y firmarlas en unión con el resto de la Junta Directiva.

Artículo 29.- Son atribuciones del Secretario de Organización:

a) Abrir, cerrar y movilizar las cuentas bancarias, conjuntamente con el Secretario General y con el secretario de Finanzas, y firmar los cheques y todas las órdenes de pago que emita la organización sindical.
b) Firmar conjuntamente con el Secretario General, para las credenciales o carnets de los miembros de la asociación sindical.
c) Organizar el funcionamiento de la Organización sindical.
d) Suministrar conjuntamente con el Secretario General, al Registro Nacional de Organizaciones Sindicales o el órgano Administrativo designado para recibir tales documentos en la Jurisdicción donde esté registrado el sindicato, todas las informaciones que fueren necesarias y requeridas de acuerdo a lo estipulado en estos estatutos y muy en especial en lo dispuesto en el Articulo 415 de la LOTTT (2012).
e) Elaborar y levar un control estadístico de todos los miembros del sindicato, con la indicación precisa de las especificaciones a que hace referencia el articulo 397 y 398 de la LOTTT (2012); y, dejando en el mismo constancia de los motivos de retiro de algún afiliado.
f) Cumplir y hacer cumplir las disposiciones emanadas de la Asamblea General de Miembros y de los presentes Estatutos.
g) Atender y evacuar en el menor tiempo posible las consultas que sobre asuntos relacionados con el trabajo, convenciones colectivas de trabajo y la LOTTT le formulen a los miembros de la asociación sindical u otro trabajador.
h) Gestionar la solución favorable de los conflictos de trabajo en que sean parte los miembros agremiados de la organización sindical.
i) Solicitar la intervención de las autoridades administrativas del trabajo en los casos de violaciones de la LOTTT, su reglamento, los presentes Estatutos y las Convenciones Colectivas de trabajo.
j) Asistir y representar a los miembros de la asociación sindical, individual o colectivamente, en todos los asuntos que le puedan ocurrir por ante los órganos administrativos del trabajo, institutos autónomos y corporaciones de carácter público o privado y para

ante cualesquiera persona jurídicas públicas o privadas, así como judiciales, sean de índole laboral o no.

k) Asistir y representar a los miembros de la organización sindical en la elaboración y discusión de convenciones colectivas de trabajo y en todas las reclamaciones y asuntos de carácter laboral ante cualquier organismo administrativo deltrabajo.
l) Redactar toda la correspondencia de la organización sindical que se apruebe en las reuniones de la Junta Directiva y firmarlas conjuntamente con el Secretario de Actas y Correspondencia y el Secretario General.

Artículo 30. Son atribuciones del Secretario de Finanzas:

a) Recibir las cuotas ordinarias y extraordinarias de los miembros de la organización sindical y cualquier otra cantidad que ingrese a las finanzas del sindicato.
b) Abrir, cerrar y movilizar las cuentas bancarias, conjuntamente con el Secretario General y el Secretario de Organización, y firmar los cheques y todas las órdenes de pago que emita la asociación sindical.
c) Administrar de la forma más escrupulosa y transparente los fondos de la organización sindical.
d) Llevar la contabilidad de la organización sindical, a tal efecto levará un libro de ingresos y egresos diarios, un libro de inventario, un libro de balance general y un archivo de comprobantes de caja y demás documentos relacionados con las finanzas del sindicato.
e) Realizar la notificación formal a los afiliados del monto de las cuotas extraordinarias, cuando las mismas hayan sido aprobadas por la Asamblea General de Miembros, así como hacer del conocimiento a los nuevos afiliados del monto de la cuota ordinaria.
f) Presentar a la Junta Directiva, dentro de los primeros tres (3) meses de cada año, un informe sobre las cuentas de administración, con indicación del número de miembros afiliados durante el periodo anterior y el numero de cuotas ordinarias y extraordinarias aportadas y un informe pormenorizado de la situación financiera, con la cuenta detallada y balance de los fondos de la asociación sindical, a los fines que se pueda cumplir con lo estipulado en el Articulo 414 y 415 de la LOTTT. La Copia de este informe será colocada en la cartelera de la organización sindical con quince (15) días de anticipación a la celebración de dicha asamblea.

g) Decidir con el Secretario General la designación y remoción de los servicios profesionales externos, para que luego esta sea aprobada por la Asamblea General de Miembros.
h) Llevar el control de la caja chica del Sindicato, en la cual no podrá mantener una cantidad que exceda las Veinte (20) UT.

Artículo 31.- Son Atribuciones del Secretario de Reclamos:

a) Asistir y atender, individual o colectivamente, a los miembros del sindicato, ante la Inspectoría del Trabajo.
b) Discutir con la empresa o con los representantes del patrono, las Convenciones Colectivas y firmarlas en unión del Secretario General, por ante la Inspectoría del Trabajo.
c) Supervisar el cumplimiento de las cláusulas contractuales.
d) Vigilar el funcionamiento de los comités de Higiene y Seguridad.
e) Fijar la hora para atender los reclamos de los trabajadores, relativos a su cargo en el sindicato.

Artículo 32.- Son atribuciones del Secretario de Actas y Correspondencia:

a) Redactar, asentar en el libro y firmar en unión con el Secretario General las actas de las asambleas ordinarias y extraordinarias, y de las reuniones de la Junta Directiva una vez aprobadas.
b) Dar lectura, en las asambleas y en las reuniones de la Junta Directiva, las actas de las asambleas y reuniones anteriores.
c) Dar lectura en las reuniones de la Junta Directiva, a las correspondencias de otras organizaciones sindicales, entidades de trabajo, afiliados o personas.
d) Recibir y verificar la correspondencia que lega al sindicato.
e) Redactar toda la correspondencia de la organización sindical que se apruebe en las reuniones de la Junta Directiva y firmarlas conjuntamente con el secretario General y secretario de Organización.
f) Mantener comunicación frecuente e intercambio de ideas con otras organizaciones sindicales

Artículo 33.- Son deberes del Secretario de Formación y Doctrina:
a) Dar la más alta publicidad a los acuerdos y resoluciones de las asambleas generales y la Junta Directiva.
b) Fomentar la creación y difusión de periódicos y revistas, órganos del Sindicato.

c) Velar por el desarrollo profesional y sindical de los miembros de la Junta Directiva y afiliados.
d) Procurar dentro de la Organización Sindical la guía Doctrinaria Socialista para el fortalecimiento del espíritu de lucha social que debe imperar en cada afiliado del **SINDICATO XXXXXXX DE TRABAJADORES DE LA EMPRESA XXXXXXX XXXXXX XXXXXX DEL ESTADO ZULIA (SINTRAxxxxxxxxxZ).**
e) Fomentar el Pensamiento Robinsoniano y Zamorano dentro de la Organización sindical y afiliados como fuente de principios y valores laborales de conformidad con el artículo 17 de la Novísima LOTTT (2012).

Artículo 34.- Son deberes del Secretario de Cultura y Deportes :

a) Disponer de todo lo necesario para una mejor capacitación profesional de los afiliados.
b) Organizar la creación de la biblioteca del sindicato y cuidar de su buen funcionamiento.
c) Organizar la cultura de los afiliados por medio de charlas, cursos de capacitación, conferencias, circulares, actos culturales, salones de recreo, edición de folletos y todo lo que tiende a la culturización del trabajador.
d) Desarrollar e incrementar las actividades deportivas y recreativas.
e) Fomentar con los trabajadores los intercambios culturales y deportivos.
f) Coordinar junto con el secretario General y el Secretario de Organización la solicitud de dotación y el cumplimiento de tales condiciones en las entidades de trabajo donde esta Organización Sindical tenga afiliados, para la práctica de las disciplinas deportivas que sean necesarias.

Artículo 35.- Son deberes de los Vocales:

a) Suplir las faltas temporales o permanentes de los secretarios.
b) Cumplir y hacer cumplir los presentes Estatutos, los acuerdos de las asambleas, las resoluciones de la Junta Directiva y cualquier trabajo que le asigne la Junta Directiva en representación de ésta, en cualquier centro de trabajo o entidad en la cual tenga afiliados el Sindicato.

CAPITULO QUINTO
DE LAS ASAMBLEAS GENERALES

Articulo 36.- La suprema autoridad de la organización sindical reside en la Asamblea General de los miembros agremiados, constituida legalmente y con arreglo a lo estipulado en estos Estatutos y en la LOTTT.
Articulo 37.- Las asambleas generales de miembros, podrán ser ordinarias o extraordinarias. Las ordinarias se celebraran anualmente, y las extraordinarias en cualquier fecha del año, cuando las circunstancias así lo requieran, para tratar cuestiones de urgencia, o cuando el Secretario General así lo juzgue conveniente.
Articulo 38.- Las Asambleas Generales de miembros, tanto Ordinarias como Extraordinarias, serán convocadas por el Secretario General. Las Asambleas Generales Extraordinarias podrán ser convocadas cuando así lo decidan o soliciten, por lo menos el Diez por ciento (10%) del total de los miembros agremiados, por ante cualquier miembro de la Junta Directiva.
En este último caso, los Miembros de la Junta Directiva designados, deberán convocar a la Asamblea General Extraordinaria dentro de los dos (2) días hábiles siguientes a la fecha de haberse recibido la correspondiente solicitud.
Articulo 39.- Las Asambleas Generales de miembros ordinarias, se convocaran por cinco (05) días hábiles de anticipación, por lo menos, a la fecha de su celebración, La convocatoria podrá hacerse por la prensa, por notificación personal o por circular colocadas en las carteleras de la sede de la empresa y hasta mediante el uso de correos o cualquier medio electrónicos, como pagina Web del sindicato o red social a nombre de la misma. En la convocatoria se indicará el sitio de reunión, hora y fecha de celebración, y los puntos a tratar. Así mismo la Asamblea Extraordinaria se convocará con por lo menos, cuarenta y ocho (48) horas de anticipación, cumpliendo los mismos requisitos de la convocatoria.

Articulo 40.- En cada Asamblea General de miembros agremiados, solo se trataran los asuntos para la cual fue convocada.

Artículo 41.- Para que las Asambleas Generales Ordinarias o Extraordinarias de miembros se consideren válidamente constituidas se requiere que esté presente en elas la mitad más uno de los miembros agremiados. Si no se obtiene este quórum, podrá convocarse a una segunda reunión, para ese mismo día, la cual se constituirá con el número de miembros que concurran, siempre que no sea menor al veinte por ciento (20%) del total de los miembros afiliados a la asociación sindical, todo de acuerdo al Artículo 389 de la Ley Orgánica del Trabajo, los Trabajadores y las Trabajadoras.

Articulo 42.- Para la validez de las resoluciones, acuerdos y decisiones tomadas en las Asambleas Generales, es necesario cumplir estrictamente con los requisitos siguientes:

a) Que las asambleas hayan sido convocadas con las formalidades establecidas en los artículos 37 a 40 de los presentes Estatutos.
b) Que se encuentren presentes en ela la mitad mas uno de los miembros del sindicato, sin embargo, en la primera reunión no se obtuviere el indicado quórum, deberá convocarse con las mismas formalidades que la primera, a una segunda reunión, la cual podría considerarse válidamente constituida, cuando concurran un número de socios no menor al veinte por ciento (20%) del total de agremiados del sindicato.
c) Que las resoluciones, acuerdos y decisiones sean aprobadas, por la mitad mas uno de los miembros presentes.
d) Que se levante el acta de la respectiva asamblea, que contendrá todos los requisitos establecidos en los artículos 37 al 43 de estos Estatutos.

Articulo 43.- De cada Asamblea General de miembros, tanto Ordinaria como Extraordinaria, se levantará la correspondiente acta, la cual deberá estar firmada por el Secretario General y el Secretario de Actas y Correspondencia, a los efectos de su autenticidad. Dicha acta deberá expresar el número de miembros concurrentes a la asamblea, un extracto de las deliberaciones y el texto de las decisiones aprobadas, así como las firmas de todos los asistentes.

Artículo 44.- REGLAS DE PARTICIPACION DE LOS MIEMBROS EN LAS ASAMBLEAS: Los Miembros activos y solventes que no puedan asistir a la Asamblea por motivos justificados, podrán hacerse representar por otro Miembro de la Organización debiendo conferirle la representación por escrito, la cual consignará su representante en la Asamblea por ante la Junta Directiva del Sindicato. Para los efectos de Votación no se computará el Voto de los Miembros Ausentes y el Debate se regirá por los siguientes requisitos:

a) Toda Moción para ser discutida y votada requerirá además del apoyo del Proponente, el otro Miembro Activo y Solvente presente en la Asamblea.
b) Toda Moción se considerará Nula y la Proposición Vetada, si al votarla por Tercera (3) y después de empata sucesivo, resulta empatada nuevamente.
c) Toda Moción se considerará aprobada cuando obtenga la Mayoría Relativa de los Votos favorables.

d) Cada Miembro podrá intervenir sol o Tres (3) veces sobre un mismo tópico en discusión, excepto cuando sea autor de la Moción, en cuyo caso podrán intervenir hasta Cuatro (4) veces, a menos que la Asamblea resuelva declarar el asunto de Libre Debate.
e) El debate será dirigido y presidido por el Secretario General del Sindicato, quien lamará al Orden a la Asamblea o al Miembro que estando en el uso de la palabra de haya salido del tema que se esté tratando.
f) Todo Miembro que desee hacer uso de la palabra, la solicitará al Secretario General, quien lo anotará y concederá el derecho de palabra por riguroso turno.
g) Todos los Miembros de la Organización observarán la más completa disciplina y orden en la Asamblea, no se permitirá el consumo de Bebidas Alcohólicas durante la realización de la Asamblea, así como tampoco se permitirá la participación en la Asamblea de Miembros en estado de Embriaguez. Aquellos Miembros que incurran en violación de esta Norma podrán, a consideración de la Junta Directiva, ser pasados al Tribunal Disciplinario de la Organización, para que este organismo instruya el Expediente respetivo y sancione de conformidad con los presentes Estatutos.

Artículo 45.- La Asamblea General de miembros tiene por objeto:

a) Deliberar sobre los asuntos para lo cual fueron convocados.
b) Examinar y aprobar los informes financieros y otros informes que le presente a la Junta Directiva y nombrar una comisión de miembros para que revise estos informes y soliciten convocar, de ser necesario, a una asamblea extraordinaria.
c) Nombrar, remover o revocar a los miembros de la Junta Directiva, de acuerdo a lo estipulado en estos estatutos y en la Ley Orgánica del Trabajo, los Trabajadores y las Trabajadoras.
d) Resolver sobre la disolución y liquidación de la asociación sindical.
e) Modificar y reformar total o parcialmente los presentes estatutos.
f) Decidir sobre el destino de los fondos, bienes y activos de la asociación sindical en caso de disolución y liquidación del mismo.
g) Las asambleas generales trataran sobre los puntos señalados en los artículos 37, 38, 39, 40 y 41 de los presentes estatutos.

CAPITULO SEXTO
REGIMEN ECONOMICO

Articulo 46.- Las finanzas o fondos del sindicato se formaran con las contribuciones ordinarias y extraordinarias que, obligatoriamente, aportarán sus miembros, y por las demás contribuciones que voluntariamente hicieren éstos y terceras personas o instituciones de conformidad con lo estipulado en la Novísima Ley Orgánica del Trabajo, los Trabajadores y las Trabajadoras en su artículo 411 y siguientes.

Articulo 47.- Cada miembro contribuirá al sostenimiento del Sindicato con una cuota ordinaria que será del Uno por ciento (1%) de su básico semanal, quincenal o mensual, según sea el caso, mientras sea miembro de la organización sindical una vez afiliado y hasta su renuncia expresa o tacita, con la autorización de sus miembros en Asamblea General Extraordinaria se podrá decretar cuotas extraordinarias, donde los montos, oportunidades y su cuantía, se establecerá por mayoría en dicha asamblea, para lo cual es necesario el voto favorable de la mayoría de sus afiliadas y afiliados; para el buen funcionamiento y sostenimiento administrativo y operativo del Sindicato, la cuota ordinaria será descontada automáticamente por nómina, mediante relación que al efecto se presentará cada vez que haya movimiento de ingreso y egreso de miembros agremiados, descuento éste autorizado por el afiliado, desde el mismo momento que es admitido y pertenece al Sindicato. Esta cuota sindical será promovida por la Junta Directiva con aprobación en cualquiera de las Asamblea Generales de Trabajadores y Trabajadoras que se efectúe con la aprobación de la mayoría de los miembros afiliados a la organización sindical **SINDICATO XXXXXXX DE TRABAJADORES DE LA EMPRESA XXXXXXX XXXXXX XXXXXX DEL ESTADO ZULIA (SINTRAxxxxxxxxxZ).**

Articulo 48.- La Asamblea General de miembros como Máxima Autoridad de este Organismo Sindical, sea ésta convocada en una asamblea Ordinaria o Extraordinaria podrá fijar cuando las circunstancias así lo ameriten, por razones de urgencia, emergencia, accidentalidad o por requerimiento de fondos adicionales en virtud de un Conflicto Colectivo o para sufragar compromisos adquiridos para el pago de honorarios profesionales en el ámbito de la discusión de una Convención Colectiva de Trabajo o la redacción, discusión y representación legal en el marco de un pliego conflictivo, un aporte extraordinario superior al ordinario, el cual podrá será del Diez (10%) por ciento del salario semanal, quincenal o mensual del agremiado, siempre y cuando sean plenamente justificado por los intereses y objetivos del Sindicato, y dichos aportes sean aprobados por la Asamblea General de miembros

Articulo 49.- Los patronos y las patronas deberán descontar del salario de los trabajadores afiliados y las trabajadoras afiliadas a una organización sindical las cuotas ordinarias o extraordinarias que la organización sindical haya fijado de conformidad con los presentes Estatutos y hayan sido autorizadas por el trabajador o trabajadora. Las sumas recaudadas las entregará el patrono o la patrona a los representantes autorizados de la organización sindical tan pronto haya hecho la recaudación, mediante un cheque girado a nombre de la organización sindical. No podrán ser pagadas en efectivo ni en cheques a nombre de personas naturales o jurídicas distintas a la organización sindical, en caso contrario se considerarán como no efectuados y la organización sindical podrá exigir el pago correspondiente. El destino de los fondos o aportes sean ordinarios o extraordinarios, se recaudarán mediante los correspondientes descuentos, que la entidad o entidades de trabajo hará semanal, quincenal o mensualmente, según sea el caso, a cada uno de los miembros de la nómina de pago y serán entregados al Secretario de Finanzas de la Organización sindical, conforme a los Estatutos.

Articulo 50.- El patrimonio y los fondos del Órgano Sindical estarán sometidos a las reglas de administración establecidas en los presentes Estatutos y en la LOTTT y será responsabilidad exclusiva de la Junta Directiva del **SINDICATO XXXXXXX DE TRABAJADORES DE LA EMPRESA XXXXXXX XXXXXX XXXXXX DEL ESTADO ZULIA (SINTRAxxxxxxxxxZ)**, por lo tanto, en atención a dichas reglas deberán ser depositados en una cuenta de ahorro o corriente de la entidad bancaria elegida por la Junta Directiva, ya sea comercial, universal o entidad de ahorro y préstamo a nombre de la Organización. Todo conforme a lo establecido en el Artículo 414 de la LOTTT (2012) y solo podrá movilizarse únicamente con las firmas autorizadas del Secretario General, el Secretario de Organización, y el Secretario de Finanzas, en forma conjunta, todo en cumplimiento de lo pautado en los presentes Estatutos y en artículo 414 *ejusdem*.

Articulo 51.- En todo lo que no estuviere expresamente estipulado en estos Estatutos con relación a los fondos sindicales, se aplicará lo que a tal efecto está establecido en él articulo 411 y siguientes de la LOTTT (2012).

Articulo 52.- Se creará un apartado o fondo de reserva, cuyo monto es equivalente al Diez por ciento (10%) de los fondos comunes del Sindicato. Las cantidades así obtenidas solo podrán destinarse a subsidiarse los miembros activos y solventes del sindicato que leguen a sufrir un accidente que los incapacite parcial o totalmente para el trabajo. Dicha ayuda será acordada por una sola vez a cada miembro y su monto será fijado por la Junta Directiva conforme a las posibilidades económicas del **SINDICATO XXXXXXX DE TRABAJADORES DE LA EMPRESA XXXXXXX XXXXXX XXXXXX DEL ESTADO ZULIA (SINTRAxxxxxxxxxZ).** En casos excepcionales, la Asamblea General podrá determinar una ayuda adicional al afiliado o afiliada afectada. La Junta Directiva deberá dentro de los primeros tres (3) meses de cada año, un informe sobre las cuentas de administración, con indicación del número de miembros afiliados durante el periodo anterior y el numero de cuotas ordinarias y extraordinarias aportadas y un informe pormenorizado de la situación financiera, con la cuenta detallada y balance de los fondos de la asociación sindical, a los fines que se pueda cumplir con lo estipulado en el Artículo 388 núm. 2, 414 y 415 de la LOTTT. La Copia de este informe

será colocada en la cartelera de la organización sindical con quince (15) días de anticipación a la celebración de dicha asamblea.
Los directivos y las directivas sindicales que de acuerdo a los estatutos sean responsables de la administración y movilización de los fondos de la organización sindical y no hayan cumplido esta obligación, no podrán ser reelectos como directivos de la organización. Para decretar cuotas extraordinarias se deberá convocar una asamblea Ordinaria o Extraordinaria, con la anticipación establecida para cada una de elas de conformidad con los presentes Estatutos, cuando las circunstancias así lo ameriten, por razones de urgencia, emergencia, accidentalidad o por requerimiento de fondos adicionales en virtud de un Conflicto Colectivo o para sufragar compromisos adquiridos para el pago de honorarios Profesionales en el ámbito de la discusión de una Convención Colectiva de Trabajo o la redacción, discusión y representación legal en el marco de un pliego conciliatorio o conflictivo, un aporte extraordinario superior al ordinario, el cual podrá será del Diez (10%) por ciento del salario semanal, quincenal o mensual del agremiado y previa autorización por la asamblea general de miembros.
Articulo 53.- La Junta Directiva deberá Depositar en una institución bancaria de la localidad y a nombre del **SINDICATO XXXXXXX DE TRABAJADORES DE LA EMPRESA XXXXXXX XXXXXX XXXXXX DEL ESTADO ZULIA (SINTRAxxxxxxxxxZ)**, los fondos de éste, pudiendo dejar en caja chica, una cantidad no mayor a Veinte Unidades Tributarias (20 UT) estos fondos sólo podrán ser movilizados con las firmas conjuntas y autorizadas del Secretario General, el Secretario de Organización y el Secretario de Finanzas del sindicato.

CAPITULO SEPTIMO DEL TRIBUNAL DISCIPLINARIO DEL TRIBUNAL DISCIPLINARIO DE LAS CAUSAS Y PROCEDIMIENTOS PARA LA IMPOSICIÒNDE SANCIONES

Articulo 54.- DEL TRIBUNAL DISCIPLINARIO: El Tribunal Disciplinario es la máxima autoridad en el proceso de Disciplina y Sanciones de esta organización sindical y será elegida en un numero de hasta TRES (3) integrantes en una Asamblea General Extraordinaria de trabajadores y trabajadoras, convocada según el procedimiento establecido en los presentes Estatutos, y sus cargos serán los siguientes: Un (01) Presidente, Un (01) Vicepresidente y Un (01) Secretario, que lenará las ausencias parciales o definitivas de los dos primeros, la selección de los miembros se hará con la postulación de los candidatos y quienes resulten con mayor cantidad de votos serán los responsables ante la asamblea de impulsar la aplicación de Sanciones a los miembros de la Organización sindical incurso en conductas inapropiadas o aquellos donde sus atribuciones perjudiquen a los miembros del **SINDICATO XXXXXXX DE TRABAJADORES DE LA EMPRESA XXXXXXX XXXXXX XXXXXX DEL ESTADO ZULIA (SINTRAXXXXXXXZ).** Los miembros de la Junta Directiva no podrán formar parte de esta selección ni tampoco algún aspirante o postulante a un cargo dentro de la Junta Directiva.

Artículo 55.- DE LAS ATRIBUCIONES:

a) Son Atribuciones del Presidente del Tribunal Disciplinario:

1. Convocar y presidir las sesiones para los procesos de investigación y sanción abiertos en contra de los miembros de la Junta Directiva o de algún miembro.
2. Vigilar el cabal cumplimiento de los presentes Estatutos, los acuerdos de las asambleas y las resoluciones establecidas para el cumplimiento de las resoluciones y sanciones a los miembros incursos en las causales establecidas en los presentes Estatutos.
3. Controlar, supervisar y respaldar el trabajo de todos los demás integrantes del Tribunal Disciplinario.
4. Suministrar conjuntamente con el Vicepresidente y el Secretario del Tribunal Disciplinario, al Registro Nacional de Organizaciones Sindicales, Inspectoría o Tribunales del Trabajo donde esté inscrito el sindicato, todas las informaciones que fueren necesarias y requeridas de acuerdo a lo estipulado en estos Estatutos.
5. Suscribir conjuntamente con el Vicepresidente y el Secretario del Tribunal Disciplinario, todas las actas utilizadas en el proceso de Investigación y sanción así como de las sesiones y reuniones donde participara como Máxima Autoridad en el proceso de Disciplina y Sanciones de esta organización sindical.

b) Son atribuciones del Vicepresidente:

1. Firmar conjuntamente con el Presidente y el Secretario del Tribunal Disciplinario, todas las actas utilizadas en el proceso de investigación y sanción así como de las sesiones y reuniones donde participaran como Máxima Autoridad en el proceso de Disciplina y Sanciones de esta organización sindical.

2. Organizar el funcionamiento del Tribunal Disciplinario.
3. Suministrar conjuntamente con el Presidente del Tribunal y con el Secretario del Tribunal Disciplinario al Registro Nacional de Organizaciones Sindicales, Inspectoría o Tribunales del trabajo donde esté registrado el Sindicato, todas las informaciones que fueron necesarias y requeridas de acuerdo a lo estipulado en estos.
4. Elaborar y levar un control estadístico de todos los miembros del sindicato, con la indicación precisa de las especificaciones a que hace referencia el artículo 384 numeral 9 de la LOTTT (2012); y, dejando en la misma constancia de los motivos de sanción, disciplina o retiro de algún afiliado por un proceso disciplinario.
5. Cumplir y hacer cumplir las disposiciones de la Asamblea y de los presentes Estatutos.
6. Atender y evacuar en el menor tiempo posible las consultas que sobre asuntos relacionados con proceso de investigación y sanción, las disposiciones de la LOTTT y las que formulen a los miembros de la Junta Directiva y otro trabajador afiliado a la Organización Sindical.
7. Gestionar la solución favorable de los conflictos que se susciten en el proceso de investigación y sanción en que sean parte los miembros agremiados de la organización sindical.
8. Solicitar la intervención del Poder PUBLICO en los casos de violaciones de las Leyes de la República, las estipulaciones de la Novísima LOTTT y su reglamento, si se constata violación flagrante a la norma vigente y que atente contra el orden público y moral establecido.

c) Son atribuciones del Secretario:

1. Suplir las faltas temporales o permanentes del Presidente o del Vicepresidente del Tribunal Disciplinario.
2. Cumplir y hacer cumplir los presentes Estatutos, los acuerdos de las asambleas, las resoluciones del Tribunal Disciplinario y cualquier trabajo que le asigne éste, en representación de este Órgano, en cualquier centro de trabajo o entidad en la cual tenga afiliados el sindicato.
3. Firmar conjuntamente con el Presidente y el Vicepresidente del Tribunal

Disciplinario, todas las actas utilizadas en el proceso de investigación y sanción así como de las sesiones y reuniones donde participaran como Máxima Autoridad en el proceso de Disciplina y Sanciones de esta organización sindical.

Articulo 56.- DESIGNACIÒN: El Tribunal Disciplinario será electo el mismo día de las elecciones de la Junta Directiva de conformidad a lo establecido en el artículo 20 de los presentes Estatutos.

Artículo 57.- CAUSAS DE LAS SANCIONES: El Tribunal Disciplinario podrá aplicar las penas de: Amonestación, Suspensión o Exclusión de los Miembros según la gravedad del caso:

a) Por violación de los presentes Estatutos, así como también por violación de los acuerdos y resoluciones emanados de la Asamblea General, o de la Junta Directiva de la Organización.
b) Por arrogarse la representación del Sindicato, o hacer uso del Nombre del mismo, sin la previa autorización de la Asamblea General o de la Junta Directiva.
c) Por divulgar los asuntos internos de la Organización.
d) Por fraude o malversación de los Fondos Económicos del Sindicato y por la venta de sus bienes muebles o inmuebles, sin la previa autorización de la Asamblea.
e) Por falsa acusación en contra de algún miembro del Sindicato.
f) Por incumplimiento de los deberes y obligaciones que según los presentes Estatutos, deba cumplir cada miembro y especialmente los Miembros de la Junta Directiva, por faltar tres (3) veces injustificadamente a las Asambleas que se convoquen o a las reuniones de la Junta Directiva.
g) Por conducta inmoral, o cualesquiera otro acto contrario a la Moral y a las Buenas Costumbres y a los principios del proceso Histórico de la Clase Trabajadora.
h) Por las que establezcan la ley, los presentes Estatutos y la Asamblea General de Miembros.
i) Las sanciones deberán observarse y decretarse tomando en consideración el carácter intencional o no de la acción u omisión constitutiva de la infracción, la gravedad de la infracción, los daños que se hubieren producido o puedan producirse, la capacidad económica del infractor, y la reincidencia del infractor.

Artículo 58.- DEL DERECHO A LA DEFENSA: Los Miembros acusados del cometimiento de faltas, tendrán pleno derecho a la defensa y podrán hacerse representar para ejercer la representación en los procedimientos ventilados por el Tribunal Disciplinario. Todas las acusaciones deberán formularse por escrito y a los acusadores se les tendrán como parte en el procedimiento del que se trate.

Artículo 59.- DEL PROCEDIMIENTO: Designado que sea el Tribunal Disciplinario, y recibida una acusación o acusaciones en contra de uno (1), o varios Miembros del Sindicato el Presidente del Tribunal Disciplinario, convocará a los Miembros Principales de este organismo, para su instalación en el termino de cuarenta y ocho (48) horas. Instalado y constituido válidamente el Tribunal Disciplinario, citará a él o a los acusados por escrito, a fines de su comparecencia por ante el Tribunal Disciplinario a una hora determinada del segundo día hábil después de su citación, a objeto de que conozcan las acusaciones que pesan en su contra y formulen los alegatos o defensas que juzguen convenientes, las cuales quedarán contenidas en un acta que a tales defectos levantará el Tribunal Disciplinario. Si el o los acusados no comparecieren a la hora y fecha fijada en la primera citación, deberán ser citados nuevamente y si no comparecieran a la segunda y tercera citación, se les tendrá por CONFESOS y el Tribunal Disciplinario aplicará a la sanción que juzgue conveniente de acuerdo a la gravedad del caso.

Artículo 60.- DEL LAPSO PROBATORIO: después de escuchar los alegatos o defensas invocados por él o los acusados, el Tribunal Disciplinario, abrirá una Articulación Probatoria de ocho (8) días hábiles, de los cuales los tres (3) primeros serán para promover las pruebas y los cinco (5) días restantes para la evacuación de las mismas, y en tal sentido serán procedentes todos los medios de pruebas establecidos en el Código de Procedimiento Civil.

Artículo 61.- DEL FINAL DEL PROCEDIMIENTO: Las conclusiones de las partes se oirán al tercer (3) día hábil después de la evacuación de prueba, y dentro de los diez (10) días hábiles siguientes, el Tribunal Disciplinario dictará su decisión, sólo se concederá apelación para ante la Asamblea General del Sindicato, y la decisión de la Asamblea, no se concederá apelación por ser esta la máxima instancia de la Organización, quedando a salvo el derecho de los afectados de acudir por ante los Órganos jurisdiccionales en cuanto fuera pertinente.

Artículo 62.- DE LA AUTONOMÍA DEL TRIBUNAL DISCIPLINARIO: El Tribunal Disciplinario será Autónomo en la ventilación de los procedimientos, sustanciará los respectivos Expedientes y dictará sus decisiones de conformidad con lo establecido en este capítulo de los presentes Estatutos, sin que esas decisiones contravengan las leyes de la República, ni violen el Estado de Derecho.

Artículo 63- DE LAS SANCIONES: Las sanciones aplicables por el Tribunal Disciplinario, se impondrán según la gravedad del caso y se definen de la siguiente manera:

a) Amonestación Pública o Privada. Si las acciones son: Por violación de los presentes Estatutos, así como también por violación de los acuerdos y resoluciones emanados de la Asamblea General, o de la Junta Directiva de la Organización. Por arrogarse la representación del Sindicato, o hacer uso del Nombre del mismo, sin la previa autorización de la Asamblea General o de la Junta Directiva. Por divulgar los asuntos internos de la Organización.

b) Suspensión de la condición de Miembro de tres (3) meses a dos (2) años Continuos. Si las acciones son: Por fraude o malversación de los Fondos Económicos del Sindicato y por la venta de sus bienes muebles o inmuebles, sin la previa autorización de la Asamblea. Por falsa acusación en contra de algún miembro del Sindicato. Por incumplimiento de los deberes y obligaciones que según los presentes Estatutos, deba cumplir cada miembro y especialmente los Miembros de la Junta Directiva, por faltar tres (3) veces injustificadamente a las Asambleas que se convoquen o a las reuniones de la Junta Directiva

c) Exclusión o expulsión definitiva. Por intentar dividir a esta organización sindical, por conducta inmoral, o cualesquiera otro acto contrario a la Moral y a las Buenas Costumbres y a los principios del proceso Histórico de la Clase Trabajadora.

Artículo 64.- DESIGNACIÒN E INSTALACIÓN DEL TRIBUNAL DISCIPLINARIO: La Junta Directiva no podrá intervenir en la sustanciación de los expedientes y menos aun cuando ésta sea parte acusadora del caso que se ventile, y no podrán influir en la toma de decisiones del Tribunal Disciplinario, hasta a que éstas sean apeladas por ante la Asamblea General y las mismas sean declaradas o revocadas definitivamente firmes.

UNICO: La remoción total o parcial de los integrantes de la Junta Directiva de la organización sindical, procederá por cualquiera de las causas siguientes: a) Por decisión condenatoria del Tribunal Disciplinario, previa acusación formal contra el miembro o miembros, cuya remoción se pretenda, de haber incurrido en falta grave. b) Por falecimiento de algunos de los miembros de la Junta Directiva o impedimento, o enfermedad previa comprobación medica, que haga imposible el cumplimiento de las funciones a su cargo. c) Renuncia expresa del miembro titular. d) A solicitud de los miembros reunidos en Asamblea General de Trabajadores, donde se compruebe la asistencia del Quórum reglamentario de por lo menos la mitad mas uno (50%+1) de los miembros activos y solventes del sindicato, de igual forma presentada ante el Tribunal Disciplinario, quien validará estas solicitudes y decisiones. Los vocales de la Junta Directiva asumirán los cargos vacantes en estos cargos y las ausencias temporales o definitivas de los directivos, en el mismo orden en que fueron electos y de acuerdo al número de votos obtenidos, a excepción de las ausencias del Secretario General, que será suplido únicamente por el Secretario de Organización, en ausencia definitiva.

Articulo 65.- El quórum para la instalación del Tribunal Disciplinario será la concurrencia de sus tres (3) miembros principales, y para la validez de sus decisiones se requiere el voto favorable de dos (2) de ellos.

Artículo 66.- ELECCION PARA LLENAR CARGOS VACANTES: La renuncia por escrito al Sindicato de hasta cinco (05) miembros de la Junta Directiva de esta Organización, dará origen a una Elección de nuevos miembros para ocupar los cargos vacantes y a tales efectos, los miembros restantes de la Junta Directiva convocarán a Una (01) Asamblea General Extraordinaria con ese sólo propósito, la convocatoria deberá girarse con por lo menos setenta y dos (72) de anticipación a la realización de dicha Asamblea.

Artículo 67: En caso de renuncia, ausencia absoluta o sanción disciplinaria que amerite la separación del cargo de uno, una o más integrantes de la Junta Directiva antes que termine el período para el cual fue electo o electa, su sustitución se realizará de acuerdo a lo establecido en los presentes Estatutos. El directivo sustituto o directiva sustituta ejercerá el cargo por el resto del período. Cuando durante el periodo estatutario de la junta directiva renunciaran, se ausentaran o fuesen removidos más de las dos terceras partes de sus integrantes, deberá convocarse al proceso electoral de la organización sindical todo de conformidad con el artículo 409 de la LOTTT (2012).

Artículo 68: DEL REFERENDUM REVOCATORIO: Los Trabajadores y Trabajadoras afiliados y afiliadas a esta organización sindical **SINDICATO XXXXXXX DE TRABAJADORES DE LA EMPRESA XXXXXXX XXXXXX XXXXXX DEL ESTADO ZULIA (SINTRAxxxxxxxxxZ)** podrán establecer la remoción o revocatoria del mandato de la Junta Directiva de la Organización mediante referéndum Sindical, el cual no podrá ser convocado antes de que haya transcurrido más de la mitad del periodo para el cual fue electa. En dicho caso la Junta Directiva del Sindicato convocará una Asamblea General Extraordinaria donde se nombre una COMISION ELECTORAL REFERENDARIA y esta contara con las mismas características, funciones y atribuciones a la COMISION ELECTORAL SINDICAL establecida en el artículo 72 y siguientes de los presentes Estatutos. Luego de su nombramiento, la Comisión Electoral Referendaria convocara una asamblea general extraordinaria de conformidad con los Estatutos y celebrara una consulta o REFERENDUM donde todos los trabajadores y trabajadoras, afiliados y afiliadas participen y de resultar aprobada la revocatoria del mandato por la mayoría de los trabajadores la comisión electoral del proceso referendario, dentro de los Quince (15) días siguientes, convocara a una Asamblea General para la elección y designación de la Comisión Electoral Sindical que dará origen a la elección de los nuevos integrantes de la Junta Directiva en proceso de elecciones sindicales. En caso de que la Junta Directiva del Sindicato, o la Comisión Electoral del proceso referendario no convocare a la asamblea en el proceso previsto, esta será convocada por la Juez o Jueza en materia electoral a petición de los afiliados y afiliadas de conformidad con lo establecido en artículo 410 de la Novísima LOTTT (2012).

DE LA ELECCION DE LA JUNTA DIRECTIVA

Artículo 69: SISTEMA Y REQUISITOS: Los miembros de la Junta Directiva de ésta Organización Sindical, serán electos mediante el sistema **UNINOMINAL Y LA REPRESENTACION PROPORCIONAL DE LAS MINORIAS**, en votación universal, directa y secreta, bajo pena de nulidad y con estricta observancia del cumplimiento de los siguientes requisitos:

a) En el momento en que a la Junta Directiva a la cual se le venza el periodo correspondiente, deberá convocar a una asamblea General Extraordinaria en la cual se designará la COMISION ELECTORAL SINDICAL, ésta comisión estará integrada por CINCO (05) miembros activos y solventes del Sindicato y sus cargos serán los siguientes: Un (01) Presidente, Un (01) Primer Secretario, Un (01) Segundo Secretario y dos Suplentes, que lenaran las ausencias parciales o definitivas de los tres principales. Esta comisión dirigirá y vigilará todo el proceso electoral. Será autónoma y diligente en su funcionamiento y en la organización del proceso. Fijará fecha, lugar y hora, para la inscripción formal y legal de las postulaciones de los candidatos que aspiren a ocupar cargos en la Junta Directiva del Sindicato y todo lo concerniente al proceso eleccionario.

Articulo 70.- De las atribuciones de Los Miembros de la Comisión Electoral:

a) Son atribuciones del Presidente de la Comisión Electoral:

1. Convocar y presidir las Asambleas Extraordinarias para la elección mediante sufragio directo, universal y secreto de la Junta Directiva.
2. Vigilar el cabal cumplimiento de los presentes Estatutos, los acuerdos de las asambleas y las resoluciones establecidas para el cabal cumplimiento de las elecciones del Organismo Sindical

3. Suministrar conjuntamente con el Primer y Segundo Secretario de la Comisión Electoral, al Registro Nacional de Organizaciones Sindicales Inspectoría o Tribunales del Trabajo de la Jurisdicción donde esté inscrito el sindicato, todas las informaciones que fueren necesarias y requeridas de acuerdo a lo estipulado en estos Estatutos y muy en especial en lo dispuesto en el artículo 403 y siguientes de la LOTTT (2012).
4. Suscribir conjuntamente con los Secretarios, todas las actas utilizadas en el proceso eleccionario así como de las Asambleas Generales Extraordinarias donde participara como Máxima Autoridad Electoral.

b) Son atribuciones del Primer y Segundo Secretario:

1. Firmar conjuntamente con el Presidente de la Comisión Electoral, todas las actas utilizadas en el proceso eleccionario así como de las Asambleas Generales Extraordinarias donde participaran como Máxima Autoridad Electoral.

2. Organizar el funcionamiento de la Comisión Electoral Sindical.
3. Suministrar conjuntamente con el Presidente de la Comisión Electoral al Registro Nacional de Organizaciones Sindicales, Inspectoría o Tribunales del trabajo de la Jurisdicción donde esté registrado el Sindicato, todas las informaciones que fueron necesarias y requeridas de acuerdo a lo estipulado en estos Estatutos y muy en especial en lo dispuesto en el Articulo 403 y siguientes de la Ley Orgánica del Trabajo.
4. Elaborar y levar un control estadístico de todos los miembros del sindicato, con la indicación precisa de las especificaciones a que hace referencia el articulo 407 y 409 de la LOTTT (2012); y, dejando en el mismo constancia de los motivos de retiro de algún afiliado del proceso eleccionario.
5. Cumplir y hacer cumplir las disposiciones de la Asamblea y de los presentes Estatutos.
6. Atender y evacuar

en el menor tiempo posible las consultas que sobre asuntos relacionados con proceso eleccionario, las disposiciones de la LOTTT y las que formulen a los miembros de la Junta Directiva y otro trabajador afiliado a la Organización Sindical.

7. Gestionar la solución favorable de los conflictos que se susciten en el proceso eleccionario en que sean parte los miembros agremiados de la organización sindical.

8. Solicitar la intervención de las autoridades del Poder ELECTORAL en los casos de violaciones de la LOTTT, su reglamento y las estipulaciones de la Novísima LOTTT, de conformidad con su artículo 405.

Son atribuciones de los Suplentes:

Suplir las faltas temporales o permanentes de los secretarios.

1. Cumplir y hacer cumplir los presentes estatutos, los acuerdos de las asambleas, las resoluciones de la Comisión Electoral Sindical y cualquier trabajo que le asigne la Junta Directiva en representación de ésta, en cualquier centro de trabajo o entidad en la cual tenga afiliados el sindicato.

NORMAS PARA GARANTIZAR LAS ELECCIONES SINDICALES

DISPOSICIONES GENERALES

Artículo 71.- Las presentes Normas tienen por objeto desarrollar la competencia atribuida a la Comisión Electoral en materia de organización de elecciones sindicales, establecida en los artículos 293, numeral 6 de la Constitución de la República Bolivariana de Venezuela y 403 y siguientes de la Novísima Ley Orgánica del Trabajo, las Trabajadoras y los Trabajadores, a los fines de garantizar los principios y derechos a la participación protagónica, a la democracia sindical, al sufragio, a la libre elección y alternabilidad de los y las representantes de las organizaciones sindicales.

Artículo 72.- Las presentes Normas se aplicarán a la organización sindical **SINDICATO XXXXXXX DE TRABAJADORES DE LA EMPRESA XXXXXXX XXXXXX XXXXXX DEL ESTADO ZULIA (SINTRAxxxxxxxxxZ)** debidamente inscrita ante el Registro Nacional de Organizaciones Sindicales del Ministerio del Poder Popular para el Trabajo y Seguridad Social, o el órgano designado para cumplir con tales propósitos de conformidad con la LOTTT y su Reglamento y los presentes Estatutos.

Artículo 73.- Las presentes Normas tienen como finalidades:

1. Fortalecer la democracia, la igualdad y no discriminación como valores superiores del ordenamiento jurídico.
2. Garantizar los derechos de los trabajadores y trabajadoras a la participación protagónica, al sufragio, a elegir libremente a los y las representantes de la organización sindical y a ser elegido o elegida representante sindical.
3. Promover el ejercicio pleno de la democracia sindical, asegurando la integridad del sufragio y la voluntad popular de los trabajadores y trabajadoras en los procesos de elecciones sindicales.
4. Desarrollar el principio constitucional de alternabilidad de los y las representantes sindicales, según el cual en ejercicio de la democracia sindical debe garantizarse efectivamente a los trabajadores y trabajadoras la libertad de optar en los procesos electorales entre reelegir a los y las representantes sindicales que se encuentran en ejercicio, o elegir a otros trabajadores y trabajadoras que se postulen para dichos cargos.

Artículo 74.- La organización sindical de trabajadores y trabajadoras **SINDICATO XXXXXXX DE TRABAJADORES DE LA EMPRESA XXXXXXX XXXXXX XXXXXX DEL ESTADO ZULIA (SINTRAxxxxxxxxxZ)** tiene derecho a redactar sus propios Estatutos y reglamentos internos en materia de procesos electorales, así como a elegir y reelegir libremente a sus representantes, de conformidad con el ordenamiento jurídico, sin más límites que los establecidos para garantizar los derechos de las personas, especialmente de los trabajadores afiliados y trabajadoras afiliadas.

La organización sindicalde trabajadores y trabajadoras cubrirá los costos de sus procesos electorales, según ordenen sus Estatutos y convención colectiva.

Artículo 75.- Todos los trabajadores afiliados y trabajadoras afiliadas a esta organización sindical tienen derecho a elegir y reelegir a sus representantes sindicales, así como de postularse y ser elegidos o elegidas como representantes sindicales, en condiciones de igualdad y sin discriminación alguna. Podrán participar como electores y electoras en el proceso electoral sindical los trabajadores afiliados y trabajadoras afiliadas que se encuentren en el Registro Electoral Definitivo dentro del expediente de la organización sindical que reposa en el Registro Nacional de Organizaciones Sindicales o el órgano designado para tales actividades y que se utilizara para tales efectos a fin de establecer la nomina de miembros convocados para el proceso de elecciones.

El incumplimiento de los trabajadores afiliados y trabajadoras afiliadas de los aportes, cuotas sindicales o cualquier otra deuda de naturaleza laboral no impedirá el ejercicio del derecho al sufragio.

Artículo 76.- Podrán optar por los cargos de representación todos los trabajadores y trabajadoras debidamente inscritas en esta organización sindical, con tan solo presentar por escrito ante la comisión electoral su postulación al cargo que ostenta. El proceso electoral para la elección de las autoridades de esta organización sindical de trabajadores y trabajadoras se rige, entre otros, por los principios de imparcialidad, igualdad, transparencia, eficiencia, confiabilidad, publicidad de los actos, buena fe y economía procedimental.

DEL PROCESO ELECTORALSINDICAL

Artículo 77.- Del nombramiento de la Comisión Electoral: La Comisión Electoral es la máxima autoridad en el proceso de elecciones por la base de esta organización sindical y será elegida en un numero de hasta CINCO (5) integrantes en una Asamblea General Extraordinaria de trabajadores y trabajadoras, convocada según el procedimiento establecido en los presentes Estatutos, y sus cargos serán los siguientes: Un (01) Presidente, Un (01) Primer Secretario y Un (01) Segundo Secretario y dos Suplentes, que lenaran las ausencias parciales o definitivas de los tres principales, la selección de los miembros se hará con la postulación de los candidatos y quienes resulten con mayor cantidad de votos serán los responsables ante la Organización Sindical, la Asamblea de Miembros y las Autoridades Laborales y Electorales de impulsar las elecciones sindicales. Los miembros de la Junta Directiva no podrán formar parte de esta selección ni tampoco algún aspirante o postulante a un cargo dentro de la Junta Directiva.

Artículo 78.- Atribuciones de la Comisión Electoral: La función de la Comisión Electoral, de conformidad con los Estatutos, comprende las atribuciones siguientes:

1. Recibir las notificaciones de convocatoria a elecciones de las organizaciones sindicales y demás actos establecidos en las presentes Normas.
2. Brindar la asesoría técnica y el apoyo logístico para la ejecución del proceso electoral, en los casos en que la organización sindical lo necesite o que voluntariamente lo soliciten los trabajadores o por mandato judicial.
3. Conocer y decidir los recursos interpuestos contra los hechos, actos, omisiones y abstenciones de la Organización Sindical, relativas al proceso electoral.
4. Publicar en la convocatoria y resultados de los procesos electorales que le sean notificados.

5. Certificar y publicar en las Carteleras sindicales el cumplimiento del proyecto electoral, en aquellos procesos a los que hubiere prestado asesoría técnica y apoyo logístico.
6. Velar por el libre ejercicio de los derechos a la participación protagónica, la libre elección de las autoridades de las organizaciones sindicales y la democracia sindical.
7. Las demás establecidas en las leyes, los reglamentos y las presentes Normas.

Artículo 79.- Principio de colaboración: Los órganos y entes del Estado, así como todas las personas naturales y jurídicas, deberán prestar colaboración y brindar la información requerida por la Comisión Electoral, para el ejercicio de las atribuciones contempladas en las presentes Normas.

Artículo 80.- Publicidad de los actos electorales: La Comisión Electoral elegida deberá garantizar la publicidad de los actos relacionados con los procesos electorales, a los fines de salvaguardar los derechos e intereses de los trabajadores afiliados y trabajadoras afiliadas. A tal efecto, deberán publicar los mismos en las carteleras sindicales y centros de trabajo, así como notificarlos al Consejo Nacional Electoral, de conformidad con lo establecido en el ordenamiento jurídico vigente, sin perjuicio de la obligación de dichas organizaciones de inscribirlos ante el Registro Nacional de Organizaciones Sindicales del Ministerio del Poder Popular para el Trabajo y Seguridad Social, o el órgano designado para recibir tales documentos de conformidad con la Ley Orgánica del Trabajo, los Trabajadores y las Trabajadoras y su Reglamento.

Artículo 81.- Notificación formal de la convocatoria: Luego de la elección de la Comisión Electoral, esta, deberá notificar formalmente la convocatoria del proceso de elecciones sindicales al Consejo Nacional Electoral, a los fines de garantizar los derechos e intereses de los trabajadores afiliados y trabajadoras afiliadas.
Esta notificación deberá ser escrita y contener:
1. La indicación de los y las representantes de la organización sindical a elegir.
2. La entrega de la asamblea donde se celebro la elección de los trabajadores afiliados y trabajadoras afiliadas de la organización sindical para conformar la Comisión Electoral.
3. La fecha prevista para realizar la elección de los y las representantes de la organización sindical.
Asimismo, podrá solicitar al Consejo Nacional Electoral la asesoría técnica y el apoyo logístico para la realización del proceso de elecciones sindicales, en caso de necesitarlo.

Parágrafo Segundo: La notificación formal de convocatoria al proceso de elecciones sindicales deberá ser publicada por la Comisión Electoral en las carteleras sindicales y centros de trabajo.

Parágrafo Tercero: Los trabajadores afiliados y trabajadoras afiliadas a la organización sindical podrán presentar recursos electorales ante la Comisión Electoral contra la decisión de convocar a elecciones sindicales, dentro de los quince días hábiles siguientes a la publicación de la notificación formal hecha por la organización sindical.

Artículo 82.- Proyecto Electoral: La comisión electoral elaborara el Proyecto Electoral y deberá publicarlo para la información de todos los trabajadores y trabajadoras, el cual contendrá, conforme a sus Estatutos y reglamentos internos, en cumplimiento de los principios que rigen los procesos de participación democrática y protagónica, la información correspondiente a la organización y desarrollo de las elecciones sindicales. A tal efecto, el Proyecto Electoral deberá prever, como mínimo:

1. El acta de elección e instalación de la Comisión Electoral.
2. El cronograma de las actividades a desarrollarse durante el proceso electoral, donde se indique cada una de las fases del proceso y sus respectivos lapsos.
3. La descripción de los cargos a elegir y la definición de los representantes sindicales, con la indicación del sistema electoralprevisto en los Estatutos y reglamentos internos de la organización sindical, así como el método de cálculo a utilizar para la totalización y adjudicación de los candidatos y candidatas a elegir.
4. Los Estatutos y reglamentos internos que regulan las elecciones Sindicales.
5. La descripción de los procedimientos a seguir para la realización de los diferentes actos electorales.
6. El modelo de boleta electoral a ser utilizada en el acto de votación.
7. Los modelos de actas de votación, escrutinio, totalización, Adjudicación y proclamación.
8. El modelo de cuaderno de votación.
9. La indicación de los documentos que deben acompañar las postulaciones de los candidatos y candidatas, de acuerdo a los Estatutos y reglamentos internos de la organización sindical.
10. Descripción del número de mesas electorales a constituir y su ubicación, número de electores y electoras que sufragarán en cada una, procedimiento de constitución e instalación, con indicación de la forma en que se designarán sus integrantes, de acuerdo a los Estatutos y reglamentos internos de la organización sindical.
11. Indicación de los soportes técnicos (manual o automatizado) a utilizar en los actos de votación, escrutinio y totalización, previstos en el proceso electoral.
12. El Tipo de sistema de votación implementado que integre en la elección de la Junta Directiva, la forma uninominal y la representación proporcional de las minorías.

Parágrafo Primero: Las Comisión Electoral deberá presentar el Proyecto Electoral ante la Dirección General de Asuntos Sindicales y Gremiales o la Oficina Regional Electoral competente del Consejo Nacional Electoral, una vez cumplida la correspondiente inscripción en el Registro Público de Organizaciones Sindicales del Ministerio del Poder Popular para el Trabajo y Seguridad Social, o el órgano designado para recibir tales documentos a los fines de garantizar los derechos e intereses de los trabajadores afiliados y trabajadoras afiliadas.

Parágrafo Segundo: El Proyecto Electoral deberá ser publicado en las carteleras sindicales y centros de trabajo.

Parágrafo Tercero: Los trabajadores afiliados y trabajadoras afiliadas a podrán presentar recursos electorales ante la

Comisión Electoral, dentro de los quince (15) días hábiles siguientes a la publicación del Proyecto Electoral contemplada en la presente disposición.

Artículo 83.- Registro Electoral: La Comisión Electoralelaborará el Registro Electoral Preliminar, con base en la información contenida en la última declaración de trabajadores afiliados y trabajadoras afiliadas presentadas ante el Registro Público de Organizaciones Sindicales del Ministerio del Poder Popular para el Trabajo y Seguridad Social o el órgano designado para recibir tales documentos. Este Registro Electoral Preliminar deberá ser publicado en las carteleras sindicales y centros de trabajo. Los trabajadores afiliados y las trabajadoras afiliadas podrán presentar recursos electorales ante la Comisión Electoral, dentro de los quince (15) días hábiles siguientes a la publicación del Registro Electoral Preliminar. Finalizado este lapso de recursos electorales o decididos los mismos, la Comisión Electoral efectuará las inclusiones, exclusiones o correcciones a que hubiere lugar y aprobará el Registro Electoral Definitivo. Las Comisión Electoral deberá presentar el Registro Electoral Definitivo ante la Dirección General de Asuntos Sindicales y Gremiales o la Oficina Regional Electoralcompetente del Consejo Nacional Electoral, una vez verificada su presentación en el Registro Público de Organizaciones Sindicales del Ministerio del Poder Popular para el Trabajo y Seguridad Social o el órgano designado para recibir tales documentos, a los fines de garantizar los derechos e intereses de los trabajadores afiliados y trabajadoras afiliadas.

Artículo 84.- Postulaciones: Las Comisión Electoral deberá notificar formalmente al Consejo Nacional Electoral, una vez efectuada la debida notificación al Ministerio del Poder Popular para el Trabajo y Seguridad Social, acerca de los trabajadores afiliados y trabajadoras afiliadas que se postulan a candidatos y candidatas a representantes sindicales, a los fines de garantizar los derechos e intereses de los trabajadores afiliados y trabajadoras afiliadas. Esta deberá contener la identificación de todas las personas postuladas y ser publicada en las carteleras sindicales y centros de trabajo. Los trabajadores afiliados y trabajadoras afiliadas a la organización sindical podrán presentar recursos electorales ante la Comisión Electoral, dentro de los quince (15) días hábiles siguientes a la publicación de esta notificación formal. Las postulaciones no podrán recurrirse después de celebradas las elecciones, salvo por motivos de inelegibilidad de las personas proclamadas.

.**Artículo 85.- Acta de Votación:** Las Actas de Votación de las elecciones deben contener la información indispensable para proteger los derechos e intereses de los trabajadores afiliados y trabajadoras afiliadas, así como para respetar y garantizar los principios que rigen los procesos de participación democrática y protagónica. A tal efecto, las Actas de Votación deberán prever, como mínimo:

1. La fecha y hora de iniciación del acto de votación.
2. La identificación y ubicación física de la Mesa de Votación.
3. La identificación de los y las integrantes, testigos, si los hubiere, de la Mesa de Votación.
4. Las observaciones a que hubiere lugar.
5. La fecha y hora de finalización del acto de votación.
6. El número de trabajadores afiliados y trabajadoras afiliadas que deberían sufragar según el cuaderno de votación.
7. La firma de los y las integrantes de la Mesa de Votación, así como de los testigos.

Parágrafo Único: Una copia del acta de votación será entregada a los testigos de la Mesa de Votación, cuando así lo soliciten.

Artículo 86.- Acta de Escrutinio: Las Actas de Escrutinio de las elecciones deben contener la información indispensable para proteger los derechos e intereses de los trabajadores afiliados y trabajadoras afiliadas, así como para respetar y garantizar los principios que rigen los procesos de participación democrática y protagónica. A tal efecto, las Actas de Escrutinio deberán prever, como mínimo:

1. La fecha y hora de finalización del acto de votación.
2. La identificación y ubicación física de la Mesa de Votación.
3. La identificación de los y las integrantes, testigos, si los hubiere, de la Mesa de Votación.
4. El número de trabajadores afiliados y trabajadoras afiliadas que sufragaron según el cuaderno de votación.
5. El número de boletas depositadas.
6. El número de votos válidos para cada candidato, candidata o plancha.
7. El número total de votos válidos y nulos.
8. Las observaciones a que hubiere lugar.
9. La firma de los y las integrantes de la Mesa de Votación, así como de los testigos.

Parágrafo Único: Una copia del Acta de Escrutinio será entregada a los testigos y de la mesa de votación, cuando así lo soliciten.

Artículo 87.- Acta de Totalización, Adjudicación y Proclamación: Un original de las Actas de Totalización, Adjudicación y Proclamación de las elecciones sindicales deberá ser presentado por la Comisión Electoral de la organización sindical ante el Consejo Nacional Electoral, una vez efectuada su presentación ante el Registro Público de Organizaciones Sindicales del Ministerio del Poder Popular para el Trabajo y Seguridad Social o el órgano designado para recibir tales documentos, dentro de los cinco (5) días hábiles siguientes, contados a partir de la celebración del acto de proclamación.

Artículo 88.- Proceso de Elección y Publicación de Resultados: El proceso electoral se levara a cabo con el siguiente procedimiento: el tarjetón electoral contendrá lo especificado en la LOTTT articulo 403 literal "e", contentivo de 2 selecciones a realizar por cada trabajador afiliado a la organización sindical, donde elegirá a la plancha de su preferencia. El tarjetón uno (1) contendrá los nombres y apellidos de los aspirantes a secretarios enumerados de la siguiente manera:

1. SECRETARIO GENERAL,
2. SECRETARIO DE ORGANIZACIÓN
3. SECRETARIO DE FINANZAS,
4. SECRETARIO DE RECLAMOS,
5. PRIMER VOCAL.

Esta elección será uninominal, directa y secreta y ganara las elecciones, la Plancha inscrita con mayor cantidad de votos.

b) Las demás secretarias restantes serán elegidas con el sistema de elección de representación proporcional de las minorías, y esta se llevara en un segundo (2) tarjetón electoral llevando a cabo el siguiente procedimiento:

1. SECRETARIO DE ACTAS Y CORRESPONDENCIA
2. SECRETARIO FORMACION Y DOCTRINA
3. SECRETARIO DE CULTURA Y DEPORTES
4. SEGUNDO VOCAL.

Estas secretarias estarán en el (2) segundo tarjetón electoral y sus representantes serán elegidos mediante la siguiente manera:

1. Se tomara el total de votos validos emitidos = T.
2. Se divide por el total de cargos o secretarias elegibles = E.
3. Así, obtendremos un numero de esa operación matemática = C.
4. Se toman los votos obtenidos por un plancha = P.
5. Se divide los votos de la plancha P entre C, que es la cantidad necesaria para obtener un representante, lo que

arrojara la cantidad de elegidos por esa plancha.

6. Se repite la operación con cada plancha inscrita y participante en el proceso eleccionario, a fin, de obtener la cantidad de representantes que corresponda a cada plancha por representación proporcional. Los que sumados todos será igual a la cantidad de cargos elegibles.

Concluido el proceso electoral, la comisión electoral publicara Acta de Proclamación donde se describirá de una manera sencila y detallada los resultados electorales, y los trabajadores y trabajadoras que resultaron elegidas de la siguiente manera:

El o los trabajadores o la o las trabajadoras que obtuviera la mayoría de los votos en el tarjetón electoral (1) serán electos como:

1. SECRETARIO GENERAL,
2. SECRETARIO DE ORGANIZACIÓN
3. SECRETARIO DE FINANZAS,
4. SECRETARIO DE RECLAMOS,
5. PRIMER VOCAL.

El o los trabajadores o la o las trabajadoras que obtuviera la mayoría de los votos en cuanto al porcentaje de participación en el tarjetón electoral (2) serán electos como:

6. SECRETARIO DE ACTAS Y CORRESPONDENCIA
7. SECRETARIO FORMACION Y DOCTRINA
8. SECRETARIO DE CULTURA Y DEPORTES
9. SEGUNDO VOCAL.

Así, se obtendrá el número total de miembros que conformaran esta organización sindical, todo de conformidad a lo establecido en los artículos 399 y 403 lit. "e "de la LOTTT.

Artículo 89.- Conservación del material electoral: El material e instrumentos electorales utilizados por las deberán ser colocados en recipientes para su debida conservación, los que serán precintados, sellados y firmados por los y las integrantes de la Mesa de Votación, así como por los testigos.

Las Comisiones Electorales deberán conservar el material e instrumentos electorales utilizados en el acto de votación por un lapso no menor de noventa (90) días continuos, contados a partir de la fecha en que se realizó el proceso de votación, estableciendo los mecanismos y procedimientos que permitan garantizar su completa integridad e identificación. En caso de interponerse recursos electorales, el material e instrumentos electorales se conservarán hasta tanto exista decisión definitivamente firme.

DE LOS RECURSOS ELECTORALES

Artículo 90.- Recursos Electorales: Contra los actos, actuaciones, abstenciones u omisiones de naturaleza electoral los trabajadores interesados y trabajadoras interesadas podrán recurrir ante la Comisión Electoral, dentro de los diez (10) hábiles siguientes, contados a partir de la notificación o publicación del acto, según sea el caso, o de la realización de la actuación o del momento en que la actuación ha debido producirse, si se trata de abstenciones u omisiones. La Comisión Electoral deberá decidir el recurso electoral en un lapso no mayor de diez (10) días hábiles siguientes, contados a partir de su interposición, debiendo notificar de su decisión al trabajador interesado o trabajadora interesada. Vencido el lapso anterior sin que se hubiere efectuado el pronunciamiento correspondiente, o en caso que el mismo resultare contrario a lo solicitado, el trabajador interesado o trabajadora interesada podrá recurrir ante el Consejo Nacional Electoral, dentro de los treinta (30) días hábiles siguientes al acto u omisión.

Artículo 91.- Contenido del Recurso ante el Consejo Nacional Electoral: El escrito mediante el cual se interpone el recurso electoral ante el Consejo Nacional Electoral, deberá contener:

1. La identificación del trabajador o trabajadora recurrente, o en su caso, de la persona que actúe como su representante, con indicación de los nombres y apellidos, domicilio, nacionalidad y número de cédula de identidad, así como el carácter con que actúa.
2. La identificación de los actos que se impugnan, señalando los vicios de que adolecen. Cuando se impugnen actos de votación o actas de escrutinio se deberá identificar la mesa de votación y la elección de que se trate, con claro razonamiento de los vicios ocurridos en el proceso o en las actas, según el caso.
3. Los hechos que configuren la infracción a las normas electorales, en los casos de impugnaciones contra omisiones o abstenciones, debiendo acompañarse copia de los documentos que justifiquen la obligación de dictar decisión en un determinado lapso.
4. La narración de los hechos e indicación de los elementos de prueba que sustenten la impugnación, cuando se recurra contra actuaciones materiales o vías de hecho.
5. La indicación de los pedimentos.
6. La dirección del lugar donde se efectuarán las notificaciones.
7. La referencia de los anexos que se acompañan.
8. La firma del trabajador interesado, trabajadora interesada y sus representantes.

El incumplimiento de los requisitos establecidos en la presente disposición producirá la inadmisibilidad del recurso.

Artículo 92.- Trámite de los recursos ante el Consejo Nacional

Electoral: Recibido el recurso electoral, la Consultoría Jurídica del Consejo Nacional Electoral procederá a formar expediente e iniciará la sustanciación del procedimiento administrativo. De ser procedente, emplazará a las personas interesadas y se realizarán todas las actuaciones necesarias para el mejor esclarecimiento del asunto. El emplazamiento de las personas interesadas para que se apersonen al procedimiento y presenten pruebas y alegatos que estimen pertinentes, se hará mediante publicación en la Gaceta Electoral y en las carteleras de la Dirección General de Asuntos Sindicales y Gremiales y de la Oficina Regional Electoral correspondiente. El Consejo Nacional Electoral podrá designar comisiones de sustanciación en relación a determinados asuntos, cuando las necesidades de celeridad así lo ameriten. Verificada la última de las publicaciones señaladas anteriormente, comenzará a transcurrir un lapso de veinte (20) días hábiles para que el Consejo Nacional Electoral decida. Dentro de los primeros cinco (5) días hábiles de este lapso, las personas interesadas podrán consignar sus alegatos y pruebas que estimen pertinentes. Vencido este lapso sin que el Consejo Nacional Electoral haya emitido el pronunciamiento correspondiente, o en caso que la decisión resultare contraria a lo solicitado, las personas interesadas podrán interponer recurso contencioso electoral ante el Tribunal Supremo de Justicia. La interposición de los recursos electorales ante el Consejo Nacional Electoral no suspenderá la ejecución del acto, sin embargo, podrá suspenderlo, a solicitud de parte interesada, cuando exista una grave presunción de que su ejecución podría causar perjuicios irreparables a las personas interesadas o al proceso de elecciones sindicales.

Los miembros de la Junta Directiva del Sindicato que resulten electos, tomarán posesión de sus respectivos cargos inmediatamente después de su juramentación, acto éste que se realizará inmediatamente después de concluido el escrutinio de votos y la proclamación de los electos. El acto de proclamación estará a cargo de la Comisión Electoral Sindical, junto con el Presidente de la Federación Regional a la cual se encuentre afiliado el sindicato.

La Junta Directiva saliente está obligada a entregar a la nueva Junta Directiva electa todo lo relacionado con la administración de los recursos económicos, bienes muebles e inmuebles y demás propiedades del Sindicato, en el termino improrrogable de Cuarenta y Ocho (48) horas después de haber concluido el proceso electoral y para el caso de que no dé cumplimiento a este disposición, la Junta Directiva electa, acudirá a las autoridades competentes a los fines de demandar la entrega inmediata de los recaudos antes señalados, por ser estos de la exclusiva propiedad de la Organización y notificará de elo al Comité Ejecutivo de la Federación Regional a la cual esté afiliado el Sindicato. Todas estas normas en materia de elecciones sindicales se apegan a las **NORMAS PARA**

GARANTIZAR LOS DERECHOS HUMANOS DE LOS TRABAJADORES Y TRABAJADORAS EN LAS ELECCIONES SINDICALES, establecidas y publicadas en la Gaceta de la REPÚBLICA BOLIVARIANA DE VENEZUELA PODER ELECTORAL CONSEJO NACIONAL ELECTORAL RESOLUCIÓN N° 090528-0265 Caracas, 28 de mayo de 2009.

CAPITULO VIII.
DISPOCICIONES FINALES

Artículo 93.- SIMBOLOS: La Asamblea General de los Miembros podrá escoger una Insignia y una Bandera como distintivos del Sindicato. Así mismo la Junta Directiva podrá imprimir el Distintivo como membrete en toda la papelería del **SINDICATO XXXXXXX DE TRABAJADORES DE LA EMPRESA XXXXXXX XXXXXX XXXXXX DEL ESTADO ZULIA (SINTRAxxxxxxxxxZ).**

Artículo 94.- REQUISITOS PARAREFORMAR LOS ESTATUTOS: Estos Estatutos podrán ser modificados total o parcialmente siempre que así sea acordado en Asamblea General extraordinaria, que a tales efectos sea convocada de conformidad con los estatutos, en todo caso, las modificaciones acordadas deberán ser aprobadas por el voto mayoritario de los miembros asistentes a la misma. Las modificaciones podrán ser auspiciadas por la Junta Directiva o solicitada por el diez por ciento (10%) o más de los miembros activos y solventes del sindicato mediante comunicación escrita dirigida a la Junta Directiva.

UNICO: El Diez (10%) por ciento de Miembros Activos y solventes del Sindicato, podrá proponer reformas a los presentes Estatutos mediante comunicación escrita dirigida a la Junta Directiva, indicando con precisión, la o las reformas que a bien se pretenda introducir dentro de los estatutos, ésta a su vez, lo propondrá en la siguiente asamblea general de miembros para su validación y aprobación.

Articulo 95.- En todo lo que no estuviere expresamente expuesto en estos Estatutos, se aplicará lo estipulado en la LOTTT.

Artículo 96.- Reglas para la autenticidad de las actas de la Junta Directiva y el Tribunal Disciplinario:

A. Las actas de las Asambleas Generales de miembros, ya sean Ordinarias o Extraordinarias, deber ser suscritas por el Secretario General y el Secretario de Actas y Correspondencia.
B. Las actas de las reuniones de la Junta Directiva, serán

autenticadas por el Secretario General y el Secretario de Actas y Correspondencia.

C. Las actas de las reuniones del Tribunal Disciplinario serán autenticadas por el Presidente y Vicepresidente.

Artículo 97.- De la disolución de esta Organización Sindical: La organización sindical **SINDICATO XXXXXXX DE TRABAJADORES DE LA EMPRESA XXXXXXX XXXXXX XXXXXX DEL ESTADO ZULIA (SINTRAxxxxxxxxxZ)** solo se podrá disolver cuando no tenga el número de miembros exigidos por la LOTTT (2012) para su funcionamiento y las causales enunciadas taxativamente en el artículo 426 y 427 de la novísima LOTTT y las contempladas en los presentes Estatutos.

Articulo 98.-Se podrá disolver esta Organización sindical:

a) Por cumplirse cualquiera de los eventos previstos en los Estatutos para este efecto;

b) Por acuerdo, cuando menos, de las dos terceras (2/3) partes de los miembros de la organización, adoptado en Asamblea General Extraordinaria y acreditado con las firmas de los asistentes;

c) Por sentencia judicial, y d) Por reducción de los afiliados a un número inferior a los establecidos en la ley.

e) Disolución y Liquidación:

1).- Una vez constatadas las causales previstas en la LOTTT, los Estatutos, y sea realizada y aprobada por los trabajadores afiliados y afiliadas se procederá a la disolución de esta Organización Sindical, los liquidadores designados por los afiliados y afiliadas o por el Juez del Trabajo, deberán someterse a las siguientes reglas que serán aplicables para la liquidación de todos los fondos existentes, el producto de los bienes que fuere indispensable enajenar, y el valor de los créditos que recaude, en primer término, se dará prioridad al pago de las deudas pendientes que tenga esta organización sindical, incluyendo los gastos de la liquidación. Del remanente se reembolsará a los miembros activos las sumas que hubieren aportado como cotizaciones ordinarias, previa deducción de sus deudas para con el sindicato, si no alcanzare, se distribuirá a prorrata de sus respectivos aportes por dicho concepto. En ningún caso ni por ningún motivo, puede un afiliado recibir más del monto de sus cuotas ordinarias aportadas.

2).- La liquidación de la organización sindical se practicará con las reglas obtenidas en los Estatutos y en la LOTTT. El patrimonio que resultare después de cubrir el pasivo pasará a ser propiedad de la federación o confederación a la cual estuviere afiliado el sindicato. La Asamblea General Extraordinaria, convocada al efecto, designará una comisión formada por cinco (5) miembros, quienes se encargarán de todo lo relacionado con la liquidación, y le fijará sus atribuciones y las pautas que han de seguirse en cuanto al destino de los bienes de acuerdo con lo dispuesto en los artículos 426 al 430 de la LOTTT (2012). No podrán ser liquidadores los miembros de la Junta Directiva. En caso de disolución voluntaria, practicada la liquidación, el remanente que resultase se le dará el destino que acuerde la asamblea.

3).- Concluido el proceso de inventario de bienes, recaudación de pagos pendientes y pago de deudas, procederán a convocar una asamblea extraordinaria con el objeto de presentar un informe detallado de las gestiones y actividades efectuadas. La asamblea con vista a este informe podrá decidir si el remanente de los bienes de la organización sindical puede ser donado, al fondo de jubilaciones u otras organizaciones sindicales existentes en el país o a una entidad benéfica o las sugerencias establecidas en el artículo 430 LOTTT (2012).

Articulo 99. - Son atribuciones de los Liquidadores:

a) Cancelar las obligaciones pendientes de la organización sindical.
b) Cobrar y recaudar las cuotas o cantidades que por algún concepto se le adeuden a la organización sindical.
c) Inventariar y valorizar el patrimonio y los bienes de la organización sindical.

Articulo 100.- Del informe definitivo y de lo que resuelva la Asamblea con relación a los bienes de la asociación sindical una vez liquidada, se presentará un informe detallado al Registro Nacional de Organizaciones Sindicales o al ente encargado para tales efectos, donde esté inscrito el sindicato, dentro de un lapso no mayor de treinta (30) días siguientes a la decisión de conformidad con lo establecido en el articulo 388 numeral 5 de la LOTTT (2012).

SINDICATO XXXXXXX DE TRABAJADORES DE LA EMPRESA XXXXXXX XXXXXX XXXXXX DEL ESTADO ZULIA (SINTRAXXXXXXXZ)

POR LA JUNTA DIRECTIVA ELECTA PROVISIONAL

Jose XXXXXX
C.I. XX.XXX.XXX
SECRETARIO GENERAL

Pedro XXXXX
C.I. XX.XXX.XXX
SEC. DE ORGANIZACIÓN

Luis XXXXXO
C.I. XX.XXX.XXX
SEC. FINANZAS

Jesus XXXXXXX
C.I. XX.XXX.XXX
SEC. DE RECLAMOS

Juan XXXXXXX
C.I XX.XXX.XXX
SEC. DE ACTAS Y CORR.

Jehiel XXXXXX
C.I. XX.XXX.XXX
SEC. FORM. Y DOCT.

Jatniel XXXXXXXXXXXX
C.I. XX.XXX.XXX
SEC. CULT. Y DEP.

Jahaziel XXXXXXXX
Yasenia XXXXXXXX

C.I. XX.XXX.XXX C.I. XX.XXX.XXX

VOCAL 1. **VOCAL 2.**

Cabe resaltar, que se sugiere que las firmas de cada una de las secciones tales como, las actas de asamblea, cartas, y estatutos sociales, estén en una sola hoja para cuando el registro desee, escanear las firmas y enviarlas a Caracas para su posterior validación. Por otro lado, las direcciones aportadas en los estatutos sociales y en el acta de asamblea deben coincidir.

CONVOCATORIA

Hoy, Veintidós (22) de Enero de 2014, Se convoca con carácter de urgencia a todos los TRABAJADORES Y TRABAJADORAS DE LA EMPRESA **XXXXXXXXXXXX XXXXXXXXXXXXXXXXX XXXXXXXXXXXX C.A (XXXXXXXXXXXXXXXXXXXXXX CCC)**, UNA ASAMBLEA GENERAL EXTRAORDINARIA.

PUNTO A TRATAR: Constitución del Sindicato de Empresa, **SINDICATO BOLIVARIANO DE TRABAJADORES DE LA EMPRESA CCCCCCCCCC VVVVV BBBBBBBBBBB C.A. DEL ESTADO ZULIA (SINTRAXXXXXXXXZ)** según el artículo 371 Lit. "a" y 376 de la Ley Orgánica del Trabajo, los Trabajadores y las Trabajadoras.

HORA: 3:00PM

LUGAR: Feria de la comida del centro de convenciones palacio de los eventos de maracaibo.

DIA: 27/01/2014

ASISTE………………ASISTE……………….ASISTE……………..ASIS TE………

P/ EL COMITÉ ORGANIZADOR

____________________ ________________________

____

Luis XXXXX Adrian XXXX

Darwin XXXX

EN LA PARTE SUPERIOR PUEDEN COLOCAR EL LOGO QUE COMPAGINE CON LA ORGAIZACION SINDICAL Y SU NOMBRE

Fecha_____/______/__________

Señores Representantes de la
Empresa XXX XXXX

Yo____, cedula de identidad Nº______________________, de nacionalidad ________________, de____años de edad, estado civil__________________, salario_______ _mensual,cargo_______________________________ _departamento____________________, trabajador activo de la Empresa XXXXXXX, por la presente me dirijo a ustedes para manifestarle que en esta fecha he solicitado mi inclusión y afiliación como miembro activo del XXXXXXXXXXX XXXXXXXX XXX XXXXXXXX XXXXXXXXXXX, SIMILARES, AFINES Y CONEXOS DEL ESTADO ZULIA (XXXXXXX), así mismo autorizo al descuento por nomina del 1% (o el monto que haya sido autorizado por la asamblea) de mis salarios básicos, como un aporte que será destinado al sindicato antes mencionado y queda de mi parte el compromiso de acatar las normas y directrices de esta organización, legalmente inscrita en la Inspectoría del Trabajo bajo el numero xxxxxxxxx (numero del expediente)

Le agradezco se sirvan darle curso correspondiente a esta petición que hago el día de hoy.

______________________	[ ]
Atentamente	Huela Dactilar

MODELO DE HOLA DE DISCUCIÓN DE CONVENCIÓN COLECTIVA

Clausula 74. Contrato anterior 2013 - 2015	Clausula 97. Contrato nuevo. 2015-2017	Propuesta empresa	Máximo	Mínimo	Clausula 97. Final.
CLAUSULA 74. BONIFICACIÓN PARA LOS HIJOS DE LOS TRABAJADORES CON CONDICION ESPECIAL O INCAPACITADOS: "La empresa se compromete en conceder como beneficio social de carácter no remunerativo, la cantidad de Quinientos bolivares **(Bs. 500,00)** mensuales, destinados a facilitar la subvención de los gastos médicos de los menores discapacitados, hasta un máximo de cinco asignaciones. Dicho beneficio se hará tomando en cuenta la antigüedad del trabajador al servicio de la empresa como criterio único de evaluación".	**CLAUSULA 97. BONIFICACIÓN PARA LOS HIJOS DE LOS TRABAJADORES CON CONDICION ESPECIAL O INCAPACITADOS:** "La empresa se compromete en conceder como beneficio social de carácter no remunerativo, la cantidad de Dos mil Quinientos bolivares **(Bs. 2.500,00)** mensuales, destinados a facilitar la subvención de los gastos médicos de los menores discapacitados, hasta un máximo de cinco asignaciones. Dicho beneficio se hará tomando en cuenta la antigüedad del trabajador al servicio de la empresa como criterio único de evaluación".	Misma reducción pero aportan 1500.	2500	1800	**CLAUSULA 97. BONIFICACIÓN PARA LOS HIJOS DE LOS TRABAJADORES CON CONDICION ESPECIAL O INCAPACITADOS:** "La empresa se compromete en conceder como beneficio social de carácter no remunerativo, la cantidad de mil Novecientos bolivares **(Bs. 1.900,00)** mensuales, destinados a facilitar la subvención de los gastos médicos de los menores discapacitados, hasta un máximo de cinco asignaciones. Dicho beneficio se hará tomando en cuenta la antigüedad del trabajador al servicio de la empresa como criterio único de evaluación".

Modelo Minuta

En Maracaibo, a los diecisiete (17) días del mes de octubre de dos mil trece (2013), siendo las diez de la mañana (02:00 PM), comparecen por ante la sede de la sociedad mercantil **XXXXXXXXX C.A**, ubicada en la ciudad de Maracaibo del Estado Zulia, específicamente en la Zona Industrial, a objeto de iniciar las conversaciones inherentes al Proyecto de Convención Colectiva propuesto por el Sindicato Profesional Bolivariano de Trabajadores del XXXXXXXXXXX XXXXXXXX (SINTRAXXXXXXXXX), representado por los ciudadanos **JOSE XXXXXXXX, EDGARXXXXXX, DENNYS XXXXXXX, HERMES XXXXXXXXXX, LUIS XXXXXXXXX, MARWIN XXXXXXXXX, JULIO XXXXXXXXX, EDER XXXXXXXXX, LUIS XXXXXX** , titulares de las Cédulas de Identidad Nos. XX.XXX.XXX., XX.XXX.XXX., XX.XXX.XXX, XX.XXX.XXX, XX.XXX.XXX, XX.XXX.XXX, XX.XXX..XXX, XX.XXX.XXX, 25XX.XXX.XXX, respectivamente, en su carácter de miembros de la Junta Conciliadora de la mencionada organización sindical, asistidos por el abogado: **JOSE NOROÑO**, inscritos en el Inpreabogado bajo el No. 175.673 respectivamente por una parte; y por la otra, en representación de la Sociedad Mercantil **XXXXXXXXXXXXX XXXXXXXXXXXXX C.A**, los ciudadanos **LISANDRO XXXXXXXXX, JAHAZIEL XXXXXXX, JEHIEL XXXXXXXXX Y JATNIEL XXXXXXXXXXXX** titulares de las Cédulas de Identidad Nos. XX.XXX.XXX, XX.XXX.XXX, XX.XXX.XXX y XX.XXX.XXX respectivamente, los dos últimos inscritos en el Inpreabogado bajo los Nos. XX.XXXX y XX.XXXX, en su condición de miembros principales los dos primeros, y asesores legales los dos últimos nombrados, de la Junta Conciliadora designada por la Empresa para la Discusión del presente Proyecto de Convención Colectiva, de mutuo y amistoso acuerdo expusieron: Como quiera que el proyecto de convención colectiva no ha sido admitido, por la autoridad administrativa correspondiente, de manera amistosa y a todo evento ambas partes tenemos a bien dejar constancia de los siguientes acuerdos:

PRIMERO: CLAUSULA 1: DIFERIDA

CLAUSULA 2 DISPOSICIONES GENERALES: "La Entidad de trabajo reconoce al Sindicato como legítimo representante de los trabajadores amparados por esta convención colectiva, indicados en el punto 1.2 de la Clausula 1; y en consecuencia es expresamente convenido entre las partes que los beneficios sindicales a los que se refiere este convenio, se aplicarán única y exclusivamente a los trabajadores cuya representación asume el **SINDICATO PROFESIONAL BOLIVARIANO DE TRABAJADORES XXXXXXXXXX XXXXXXXXXXXXX XXXXXXXXXXX XXXXXX, AFINES Y CONEXOS DEL ESTADO ZULIA (SINTRAXXXXXXXX)".**

CLAUSULA 46. TRABAJADOR EN PASANTÍAS: "En caso de que el trabajador realice pasantías que se desprendan de estudios superiores, la Entidad de trabajo se compromete a conceder las siguientes facilidades:

Si las pasantías se realizaran dentro de la Entidad de trabajo y en el mismo departamento donde el trabajador realiza sus actividades normales, la Entidad de trabajo pagará el salario del trabajador en un cien por ciento (100%) durante el tiempo de duración de éstas; dándole las facilidades para cumplir efectivamente con el requisito exigido por la institución de educación superior.

Si las pasantías se realizaran dentro de la Entidad de trabajo en un departamento distinto al cual el trabajador realiza sus actividades normales, ésta las pagará al trabajador en el tiempo de duración de sus pasantías de la siguiente manera: Un 37.5% del tiempo, se tomará en cuenta como vacaciones del trabajador del término de pasantías; un 37.5% del tiempo, la Entidad de trabajo pagará en un 100% el salario del trabajador; Un 25% del tiempo, la Entidad de trabajo pagará las horas efectivas de trabajo en su departamento.

Si las pasantías se realizaran en cualquier otra institución distinta a la Entidad de trabajo, ésta última se compromete a otorgarle un permiso no remunerado al trabajador por el tiempo de duración de las mismas y a otorgarle un Bono Único igual al 50% de su salario como ayuda para la realización de éstas. Queda entendido que ésta bonificación no tendrá ninguna incidencia legal en el salario del trabajador".

CLAUSULA 47 MONTEPÍO: "La Entidad de trabajo conviene en descontar del salario de sus trabajadores un Montepío equivalente a la cantidad de Treinta Bolívares (Bs. 30,00) al ocurrir el fallecimiento de algún trabajador a los fines de ser destinado al pago del montepío. En caso de que algún familiar del trabajador fallezca de los indicados a continuación: padre, madre, esposa (o) concubina (o), hijos(as), hermanos (as) abuelo (a) se le descontará a cada trabajador amparado por esta Convención Colectiva de Trabajo dicha cantidad. A tal efecto, el Sindicato se compromete a consignar el acta de defunción y el acta donde se compruebe la filiación. La Entidad de trabajo entregará la cantidad deducida en cheque a nombre del sindicato, quien a su vez entregará los fondos antes indicados, a los familiares beneficiarios según lo establecido en el artículo 145 de la LOTTT".

SEGUNDO: Ambas partes hemos convenido en fijar para la continuación de las discusiones del Proyecto de Convención Colectiva, el día lunes (20) de octubre del presente año dos mil trece (2013), a las nueve de la mañana (09:00 A.M) en la sede de la Empresa **XXXXXXXXXX XXXXXXXXXXXXX, C.A.** Es entendido, que posterior a la celebración de la reunión fijada en la fecha señalada previamente, que ambas partes continuarán las reuniones sobre las discusiones del referido proyecto de convención colectiva, los días lunes y jueves a las nueve (09:00 AM), siempre y cuando en dichos días corresponda laborar, y en caso contrario ambas partes de mutuo acuerdo seleccionarán un día distinto.

CONVOCATORIA

Hoy, 23 de Mayo de 2008, YO, xxxxxx en mi carácter de Secretario General de Sindicato Profesional de Trabajadores de xxxxxxxx xxxxxxx xxxxxxx xxxxxxx xxxxx , Afines y Conexos del Estado Zulia, Convoco a una Asamblea Extraordinaria a celebrarse eldía:

Fecha: 27 de Mayo de 2008

Punto a Tratar: APROBACIÓN PARA INTRODUCIR EL PROYECTO DE CONVENCION COLECTIVA ANTE AL INSPECTORIA DEL TRABAJO Y OTORGAMIENTO DE PODER PARA DISCUTIR EL CONTRATO COLECTIVO CON LA EMPRESA XXXXX SSSSSSS

Lugar: xxxxxxx cccccccc cccccccc ccccccc ccccccc cccccccccccc ccccccccccccccc cccccccccccc ccccccccccccccc ccccccccccccccccccc cccccccccccccccccccccccccccccccc

Hora: 8:00 am.

P/SINDICATO PROFESIONALDE TRABAJADORES
XXXXXXXXXXX XXXXXXXXXXXXXXXXXX

XXXXXXXXXXXXXXXX XXXXXXXXXXXXXXXX
XXXXXXXXXXXX XXXXXXXXXXXXX

POR LA JUNTA DIRECTIVA

____
Jose XXXXXX
C.I. XX.XXX.XXX
SECRETARIO GENERAL

____

____

Pedro XXXXX Luis
XXXXXO
C.I. XX.XXX.XXX C.I.
XX.XXX.XXX
SEC. DE ORGANIZACIÓN SEC.
FINANZAS

____

____

Jesus XXXXXXX Juan
XXXXXXX
C.I XX.XXX.XXX C.I. XX.XXX.XXX
SEC. DE RECLAMOS SEC.
DE ACTAS Y CORR.

____

____

Jehiel XXXXXX Jatniel
XXXXXXXXXXXX

C.I. XX.XXX.XXX
C.I. XX.XXX.XXX
SEC. FORM. Y DOCT.
SEC. CULT. Y DEP.

____________________________ -
____

Jahaziel XXXXXXXX
Yasenia XXXXXXXX
C.I. XX.XXX.XXX
C.I. XX.XXX.XXX
VOCAL 1.
VOCAL 2.

ACTA DE ASAMBLEA

En Maracaibo, a los Veintisiete días del mes de Mayo de 2008 (27/05/08), siendo las ocho de la mañana (8:00 a.m.). Previa convocatoria girada a tal efecto por el Secretario General del Sindicato Profesional de Trabajadores XXXXXX XXXXXX XXXXXXX XXXXXXX XXXXXXX ,Ciudadano xxxx xxxxx titular de la c.i. xxx.xxxx.xxx , sindicato ubicado en la Ciudad y Municipio Autónomo Maracaibo del Estado Zulia, Cale xxx con Av. xxx N° xxxx La Paz, reunidos en la xxxxxxxx xxxxxxxxxx , ubicada en el Municipio Maracaibo Zona Industrial CCCCCCC CCCCCCCC CCCCCCCCC DDDDDDD DDDDDDD DDDDDDDDDDD, Edificio CCCCCC CCCCC, presentes los ciudadanos reunidos con el propósito de deliberar sobre el único punto de la convocatoria que da origen a esta Asamblea, como lo es: Punto único a tratar: APROBACIÓN PARA INTRODUCIR EL PROYECTO DE CONVENCION COLECTIVA ANTE LA INSPECTORIA DEL TRABAJO Y OTORGAMIENTO DE PODER PARA CONSIGNAR, DISCUTIR Y SUSCRIBIR EL

PROYECTO DE CONTRATO COLECTIVO CON LA EMPRESA XXXXXXX XXXXXXXXXX XXXXXX, presentes los ciudadanos: AQUÍ ES DONDE SE TRANSCRIBEN NOMBRES, APELLIDOS Y CEDULAS DE IDENTIDAD DE LOS ASINTENTES ALA ASAMBLEA (Nombres, apellidos y cedulas de identidad) en total 260 Asistentes, todos mayores de edad, trabajadores activos de la empresa CCCCCCCC, ubicada en Municipio Maracaibo, en la Jurisdicción del Municipio Autónomo Maracaibo del Estado Zulia, seguidamente toma la palabra el Secretario General y a viva vos dijo, en esta mañana estamos reunidos con el solo propósito de solicitarles a todos nuestros agremiados mediante este acto público, es decir, nuestra asamblea, la autorización para consignar ante la Inspectoría del Trabajo del Estado Zulia, todos los documentos pertinentes a la nueva contratación colectiva que se discutirá con la empresa CCCCCCCC, así mismo solicitamos mediante esta asamblea el poder, que no es más que la manifestación de voluntad y autoridad para representar a todos los trabajadores afiliados a nuestra organización, a consignar y discutir en su nombre y con su autorización el proyecto de contrato colectivo redactado y discutido en las asambleas previas que se programaron para tales efectos, sometida seguidamente a votación y aprobación la moción, quedo aprobada con el voto favorable de los 260 asambleístas presentes de un universo total de afiliados de 260 trabajadores; seguidamente toma la palabra el Secretario de Actas y Correspondencias Reinaldo Moreno, e informó que se ha cumplido con el Quórum reglamentario estipulado en nuestros estatutos en el Artículo 39, para lo cual se demuestra con este acto, la validez absoluta de esta asamblea general de miembros asociados. Seguidamente vuelve a tomar la palabra el Secretario General, José Noroño e informa que en la empresa CCCCCCCC laboran hasta el día de hoy, un universo total de más de 448 trabajadores activos, de los cuales 260 trabajadores el día de hoy apoyan la introducción, discusión y consignación de nuestro proyecto de contratación colectiva, por parte del SINDICATO PROFESIONAL DE TRABAJADORES XXXXXXXXXXXXXXXXX CCCCCCCCCCCCCCCCCCCCCCCCCCCCCCC ante la Inspectoría del Trabajo de nuestra Jurisdicción, quedando aprobada con el voto favorable de los 260 trabajadores presentes y afiliados a esta organización sindical, adicionalmente también se informó que toda notificación que la Inspectoría haga a los fines legales de la consignación y discusión del Proyecto de Contratación Colectiva aprobada en asamblea, deberá ser notificada a la dirección fiscal de la empresa, ubicada en la Av. XXXXXXXX XXXXXXXXXX XXXXXXXX, a 100 mts, del departamento de bomberos. En este acto toma la palabra el compañero XXXXX XXXXX, Secretario General, quien agradeció la confianza que esta asamblea ha depositado en cada uno de los compañeros que conforman la Junta Directiva electa, y prometió no defraudar esta confianza que en elos han depositado, comprometiéndose a tramitar con la mayor rapidez posible la consignación de este Proyecto de Contratación Colectiva de Trabajo mediante la Organización Sindical Profesional denominada XXXXXXXXXXX XXXXXXX, por ante la Inspectoría del Trabajo . Agotado el orden del día y no habiendo nada más que tratar se dio por terminada la asamblea siendo las 10:15 a.m. de la mañana. Es traslado fiel y exacto de su original, la cual queda registrada en el libro de Actas de Asambleas de esta organización Sindical. Terminó, se leyó y conformes firman en prueba de su autenticidad.................................

P/SINDICATO SINDICATO XXXXXXX DE TRABAJADORES DE LA EMPRESA XXXXXXX XXXXXX XXXXXX DEL ESTADO ZULIA (SINTRAXXXXXXXZ)

POR LA JUNTA DIRECTIVA ELECTA PROVISIONAL

____

Jose XXXXXX
C.I. XX.XXX.XXX
SECRETARIO GENERAL

Pedro XXXXX
Luis XXXXXO
C.I. XX.XXX.XXX
C.I. XX.XXX.XXX
SEC. DE ORGANIZACIÓN
SEC. FINANZAS

Jesus XXXXXXX
Juan XXXXXXX
C.I XX.XXX.XXX C.I. XX.XXX.XXX
SEC. DE RECLAMOS
SEC. DE ACTAS Y CORR.

Jehiel XXXXXX
Jatniel XXXXXXXXX
C.I. XX.XXX.XXX
C.I. XX.XXX.XXX
SEC. FORM. Y DOCT.
SEC. CULT. Y DEP.

Jahaziel XXXXXXXX
Yasenia XXXXXXXX
C.I. XX.XXX.XXX
C.I. XX.XXX.XXX
VOCAL 1.
VOCAL 2.

CONVENCION COLECTIVADE TRABAJO CELEBRADAENTRE LA EMPRESAXXXXXXXXXXX. Y EL SINDICATO PROFESIONAL XXXXXXXXXXXXXXXXXX XXXXXXXXXXXXXXXXXXXXXXX XXXXXXXXXXXXXXXXXXXX X XXXXXXXXX

CAPITULO I
DE LAS CLAUSULAS GENERALES

CLAUSULA 1 DEFINICIONES:

1.1.- ENTIDAD DE TRABAJO: Este término identifica a la sociedad mercantil AVICOLA DE OCCIDENTE C.A. (AVIDOCA) así como sus filiales en todo el territorio nacional según los artículos 40, 45 y 46 de la LOTTT".

1.2.- TRABAJADORES:"Este término identifica a todos los Trabajadores que laboran para la empresa XXXXXXXX XXXXXXXXXXXXCA, en sus diferentes Plantas, Mataderos, Transporte, Granjas y depósitos a Nivel nacional.

1.3.- SINDICATO: "Este término identifica a la organización sindical denominada: SINDICATO XXXXXXXXXXXXXXXX XXXXXXXXXXXXXXXXXXXXXXXXX XXXXXXXXXXXXXXXXXXX XXXXXXXXXXXXXXXXX XXXXXXXXXXXXX DEL ESTADO ZULIA (SINTRAXXXXXXXXXZ)".

1.4.- PARTES: "Este término identifica a La Empresa definida anteriormente en el numeral "1.1" de esta cláusula y al Sindicato, definido en el numeral "1.3" de la presente cláusula".

1.5.- CONVENCIÓN: "Este término identifica la presente convención colectiva y sus anexos firmados por las partes".

1.6.- SALARIO: "Se entiende por Salario la noción establecida por la LOTTT en el artículo 104 para definir el salario integral y el salario normal.

1.7.- SALARIO BASICO: "Este término indica la suma fija y periódica que devenga el trabajador a cambio de su labor ordinaria, de conformidad con el artículo 104 de la LOTTT".

1.8.- SALARIO NORMAL: "Este término indica la remuneración devengada por el trabajador en forma regular y permanente. De conformidad con el artículo 104 de la LOTTT".

1.9.- SALARIO INTEGRAL: "Este término hace referencia exclusiva a la suma del salario normal percibido por el Trabajador, mas la alícuota del Bono Vacacional y de Utilidades, entendiéndose como salario integral, la definición establecida en el artículo 104 de la LOTTT. El salario integral será utilizado únicamente para el pago de las Prestaciones Sociales, establecidas en el artículo 122 del laLOTTT".

1.10.- REPRESENTANTES: "Para los efectos de la presente convención se consideran: a) Representantes de la Empresa a las personas debidamente autorizadas para suscribir o representarlos de acuerdo con sus respectivas Actas Constitutivas Estatutarias; o aquelas personas debidamente autorizadas para tal fin por los representantes legales de la misma y conforme a lo establecido en el artículo 41 de la LOTTT; y b) Del sindicato, a los miembros principales de la Junta Directiva y a las personas debidamente autorizadas para suscribir o representarlos de acuerdo con su respectiva acta constitutiva y estatutos".

1.11.- I. V. S. S.: "Este término indica al Instituto Venezolano de los Seguros Sociales, o al ente que le sustituya con las mismas o similares funciones. I.N.C.E.S, este término identifica al Instituto Nacional de Capacitación y Educación Socialista".

1.12.- L.O.T.T.T: Este término está referido a Ley Orgánica del Trabajo, los Trabajadores y Trabajadoras. **R.L.O.T** identifica al Reglamento de dicha Ley; y **L.O.P.T.R.A**, identifica a la Ley Orgánica Procesal del Trabajo".

1.13.- DIRECTIVOS YDELEGADOS DEL SINDICATO: "Se refiere a los Trabajadores que conforman la Junta Directiva de la organización sindical y aquellos que en cada Unidad Operativa de trabajo sean elegidos como Delegados en número de UNO (1) por cada Cincuenta (50) trabajadores".

1.14 NOMINA: "Lista en la cual se inscriben o registran los Trabajadores que prestan servicios ininterrumpidos de manera permanente y continua, cuyo salario ha sido convenido en forma mensual por el trabajo realizado".
1.15 TABULADOR: "Este término se refiere a la lista de clasificaciones de cargos y Salarios Básicos de los Trabajadores por tiempo indeterminado, los cuales forman parte integrante de este Contrato".

CLAUSULA 2 DISPOSICIONES GENERALES: "La Empresa reconoce al Sindicato como legítimo representante de los trabajadores amparados por esta convención colectiva, indicados en el punto 1.2 de la Clausula 1; y en consecuencia es expresamente convenido entre las partes que los beneficios sindicales a los que se refiere este convenio, se aplicarán única y exclusivamente a los trabajadores cuya representación asume el **XXXXXXXXXXXX XXXXXXXXXXXXXXXX XXXXXXXXXXXXXXX XXXXXXXXXX XXXXXXXXXXXXXXX XXXXXXXXXXXXXXXXXXX XXXXXXXXXXX(XXXXXXXX)".**

CLAUSULA 3 REFORMAS LEGALES: "Es expresamente entendido entre las partes, que en caso de una reforma legal, que conceda de algún modo mayores o iguales beneficios a los trabajadores, que los estipulados en esta Convención, al ser aplicada sustituirá a la Convención en lo que a los beneficios respectivos se refiere, quedando la Convención en situación de mejora, pues las partes acuerdan mantener las diferencias existentes entre esta convención colectiva con respecto a la Ley Orgánica del Trabajo los Trabajadores y las Trabajadoras. Es entendido que una modificación de la LOTTT, creará y así se establece, la responsabilidad a la empresa XXXX XXXXXXXXXXX CA de otorgar el mismo porcentaje con respecto a la nueva norma legal. En caso de otras reformas legales que se suscitaren y no superen los beneficios que concede la Convención, ésta seguirá aplicándose, sin que pueda jamás sumarse el beneficio legal al beneficio que acuerde la Convención. Para los efectos de esta Cláusula se tomará en cuenta la naturaleza del beneficio y no el nombre con que el beneficio sea designado. La Empresa conviene en mantener en vigor y en las mismas condiciones, los beneficios económicos, culturales, socio-económicos, asistenciales y sindicales que vienen disfrutando sus trabajadores y que no hayan sido en alguna forma modificados, suprimidos o sustituidos en razón de las condiciones y acuerdos de esta Convención. Para todos los efectos de esta Cláusula se tomará en cuenta la naturaleza y propósito del beneficio y no el nombre con que sea designado. Es entendido que dichos beneficios no serán adicionados a los contemplados en la presente Convención".

CLAUSULA 4 PAGO DE SUELDOS Y SALARIOS: "La Empresa se compromete en pagar los sueldos y salarios de sus trabajadores en el curso de la correspondiente jornada de trabajo, mediante el depósito de dichos montos en las cuentas individuales dispuestas por la entidad bancaria que haya sido designada por la empresa y los Trabajadores para tal fin. En caso de que el día de pago coincida con un día feriado o de asueto contractual, la Empresa conviene en efectuar dicho pago el día hábil anterior.

Igualmente, la Empresa se compromete a suministrar al trabajador un listín confidencial del cálculo acumulado de sus prestaciones y utilidades disponibles cuando éste lo requiera.

La Empresa dará solución a las eventualidades que se presenten a causa de diferencias que puedan surgir al momento de hacer efectivo a sus trabajadores los pagos en concepto de salarios, tales como: horas de sobre tiempo, bono nocturno, sustituciones temporales y otros derivados de la relación de trabajo. La Empresa dará respuesta y subsanará el error la semana o quincena inmediata después de haber ocurrido tal situación, siempre que el reclamo sea presentado en los cinco (5) primeros días continuos al pago de la semana o quincena correspondiente".

CLAUSULA 5 CORRESPONDENCIA: "Ambas partes procurarán en todo caso mantener y fomentar la solución conciliatoria de las situaciones laborales. En este sentido convienen que las correspondencias de carácter informativo que entre elas cursen, serán respondidas por escrito en un lapso no mayor a cinco (5) días hábiles a partir de la fecha de recibo, fijando criterio sobre el problema planteado en la respectiva comunicación a la otra parte. Es entendido que el recibo de la correspondencia en ningún caso implicará aceptación de su contenido".

CLAUSULA 6 REUNIONES ENTRE SINDICATO Y EMPRESA: Las situaciones que pudieran surgir con ocasión de la aplicación y ejecución de la presente Convención Colectiva de Trabajo, la L.O.T.T.T. y su Reglamento y demás normas laborales serán sometidas al Comité de Evaluación y Seguimiento constituido en conformidad con lo dispuesto en el artículo 440, ejusdem, sin perjuicio de que la Organización Sindical pueda solicitar una reunión con los representantes de la Empresa en búsqueda de soluciones, resaltar aspectos positivos, corrección de falas, logros, reconocimientos del desempeño de los trabajadores y de los resultados de la Empresa. Para la buena marcha de las relaciones entre ambas partes, la empresa y el sindicato se comprometen a mantener un clima de respeto, cordialidad y entendimiento en sus entrevistas y conversaciones, así como a seguir fielmente las disposiciones de esta convención y las que impone la LOTTT y su Reglamento; y por consiguiente, impartirán las instrucciones pertinentes para mantener las mejores relaciones **Trabajador-Empresa**. En tal virtud, la empresa adoptará la práctica de instruir debidamente a los representantes de la empresa, sobre el trato respetuoso que deben dar al personal a su servicio y a la forma como deben atenderse las relaciones con los trabajadores o sus representantes sindicales. Así mismo, el sindicato adoptará la práctica de instruir a sus directivos sindicales y trabajadores en la forma respetuosa de tratar a los representantes de la empresa".

CLAUSULA 7 PROCEDIMIENTO DE RECLAMO: "Ambas partes convienen que toda diferencia, controversia, inconveniente o reclamo que surja durante la vigencia de la presente convención colectiva, será sometida al respectivo Comité de Evaluación y Seguimiento en procura de que la situación sea resuelta de manera amistosa y respetuosa en un lapso no mayor a setenta y dos (72) horas por dichos representantes (dos (2) por parte de la empresa y dos (2) por parte del sindicato). Agotada esta vía, cualquiera de las partes esta en el derecho de acudir al organismo administrativo o judicial competente a su criterio. Para la buena marcha de las relaciones, las partes señalan a la Inspectoría del Trabajo del Municipio Maracaibo como centro de los debates, solicitudes y reclamaciones que a bien puedan producirse en la aplicación de la presente convención colectiva de trabajo, las relaciones laborales y todo lo concerniente a la interpretación de normas y su alcance, para lograr los acuerdos necesarios, atendiendo a lo establecido en el artículo 30 de Ley Orgánica Procesal del Trabajo (LOPTRA)".

CLAUSULA 8 CONCEPTO DE UNIDAD OPERATIVA, ECONOMICA, PRODUCTIVA O DE TRABAJO: "Las partes convienen y así lo establecen, que para todos los efectos derivados de la presente Convención Colectiva de Trabajo, se entenderá como grupo de entidades de trabajo lo establecido en el artículo 46 de la LOTTT".

CLAUSULA 9 INFORMACIÓN PARA EL TRABAJADOR: "La Empresa conviene en entregar a cada trabajador, una copia de su contrato inicial, que especifique las funciones, responsabilidades, horario, salario y cualquier otra información que éste requiera en relación con su contrato individual de trabajo; y en los casos cuando las circunstancias laborales o condiciones cambien, tales como: reclasificación al ser promovido a un nuevo cargo, cambio de horario, cambio de departamento y cualquier otra que altere o modifique las condiciones iniciales. Es entendido que el trabajador deberá solicitar lo conducente al sindicato, el cual en los Cinco (5) días hábiles siguientes, notificara por escrito a la empresa y esta, a su vez, dispondrá de Cinco (5) días hábiles para hacer entrega de la información solicitada. Queda entendido que esta solicitud solo podrá ser realizada dos veces al año por cada trabajador"

CLAUSULA 10 TRABAJADORES AMPARADOS: "La presente Convención ampara a todos los trabajadores que presten servicio para la Empresa XXXXXXXXX XXXXXXXXXXX C.A. en sus sedes, granjas, Transporte, centros de distribución y/o sucursales en todo el territorio nacional y las que se abran en el futuro dentro delmismo, comprendidos dentro de la definición de la Clausula 1.2 de la presente convención colectiva.

CLAUSULA 11 CARNÉ DE IDENTIFICACIÓN: "La Empresa se compromete a dotar de un carné de identificación a todos sus trabajadores que contendrá los siguientes datos:
1) Nombre y Apellido.
2) Fecha de ingreso.
3) Cargo desempeñado
4) Cedula de Identidad.
5) Código de empleado.
6) Firma y Fotografía.
7) Fecha de vencimiento.
En caso de pérdida, deterioro o modificación en cualquiera de las condiciones de la relación laboral, la empresa se compromete a dotar de uno nuevo al trabajador, por un máximo de 2 por año".

CLAUSULA 12 FORMACIÓN PROFESIONAL: "La empresa se compromete a facilitar el desarrollo y formación profesional de los trabajadores y a tal fin organizará cursos de formación, capacitación y tecnificación o planes de entrenamiento en cooperación con el INCES, en forma tal que permita utilizar el potencial de enseñanzas que pueden aportar los técnicos y trabajadores calificados, nacionales o extranjeros que prestan sus servicios en la empresa, así como las demás facilidades existentes en ésta, sin excluir la utilización de Instructores del INCES. Asimismo, la empresa acuerda que para la escogencia de los trabajadores que participarán en las actividades de capacitación, tomará en cuenta las recomendaciones del Sindicato y los supervisores, atendiendo al perfil del cargo y del trabajador, y procurará garantizar el equilibrio en la escogencia."

CLAUSULA 13 REGIMEN DE APRENDICES: "La Empresa se compromete a cumplir con lo dispuesto en la LOTTT respecto a la contratación de aprendices INCES. Con el objeto de establecer normas que definan el especial status del aprendiz dentro de la Empresa, de acuerdo con lo establecido en la LOTTT, la Ley del Instituto Nacional de Cooperación Educativa Socialista (INCES) y su respectivo reglamento vigente las partes convienen que los contratos de aprendizaje que celebre la Empresa con los aprendices, contendrán las siguientes condiciones especiales".

1.- La Empresa dará prioridad a los hijos o familiares de los trabajadores para iniciarse como Aprendices, conforme a las normas establecidas por el

Instituto Nacional de Cooperación Educativa Socialista (INCES) u otro organismo de aprendizaje.

2.- Los Aprendices tendrán preferencia al terminar su aprendizaje para ocupar los cargos vacantes, cuando a juicio de la Empresa lenen o cumplan con todas las exigencias requeridas para el desempeño de los mismos."

3.- Queda entendido que todas las postulaciones se realizaran a través del sindicato atendiendo a la disponibilidad de vacantes en la empresa.

CLAUSULA 14 JORNADAY HORARIO DE TRABAJO: "La empresa se compromete a organizar las jornadas de trabajo atendiendo a lo establecido en el **CAPÍTULO VI DE LA LEY ORGÁNICA DEL TRABAJO, LOS TRABAJADORES Y LAS TRABAJADORAS.** Los horarios se establecerán de común acuerdo entre Empresa y el Sindicato en conformidad con la Ley y serán publicados en lugares visibles en cada uno de los departamentos y centros de trabajo, la empresa ajustará los horarios de conformidad con los operarios en todos los centros de trabajo".

CLAUSULA 15 TRABAJO DE ÍNDOLE DISTINTA:"La Empresa no solicitará a sus trabajadores que realicen labores de índole manifiestamente distinta a las que estén contratados u obligados por sus respectivos contratos individuales de trabajo. En caso de ser requerido, el trabajador podrá realizar trabajos de índole distinta cuando esté debidamente adiestrado para ejecutar esa actividad".

CLAUSULA 16 TRANSFERENCIA DEL TRABAJADOR A OTRO CENTRO DE TRABAJO: "Cuando un trabajador vaya a ser transferido a otro cargo que implique modificaciones en sus condiciones de trabajo, bien sea en lo que respecta a la naturaleza de éstos o que se haga necesario un cambio de domicilio del trabajador, la Empresa deberá obtener el consentimiento del trabajador y en todo caso asumirá los gastos de mudanza de él y sus familiares. Pasados 30 días desde el cambio, sin que el trabajador manifieste su inconformidad con el cambio, se entenderá que ha aceptado las nuevas condiciones de trabajo".

CLAUSULA 17 PROMOCIONES: "La Empresa se compromete en caso de promoción de un trabajador a un cargo superior, por vacante, ascenso o cualquier otro motivo, a seleccionar al trabajador respectivo tomando en consideración la antigüedad en el servicio, idoneidad, eficacia, y destreza del mismo, a fin de que cumpla con los requisitos mínimos para un buen desempeño, conforme al procedimiento siguiente:

a). En caso que haya más de un aspirante que reúna los requisitos exigidos, la Empresa dará preferencia, en primer término al que trabaje en el mismo Departamento o Sección, y seleccionará, en igualdad de condiciones, al de mayor experiencia para el desempeño del cargo a cuyos efectos deberán computarse las suplencias temporales ejercidas en el cargo o en cargos similares al vacante; si hubiere dos (2) o más aspirantes con igual experiencia se preferirá al de mayor capacidad, a cuyos efectos se computará y evaluará el nivel de instrucción y académico, más los cursos especiales o complementarios que tengan acreditados, más el récord de eficiencia que conste en sus expedientes; en caso de una nueva igualdad, se preferirá al de mayor antigüedad en los servicios a la Empresa".

b). En caso de promoción, el trabajador promovido quedará automáticamente sometido a un período de prueba de hasta treinta (30) días continuos.

Antes de vencerse dicho período, la Empresa podrá disponer que el respectivo trabajador regrese a su cargo primitivo sin que elo configure un despido indirecto.

CLAUSULA 18 SUSTITUCIONES TEMPORALES: "La Empresa conviene en pagar a todos los trabajadores a su servicio que temporal o accidentalmente pasen a desempeñar un puesto de mayor categoría por estar de vacaciones, permisos de cualquier naturaleza o reposo médico del titular, el 100% de la diferencia entre el salario del trabajador sustituido y el salario del trabajador sustituto, mientras dure la sustitución. La restitución del trabajador a su puesto primitivo y a su salario original no será causa para considerarlo despido indirecto. Es entendido que las sustituciones no serán mayores a Treinta (30) días. Se exceptúan del lapso antes mencionado aquelas sustituciones que hayan sido causadas por despido de un trabajador que sea declarado injustificado y se verifique el reenganche del trabajador, o por vacaciones, o por accidente de trabajo o enfermedad del sustituido que amerite largos periodos de reposo, o cualquier caso de suspensión temporal de la relación laboral, en cuyo caso, el periodo de sustitución se considerara prorrogado por el tiempo que dure la sustitución.
Cuando un trabajador sustituya temporalmente en su trabajo a otro de categoría igual o equivalente por ausencia de este, dicha sustitución se considerará como una asignación de rotación o entrenamiento y será efectuada por el sustituto con su mismo salario regular. La empresa hará del conocimiento público tales sustituciones temporales, promociones y ascensos en un lugar visible en cada centro de trabajo".

PARAGRAFO UNICO: "Queda entendido que cuando la suspensión o vacante temporal de la relación laboral que diere lugar a la sustitución se convirtiese por cualquier causa en definitiva, el trabajador quedará clasificado con el mismo puesto que venía desempeñando como sustituto, siempre que hubiere permanecido en el desempeño de la sustitución por treinta (30) días o más".

CLAUSULA 19 RECONVERSIÓN O ADAPTACIÓN DE NUEVAS TECNOLOGÍAS: "La Empresa conviene con el Sindicato que en caso de reestructuración o implementación de nuevos procedimientos o adaptaciones tecnológicas, que impliquen alguna consecuencia sobre la mano de obra, prevendrá la misma, con por lo menos Tres (03) meses de antelación a los efectos de adaptar a los trabajadores al nuevo sistema; o trasladarlo previo convenimiento con el Sindicato, con el objeto de evitar que el trabajador quede cesante por esta causa.

La Empresa durante todo este proceso mantendrá informado al Sindicato sobre todos los particulares referidos a esta Cláusula".

CLAUSULA 20 AUDITORIAS: "En el caso de las auditorias fuera de los perímetros de la ciudad la empresa deberá facilitar el transporte al AUDITOR para la mayor comodidad y seguridad de él y las personas involucradas en dicho proceso de acuerdo con las siguientes consideraciones.

a) Al momento de presentarse cualquier auditoria, el responsable del área, departamento o ruta deberá estar presente y al culminar la auditoria del área, departamento o ruta designada el auditor deberá presentar el informe y será firmado por el responsable del área, departamento o ruta para después ser entregado a la empresa.

b) En el caso de que las auditorias se realicen en otros estados del país, la empresa le cancelara al auditor los conceptos de viáticos y comida estipulados en esta convención".

CLAUSULA 21 IMPRORROGABILIDAD DE LAS VACACIONES ANUALES: "Las partes convienen en que los trabajadores deben disfrutar las vacaciones de manera efectiva, según lo establecido en el Titulo III, Capitulo IX de la LOTTT".

CLAUSULA 22 DIAS FERIADOS: "Se consideran días feriados los establecidos en el artículo 184 de la LOTTT".

CLAUSULA 23 EXAMEN DE INGRESO, PERIÓDICOS Y PRE-RETIRO: "La Empresa conviene en realizar a los candidatos en proceso de ingreso, un examen médico general. Igualmente realizará exámenes médicos anuales a sus trabajadores al momento del disfrute de sus vacaciones y al retorno de las mismas sobre los cuales serán notificados por escrito con al menos cinco días hábiles. Las partes convienen en que los trabajadores que se retiren voluntariamente o sean despedidos, serán sometidos a examen médico pre-retiro. La Empresa conviene en realizar y costear a sus trabajadores cualquier examen médico especializado que por instrucciones del médico de la Empresa sea requerido, con el fin de prevenir enfermedades ocupacionales que pudieran ocasionar un deterioro en su salud o cuando algún trabajador presente cualquier anomalía física de naturaleza ocupacional. Asimismo la Empresa se compromete a costear por lo menos una vez al año, un examen médico con un especialista en enfermedades profesionales, a los Trabajadores que laboren o estén expuestos a cualquier sustancia tóxica o química.

En cualquiera de estos casos el trabajador recibirá una copia del informe médico correspondiente a los exámenes realizados.

La Empresa suministrará al sindicato, previa solicitud por escrito de éste, copia de la información estadística dirigida al IVSS (o su equivalente), sobre la ocurrencia de accidentes y enfermedades profesionales. El sindicato se compromete a incentivar y propiciar entre los trabajadores la obligatoriedad de la asistencia a los exámenes médicos periódicos y de pre-retiro.

A los fines de garantizar la salud de los trabajadores, la empresa se compromete en mantener en todas sus granjas y dependencias, un servicio de medicina integral y de primeros auxilios que verifique la salud ocupacional de los trabajadores.

CLAUSULA 24 COMEDORES: "La Empresa conviene en destinar un área para un Salón Comedor que cumpla con las condiciones sanitarias requeridas para esa función en cada centro de trabajo. La Empresa hará el acondicionamiento o reacondicionamiento del lugar que destine a tal efecto, dotándolo de aire acondicionado, televisión vasos desechables, servilletas, filtro de agua, microondas y refrigerador, para el uso de sus trabajadores en todos los centros de trabajo donde se aplique la presente Convención".

CLAUSULA 25 BOTIQUÍN DE PRIMEROS AUXILIOS: "La Empresa conviene en mantener botiquines de primeros auxilios en las área de trabajo, con la dotación requerida por las normas pertinentes".

CLAUSULA 26 DOTACIÓN Y MANTENIMIENTO DE LOCKERS Y BAÑOS: "La Empresa se obliga a mantener espacios acondicionados y dotados de armarios individuales con lave, para cada uno de los trabajadores de planta, depósitos, sucursales y centros de distribución donde se aplica el presente convenio. Asimismo, mantendrá salas de baños acondicionadas y dotadas convenientemente en aquellos centros de trabajo donde se requieran por la índole de la labor que ejecuten sus trabajadores, quienes contribuirán en la conservación y mantenimiento, tanto de los armarios individuales., como de las salas de baño que se acondicionen. La Empresa y el Sindicato convienen y así queda establecido en que mantendrán los baños y sanitarios en buenas condiciones de aseo y mantenimiento; a estos fines realizarán las remodelaciones, instalaciones de nuevas salas de baños o reparaciones que requieran".

CLAUSULA 27 UNIFORMES: "La Empresa se compromete dotar a su personal, cada cuatro (04) meses, de los uniformes adecuados para su labor. Esta dotación comprende lo siguiente: cinco (05) camisas o chemises según sea el caso, cuatro (04) pantalones, y un (01) par de zapatos de seguridad. En el caso del personal administrativo de las áreas se dotarán cuatro (04) camisas, tres (03) pantalones y un (01) par de zapatos de seguridad según sea el caso. La dotación se hará efectiva en los meses de junio y diciembre de cada año".

CLAUSULA 28 ÚTILES Y HERRAMIENTAS DE TRABAJO: "La Empresa conviene en suministrar gratuita y oportunamente a los trabajadores, los útiles, uniformes, herramientas, equipos de seguridad industrial y materiales necesarios para efectuar su trabajo en condiciones de seguridad, de acuerdo a la Ley Orgánica del Trabajo, Trabajadoras y Trabajadores, la Ley Orgánica de Prevención, Condiciones y Medio Ambiente del Trabajo y las Normas Covenin. La referida disposición aplica a todos los trabajadores amparados por la presente convención.

Los mencionados equipos, serán de uso obligatorio en las labores desempeñadas por sus trabajadores. La Empresa los repondrá previa comprobación de su deterioro.

Los implementos y herramientas que la Empresa deberá entregar a dichos trabajadores serán suministrados conforme a las siguientes condiciones:

A) Los referidos implementos de seguridad industrial y herramientas serán entregados a los trabajadores mediante un formato de control.

B) Los trabajadores están en la obligación de hacer entrega a la Empresa de los implementos de seguridad industrial, útiles y herramientas que le hubieren sido suministrados al inicio de la relación laboral, cuando se den por terminados sus respectivos contratos individuales de trabajo, o cuando salgan de vacaciones. Queda entendido que el trabajador no será responsable por la pérdida de aquellos útiles y herramientas cuya custodia se le encomiende a título personal, mientras la Empresa no haya cumplido con la obligación establecida en la cláusula 26 de la presente convención".

CLAUSULA 29 SUMINISTRO DE TOALLAS, JABONES, Y PAPEL HIGIENICO: "La Empresa conviene en suministrar semanalmente a todos sus trabajadores de Mantenimiento, Producción, Protección y Control de Pérdidas, Granjas, Personal de Transporte, Personal de Granja y Operarios cuatro (04), jabones de baño y cuatro (04) rollos de papel higiénico de buena calidad. Adicionalmente, se les dotará de una (01) toala de buena calidad cada seis (06) meses y los baños seguirán siendo dotados en las mismas condiciones en las que siempre se ha efectuado".

CAPITULO II
DE LAS CLAUSULAS SINDICALES

CLAUSULA 30 APORTE CUOTA SINDICAL: "La Empresa conviene en descontar del Salario Básico del trabajador afiliado a la organización sindical firmante de la presente Convención Colectiva de Trabajo, como cuota Sindical Ordinaria, la cantidad equivalente al Dos por ciento (2%) del salario básico mensual; cantidad ésta que será entregada a la persona debidamente autorizada por el **SINDICATO PROFESIONAL BOLIVARIANO DE TRABAJADORES XXXXXXXXXX XXXXXXXXXXXXXXX XXXXXXXXXXXXXX (SINTRAXXXXXXXXXXZ)** dentro de los primeros cinco (05) días hábiles de cada mes. Asimismo, la Empresa le descontará a cada trabajador afiliado a la organización sindical firmante de la presente Convención Colectiva de Trabajo del pago de las utilidades que recibirán en cada año, una Cuota Ordinaria Navideña equivalente a Ciento veinte Bolívares (Bs.120,oo) de dicho pago. Igualmente, la Empresa conviene en descontar a cada Trabajador Afiliado de la presente Convención Colectiva de Trabajo la Cuota Extraordinaria fijada mediante asamblea extraordinaria de trabajadores según lo establecido en el artículo 412, 413 de la LOTTT". La empresa hará entrega al Sindicato de un soporte que contenga la forma de pago elegida a tal fin, indicando el nombre del trabajador, monto descontado, cargo, sueldo y departamento respectivo.

CLAUSULA 31 ENTREGA DE NÓMINA DE TRABAJADORES TRIMESTRAL:

"La Empresa se compromete a entregar al **SINDICATO PROFESIONAL BOLIVARIANO DE TRABAJADORES XXXXXXXXXX XXXXXXXXXXXXXXX XXXXXXXXXXXXXX (SINTRAXXXXXXXXXXZ)**, cada tres meses, los cinco (5) primeros días hábiles del mes siguiente, una copia de la nómina de los Trabajadores empleados a que alude el numeral 1.2 de la cláusula No. 1 de esta Convención; dicha nómina debe contener, nombres, apellidos, número de la cédula de identidad, nacionalidad, cargo, departamento, salario, fecha de ingreso a la Empresa, con indicación que se encuentra afiliado a este Sindicato. Asimismo, se conviene en que se excluirá la referencia del salario a aquellos trabajadores no sindicalizados. Igualmente, se le entregará al sindicato la lista de trabajadores que hayan egresado e ingresado dentro del mismo período, con indicación de la fecha en que elo suceda".

CLAUSULA 32 CARTELERA SINDICAL: "La EMPRESA se compromete a mantener en un sitio visible en todos los comedores de cada una de sus sedes o sucursales una CARTELERA SINDICAL donde se colocara toda la información relacionada con las actividades laborales y sindicales a criterio del SINDICATO, quien administrara y supervisara esta cartelera de manera exclusiva sin colocar en la misma propaganda o información política o partidista. Queda entendido que en ningún caso esta cartelera tendrá medidas inferiores de 1,20 mts de largo por 1,00 mts de ancho, las cuales estarán protegidas por cerraduras".

CLAUSULA 33 EDICIÓN DE LA PRESENTE CONVENCIÓN COLECTIVA:
"La Empresa conviene en costear los gastos de la edición de la presente Convención Colectiva de Trabajo, en número de Mil Doscientos (1200) ejemplares, para ser entregados al Sindicato en un plazo no mayor de Treinta (30) días contados a partir de la homologación de la presente Convención Colectiva de Trabajo; el Sindicato y la empresa de común acuerdo se comprometen a la edición, el diseño y la impresión de dichos ejemplares".

CLAUSULA 34 DESCUENTOS EN VACACIONES: "La Empresa conviene en no efectuar descuento a los trabajadores en la oportunidad del disfrute de sus vacaciones, excepto aquellos que estén debidamente autorizados por el trabajador".

CLAUSULA 35 CONTRATACION DE PERSONAL NUEVO: "La empresa conviene en solicitar por escrito al sindicato la postulación del cien por ciento (100%) del personal que ela requiera y, a su vez el sindicato se compromete a postular el personal solicitado en un plazo no mayor de diez (10) días hábiles, contados a partir de la fecha de solicitud por parte de la empresa. En caso de que el sindicato no presentare el personal solicitado en el plazo indicado, la empresa quedará en libertad de contratar el personal requerido.
PARAGRAFO UNICO: Si la empresa llegare a rechazar el personal postulado por el sindicato, éste tendrá otros cinco (05) días hábiles para hacer las nuevas postulaciones por una sola vez".

CLAUSULA 36 ACCESO SINDICAL: "La empresa se compromete con sus trabajadores a permitir el libre acceso a cada una de sus instalaciones a todos los directivos, vocales y delegados del sindicato, así como a sus asesores legales, previa notificación al representante del patrono por parte del Sindicato, según lo establecido en el artículo 393 de la LOTTT. Por razones de bioseguridad en determinadas áreas el acceso solo podrá ser hasta las áreas verdes, estacionamiento, comedor, almacén y oficinas".

CLAUSULA 37 ASAMBLEAS: "La empresa conviene en coordinar junto con la Directiva del **SINDICATO PROFESIONAL BOLIVARIANO DE TRABAJADORES XXXXXXXXXXX XXXXXXXXXXXXXXXX XXXXXXXXXXXXXXX (SINTRAXXXXXXXXXXXZ)** las asambleas generales Ordinarias y Extraordinarias a que hubiere necesidad con los trabajadores y asesores legales de la presente convención colectiva.
Parágrafo Único: Para la realización de dichas asambleas, el **SINDICATO PROFESIONAL BOLIVARIANO DE TRABAJADORES XXXXXXXXXXX XXXXXXXXXXXXXXXX XXXXXXXXXXXXXXX (SINTRAXXXXXXXXXXXZ)** informará por escrito a la empresa con cuarenta y ocho (48) horas de anticipación. Las asambleas se realizarán en los comedores o en los salones de conferencias de cualquiera de las plantas de laempresa".
CLAUSULA 38 PERMISOS PARA EJERCER CARGOS FEDERATIVOS O CONFEDERATIVOS: "La Empresa conviene en conceder permisos remunerados a los trabajadores que sean designados o electos para asistir a cualquier actividad de la Confederación o Federación de Trabajadores a la cual pertenece el sindicato. Es entendido que si terminada dicha actividad el trabajador no se reintegra a sus labores dentro de los tres **(3)** días hábiles siguientes, se entenderá como renuncia expresa al cargo que desempeña en la Empresa y ésta procederá a pagarle los beneficios e indemnizaciones que puedan corresponderle por la Ley y por esta Convención Colectiva".
CLAUSULA 39 FUERO SINDICAL: "La Empresa reconoce el FUERO SINDICAL a todos los miembros que integran la **SINDICATO PROFESIONAL BOLIVARIANO DE TRABAJADORES XXXXXXXXXXX XXXXXXXXXXXXXXXX XXXXXXXXXXXXXXX (SINTRAXXXXXXXXXXXZ)** así como sus **DELEGADOS** según lo establecido el **ARTICULO 419 NUMERAL 4 DE LALOTTT".**

CLAUSULAS 40 CONTRIBUCIÓN PARA ELECCIONES SINDICALES: "La Empresa se compromete a prestar todo el apoyo logístico necesario al **SINDICATO PROFESIONAL BOLIVARIANO DE TRABAJADORES XXXXXXXXXXX XXXXXXXXXXXXXXXX XXXXXXXXXXXXXXX (SINTRAXXXXXXXXXXXZ),** para efectuar sus elecciones sindicales y referéndum que se requiera el día de la celebración del proceso eleccionario, tomando en cuenta las directrices emanadas del ministerio del trabajo".

CLAUSULA 41 OFICINA SINDICAL: "La Empresa conviene en destinar una oficina dentro de la sede de la Planta de Alimentos y una oficina en la Planta de Beneficiado para el funcionamiento del sindicato, estará dotada de una computadora y su mobiliario además de un archivo vertical , con el objeto de prestar una mejor atención a todos los trabajadores. La misma estará debidamente acondicionada para el ejercicio de dicha actividad. Asimismo la Empresa aportará cada mes, los siguientes materiales para el uso de la misma.

Dos (2) Resmas de papel, una tipo carta y otra tipo oficio.
Dos (2) cajas de clips.
Diez (10) Bolígrafos.
Diez (10) Lápices.
Veinte (20) Carpetas tipo oficio con gancho.
Veinte (20) Carpeta de Manila con gancho.
Dos (2) Cintas adhesivas.
Quinientas (500) Fotocopias.
Tres (3) Cartuchos negro para impresora.
Tres (3) Cartuchos a color para impresora.
Una (1) Caja de grapas corrugadas o lisas.
Dos (2) Resaltadores.
Un (1) Corrector de tinta.

CLAUSULA 42 INFORMES: "Cuando lo solicite el sindicato la empresa le entregara en un lapso no mayor de tres días hábiles cualquier informe sobre la administración y la ejecución de la convención colectiva de trabajo".

CLAUSULA 43 CONTRIBUCIÓN PARA EL DESARROLLO SOCIAL Y SINDICAL: "La Empresa conviene con el Sindicato en contribuir, dentro de los primeros cinco (5) días de los meses Junio y Diciembre con la cantidad de Setenta mil (Bs. 70.000) con el objeto de que el sindicato pueda dar cumplimiento a los fines sociales y sindicales establecidos en sus estatutos, tales como, cursos de entrenamiento sindical; conferencias, foros, reuniones, congresos, cursos de capacitación y/o eventos sindicales que se celebren en la República Bolivariana de Venezuela. Igualmente, la contribución anteriormente señalada comprende gastos de alojamiento, traslado y gastos de alimentación, para realizar sus actividades en las distintas localidades amparadas en esta Convención Colectiva. Queda expresamente entendido que son beneficiarios de la contribución antes determinada los miembros de la junta directiva del sindicato **SIPROBOAVIZ** quienes elegirán de su seno los representantes que asistirán a los eventos anteriormente descritos".

CLAUSULA 44 PERMISOS SINDICALES: "La empresa conviene en conceder durante la vigencia de la presente convención, permiso o licencia, remunerado a salario normal con su respectivo cesta ticket, para diez **(10)** miembros de la Junta Directiva del sindicato únicamente. Dichos miembros deberán ser escogidos del seno de la directiva de esa organización sindical y proceder a la notificación de la patronal de la respectiva identificación. Así mismo, la empresa conviene en conceder hasta ciento veinte **(120)** días de permisos al año, remunerados a salario normal con su respectivo cesta ticket, no acumulables de un año a otro, cuyos días serán distribuidos entre los otros miembros de la Junta Directiva del sindicato que no gozan de licencia. En caso de que la Directiva Sindical en su seno decida por razones de operatividad el cambio de permiso sindical a otro de sus directivos, la empresa regresara al directivo saliente a su cargo que desempeñaba antes de obtener dicho permiso.

CAPITULO III
DE LAS CLAUSULAS SOCIALES

CLAUSULAS 45 REEMBOLSO POR FALLA DE LA BANCA ELECTRÓNICA EN EL PAGO DEL SALARIO

"La Empresa y el sindicato se compromete a hacer todo cuanto sea necesario para subsanar los problemas ocasionados con las transacciones bancarias en el cobro del salario del trabajador. En caso de que por falas en la Banca Electrónica el salario depositado al trabajador se vea disminuido, la Empresa se compromete a reponerle al trabajador la suma injustamente debitada, inmediatamente y en dinero efectivo, previa comprobación de que el débito realizado fue efectivamente injusto o indebido y que no fue repuesto por la entidad bancaria. Dicha reposición se hará cuando el trabajador consigne al responsable en el Área de Recursos Humanos el recibo del reclamo hecho en el Banco, dentro de los tres días hábiles siguientes al depósito del salario. Igualmente, el trabajador queda obligado a reintegrar el dinero recibido de la Empresa, una vez constate la devolución realizada por el Banco. En caso contrario el monto reembolsado por la empresa le será descontado en las dos (2) quincenas siguientes a los treinta días de haberse realizado el reclamo. La Empresa y el Sindicato procuraran la instalación de un cajero automático de alguna de las instituciones bancarias con las que tiene contrato la empresa en las sedes donde los trabajadores prestan servicios".

CLAUSULA 46. TRABAJADOR EN PASANTÍAS: "En caso de que el trabajador realice pasantías que se desprendan de estudios superiores, la empresa se compromete a conceder las siguientes facilidades:

Si las pasantías se realizaran dentro de la empresa y en el mismo departamento donde el trabajador realiza sus actividades normales, la empresa pagará el salario del trabajador en un cien por ciento (100%) durante el tiempo de duración de éstas; dándole las facilidades para cumplir efectivamente con el requisito exigido por la institución de educación superior.
Si las pasantías se realizaran dentro de la empresa en un departamento distinto al cual el trabajador realiza sus actividades normales, ésta las pagará al trabajador en el tiempo de duración de sus pasantías de la siguiente manera: Un 37.5% del tiempo, se tomará en cuenta como vacaciones del trabajador del término de pasantías; un 37.5% del tiempo, la empresa pagará en un 100% el salario del trabajador; Un 25% del tiempo, la empresa pagará las horas efectivas de trabajo en su departamento.
Si las pasantías se realizaran en cualquier otra institución distinta a la empresa, ésta última se compromete a otorgarle un permiso no remunerado al trabajador por el tiempo de duración de las mismas y a otorgarle un Bono Único igual al 50% de su salario como ayuda para la realización de éstas. Queda entendido que ésta bonificación no tendrá ninguna incidencia legal en el salario del trabajador".

CLAUSULA 47 MONTEPÍO: "La Empresa conviene en descontar del salario de sus trabajadores un Montepío equivalente a la cantidad de Treinta Bolívares (Bs. 30,00) al ocurrir el falecimiento de algún trabajador a los fines de ser destinado al pago del montepío. En caso de que algún familiar del trabajador falezca de los indicados a continuación: padre, madre, esposa (o) concubina (o), hijos(as), hermanos (as) abuelo (a) se le descontará a cada trabajador amparado por esta Convención Colectiva de Trabajo dicha cantidad. A tal efecto, el Sindicato se compromete a consignar el acta de defunción y el acta donde se compruebe la filiación. La empresa entregará la cantidad deducida en cheque a nombre del sindicato, quien a su vez entregará los fondos antes indicados, a los familiares beneficiarios según lo establecido en el artículo 145 de la LOTTT".

CLAUSULA 48 SALA DE LACTANCIA, CENTRO DE EDUCACION INICIAL Y EDUCACION BASICA PRIMARIA: "La Empresa conviene en cancelar por cada hijo de trabajador, de conformidad con la LOTTT y su reglamento, el porcentaje equivalente al setenta (70%) del salario mínimo nacional, por concepto de Sala de Lactancia Centro de Educación Inicial y/o Educación Básica Primaria. Quedando entendido que este beneficio se extenderá hasta que el niño(a) culmine el sexto grado de educación básica. En caso de falecimiento del trabajador, la Empresa pagará dentro del finiquito de las prestaciones sociales el monto correspondiente a los meses faltantes referidos a este beneficio, hasta la culminación del periodo de estudio cursante, en el caso de los hijos beneficiados.".

CLAUSULA 49 RECONOCIMIENTO POR AÑOS DE SERVICIO: "La Empresa entregará a sus trabajadores durante un evento social a celebrarse en el mes de Octubre de cada año, durante la vigencia de la presente Convención Colectiva, Un (1) Botón de Oro en reconocimiento a los años de servicio prestados y una prima adicional de acuerdo a las siguientes reglas:

AÑOS DE SERVICIO
PRIMA ANUAL POR ANTIGÜEDAD

1	Al cumplir cinco (5) años de servicio	Un botón más Seis mil Bs. 6.000
2	Al cumplir diez (10) años de servicio	Un botón más Doce mil Bs. 12.000
3	Al cumplir quince (15) años de servicio	Un botón más Dieciocho mil Bs. 18.000.
4	Al cumplir veinte (20) años de servicio	Un botón más Veinticuatro mil Bs. 24.000.
5	Al cumplir veinticinco (25) años de servicio y más.	Un botón más Treinta mil Bs. 30.000.

La empresa notificará por escrito a cada trabajador para su asistencia a dicho evento.
El trabajador que no pueda asistir a dicho evento deberá cumplir para la obtención de este beneficio, el procedimiento establecido en la cláusula séptima de esta convención.
Queda entendido entre las partes que la presente contribución se entregará por una sola vez cuando el trabajador cumpla con la condición que en los literales anteriormente mencionados se establece. Queda igualmente entendido que la presente contribución no tiene carácter salarial".

CLAUSULA 50 CONTRIBUCIÓN PARA ESTUDIO DE TRABAJADORES: "La empresa se compromete a otorgar ciento ochenta

(**180**) becas al año para contribuir con los estudios, mejoramiento y profesionalización de los trabajadores. Dichas becas de estudio tendrán una asignación de Mil Quinientos bolívares (**Bs. 1500,00**) Mensuales, cada una, para el primer año de vigencia de la presente convención colectiva y de Dos mil bolívares (**Bs. 2.000,00**) mensuales, cada una para el segundo año de vigencia. Dicha asignaciones serán otorgadas a partir del primero (**1**) de Octubre del 2013, siendo entendido que el trabajador que deje de prestar servicio para la empresa perderá el beneficio establecido en esta cláusula. Con el mismo propósito de mejoramiento y profesionalización de los trabajadores, la empresa conviene en preferir a aquellos trabajadores que hayan aprobado cursos y estudios en la medida que se presenten oportunidades para cargos de mayor jerarquía y remuneración. A los efectos de la presente cláusula se constituirá una comisión integrada por las partes, compuesta por cuatro (**4**) trabajadores, dos (**2**) nombrados por la empresa y dos (**2**) nombrados por parte del sindicato, la cual tendrá a su cargo definir el criterio de evaluación y el reglamento de las precitadas becas de estudio".

CLAUSULA 51 CONTRIBUCION POR MATRIMONIO: "La empresa contribuirá con los trabajadores que contraigan matrimonio con la suma de Ocho Mil bolívares (Bs 8.000) durante la vigencia del presente contrato, como ayuda para gastos matrimoniales, y se les concederá un permiso de Catorce (14) días continuos remunerados, cancelados al salario básico del trabajador, más el beneficio de Bono de Alimentación. Para el caso de que ambos cónyuges sean trabajadores de la empresa, el referido beneficio se le concederá a ambos en forma remunerada. Para la obtención de dicho beneficio el trabajador deberá presentar el acta de matrimonio".

CLAUSULA 52 CONTRIBUCIONY PERMISO POR NACIMIENTO DE HIJOS: "La empresa concederá a sus trabajadores una bonificación de Ocho Mil bolívares (Bs. 8.000) por nacimiento de hijo durante la vigencia del presente contrato. En caso de parto múltiple la bonificación será por cada uno de los hijos que les naciera vivo al trabajador. Asimismo cuando ambos padres sean trabajadores de la empresa, la bonificación se le concederá a cada uno de ellos. La empresa igualmente concederá al trabajador catorce (14) días de permiso remunerado, conforme a lo establecido en la Ley de Protección de la Paternidad y Maternidad, más el Bono de Alimentación, con el fin de que el trabajador acompañe a su esposa en el alumbramiento y cuidados del hijo o hija".

CLAUSULA 53 CONTRIBUCION PARA ÚTILES ESCOLARES: "La empresa conviene en entregar entre los meses de Agosto y Septiembre de cada año, a cada uno de sus trabajadores, que cursen estudios o sus hijos que estén cursando estudios de educación preescolar, básica, media superior o universitaria y debidamente inscrito en el padrón que leve la empresa o en el I.V.S.S. una única cantidad equivalente a Cuatro mil bolívares (Bs.4.000) por cada año de vigencia de la presente convención colectiva, y la cantidad de Cinco mil (BS. 5.000) para el segundo año de convención colectiva, por cada trabajador o cada hijo que estén cursando estudios en los niveles educativos antes señalados. Es requisito indispensable para poder hacer efectivo dicho beneficio, que el trabajador presente la constancia de estudio original expedida por el Instituto Educacional respectivo de él., o de sus hijos según sea el caso y copia de la partida de nacimiento".

CLAUSULA 54 BONO Y CESTA NAVIDEÑA: "La empresa conviene en obsequiar a cada trabajador permanente la cantidad de Tres Mil bolívares (Bs.3.000), más Veinte (20) días de salario básico; y una cesta compuesta por Cuatro (04) galinas y Diez (10) pollos, durante la tercera semana del mes de Diciembre de cada año, como contribución a la festividad navideña y de fin de año.

CLAUSULA 55 PLAN BÁSICO DE HOSPITALIZACIÓN CIRUGÍA Y MATERNIDAD (HCM): "La empresa se compromete en pagar la contratación de una póliza de HOSPITALIZACIÓN, CIRUGÍA y MATERNIDAD (**HCM**) que contrate el sindicato para los trabajadores beneficiarios de la presente Convención Colectiva, que incluya al cónyuge, concubina o con quien mantenga una unión estable de hecho, así como para sus hijos. El pago de la prima de dicha póliza o costo del servicio, será asumido de manera conjunta entre la empresa y el trabajador únicamente por lo que respecta al costo que signifique el trabajador amparado, en una proporción del cien por ciento (**100%**) por ciento por parte de laEmpresa .Por lo que respecta al costo de los demás beneficiarios de distintos al trabajador amparado, el pago de la prima o costo de la póliza será asumido de manera conjunta entre la Empresa y el Trabajador amparado en una proporción del cincuenta (**50%**) por ciento por parte de la Empresa y del cincuenta (**50%**) por ciento por parte del Trabajador amparado, mediante el descuento porcentual de dicha contribución de los pagos efectuados al trabajador en concepto de remuneración. La administración del contrato antes determinado se hará de manera conjunta entre El Sindicato quien contara con poder decisorio a la hora de escoger a la empresa aseguradora y la Representación Patronal".

PARAGRAFO UNICO: "La empresa se compromete en contratar una póliza o exceso, para el tratamiento de enfermedades oncológicas de sus trabajadores".

CLAUSULA 56 SEGURO DE VIDA: "La EMPRESA se compromete a contratar una póliza de SEGURO DE VIDA para amparar a los trabajadores beneficiarios de la presente convención colectiva:

a.- Para los casos de muerte del trabajador el seguro indemnizará al beneficiario que corresponda con un monto de trescientos veinte mil bolívares (Bs.320.000). Queda expresamente entendido que los familiares deben presentar como prueba única para que proceda el pago la respectiva acta defunción del trabajador.

b.- Para aquellos casos que quede demostrada la incapacidad del trabajador, el seguro deberá indemnizar al TRABAJADOR afectado con la cantidad de CIENTO CINCUENTA MIL BOLIVARES (Bs. 150.000,00), previa presentación de la certificación emanada del ente respectivo de dicha incapacidad.

Es entendido que dicha póliza será pagada en su totalidad por la empresa".

CLAUSULA 57 SERVICIO FUNERARIO: "El sindicato y la empresa contratarán los servicios funerarios que cubrirán a todos sus trabajadores, cónyuges y familiares ascendente y descendente del trabajador en su primera línea. El pago de dicho servicio corresponderá a la empresa en su totalidad hasta la suma de Doscientos bolívares (Bs. 200.00) mensuales por cada trabajador. La póliza o contrato de servicio correspondiente deberá ser contratada con una empresa reconocida, en capacidad de garantizar el servicio funerario completo, incluyendo la bóveda".

CLAUSULA 58 DETENCION DEL TRABAJADOR: "La empresa conviene en que si un trabajador es sujeto de detención policial o judicial y recupera su libertad, será reintegrado a su puesto de trabajo, sin percibir remuneración alguna por el tiempo de detención. En caso de que la detención sea consecuencia de un accidente de tránsito de un trabajador autorizado expresamente por la empresa para conducir un vehículo propiedad de ela en cumplimiento de sus funciones, ésta conviene en pagar el salario básico mientras esté detenido, y mantener una póliza de Responsabilidad Civil y Asistencia Legal para que el trabajador pueda recuperar su libertad. A todo efecto la amplitud y ámbito de esta cláusula se circunscribirá a lo establecido en los artículos 72 al 75 de la LOTTT".

CLAUSULA 59 TRANSPORTE: "La Empresa se compromete, a su costo, cuando sea necesario y a solicitud de un número determinado de trabajadores, a prestar el servicio de transporte a aquellos que laboren en todas sus Plantas, Distribuidoras y Granjas a la hora de salida, desde la Sede de la misma hasta el Kilometro 4 que conduce a la vía a Perijá o al sitio acordado para las mismas. La empresa conviene en seguir pagando el servicio de Taxi a los trabajadores que laboran horas extras nocturnas. La

Empresa establecerá progresivamente rutas para los servicios de transporte de los trabajadores y adquirirá las unidades con aire acondicionado que sean necesarias para tales fines. Estas rutas serán acordadas con el sindicato, y trasladarán a los trabajadores de los diversos turnos. Así mismo, suministrará el transporte a todo el personal que labore horas extras, que cubra el traslado a las plantas. En caso de emergencia, tales como paralización del Servicio Público del Transporte, luvia o por otros casos de naturaleza semejante, que impidan el libre tránsito o desplazamiento de los trabajadores, la Empresa y el sindicato convienen en establecer unas rutas alternas que permitan el traslado de los trabajadores desde el domicilio hasta la empresa. Los puntos de parada de dicho transporte serán acordados entre la empresa y el sindicato.
Se acuerda entregar la cantidad de CINCUENTA BOLIVARES (Bs. 50,00), por jornada laborada a cada uno de los trabajadores beneficiarios de la Planta de Beneficios, planta de alimentos incubadora y granjas. Dicha cantidad tendrá incidencia salarial. Se entregará una (01) vez al mes por meses cumplidos, y la misma será revisada si se produce en la ciudad un aumento de transporte.

CLAUSULA 60 FIESTADE FIN DE AÑO: "La empresa se compromete con los trabajadores al aporte de Ochocientos (800.000Bs.) Mil, durante el primer año de vigencia de la presente convención para efectuar durante la primera quincena del mes de diciembre una fiesta de fin de año. Dicha cifra se incrementara en Cincuenta (50.000Bs.) para el segundo año de vigencia de la presente convención colectiva".

CLAUSULA 61 CORONA DE FLORES: "La Empresa se compromete en caso de falecimiento de un Trabajador, o de ascendientes o descendientes, cónyuge, concubina o concubino, en otorgar una **(1) CORONA FLORAL,** que indique recuerdo de sus compañeros de trabajo y sindicato **SINTRAXXXXXXXXZ** y colocarla en el sitio del sepelio, como una demostración de pésame y solidaridad con el **TRABAJADOR y sus** familiares. El beneficiario deberá demostrar la ocurrencia del falecimiento consignando el acta de defunción ante la empresa dentro los cinco (05) días hábiles siguientes al falecimiento. Dicha corona de flores deberá ser colocada en la Sala velatoria por la floristería contratada para este servicio, y en caso que sea el Sindicato quien realice el trámite de dicha corona, la empresa reconocerá la factura entregada por el Sindicato.

CLAUSULA 62 INCENTIVO PARA ACTIVIDADES DEPORTIVAS Y CULTURALES: "La Empresa conviene en contribuir con el Sindicato a fomentar la práctica del deporte y la recreación entre sus trabajadores. A tal fin, entregará al Sindicato un equipo completo anual de las diferentes actividades deportivas y semestral el uniforme (incluyendo calzado) correspondiente a cada disciplina que se practiquen y organicen efectivamente en la empresa para el desarrollo de las actividades que se programen en beneficio de sus trabajadores. El costo de dichas actividades será objeto de previo acuerdo entre el Sindicato y la "La Empresa y el Sindicato fomentaran la práctica del deporte entre sus Trabajadores y a tal efecto destinará una cantidad por mes contractual de Cuarenta Mil Bolívares (Bs. 40.000,00), a distribuir entre todos los centros de trabajo, con el objeto de sufragar los gastos de inscripciones, refrigerios y traslados para el correcto funcionamiento de los torneos que se organicen dentro de las entidades de trabajo, a las cuales, ampara el presente convenio colectivo.

Asimismo contribuirá con los uniformes para los equipos deportivos que posee el **SINDICATO PROFESIONAL BOLIVARIANO DE TRABAJADORES XXXXXXXXXXX XXXXXXXXXXXXXXXX XXXXXXXXXXXXXXX (SINTRAXXXXXXXXXXZ)**, y que se formen en el futuro, junto con los implementos deportivos utilizados para el completo desarrollo de estas disciplinas deportivas, como lo son: guantes, cascos, bates, protectores, balones, pelotas, zapatos deportivos y todo implemento necesario para la práctica de las disciplinas deportivas a que bien tengan los trabajadores amparados por la presente convención colectiva.

Finalmente, la Empresa se compromete a comprar o acondicionar un espacio que será destinado a la construcción de un complejo deportivo que cuente con un estadio de softball y una cancha deportiva de usos múltiples que se denominará "DR. JOSE GREGORIO NOROÑO", en un plazo de Ocho (8) meses a partir de la homologación de la presente Convención Colectiva de Trabajo. O en su defecto se comprometerá la empresa a realizar todas las gestiones necesarias para su cumplimiento. Dichas cantidades le será entregada al Sindicato por intermedio del directivo que autorice este sindicato.

"Las cantidades antes señaladas se incrementarán en Mil Quinientos Bolívares (Bs. 1.500,00) por cada año de la Presente Convención".

PARAGRAFO UNICO: "La empresa se compromete en sufragar los gastos de ensayo y la dotación de instrumentos musicales, al Grupo cultural gaitero dentro de la entidad de Trabajo, denominado, Abigarrando Gaitera, el cual, está siendo conformado y patrocinado por la Organización sindical Siproboaviz.

CLAUSULA 63 SUMINISTRO DE APARATOS ORTOPÉDICOS:
"La Empresa conviene en suministrar gratuitamente a los trabajadores incapacitados por causas de accidentes o enfermedades profesionales, los aparatos ortopédicos, sila de ruedas y muletas que fueren indicados por el

especialista respectivo."

CLAUSULA 64 CELEBRACION DEL DIA 1° DE MAYO: "La empresa aportara al sindicato la cantidad de TRESCIENTOS MIL BOLÍVARES (300.000,00) y Trescientos (300) pollos como contribución a la celebración del 1° de Mayo, día del Trabajador, lo cual se hará efectivo durante la primera quincena del mes de marzo de cada año.
En el caso de los Trabajadores de Granjas, este beneficio se hará en efectivo con la cantidad de quinientos (500) Bolívares, para el primer año de vigencia de la convención colectiva y de seiscientos (600) para el segundo año de vigencia de la presente convención".

CLAUSULA 65 PERMISO REMUNERADO POR MUERTE DE FAMILIARES: "En caso de fallecimiento de los padres, abuelos, esposo (a) o concubina(o), hijos (as), hermanos (as) del Trabajador, la Empresa conviene en concederle al Trabajador diez (10) días continuos de permiso remunerado a salario normal cuando el fallecimiento ocurriere dentro del perímetro de la ciudad donde opera el respectivo centro de trabajo; y Cinco (5) días hábiles de permiso remunerado a salario normal, si el fallecimiento ocurriese fuera del perímetro y quince días (15) cuando el hecho ocurriere fuera del país. Asimismo, la Empresa contribuirá con el Trabajador con la cantidad de Diez Mil de Bolívares (Bs. 10.000,00) para los gastos de entierro. El monto de esta contribución será incrementada en mil Bolívares (Bs. 1.000,00) cada año siguiente de vigencia presente Convención.". Dicho beneficio económico será entregado al trabajador para el momento de suscitarse el fallecimiento, debiendo el trabajador presentar el acta de defunción correspondiente dentro de los quince (15) días hábiles siguientes. La Empresa contribuirá con el Trabajador con la cantidad de Diez Mil de Bolívares (Bs. 15.000,00) para los gastos de entierro de familiares del trabajador fuera del territorio nacional. El monto de esta contribución será incrementada en mil Bolívares (Bs. 1.000,00) cada año siguiente de vigencia presente Convención..

CLAUSULA 66 EVENTO INFANTIL: "La empresa conviene en otorgar al sindicato la cantidad de Ciento Cincuenta mil bolívares (Bs. 500.000) por cada año, durante la vigencia del presente contrato, como contribución a un evento infantil destinado al disfrute de los hijos de los trabajadores no mayores de 12 años de edad. Este beneficio se hará efectivo en los meses de junio de cada año".

CLAUSULA 67 ADQUISICIÓN DE PRODUCTOS ELABORADOS: "La empresa conviene en dar en venta a los trabajadores beneficiarios de la presente convención colectiva, la cantidad de Cuarenta kilos (40 kg) de sus

productos, cada quince días, para consumo personal y de su grupo familiar, al precio de planta menos el treinta por ciento (30%), así como una regalía de tres pollos . Este beneficio será extendido a los asesores legales del Sindicato, durante la vigencia del presente contrato. Adicional a elo, la empresa destinara un cupo de treinta Kilos (30) de productos pagaderos al contado y por dos veces al mes. La empresa destinara para el consumo y venta a sus trabajadores de hasta cuatro (4) cartones de huevos mensuales durante la vigencia de la presente convención colectiva de trabajo.
PARAGRAFO UNICO: "Para garantizar el cumplimiento efectivo de esta clausula en beneficio de sus trabajadores, la empresa dotará a todas sus dependencias y granjas de equipos enfriadores o refrigeradores para que se conserven los productos en buen estado".

CLAUSULA 68 FONDO PARA PRÉSTAMOS PERSONALES: "La empresa conviene y así dispondrá de un fondo para préstamos sin intereses, por un monto de Un millón seiscientos mil bolívares (bs. 1.600.000), para todos los centros de trabajo y plantas que ampara la presente convención. Los préstamos serán otorgados de la siguiente manera:
Aquellos trabajadores que tengan dos años o más le será otorgado un préstamo de hasta dos meses de salario básico.
Y aquellos trabajadores que tengan cinco o más años en la empresa les será otorgado un préstamo de hasta tres salarios básicos.
La empresa se compromete en dar respuesta a la solicitud realizada por el trabajador en el día hábil siguiente y la asignación del mismo dentro de los dos días hábiles siguientes. Queda entendido que dichos préstamos serán pagados en un lapso no mayor de veinticuatro meses y estos no generaran ningún tipo de interés".

CLAUSULA 69 FONDO DE AYUDA PARA ADQUISICIÓN O REMODELACIÓN DE VIVIENDA: "La empresa conviene en constituir un fondo de préstamo para adquisición o remodelación de vivienda para sus trabajadores, por un monto de Dos milones de bolívares (Bs. 2.000.000) que será distribuido entre los trabajadores de todos los centros de trabajo y plantas que ampara la presente convención. Para que el referido préstamo pueda ser concedido al trabajador solicitante, es requisito indispensable que se acompañen los recaudos y documentos que justifiquen dicha solicitud de préstamo y además tener una antigüedad de más de tres años en la empresa. Es igualmente indispensable, que en caso de que el trabajador solicitante sea beneficiario del préstamo personal establecido en la clausula 68 de la presente convención colectiva, es indispensable que el interesado cancele en su totalidad para tener derecho al préstamo establecido en esta cláusula. El monto máximo de dicho préstamo será de veinte mil bolívares (Bs.20.000) pagaderos en un máximo de hasta cuarenta y ocho meses".

CLAUSULA 70 PREMIO MENSUALY ANUAL POR ASISTENCIA CON PUNTUALIDAD: "El trabajador está en el deber de asistir diaria y puntualmente a su trabajo para cumplir con las obligaciones que les impone su respectivo contrato individual. Como estímulo, la Empresa conviene en conceder a sus trabajadores un premio mensual que consiste en la entrega equivalente a la cantidad de Tres Unidades Tributarias **(03 UT),** a cada trabajador, que a partir del 01-10-2013 haya asistido diaria y puntualmente al trabajo, sin que en ningún caso dicho premio tenga carácter salarial. Se conviene entre las partes que serán causales de no asignación de dicho premio las siguientes circunstancias:

1.) El retardo a la hora de comienzo de la jornada de trabajo.

2.) No cumplir con las funciones inherentes al cargo que desempeña y las descritas en su contrato individual de trabajo.

Hacer un premio de que el ganador de este beneficio por tres meses consecutivos obtendrá un premio de 15 ticket de alimentación.

Para la asignación del presente incentivo no se consideran falta los permisos concedidos a los trabajadores con base a la presente convención. **UNICO:** El trabajador que hubiere percibido consecutivamente dicho premio mensual durante el período de un **(1)** año, tendrá derecho a percibir un premio anual equivalente a **MIL NOVECIENTOS BOLIVARES (Bs. 1.900,00).** En caso que el trabajador hubiere sido acreedor al premio mensual durante diez meses, por lo menos, en el periodo de un año, tendrá derecho a percibir el equivalente a **MIL (Bs.1.000, 00)** como premio anual".

CLAUSULA 71 PAGO POR SUSPENSIÓN ORDENADA POR EL SEGURO SOCIAL: "En caso de accidente o enfermedad, sea o no de origen ocupacional, la empresa conviene en pagar a sus trabajadores los 3 primeros días que no paga el seguro social, siempre que el trabajador presente el certificado de incapacidad otorgada por el IVSS. Cuando la suspensión del trabajador sea por tiempo indefinido, la empresa pagara la diferencia entre lo que pague el IVSS y el salario básico del trabajador, hasta un máximo de cincuenta y dos 52. Semanas. En todo caso, la empresa cancelara directamente al trabajador su salario básico completo, reservándose el derecho de reintegro ante el IVSS. Para el pago de vacaciones anuales y utilidades, la empresa conviene en no descontar el tiempo que el trabajador haya estado incapacitado y en reposo certificado por el IVSS. Es decir, la empresa se obliga a considerar dichos periodos de suspensiones como tiempo para todos los efectos legales, a menos que la empresa demuestre la prestación de servicios para otro patrono, de acuerdo al principio legal contenido en el artículo 234 de la LOTTT.".

CLAUSULA 72 PERMISO PRE Y POST NATAL: "La trabajadora en estado de gravidez tendrá derecho a un descanso durante seis **(6)** semana antes del parto y veinte **(20)** semanas después o, por un tiempo mayor, a causa de una enfermedad que según dictamen médico sea consecuencia del embarazo o del parto y que la incapacite para el trabajo. En estos casos la empresa conviene en pagar a las trabajadoras la diferencia entre la indemnización diaria que paga el IVSS y su salario básico durante todo el periodo legal de su incapacidad o reposo".

CLAUSULA 73 REUBICACIÓN POR INCAPACIDAD PARCIAL: "En los casos en que el trabajador resulte incapacitado parcialmente para realizar su labor habitual, a causa de enfermedad o accidente con ocasión de trabajo, según certificación definitivamente firme emanada del instituto nacional de prevención, salud y seguridad laboral INPSASEL, la Empresa se compromete a reubicarlo en otro puesto en el cual pueda desempeñarse de acuerdo al tabulador, a sus aptitudes y capacidades técnicas o profesionales, devengando el salario básico asignado para el momento de ocurrir el accidente o enfermedad profesional. Igualmente en los casos de incapacidad por accidente o enfermedad no profesional, la Empresa se compromete a reubicarlo, en cuanto sea posible, en las mismas condiciones aquí señaladas".

PARAGRAFO UNICO: "La empresa se compromete que al reubicar a un trabajador a otro puesto dentro de la empresa, este, no perderá los beneficios y asignaciones que devengaba antes de su reubicación.

CLAUSULA 74 BONIFICACIÓN PARA LOS HIJOS DE LOS TRABAJADORES CON CONDICION ESPECIAL O INCAPACITADOS: "La empresa se compromete en conceder como beneficio social de carácter no remunerativo, la cantidad de Quinientos bolívares **(Bs. 500,00)** mensuales, destinados a facilitar la subvención de los gastos médicos de los menores discapacitados, hasta un máximo de cinco asignaciones. Dicho beneficio se hará tomando en cuenta la antigüedad del trabajador al servicio de la empresa como criterio único de evaluación".

CAPITULO IV
DE LAS CLAUSULAS ECONOMICAS

CLAUSULA 75 VACACIONES: "La Empresa conviene en conceder a sus trabajadores un disfrute y pago de sus vacaciones según los articulo 190 y 192 de la LOTTT, adicionalmente la empresa se compromete con un pago equivalente de Sesenta **(60)** días remunerados a salario normal, este concepto no incluye lo correspondiente a los días feriados, domingos o descanso semanal obligatorio que coincidan con el periodo del disfrute del trabajador. Así mismo la Empresa conviene, en ejercicio de la atribución contenida en el **Artículo 109** de la Ley vigente, en conceder una prima social de antigüedad en el servicio, a los trabajadores de la siguiente manera"

ANTIGÜEDAD
PAGO POR AÑOS DE SERVICIO

1	Al cumplir 5 años de servicio y hasta 9 años.	10 Días adicionales.
2	Al cumplir 10 años de servicio y hasta los 14 años.	12 Días adicionales.
3	Al cumplir 15 años de servicio o más.	14 Días adicionales.

PARAGRAFO PRIMERO: "La Empresa se compromete con todos sus trabajadores, que al regreso del respectivo periodo de vacaciones, se le hará el pago de Veinte (20) días de bono Postvacacional, los cuales no tendrán incidencia salarial".

PARAGRAFO SEGUNDO: "La empresa solo establecerá para el cálculo del salario base que corresponde a cada trabajador el salario inmediatamente anterior a aquel, al que le nació el derecho a la vacación, solo para el personal que no devenga o gana comisiones durante el año, a los demás trabajadores se realizará dicho calculo base, en razón del promedio que establece la ley, de conformidad con el articulo 121 LOTTT".

CLAUSULA 76 DEL SOBRE TIEMPO, DELBONO NOCTURNO, Y DE LA JORNADADE TRABAJO: "La empresa conviene en pagar a sus trabajadores, el trabajo realizado en tiempo extraordinario, para la jornada diurna en CIEN (**100%**) por ciento de recargo sobre el valor de la hora ordinaria. Para la jornada nocturna en CIENTO TREINTA (**130%**) por ciento de recargo sobre el valor de la hora diurna ordinaria. Del mismo modo la empresa conviene en pagar el bono nocturno, con un SETENTA (**70%**) por ciento de recargo sobre la hora ordinaria diurna hasta las doce (12:00 am) de la noche y Ochenta (**80%**) para el horario comprendido entre las 12:00 am a las 05:00 am. Es entendido que la asignación acordada para el pago del trabajo en tiempo extra y jornada nocturna comprende o incluye los porcentajes establecidos en la **Ley Orgánica del Trabajo, de los Trabajadores y las Trabajadoras**. La empresa conviene en establecer para sus trabajadores elhorario de trabajo previsto en la **Ley Orgánica del**

Trabajo, de los Trabajadores y las Trabajadoras y la Constitución de la República Bolivariana de Venezuela, para los trabajadores amparados por este contrato".

CLAUSULA 77 TICKET DE ALIMENTACION: "La Empresa conviene en cancelar los primeros cinco **(5)** días de cada mes el importe correspondiente al mes inmediatamente anterior, el ticket o cupón de alimentación con un valor de **(0,75 UT)**. Igualmente la empresa se compromete a cancelar de igual forma **(0,75 UT)** aun en los casos no imputables al trabajador tal y como lo señala el Art. 19 del Reglamento de La Ley de Alimentación. Se entienden por causas no imputables la enfermedad o accidente sea o no ocupacional, periodo de vacaciones, permisos pre y post natal y los permisos otorgados por el patrono. A todo evento, la empresa se compromete en la cancelación de los días libres que por horario descansa cada trabajador, en el entendido de que serán cancelados a treinta días del mes calendario.
Para efectos de la jornada extraordinaria o sobre tiempo la Empresa se compromete a prorratear el valor de un **(1)** ticket o cupón diario correspondiente al cesta ticket de la siguiente manera:

25 % de un **(1)** ticket para una hora de Sobre tiempo.
50% de un **(1)** ticket por dos horas de Sobre tiempo.
75 % un **(1)** ticket por tres horas de Sobre tiempo.
Un **(1)** ticket completo por cuatro horas de Sobre tiempo". Adicional a elo Cuando se laboren más de dos horas y menos de cuatro horas extras ininterrumpidas, la empresa pagará la cantidad cuarenta Bolívares (40) por concepto de refrigerio. Así mismo la empresa conviene que cuando la labor se extienda por más de cuatro (4) horas se le suministrará una comida de buena calidad sin perjuicio del pago por concepto de refrigerios además del taxi correspondiente.
PARAGRAFO UNICO: "La empresa no descontara el ticket a que se contrae esta clausula, cuando el trabajador presente su respectivo justificativo medico, contractual o se desprenda de un permiso no remunerado".

CLAUSULA 78 PRIMA MENSUAL POR ANTIGÜEDAD: "La Empresa conviene en seguir pagando a los trabajadores beneficiarios de la presente Convención Colectiva, una prima mensual por antigüedad que premie la continuidad de la relación laboral, por lo cual se acordó la siguiente escala, según los años de servicios ininterrumpidos de trabajo:
1 a 3años 18 % por salario mínimo nacional.
3 a 5años 20 % por salario mínimo nacional.
5 a 10 años 25 % por salario mínimo nacional.

10 a 15 años 30 % por salario mínimo nacional.
15 años en adelante 35% por salario mínimo nacional.
La Prima de antigüedad ha sido calculada sobre el Salario mínimo vigente para el 1 de octubre del año 2013, por lo cual se encuentra contenida en el ingreso salarial para la mencionada fecha, y para determinar las próximas primas por antigüedad, éstas se obtendrán al multiplicar la diferencia que incremente el salario mínimo nacional por el porcentaje señalado en las diversas escalas antes indicadas. Las diferencias salariales convenidas en el Tabulador establecen en forma absoluta, el ajuste por antigüedad con respecto del salario mínimo nacional acordado por la autoridad competente, por lo cual será actualizada cada vez que se incremente el mismo y solo la suma en moneda nacional que incremente el Salario mínimo nacional, le será añadido al Salario del trabajador al pagarlo en el recibo correspondiente con la mención Prima por Antigüedad.

CLAUSULA 79 PERMISO REMUNERADO: "La Empresa conviene en conceder a los trabajadores que lo soliciten por escrito, permiso remunerado a salario normal para cumplir los siguientes trámites: Cédula de identidad del trabajador y de los hijos del mismo, partida de nacimiento del trabajador y de los hijos, licencia de conducir, libreta militar, Rif, certificado médico, pasaporte, visa, trámites para la adquisición de vivienda, trámites de vehículos, trámites con la cuenta nomina del banco, consultas medicas, cuidados maternos y rendir declaraciones antes las autoridades. Exceptuando los cuidados maternos ningún permiso podrá exceder de un (1) día a menos que el trabajador demuestre fehacientemente ante la empresa que requiere de mayor tiempo para concluir la respectiva actividad. Se conviene expresamente que estos permisos no podrán ser disfrutados simultáneamente por más de tres (3) trabajadores de una misma área de trabajo, y los mismos serán solicitados con un mínimo de dos (2) días de anticipación a través de su supervisor inmediato. El trabajador deberá esperar para el disfrute del beneficio la correspondiente aprobación de la empresa. La aprobación o improbación del permiso será notificada por el supervisor al trabajador. En caso de no aprobación, la notificación deberá señalar el día en que el trabajador pueda hacer uso del permiso solicitado. Queda entendido que el permiso previsto en esta clausura debe ser justificado con su soporte ante el supervisor inmediato y sólo se otorgara a los trabajadores que presten servicio de lunes a viernes, en las horas hábiles para tramitar dicho documentos. A las madres trabajadoras se le otorgarán hasta veinte(20) días al año de permiso para levar a sus hijos a consultas médicas".

CLAUSULA 80 TRABAJO OCASIONAL EN DIAS DE DESCANSO Y FERIADO: "La Empresa pagará a los trabajadores que laboren en su día de descanso legal, cuatro días y medio (**4** ½) de salario promedio. El disfrute del descanso deberá ser acordado entre el trabajador y la empresa. Cuando un trabajador hubiere prestado servicio en su día de descanso legal y este coincida con un día feriado, la empresa pagará por este concepto un (**1**) día adicional, para un total de cinco días y medio (**5** ½) de salario. Cuando un trabajador hubiere prestado servicio en día domingo y este coincida con un día feriado de los establecidos en la Ley Orgánica del Trabajo, los Trabajadores y las Trabajadoras, así como en los días previstos en la Ley de Fiestas Nacionales, se pagará: un (**1**) día de salario con el recargo correspondiente a ese día, y si coincide con día feriado se pagará además, un día adicional al que le corresponda por razón del trabajo realizado conforme a lo dispuesto en el **Artículo 120 de la Ley Orgánica del Trabajo, de los Trabajadores y de las Trabajadoras.** El día de descanso compensatorio para los trabajadores que presten común acuerdo con la empresa. La empresa se compromete en reconocer como días de fiesta regionales aquellos decretados por el Ejecutivo Regional del Estado Zulia, hasta un máximo de tres (**3**) por año".

PARAGRAFO UNICO: En los casos en que un trabajador por razones operativas requiera ser trasladado fuera del perímetro de la ciudad y pernocte fuera de la misma, se le reconocerá el tiempo de servicio como sobretiempo y el día inmediatamente continuo de descanso remunerado.

CLAUSULA 81 PAGO POR RETIRO VOLUNTARIO: "La empresa conviene en cancelar a los trabajadores que pongan fin voluntariamente a la relación laboral que los une con el empleador, lo establecido en el **ARTÍCULO 142 DE LA LOTTT,** además una bonificación especial por la terminación de la relación laboral equivalente al cien (**100%**) por ciento de la cantidad resultante de la liquidación del anterior beneficio".

CLAUSULA 82 BONO DE PRODUCCION: "La empresa se compromete a pagar un bono de producción a todos los trabajadores, a los supervisores en todas sus clasificaciones y gerencias, operarios en todas sus clasificaciones, trabajadores de granjas, choferes de transporte y transporte pesado, vendedores, asistentes y choferes que presten servicios en las áreas de: **Pollo de Engorde, Servicios Generales, Reproductoras, Acarreos, Incubadora, Producción Planta de Beneficiado, Producción Planta A.B.A, Control de Calidad, Granjas y Ventas**, de acuerdo a las bases establecidas en los programas y planes organizados por la Empresa a este respecto y el mecanismo para la cuantificación del bono de productividad. Esta bonificación formará parte de las percepciones imputables al salario para el cálculo de prestaciones sociales y será revisada al momento en que se aplique cualquiera de los aumentos de salario establecido en la presente convención colectiva de trabajo".

CLAUSULA 83 TERMINACIONES ESPECIALES POR INCAPACIDAD TOTAL O PARCIAL PERMANENTE (JUBILADOS I. V. S. S) "Los trabajadores que dejen de prestar servicios a la empresa por haber obtenido del Instituto Venezolano de los Seguros Sociales (I. V. S. S) una pensión por vejez o una calificación definitiva de incapacidad absoluta y permanente a consecuencia de un accidente de trabajo o enfermedad profesional, tendrán derecho a percibir los siguientes beneficios:

A) La indemnización prevista en el artículo 92 de la LOTTT y su Reglamento.

B) Aquellos trabajadores que tuvieran más de quince (15) años de servicio ininterrumpidos para la empresa y opten por retirarse voluntariamente, se le concederá adicionalmente al beneficio establecido en la literal "a" de esta cláusula, una bonificación especial por Terminación de contrato de trabajo, equivalente a quince (15) días de salario integral del trabajador por cada año ininterrumpido de servicio hasta el límite de la antigüedad referida en la LOTTT".

En casos de Incapacidad:

1) Incapacidad permanente parcial o total por accidente de trabajo o enfermedad laboral o profesional hasta por la cantidad de OCHENTA MIL BOLÍVARES (Bs. 80.000,00).

2) Incapacidad permanente parcial o total por enfermedad natural hasta por la cantidad de NOVENTA MIL BOLÍVARES FUERTES (Bs. F. 90.000,00).

CLAUSULA 84 AUMENTO SALARIAL: "Durante la vigencia de la presente convención colectiva, la empresa conviene en conceder a los trabajadores activos amparados por la misma, Cuatro **(4)** aumentos de salario de acuerdo al siguiente cronograma:

Un primer aumento de un cincuenta **(50%)** por ciento, a partir de 01 de octubre del 2013.

Un segundo aumento de un cuarenta **(40%)** por ciento, a partir del 01 de Junio del 2014.

Y un tercer aumento de un cincuenta **(50%)** por ciento, a partir del 01 de Octubre del 2014".

Un cuarto aumento de un cuarenta **(40%)** por ciento, a partir del 01 de Junio del 2015.

CLAUSULA 85 UTILIDADES: "La empresa conviene en pagar a sus trabajadores las utilidades establecidas en el **ARTÍCULO 131 DE LEY ORGÁNICA DEL TRABAJO, LOS TRABAJADORES Y LAS TRABAJADORAS,** un equivalente a ciento veinte **(120)** días de salario normal, siempre que tenga un **(1)** año de servicio continuo. A los trabajadores que no tuvieren un **(1)** año de servicio cumplido se les pagarán las utilidades proporcionalmente a los meses completos trabajados. Las utilidades serán calculadas, tomando en cuenta el salario percibido por el trabajador por concepto de sobre tiempo. Bono nocturno, vacaciones, tiempo extraordinario, primas y cualquier otro concepto que pueda considerarse como salario. El pago de las utilidades a que se refiere esta cláusula, se hará efectivo los primeros cinco (05) días de noviembre, tomando en cuenta el salario normal desde el mes de enero hasta el mes de octubre de cada año, y los meses de noviembre y diciembre, el salario base para dicho concepto de utilidad será el salario normal, en el entendido que la diferencia generada en estos dos **(2)** meses (noviembre y diciembre), será cancelado en la segunda quincena del mes de enero del año siguiente".

PARAGRAFO UNICO: Los trabajadores amparados por el presente convenio podrán en el mes de agosto de cada año, disponer de hasta un Setenta y cinco (75%) por ciento de las utilidades a percibir en ese año, para elo se establecerá un procedimiento de común acuerdo entre la empresa y el sindicato. Adicionalmente la empresa cancelara en razón de la antigüedad una bonificación establecida de la siguiente forma:

1	Al cumplir cinco (5) años de servicio y hasta 9 años	Diez días adicionales de Utilidades
2	Al cumplir diez (10) años de servicio y hasta los 14 años	Quince días adicionales de Utilidades
3	Al cumplir quince (15) años de servicio y hasta los 19 años	Veinte días adicionales de Utilidades.
4	Al cumplir veinte (20) años de servicio y hasta los 24 años	Veinticinco días adicionales de Utilidades.
5	Al cumplir veinticinco (25) años de servicio en adelante.	Treinta días adicionales de Utilidades.

CLAUSULA 86 COMITÉ DE EVALUACION Y SEGUIMIENTO: "De conformidad con el artículo 440 de la Ley Orgánica del Trabajo, los Trabajadores y las Trabajadoras y con lo establecido en la Cláusula Séptima de la presente Convención Colectiva, ambas partes proceden a designar el Comité de Evaluación y Seguimiento, el cual estará integrado por dos (02) trabajadores nombrados por el Sindicato y dos (02)

trabajadores nombrados por la empresa. Dicho Comité se reunirá por lo menos una (1) vez al mes, para cumplir con las obligaciones establecidas para este, de acuerdo a la Ley de la materia".

CLAUSULA 87 VIGENCIA DEL CONTRATO: "Esta Convención entrará en vigencia a partir de su depósito legal ante la Inspectoría de Trabajo y tendrá una duración de veinticuatro **(24)** meses contados a partir del Primero **(1)** de Octubre de 2013.

Mientras no haya una nueva Convención Colectiva, las previsiones de la presente continuarán en vigencia. El sindicato se compromete con la empresa y con los trabajadores que representa a presentar ante la Inspectoría del Trabajo de Maracaibo del Estado Zulia el Proyecto respectivo, con noventa (90) días de anticipación a su vencimiento, para proceder a su discusión".

CLAUSULA 88 PAGO DE LA RETROACTIVIDAD DEL CONTRATO: "Ambas partes, atendiendo al tiempo transcurrido entre el vencimiento de la convención colectiva anterior para el personal operario y la resultante de la convención cuyas cláusulas han sido acordadas precedentemente, han convenido en limitar la retroactividad de la presente convención colectiva a determinados beneficios y establecer durante las negociaciones del presente convenio colectivo el cálculo de lo que corresponde a cada trabajador por tal concepto, en atención al tiempo de trabajo.

Conceder a todos los trabajadores un Pago Único, por la cantidad de DOCE MIL BOLIVARES (Bs. 12.000,00), equivalentes al tiempo transcurrido entre el Primero (1) de Octubre de 2013 al Treinta y uno (31) de Diciembre de 2013. Este concepto tendrá incidencia para el cálculo de las utilidades del año 2013 y en la prestación social que se genera en cada trabajador, adicional a elo se elaborara durante las discusiones del presente convenio las diferencias en los incrementos del cesta ticket por efecto de retroactividad.
Conceder a todos los trabajadores operarios que hayan disfrutado sus vacaciones en el periodo comprendido desde el Primero **(1)** de Mayo 2013 al Treinta y uno **(31)** de Octubre 2012, el recalculo de dichas vacaciones, tomando como base el aumento salarial pagadero a la firma de la presente convención colectiva, descontando de la suma resultante el pago realizado. Este concepto tendrá incidencia para el cálculo de las utilidades del año 2013 y en la prestación social que se genera en cada trabajador."
Queda expresamente entendido que en el caso de los Trabajadores que ingresaron a prestar servicios después del primero (1°) de Mayo de 2013,

los pagos indicados en los literales "a" y "b" se fraccionarán por el numero de meses completos trabajados, es decir, hasta el treinta y uno (31) de Octubre del año 2013.

ANEXOS

CLAUSULA 89: TABULADORES: "Ambas partes convienen en establecer el sistema de clasificación de cargos y salarios contenidos en el Tabulador que se indica en el siguiente cuadro sinóptico:

CREAR CUADRO DE CONFORMIDAD CON NECESIDADES SINDICALES.

La empresa deberá introducir modificaciones al Tabulador cuando realice cambio de equipos, cuando se pongan en marcha nuevas instalaciones, se adopten nuevos sistemas de organización, y o el perfeccionamiento de los existentes o la creación de nuevos tipos de trabajos, con la condición de que no se disminuyan los salarios vigentes.

Las modificaciones se harán previo acuerdo con el Sindicato y la resultante se incorporará al Tabulador.
De no haber acuerdo previo sobre las modificaciones propuestas y cuando las exigencias del funcionamiento de la Empresa así lo exijan, ésta pondrá, provisionalmente en práctica las modificaciones hasta tanto, el punto de desacuerdo sea decidido por una comisión nombrada para tales fines. La misma estará integrada por dos (2) representantes de la Empresa, la Junta Directiva del Sindicato y un (1) tercero designado de común acuerdo por Las Partes o por el Inspector del Trabajo en el Estado Zulia, en caso de que surja desavenencia en relación a dicho nombramiento.
La comisión tendrá un lapso de treinta (30) días consecutivos para tomar la decisión, contados a partir de la incorporación del Trabajador al nuevo cargo. La decisión de esta comisión no será apelable y la modificación resultante de dicha decisión será incorporada al Tabulador.
Asimismo, ambas partes convienen en mantener durante la vigencia del contrato en caso de que dicha autoridad establezca como salario mínimo una cantidad superior al monto de los salarios establecidos en el Tabulador referido y que forma parte de este Contrato, la Empresa conviene en aceptar en cada caso modificar el contenido del Tabulador, para aplicar el principio de proporcionalidad en el salario para favorecer al Trabajador, así como las previsiones para determinar su monto, en las cuales debe tenerse en cuenta la cantidad y calidad del trabajo realizado.
Las correcciones e incrementos o ajustes salariales se harán a partir del Primero (1) de Octubre de 2013 como está indicado en el tabulador.

Es entendido que el Tabulador establece el pago de una Prima, ganada por el trabajo realizado en una determinada área, cancelada semanalmente, y la misma tiene el efecto de toda remuneración conforme a lo establecido en el Artículo 104 de Ley Orgánica del Trabajo los Trabajadores y las Trabajadoras. Esta prima consiste en pagar una asignación que incremente el ingreso salarial a percibir por el trabajador que labora en un área determinada. La forma de establecer el monto a pagar es la siguiente: Se multiplica el porcentaje establecido en la tabla por el salario básico del Trabajador, y dicha cantidad será señalada en el recibo de pago contentivo del salario, con la mención Prima por Tabulador en el área donde se desempeñe el trabajador".

TABLA DE PAGO BONIFICACIONES
VETERINARIOS Y SUPERVISORES DE POLLOS DE ENGORDE

Construir según aplique

TABULADOR PARA EL CONTROL DE PAGO DE CHOFERES

Construir según aplique

PARAGRAFO UNICO: "La empresa seguirá cancelando el bono de eficiencia que ha venido aplicando desde la entrada en vigencia de la nueva LOTTT para el personal que labora como choferes".

CLAUSULA 90. BONIFICACIÓN PARA LOS TRABAJADORES DEL AREA DE RECEPCIÓN DE POLLOS VIVOS Y VACUNADORAS: "La Empresa conviene en pagar una Prima especial para compensar los gastos en que incurren los trabajadores de las áreas RECEPCION DE POLLOS VIVOS en la Planta de Beneficio y de VACUNACION en la Planta de Incubación, así como descascareo, transferencia de huevos fértiles, conteo de pollitos y carga de pollitos. Dicho monto, se obtendrá de multiplicar el diez por ciento sobre el salario PROMEDIO devengado por el trabajador en la semana anterior. Es entendido que el pago de la Prima será otorgado por día de trabajo realizado en una de las mencionadas áreas, canceladas semanalmente, y la misma tiene el efecto de toda remuneración conforme a lo establecido en el Artículo 104 de la Ley Orgánica del Trabajo los Trabajadores y las Trabajadoras. Dicha cantidad será señalada en el recibo de pago contentivo del salario, con la mención Prima por trabajo en el área donde se desempeñe el trabajador".

CLAUSULA 91. PRIMA POR TRABAJO EN AREAS DE FAENAS SUCIAS: "La Empresa conviene que el personal que labora en las áreas de faena sucias, tales como:

a) PLANTA DE BENEFICIO DE AVES: Matanza, Evisceración y cestas. b) INCUBADORA: aguas negras, áreas de cascareo y su lavado. c) PLANTA DE ALIMENTOS: área de sótano y d) GRANJAS e) Área de Descarga planta ABA, f) Área de pozos sépticos. Se le pagará una prima mensual de la cantidad que represente el ocho por ciento (8%) de su salario Básico. Es acordado entre las partes que esta cantidad formará parte del salario del trabajador por lo cual tiene todos los efectos salariales que le conceden el Artículo 104 de la Ley Orgánica del Trabajo los Trabajadores y las Trabajadoras. Dicha cantidad será señalada en el recibo de pago contentivo del salario, con la mención "Prima por trabajo en área de faena sucia".

CLAUSULA 92. PRIMA DE PROFESIONALIZACIÓN: "La Empresa conviene en pagar a los trabajadores y trabajadoras beneficiarias de la presente Convención Colectiva, que a tales efectos demuestren haber obtenido los siguientes grados académicos durante la vigencia de la relación laboral, una PRIMA DE PROFESIONALIZACION pagadero mensualmente, según sea el caso, en las siguientes cantidades":

a) Técnico Superior Universitario	600 Bolívares
b) Profesional Universitario	1000 Bolívares
c) Postgrado (especialidad y maestría)	1500 Bolívares
d) Postgrado (Doctorado, phd)	2000 Bolívares

CLAUSULA 93. PAGO POR FLETES EFECTIVAMENTE REALIZADO: "El Empleador conviene en incrementar el tabulador de Fletes, acordado conforme lo establecido en el Artículo 241 de la LOTTT, que determina el monto o la cantidad a pagar por concepto de Valor por viaje completo y efectivamente realizado, según distancia y mercancía transportada, a partir del día Primero (01) de mayo de 2012, conforme a los siguientes parámetros:

1) Se aumenta el Veinticinco por ciento (25 %) del valor del flete, a todos los destinos y mercancía transportada, desde el Primero de Mayo vigente el ajuste del tabulador hasta el día Treinta (30) de abril del año 2013. Para determinar dicho incremento se multiplicar el porcentaje por el importe pagado para la fecha Treinta (30) de abril de 2012, por el mismo concepto de flete por destino y mercancía.

2) Se excepcional de la aplicación del numeral anterior el transporte de pollitos "BB" y huevos fértiles de galinas cuyo incremento se fija en un

treinta por ciento (30%) del valor del flete, a todos los destinos de dicha mercancía transportada. Para determinar dicho incremento se multiplicar el porcentaje por el importe pagado para la fecha Treinta (30) de abril de 2012, por el mismo concepto de fletepor destino y mercancía.

3) Se excepcional de la aplicación del numeral 1, las transferencia cuyo incremento se fija en un Veintisiete punto cinco por ciento (27.5%) del valor del flete, a todos los destinos y mercancía transportada. Para determinar dicho incremento se multiplicar el porcentaje por el importe pagado para la fecha Treinta (30) de abril de 2012, por el mismo concepto de flete por destino y mercancía transportada.

4) Se aumenta el Treinta por ciento (30 %) del valor del flete, a todos los destinos y mercancía transportada desde el Primero de Mayo de 2013, vigente el ajuste del tabulador hasta el día Treinta (30) de abril del año 2014. Para determinar dicho incremento se multiplicar el porcentaje por el importe pagado para la fecha Treinta (30) de abril de 2013, por el mismo concepto de flete por destino y mercancía.

5) Se acuerda aumentar el porcentaje que incremente la inflación anual medida al Treinta de abril del año 2014 y estará vigente el tabulador ajustado, desde el Primero de Mayo de 2014 hasta el día Treinta (30) de abril del año 2015. Para determinar dicho incremento se multiplicar el resultado de inflación o índice anual de inflación por el valor del flete, para todos los destinos y mercancía transportada por el importe pagado para la fecha Treinta (30) de abril de 2014, por el mismo concepto de flete por destino y mercancía".

CLAUSULA 94. TABULADOR TRABAJADORES, VENTAS, TRANSPORTE, INCUBADORA, SUPERVISORES DE GRANJAS Y MATADERO: "Para mayor interpretación del salario de los trabajadores amparados por esta Convención el Empleador y el Sindicato convienen en anexar el tabulador del valor del Flete por viajes pagados para el Treinta de abril del año 2012"

"Así también la **EMPRESA** para la ejecución de cada viaje o trayecto, entregara al **Trabajador Conductor,** por concepto de reintegro para gastos de comida, las cantidades que luego se numeran, siendo especialmente acordado que esas cantidad dinerarias tendrán la misma naturaleza legal del **TICKET DE ALIMENTACIÓN y de los Beneficios Sociales de carácter no remunerativo** contemplado en el Artículo 105 numeral: 2 de la LOTTT y se entregarán en compensación del gasto efectivamente realizado o causado. El monto a entregar se determinara previa verificación del trayecto y tiempo de duración estimada y realizado, comparado el resultado con la nomenclatura del Tabulador mencionado en la Cláusula 21, reintegrará al Trabajador Conductor, las siguientes cantidades las cuales estarán vigente desde el 01-05-2012 al 30-04-2013, en los años sucesivos serán revisados ajustando el monto al multiplicar dicha cantidad por el índice de inflación en el mismo periodo que publique el Banco Central de Venezuela:

A) Por cada día en viajes terrestre extraurbano denominado "Viaje Corto":

1) La Cantidad de BOLIVARES CINCUENTA (Bs. 50, 00) por día de viaje terrestre extraurbano por concepto de ALMUERZO.

2) La Cantidad de BOLIVARES VEINTICUATRO (Bs. 24, 00) por día de viaje terrestre extraurbano por concepto de DESAYUNO

3) La Cantidad de BOLIVARES VEINTICUATRO (Bs. 24, 00) por día de viaje terrestre extraurbano por concepto de CENA.

4) La Cantidad adicional de BOLIVARES DOCE (Bs. 12, 00) por viaje terrestre extraurbano realizado, denominado "Viaje Largo".

B)Por cada viajes terrestre urbano denominado "Viaje de Pollos vivos":

1) La Cantidad de BOLIVARES TRECE (Bs. 13, 00) por viaje terrestre urbano con carga de "Pollos vivos" realizado en el Primer Turno.

2) La Cantidad de BOLIVARES NUEVE (Bs. 9,00) por viaje terrestre urbano con carga de "Pollos vivos" realizado en otros turnos.

C)Por cada viajes terrestre urbano denominado:

1) La Cantidad de BOLIVARES NUEVE (Bs. 9, 00) por viaje terrestre urbano con carga de "Granelero" realizado.

2) La Cantidad de BOLIVARES NUEVE (Bs. 9,00) por viaje terrestre urbano con carga de "Transferencia" realizado.

D) La Cantidad de BOLIVARES CINCO (Bs. 5,00) por concepto de vigilancia de la unidad, pagada por día de pernota de la unidad en instalaciones distintas a las que sean propiedad o posesión de la EMPRESA".

TABULADOR COMISIONES DPTO. VENTAS:

TABULADOR COMISIONES DPTO. VENTAS:

ESCALAS EN KILOS	ESCALA EN BOLIVARES
DE 1 HASTA 50 KILOS	BS. 0.055
Superados los 50.001 Kg. hasta 60.000 Kg.	Bs. 0.075
Superados los 60.001 kilos hasta 70.000 Kg.	Bs. 0.095
Superados los 70.001 Kg. hasta 80.000 Kg.	Bs. 0.065
Superados los 80.001 Kg. En adelante	Bs. 0.110

El desglose para efectuar el cálculo de las comisiones será de la siguiente manera:
Se tomará el total de los Bolívares vendidos y cobrados en donde los primeros 50.000 Kg. Será pagados como lo indica el primer renglón de la tabla.
La diferencia a partir de los 50.001 Kg. Será calculada según el renglón al cual corresponda tomando en cuenta la multiplicación desde el primer kilo (la multiplicación serálineal).

Pago de comisiones para asistentes:
La comisión de los asistentes será pagada considerando el 30% de la comisión generada por el vendedor en base a las ventas y cobranzas de la ruta al cual está asignado dicho asistente.

Pago de comisiones a Choferes:
En el caso de los choferes viajeros, se tomará el total acumulado de los bolívares vendidos por la ruta de gerencia multiplicada por Bs. 0.030 en el que dicho resultado será dividido entre el número de choferes y despachadora que posea dicha gerencia. Se mantendrá el pago por concepto de bono de viaje y ese mismo bono por viaje solo variara por la distancia y no por la capacidad de kilos que leve.

Pago de Comisiones a supervisores(as) de ventas :
TABULADOR COMISIONES DPTO. VENTAS:

CREAR ESCALAS EN CONSIDERACIÓN A NECESIDADES SINDICALES

El desglose para efectuar el cálculo de las comisiones será de la siguiente manera:
Se tomará el total de los Bolívares vendidos y cobrados en donde los primeros 50.000 Kg. Será pagados como lo indica el primer renglón de la tabla.
La diferencia a partir de los 50.001 Kg. Será calculada según el renglón al cual corresponda tomando en cuenta la multiplicación desde el primer kilo (la multiplicación serálineal).

Pago de comisiones para asistentes:

La comisión de los asistentes será pagada considerando el 30% de la comisión generada por el vendedor en base a las ventas y cobranzas de la ruta al cual está asignado dicho asistente.

Pago de comisiones a Choferes:

En el caso de los choferes viajeros, se tomará el total acumulado de los bolívares vendidos por la ruta de gerencia multiplicada por Bs. 0.030 en el que dicho resultado será dividido entre el número de choferes y despachadora que posea dicha gerencia. Se mantendrá el pago por concepto de bono de viaje y ese mismo bono por viaje solo variara por la distancia y no por la capacidad de kilos que leve.

Pago de Comisiones a supervisores(as) de ventas:

En el caso de las supervisoras de ventas se aplicará la comisión de la siguiente manera:

1. Para el caculo de Comisiones de Supervisoras de Ventas aplicara: El resultado obtenido de la suma de los kilos generados por concepto de ventas a crédito y contado y cobranza de productos "empacado, desnudo, despresado y sub producto en todas sus presentaciones, de todas las rutas existentes en el Departamento ‹e Ventas (01,02,03,04,05,06,07,08,09,10,12,13,14,15,16) mas la ruta (11) de Gerencia, así como también ruta (22) Distribuidores, mas kilos de venta de sub productos.
2. El total de la suma de estos kilos en producto vendidos y cobrados a crédito y contado, será multiplicado por 0.04 bolívares.
3. El resultado de los kilos sumados y multiplicados por la escala en bolívares por operación matemática: deberá aplicarle el 75%, para pago efectivo de comisiones para cada una de las supervisoras de ventas.

CHOFERES DE VENTAS:

1. Primer punto: Incremento dé los viajes en un cien por ciento (100%) ya qué tienen más de dos años qué no sé ajustan.
2. Segundo punto: 0,100 Bs. por kilos movilizados y no comisiones.
3. Tercer punto: tres por ciento (3%) en merma para viajes en pollo reposado.
4. Cuarto punto: Sé establece el bono dé eficiencia para los choferes dé Avipollo.

PLANTA DE BENEFICIO – AVIPOLLO. BONO DE SUPERVISORES

1. 750.000 aves = 2000,00bsf.

Aves:	BsF.:	BsF.:
650.000	2 BsF. x aves	1300
550.000	2 BsF. x aves	1100
450.000	2 BsF. x aves	900
350.000	1.5 BsF. x aves	525
200.000	1.5 BsF. x aves	300

Nota: para este cálculo 2013-2015, se tomara como base la cantidad de aves. Entradas por romana de camionera.

2. Este beneficio será disfrutado por todo el personal (supervisores directos del proceso de producción: supervisoras de línea, supervisores de control de calidad, supervisores de despacho y cava, personal de mantenimiento); aun cuando el personal se encuentra de vacaciones, supervisores suspendido disfrutara. Del respectivo bono.

3. Dicho bono será incluido en las prestaciones. Sociales.

CLAUSULA 95. TABULADOR DE CARGOS OPERARIOS EN GRANJAS AVICOLAS: "Ambas partes convienen en establecer el pago de una "Prima por Cargo", dicho pago fue acordado para compensar la dificultad y responsabilidad que el desempeño de un cargo tiene en comparación con otros, los cargos y porcentaje asignado se encuentran contenidos en el Tabulador, que se indica en el siguiente cuadro sinóptico que luego se lee. Esta prima consiste en una asignación que incrementa el ingreso salarial a percibir por el trabajador que labora en un área determinada, calculada de acuerdo a lo siguiente:

Se obtiene al multiplicar el Salario Mínimo Nacional por el porcentaje asignado al cargo en el tabulador, ha sido calculado sobre el Salario mínimo vigente para el 30 de abril del año 2012, por lo cual se encuentra ya contenida en el ingreso salarial para la mencionada fecha. Por consiguiente, para determinar las próximas primas por antigüedad, éstas se obtendrán al multiplicar la diferencia que incremente el salario mínimo nacional por el porcentaje señalado en las diversas escalas antes indicadas. Las diferencias salariales convenidas, como resultado de aplicar el

porcentaje indicado en el Tabulador que precede, establecen en forma absoluta el ajuste por "Cargo", con respecto del Salario Mínimo Nacional acordado por la autoridad competente, por lo cual será actualizado el valor asignado a la "Prima por Cargo" cada vez que se incremente el mismo, en el entendido que solo la suma en moneda nacional que incremente el Salario mínimo nacional, le será añadido al Salario del trabajador al pagarlo en el recibo correspondiente con la mención "Prima por Cargo".
La empresa deberá introducir modificaciones al Tabulador cuando realice cambio de equipos, se pongan en marcha nuevas instalaciones, se adopten nuevos sistemas de organización y/o el perfeccionamiento de los existentes o la creación de nuevos tipos de trabajos, con la condición de que no se disminuyan los salarios vigentes. Las modificaciones se harán previo acuerdo con el Sindicato y la resultante se incorporará al Tabulador. De no haber acuerdo previo sobre las modificaciones propuestas y cuando las exigencias del funcionamiento de la Empresa así lo exijan, ésta pondrá provisionalmente en práctica las modificaciones, hasta tanto el punto de desacuerdo sea decidido por una comisión nombrada para tales fines. La misma estará integrada por dos (2) representantes de la Empresa, la Junta Directiva del Sindicato y un (1) tercero designado de común acuerdo por las partes, o por el Inspector del Trabajo en el Estado Zulia en caso de desacuerdo en relación a dicho nombramiento. La comisión tendrá un lapso de treinta (30) días consecutivos para tomar la decisión. La decisión de esta comisión no será apelable y la modificación resultante de dicha decisión será incorporada al Tabulador.
Asimismo, ambas partes convienen, en caso de que el salario mínimo oficializado sea superior al monto de los salarios establecidos en el Tabulador referido, en modificar el contenido del Tabulador que forma parte de la presente convención, para aplicar el principio de proporcionalidad en el salario para favorecer al Trabajador, tomando en cuenta la incidencia del expresado salario mínimo, así como la cantidad y calidad del trabajo realizado por los trabajadores afectados.

Las correcciones e incrementos o ajustes salariales se harán a partir del Primero de Mayo de 2012 como está indicado en el tabulador.
Es entendido que el Tabulador establece el pago de una Prima, ganada por el trabajo realizado en una determinada área, ganada por unidad de mes y pagada proporcionalmente en el pago del salario quincenal, y la misma tiene el efecto de toda remuneración conforme a lo establecido en el Artículo 104 de laLOTTT.

CLAUSULA 96. TABULADOR DE CARGOS EN GRANJAS AVICOLAS: "Ambas partes convienen en establecer el pago de una "Prima por Cargo", dicho pago fue acordado para compensar la dificultad y responsabilidad que el desempeño de un cargo tiene en comparación con

otros, los cargos y porcentaje asignado se encuentran contenidos en el Tabulador, que se indica en el siguiente cuadro sinóptico que luego se lee. Esta prima consiste en una asignación que incrementa el ingreso salarial a percibir por el trabajador que labora en un área determinada, calculada de acuerdo a lo siguiente:
Se obtiene al multiplicar el Salario Mínimo Nacional por el porcentaje asignado al cargo en el tabulador, ha sido calculado sobre el Salario mínimo vigente para el 30 de abril del año 2012, por lo cual se encuentra ya contenida en el ingreso salarial para la mencionada fecha. Por consiguiente, para determinar las próximas primas por antigüedad, éstas se obtendrán al multiplicar la diferencia que incremente el salario mínimo nacional por el porcentaje señalado en las diversas escalas antesindicadas".

Las diferencias salariales convenidas, como resultado de aplicar el porcentaje indicado en el Tabulador que precede, establecen en forma absoluta el ajuste por "Cargo", con respecto del Salario Mínimo Nacional acordado por la autoridad competente, por lo cual será actualizado el valor asignado a la "Prima por Cargo" cada vez que se incremente el mismo, en el entendido que solo la suma en moneda nacional que incremente el Salario mínimo nacional, le será añadido al Salario del trabajador al pagarlo en el recibo correspondiente con la mención "Prima por Cargo".

La empresa deberá introducir modificaciones al Tabulador cuando realice cambio de equipos, se pongan en marcha nuevas instalaciones, se adopten nuevos sistemas de organización y/o elperfeccionamiento de los existentes o la creación de nuevos tipos de trabajos, con la condición de que no se disminuyan los salarios vigentes. Las modificaciones se harán previo acuerdo con el Sindicato y la resultante se incorporará al Tabulador. De no haber acuerdo previo sobre las modificaciones propuestas y cuando las exigencias del funcionamiento de la Empresa así lo exijan, ésta pondrá provisionalmente en práctica las modificaciones, hasta tanto el punto de desacuerdo sea decidido por una comisión nombrada para tales fines. La misma estará integrada por dos (2) representantes de la Empresa, la Junta Directiva del Sindicato y un (1) tercero designado de común acuerdo por las partes, o por el Inspector del Trabajo en el Estado Zulia en caso de desacuerdo en relación a dicho nombramiento. La comisión tendrá un lapso de treinta (30) días consecutivos para tomar la decisión. La decisión de esta comisión no será apelable y la modificación resultante de dicha decisión será incorporada al Tabulador.
Asimismo, ambas partes convienen, en caso de que el salario mínimo oficializado sea superior al monto de los salarios establecidos en el Tabulador referido, en modificar el contenido del Tabulador que forma parte de la presente convención, para aplicar el principio de

proporcionalidad en el salario para favorecer al Trabajador, tomando en cuenta la incidencia del expresado salario mínimo, así como la cantidad y calidad del trabajo realizado por los trabajadores afectados.
Las correcciones e incrementos o ajustes salariales se harán a partir del Primero de Mayo de 2012 como está indicado en el tabulador.
Es entendido que el Tabulador establece el pago de una Prima, ganada por el trabajo realizado en una determinada área, ganada por unidad de mes y pagada proporcionalmente en el pago del salario quincenal, y la misma tiene el efecto de toda remuneración conforme a lo establecido en el Artículo 104 de laLOTTT.

"La Empresa se compromete junto con el sindicato en crear el sistema de fondo de ahorro para los Trabajadores amparados por este contrato durante su vigencia, así mismo los Trabajadores deberán realizar un aporte equivalente al 15% de sus salarios básicos, La Empresa conviene en aportar en beneficio de sus trabajadores el 100% de los aportes que hagan estos al fondo o los aportes señalados en la siguiente escala establecida por antigüedad a razón de años de servicio:
A. Para aquellos que tengan hasta cinco (5) años, la contribución será equivalente al setenta y cinco por ciento (75%) de las cuotas antes señaladas.
B. Para aquellos que tengan más de cinco (5) años y hasta diez (10) años de servicio, la contribución será equivalente al ochenta por ciento (80%) de las cuotas indicadas.
C. Para aquellos que tengan más de diez (10) años y hasta quince (15) años, la contribución será equivalente a ochenta y cinco por ciento (85%) de las cuotas ya citadas;
D. Para aquellos que tengan quince años (15) años, la contribución será equivalente al noventa y cinco por ciento (95%) de las cuotas ya citadas.
E. Para aquellos que tengan Veinte años (20), la contribución será equivalente al cien por ciento (100%) de las cuotas ya citadas.
F. Para aquellos que tengan Veinticinco años (20) o más, la contribución será equivalente al ciento veinte por ciento (120%) de las cuotas ya citadas.
La solicitud será mediante escrito presentado por el sindicato y el trabajador conforme al parágrafo único del artículo 132 de la Ley Orgánica del Trabajo.
La empresa aperturarán la respectiva cuenta de ahorro para cada trabajador amparado y cancelará el depósito inicial de Doscientos cincuenta Bolívares (Bs. 250,00) por una sola vez, para cada cuenta de ahorro de cada trabajador amparado por el presente convenio colectivo de trabajo".

TABULADOR

Ambas partes convienen en establecer el sistema de clasificación de cargos y salarios contenidos en el Tabulador que se indica en el siguiente cuadro sinóptico:

CREAR TABULADOR SEGUN NECESIDADES SINDICALES.

La empresa deberá introducir modificaciones al Tabulador cuando realice cambio de equipos, cuando se pongan en marcha nuevas instalaciones, se adopten nuevos sistemas de organización, y o el perfeccionamiento de los existentes o la creación de nuevos tipos de trabajos, con la condición de que no se disminuyan los salarios vigentes.

Las modificaciones se harán previo acuerdo con el Sindicato y la resultante se incorporará al Tabulador.
De no haber acuerdo previo sobre las modificaciones propuestas y cuando las exigencias del funcionamiento de la Empresa así lo exijan, ésta pondrá, provisionalmente en práctica las modificaciones hasta tanto, el punto de desacuerdo sea decidido por una comisión nombrada para tales fines. La misma estará integrada por dos (2) representantes de la Empresa, la Junta Directiva del Sindicato y un (1) tercero designado de común acuerdo por Las Partes o por el Inspector del Trabajo en el Estado Zulia, en caso de que surja desavenencia en relación a dicho nombramiento.
La comisión tendrá un lapso de treinta (30) días consecutivos para tomar la decisión, contados a partir de la incorporación del Trabajador al nuevo cargo. La decisión de esta comisión no será apelable y la modificación resultante de dicha decisión será incorporada al Tabulador.
Asimismo, ambas partes convienen en mantener durante la vigencia del contrato en caso de que dicha autoridad establezca como salario mínimo una cantidad superior al monto de los salarios establecidos en el Tabulador referido y que forma parte de este Contrato, la Empresa conviene en aceptar en cada caso modificar el contenido del Tabulador, para aplicar el principio de proporcionalidad en el salario para favorecer al Trabajador, así como las previsiones para determinar su monto, en las cuales debe tenerse en cuenta la cantidad y calidad del trabajo realizado.
Las correcciones e incrementos o ajustes salariales se harán a partir del Primero (1) de Mayo de 2013 como está indicado en el tabulador.

Es entendido que el Tabulador establece el pago de una Prima, ganada por el trabajo realizado en una determinada área, cancelada semanalmente, y la misma tiene el efecto de toda remuneración conforme a lo establecido en el Artículo 104 de Ley Orgánica del Trabajo los Trabajadores y las

Trabajadoras. Esta prima consiste en pagar una asignación que incremente el ingreso salarial a percibir por el trabajador que labora en un área determinada. La forma de establecer el monto a pagar es la siguiente: Se multiplica el porcentaje establecido en la tabla por el salario básico del Trabajador, y dicha cantidad será señalada en el recibo de pago contentivo del salario, con la mención Prima por Tabulador en el área donde se desempeñe el trabajador.

CLAUSULA 97. BONIFICACIÓN POR CUMPLEAÑOS DEL TRABAJADOR: "La empresa conviene y así se compromete en conceder el día libre remunerado a salario normal a todos sus trabajadores el día de su cumpleaños y entregar a título de regalo, el equivalente de CUATRO (4) días de salario normal con obsequio 15 Kilos de los productos que la empresa distribuye".

CLAUSULA 98. BONIFICACIÓN PARAEL DÍA DE LOS PADRES Y LAS MADRES: "La Empresa conviene en entregarle a cada trabajador o trabajadora una contribución de Quinientos Bolívares (Bs. 500,00), por motivo de la celebración del día de los padres y las madres. La empresa acuerda que el monto de aporte para el cumplimiento de esta cláusula y se incrementará en Cincuenta Bs. 50,00 por cada año de vigencia del contrato".

CLAUSULA 99. PERMISO E INAMOVILIDAD PARA MIEMBROS DE LA COMISION ELECTORAL DEL SINDICATO: La Empresa conviene en conceder a aquellos de sus trabajadores (as) que resulten electos Miembros de la Comisión Electoral, hasta un máximo de ocho (8), personas, la inamovilidad prevista en el Artículo 407 Y 419.8 de la LOTTT, por el tiempo que legalmente dure el proceso electoral. La Empresa conviene además en concederles a esos mismos trabajadores (as) permisos remunerados a razón de salario básico, sin detrimento de sus condiciones de trabajo. durante todo el tiempo que sea necesario para el cumplimiento de sus labores como Miembros de la Comisión Electoral, hasta un máximo de quince (15) días, prorrogables por quince (15) días más previa solicitud debidamente justificada ante la Gerencia de Recursos Humanos. Al efecto, el Sindicato informará por escrito a la Empresa, con no menos de siete (7) días de anticipación, los nombres de los trabajadores (as) que sean electos para integrar la Comisión Electoral, beneficiarios de esta Cláusula. Es entendido que estos permisos serán solicitados con veinticuatro (24) horas de anticipación. La Empresa conviene en conceder a los integrantes de la comisión electoral, permiso remunerado a salario básico durante tres (3) horas diarias, por todo el tiempo que dure el proceso de elección de la Junta Directiva del Sindicato.

Como complemento a lo dispuesto en esta cláusula, la Empresa conviene en cancelar los permisos sindicales a que se contrae dicha cláusula a razón de Salario.

CLAUSULA 100. SERVICIOS MÉDICOS: "La Empresa conviene en contratar para el beneficio de sus trabajadores en todos los centros de trabajo un servicio médico durante todas las horas en que la empresa labore, constituido conforme a lo establecido en la Ley Orgánica de Prevención Condiciones y Medio Ambiente de Trabajo y en la Norma Covenin N° 2274. De igual forma, conviene en contratar para el traslado del trabajador en un eventual accidente, el servicio contratado de Ambulancia a fin de levarlo al centro asistencial más cercano.
La empresa conviene en mejorar el servicio de traslado de trabajadores accidentados o enfermos a un centro asistencial, en el sentido de que cuando el Trabajador no permanezca hospitalizado, sea trasladado a su residencia o centro de trabajo, según las instrucciones del médico. Asimismo la Empresa se compromete a que el Supervisor del Trabajador accidentado o enfermo le provea de una persona que acompañe al Trabajador desde el Centro de Trabajo al centro asistencial y permanezca con éste hasta tanto leguen sus familiares, o sea definitivamente hospitalizado, o dado de alta.
Igualmente acuerda dar aviso inmediato a los familiares del trabajador accidentado o enfermo, así como al **SINDICATO PROFESIONAL BOLIVARIANO DE TRABAJADORES XXXXXXXXXX XXXXXXXXXXXXXXXX XXXXXXXXXXXXXXX (SINTRAXXXXXXXXXXZ)**".

CLAUSULA 101. DEFENSADE LOS TRABAJADORES: En el caso de que un trabajador (a) fuere detenido en razón de un accidente de tránsito ocurrido mientras esté conduciendo un vehículo en cumplimiento de sus funciones o por instrucciones de la Empresa, ésta conviene en pagarle mientras dure la detención, hasta un lapso máximo de cuarenta (40) días, así: los primeros veinte (20) días serán a razón de salario normal y los restantes veinte (20) días a razón de salario básico. Si en el transcurso de dicho lapso el trabajador (a) es absuelto y puesto en libertad, será reincorporado a su trabajo en forma definitiva; si en el mismo lapso fuere puesto en libertad bajo fianza será incorporado a su trabajo hasta cuando el caso sea decidido por sentencia definitiva. En todo caso en que el trabajador (a) sea declarado culpable del accidente, quedará incurso en las disposiciones establecidas al efecto en la Ley Orgánica del Trabajo y la Ley del Tránsito. La Empresa mantendrá en vigencia una póliza de seguro para todos sus vehículos que cubra los riesgos de sus respectivos conductores, inclusive los gastos de defensa.

CLAUSULA 102. BENEFICIOS SINDICALES: "La Empresa reconoce al Sindicato como legítimo representante de los trabajadores y en consecuencia es expresamente convenido entre las partes, que los beneficios sindicales a los que se refieren este convenio, se aplicarán única y exclusivamente a **SINDICATO PROFESIONALBOLIVARIANO DE TRABAJADORES XXXXXXXXXXX XXXXXXXXXXXXXXXX XXXXXXXXXXXXXXX (SINTRAXXXXXXXXXXXZ)** y cualquier otro centro de trabajo que se instaure en esta región antes mencionada, por lo tanto, no se aplicará a otra organización distinta al Sindicato firmante".

CLAUSULA 103. CREDITICIA DE FARMACIAS: La Empresa conviene en descontar del salario de los trabajadores, las cuotas que estos autoricen, por escrito para la compra de medicinas, en las farmacias del Estado Zulia, previamente designados por el sindicato. Así mismo la empresa otorgará un aporte del Cincuenta por Ciento (50%) para cubrir parte del costo de las medicinas.

CLAUSULA 104. VEHÍCULOS PARA ACTIVIDADES SINDICALES: La empresa se compromete a realizar el aporte de Trescientos Ochenta mil bolívares (Bs. 380.000,00) para la compra de un (1) vehículo destinados a ser utilizados para las actividades del Sindicato y la Federación, habida cuenta que deben atender varias localidades ubicadas en el Estado Zulia.

CLAUSULA 105. CONTRIBUCIÓN AL SINDICATO: "La Empresa conviene en contribuir con la cantidad de Cuatro mil Bs. (4.000) mensuales al **SINDICATO PROFESIONAL BOLIVARIANO DE TRABAJADORES XXXXXXXXXXX XXXXXXXXXXXXXXXX XXXXXXXXXXXXXXX (SINTRAXXXXXXXXXXXZ)** , para sus gastos administrativos y de funcionamiento, durante la vigencia de la presente convención colectiva. Igualmente, la Empresa conviene en colaborar con el mantenimiento de la Federación de Trabajadores a la cual está afiliada el sindicato de Tres Mil Bolívares (Bs. 3.000,00), o a la que se afilie en el futuro".

CLAUSULA 106. CONTRIBUCIÓN PARA LA ESCUELA SINDICAL: "La Empresa continuando con su política de contribución a las actividades sindicales y educacionales de la organización sindical signataria del convenio colectivo, contribuirá con la Escuela de la Federación Socialista Bolivariana de Trabajadores a la cual está afiliado el sindicato con la cantidad de Mil Quinientos Bolívares (Bs. 1.500,00) mensuales, una vez se encuentra legalmente constituida la misma. La contribución antes señalada, será cancelada mediante cheque a nombre de la persona jurídica constituida a tal fin".

CLAUSULA 107. PAGO DE HONORARIOS A PROFESIONALES: "La empresa se compromete a la cancelación de los honorarios a los Profesionales que asistieron y representaron al **SINDICATO PROFESIONAL BOLIVARIANO DE TRABAJADORES DEL SECTOR AVICOLA SIMILARES, AFINES Y CONEXOS DEL ESTADO ZULIA (SIPROBOAVIZ)**, en la promoción, redacción y discusión del presente convenio colectivo de trabajo".

CLAUSULA 108. PLAN VACACIONAL: "La empresa se compromete en contratar para el disfrute de los hijos de sus trabajadores, un plan vacacional que comprenda los meses de agosto y septiembre".

CLAUSULA 109. PAGO DE INTERESES Y FIDEICOMISO: "La empresa conviene y así se establece en contratar depositar la antigüedad a que se refiere el artículo 143 LOTTT, en fideicomiso a nombre de cada uno de los trabajadores amparados por esta Convención Colectiva, en una entidad bancaria que abonará los intereses correspondientes en cada cuenta particular. Queda entendido que los trabajadores escogerán la entidad bancaria que mejor trato le dé a sus ingresos y la empresa se compromete a gestionar de forma diligente las transacciones y la logística adecuada con el fin de garantizar una mejor utilidad para sus trabajadores en lo que a este respecto se refiere".

CLAUSULA 110. POLIZA DE SEGURO PARA VEHÍCULOS PROPIOS DE LOS TRABAJADORES: AVICOLA DE OCCIDENTE financiará, sin intereses, el costo equivalente al cien por ciento (100%) de la prima de Póliza de Seguro de cobertura amplia y total para vehículos propios del trabajador, cónyuge o concubina (o). El plazo del financiamiento no será mayor de doce (12) meses. La administración de dicho seguro se regirá por el condicionado de las pólizas establecido por la Compañía Aseguradora, la Empresa y **SINDICATO PROFESIONAL BOLIVARIANO DE TRABAJADORES XXXXXXXXXXX XXXXXXXXXXXXXXXX XXXXXXXXXXXXXXX (SINTRAXXXXXXXXXXXZ)**

CLAUSULA 111. HOMOLOGACION:
La empresa se compromete a Homologar los sueldos y salarios por departamentos y cargos de trabajo de la siguiente manera. Se tomara en cuenta el sueldo del trabajador que menos gane para ser igualado al sueldo del trabajador que mas gane en el departamento, luego le será aplicado el incremento logrado en el proceso de negociación. Todo esto atendiendo al principio de igual trabajo igual salario.

P/SINDICATO PROFESIONAL DE TRABAJADORES
XXXXXXXXXXX XXXXXXXXXXXXXXXXXX
XXXXXXXXXXXXXXXX XXXXXXXXXXXXXXXX
XXXXXXXXXXXX XXXXXXXXXXXXX
POR LA JUNTA DIRECTIVA

____
Jose XXXXXX
C.I. XX.XXX.XXX
SECRETARIO GENERAL

____

____

Pedro XXXXX
Luis XXXXXO
C.I. XX.XXX.XXX
C.I. XX.XXX.XXX
SEC. DE ORGANIZACIÓN
SEC. FINANZAS

____

____

Jesus XXXXXXX Juan
XXXXXXX
C.I XX.XXX.XXX C.I. XX.XXX.XXX
SEC. DE RECLAMOS SEC.
DE ACTAS Y CORR.

____

____

Jehiel XXXXXX Jatniel
XXXXXXXXXXXXX
C.I. XX.XXX.XXX
C.I. XX.XXX.XXX
SEC. FORM. Y DOCT.
SEC. CULT. Y DEP.

____

____

Jahaziel XXXXXXXX
Yasenia XXXXXXXX
C.I. XX.XXX.XXX
C.I. XX.XXX.XXX
VOCAL 1.
VOCAL 2.

Maracaibo, 29 de Mayo de 2008

Ciudadana: xxxxx xxxxxxxx
INSPECTOR DELTRABAJO JEFE
EN LA INSPECTORIADE MARACAIBO EN EL ESTADO ZULIA
Su Despacho.-

De nuestro aprecio, consideración y respeto.

Anexo a la presente estamos remitiendo por triplicado, en original y dos copias la documentación constitutiva del proyecto de Contratación Colectiva de Trabajo por parte del **SINDICATO PROFESIONAL DE TRABAJADORES** xxxxxx xxxxxxxxxxxxxxxxxx xxxxxxxxxxxxxxxx xxxxxxxxxxxxxxx Inscrito ante esta Inspectoría bajo el número xxxx, tomo IV, FOLIO 04 de fecha 22 de mayo de 2001.

Así mismo cumplimos con informarle que cada uno de los cuerpos que consignamos está escrito por una sola cara y que los mismos son contentivos de : Comunicación al ciudadano Inspector, Convocatoria para la realización de la Asamblea, Acta de Asamblea, Nómina de asistentes que asistieron y aprobaron la Consignación del Proyecto de Contratación Colectiva de Trabajo, Estatutos Sociales, Conformación de la Junta Directiva sellada y firmada por el Inspector del trabajo, las nominas de miembros que asistieron y aprobaron la consignación del proyecto del prenombrado Sindicato están escritas por ambas caras. Hacemos también de su debido conocimiento que la Junta Directiva de esta organización interesada en la Consignación del presente Proyecto de Convención Colectiva, firma en original la proposición.

Por todo lo anteriormente expuesto solicitamos al Ciudadano Inspector se sirva dar el curso legal correspondiente a la documentación que estamos consignando y declare la admisión de dicho Proyecto de

Contratación Colectiva y el comienzo de las discusiones del presente Proyecto, en beneficio de todos los trabajadores interesados en modificar y discutir las mejoras sustanciales contenidas en el presente proyecto y notifique de elo a:

Planta Maracaibo ubicada en el Municipio Maracaibo Zona Industrial en la cale xx entre Av.xxxxx Edificio cccccccccccc cccccccccccc

Atentamente,

SINDICATO XXXXXXX DE TRABAJADORES DE LA EMPRESA XXXXXXX XXXXXX XXXXXX DEL ESTADO ZULIA (SINTRAXXXXXXXZ)

POR LA JUNTA DIRECTIVA ELECTA PROVISIONAL

____

Jose XXXXXX
C.I. XX.XXX.XXX
SECRETARIO GENERAL

____

____

Pedro XXXXX
Luis XXXXXO
C.I. XX.XXX.XXX
C.I. XX.XXX.XXX
SEC. DE ORGANIZACIÓN
SEC. FINANZAS

____

____

Jesus XXXXXXX
Juan XXXXXXX
C.I XX.XXX.XXX C.I. XX.XXX.XXX
SEC. DE RECLAMOS
SEC. DE ACTAS Y CORR.

____

____

Jehiel XXXXXX
Jatniel XXXXXXXXX

C.I. XX.XXX.XXX
C.I. XX.XXX.XXX

SEC. FORM. Y DOCT.
SEC. CULT. Y DEP.

____

____

Jahaziel XXXXXXXX
Yasenia XXXXXXXX
C.I. XX.XXX.XXX
C.I. XX.XXX.XXX

More Books!

yes

I want morebooks!

Buy your books fast and straightforward online - at one of the world's fastest growing online book stores! Environmentally sound due to Print-on-Demand technologies.

Buy your books online at

www.get-morebooks.com

¡Compre sus libros rápido y directo en internet, en una de las librerías en línea con mayor crecimiento en el mundo! Producción que protege el medio ambiente a través de las tecnologías de impresión bajo demanda.

Compre sus libros online en

www.morebooks.es

OmniScriptum Marketing DEU GmbH
Bahnhofstr. 28
D - 66111 Saarbrücken
Telefax: +49 681 93 81 567-9

info@omniscriptum.com
www.omniscriptum.com

OMNIScriptum

FSC
www.fsc.org
MIX
Papier | Fördert gute Waldnutzung
FSC® C083411

Kolibri 360 GmbH
Ferdinand-Jühlke-Straße 7
99095 Erfurt, Deutschland
produktsicherheit@kolibri360.de

Druck:
CPI Druckdienstleistungen GmbH
im Auftrag der
Kolibri 360 GmbH
Ferdinand-Jühlke-Str. 7
99095 Erfurt